豊臣秀吉の古文書

山本博文・堀新・曽根勇二 編

柏書房

はじめに

本書『豊臣秀吉の古文書』は、豊臣秀吉の発給文書数千点の中から、百四十三点を精選して写真を掲載すると共に、文書の釈文、解説を付した史料集である。

編者三人が二〇〇五年に設立した豊臣秀吉関係文書研究会では、例会で秀吉や秀吉関係史料に関する研究報告を行う一方で、秀吉文書に関する全国的な原本調査を行ってきた。研究報告については、『消された秀吉の真実』『偽りの秀吉像を打ち壊す』『豊臣政権の正体』をいずれも柏書房から刊行したが、原本調査の成果をどうするかが課題になっていた。

そこで、膨大に残る秀吉文書を精選し、写真版でそれが通覧できる本書を計画することにした。文書の原本は、それそのものが魅力的であるばかりではなく、活字化された文書からは引き出せない情報が詰まっている。史料目録で「豊臣秀吉朱印状」とされる文書でもその朱印がおかしいものもあれば、伊達家文書に残る北条氏への宣戦布告状（本書078）のように、写しであることが確かなものでも朱印が捺されている文書がある。伴天連追放令の正本は宣教師に交付され、大名に渡されたのは写しであるが、松浦史料博物館に残る伴天連追放令の写し（本書064）は、朱印こそ捺されていないが正本同様の風格を持つ。このように、実際に史料そのものを見ないとわからないことがたくさんあるのである。

写真版だけでは、歴史ファンの要望に応えることができないので、釈文を付し、解説も入れることにした。最先端の研究成果を反映した解説にすることを心懸けたので、研究者にとっても有益だと考えている。

本書の編纂にあたっては、原則として原本が残っている秀吉文書を採用した。しかし、研究史上重要な文書で原本が残っていないものについては、やむを得ず写しや東京大学史料編纂所所蔵の影写本を採用した。これは、本書を読むことで、秀吉の天下統一の歩みや政策をおおむね理解することができるようにするためである。

文書の写真を収録するにあたっては、別に刊行した『戦国大名の古文書』東日本編・西日本編と同じく、全国各地の史料所蔵者のご承諾を得た上で、諸機関・自治体から写真やフィルム、デジタルデータをお借りして利用させていただいた。過去に展覧会図録や自治体史などの諸史料集に収録されている文書でも、原本の所在がわからなかったり、所蔵者が不明になっている文書が散見され、残念ながら割愛せざるをえなかった文書もある。これらについては、巻末の「全体解説」をご参照いただきたい。

最後に、本書の刊行にあたって史料の掲載をご承諾くださった所蔵者の方々をはじめ、写真やフィルム、デジタルデータなどをご提供くださった諸機関・自治体関係者の方々に対して、心から感謝申し上げます。

二〇一五年一月　　編者一同

凡例

- 本書には、豊臣秀吉の生涯や重要政策がわかる、秀吉が発給した百四十三点の文書を年次順に収録した。
- できる限り文書原本の収録を心掛けたが、原本の伝存や所在が確認できなかったものは、後世の写しや影写本を用いた。
- 本書においては、全体の編集方針により独自の文書名を用いた。
- 史料の所蔵者、写真提供者、史料を伝存した文書群名などについては、巻末に一括して掲載した。
- 釈文について
  - ○ 原則として常用漢字を用い、常用漢字にないものは正字または原文のままとした。また、人名や地名などの固有名詞については旧字を使用した場合もある。
  - ○ 異体字・略字・変体仮名などは、現行の文字または正字に改めた。但し、次のような文字は例外とした。

    躰　帋　糺　峯　嶌　ゟ（より）　〆（しめ）
  - ○ 釈文では、原本の改行を再現した。一行に収まらない場合は、」で原本の改行を示した。
  - ○ 適宜、読点や並列点（中黒点）を補った。
  - ○ 包紙・封紙・端書・裏書・貼紙などがある場合は、「　」内に示した。
  - ○ 誤字や判読できない文字がある場合は、正しい文字や推測される文字を小さな（　）で傍示した。
  - ○ 印判・花押などが押捺または署記されている場合は、（花押）（秀吉花押）（朱印）（秀吉朱印）などの形で示した。
  - ○ 敬意を示す闕字は、一字あけとした。
  - ○ 破損・虫損または判読不能の文字は、□、□□［　　］などで示した。
- 解説について
  - ○ 秀吉の表記については、元亀四年七月以前を木下秀吉、それ以降を羽柴秀吉とした。また、天正十三年九月九日以降を豊臣秀吉とした。
  - ○ 地名や城名については、できる限り読み仮名を振ると共に、その位置についての情報を括弧書きで付した。

> 本書掲載の写真は、ポジ・ネガフィルム、マイクロフィルム、デジタルデータなど、さまざまな形態でご提供いただいた貴重な画像である。史料所蔵者・管理者、写真提供者の方々には、本書の趣旨にご賛同いただき、多大なるご協力ご高配をいただいた。

001 （永禄十年）六月十日付け木下秀吉ほか四名連署状

名古屋市秀吉清正記念館所蔵

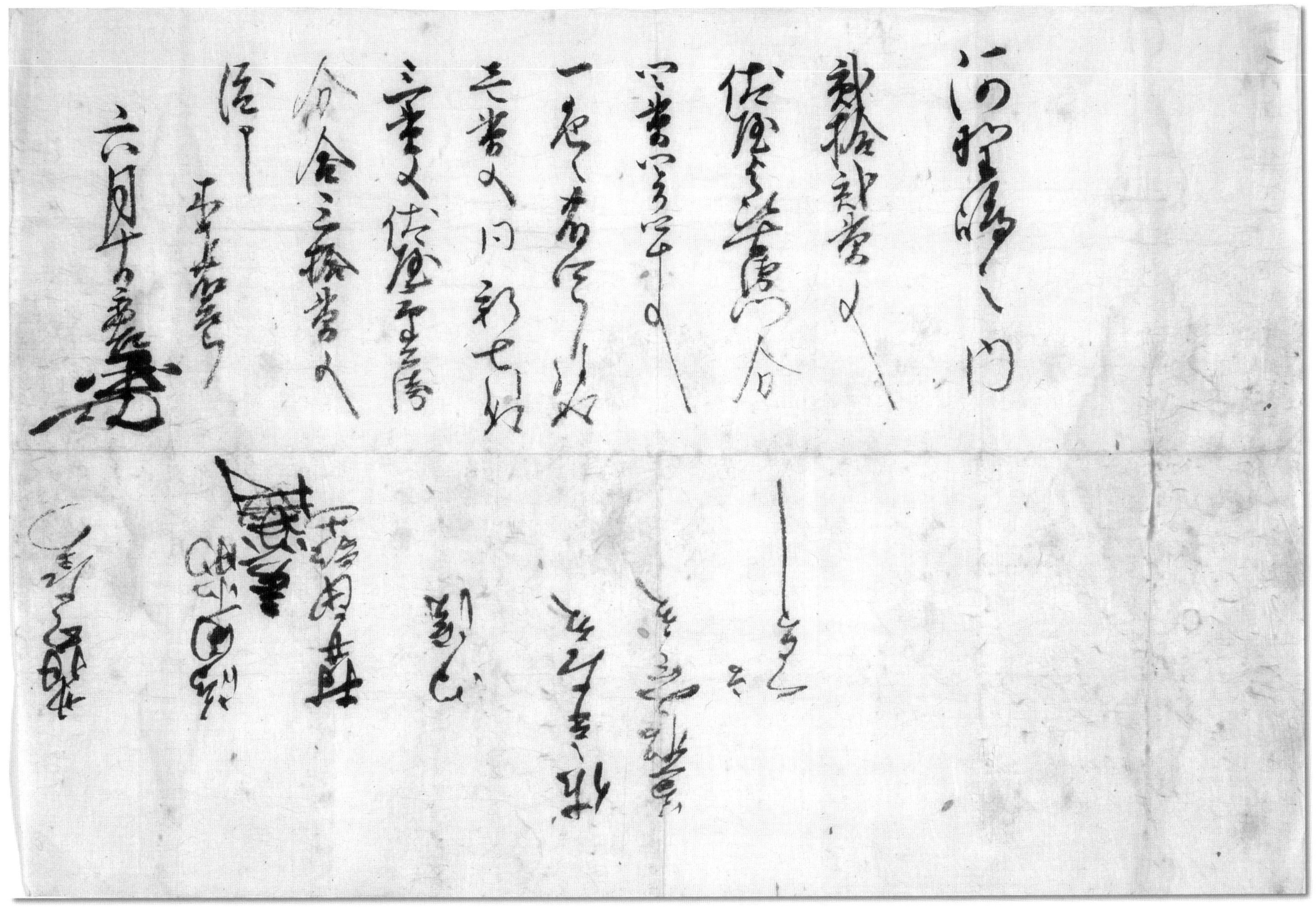

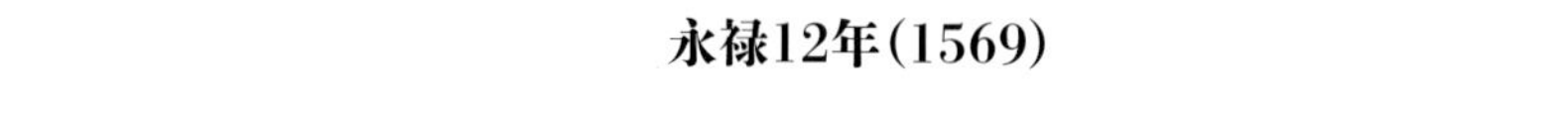

002 (永禄十二年)卯月十六日付け木下秀吉ほか三名連署状

慶應義塾図書館所蔵

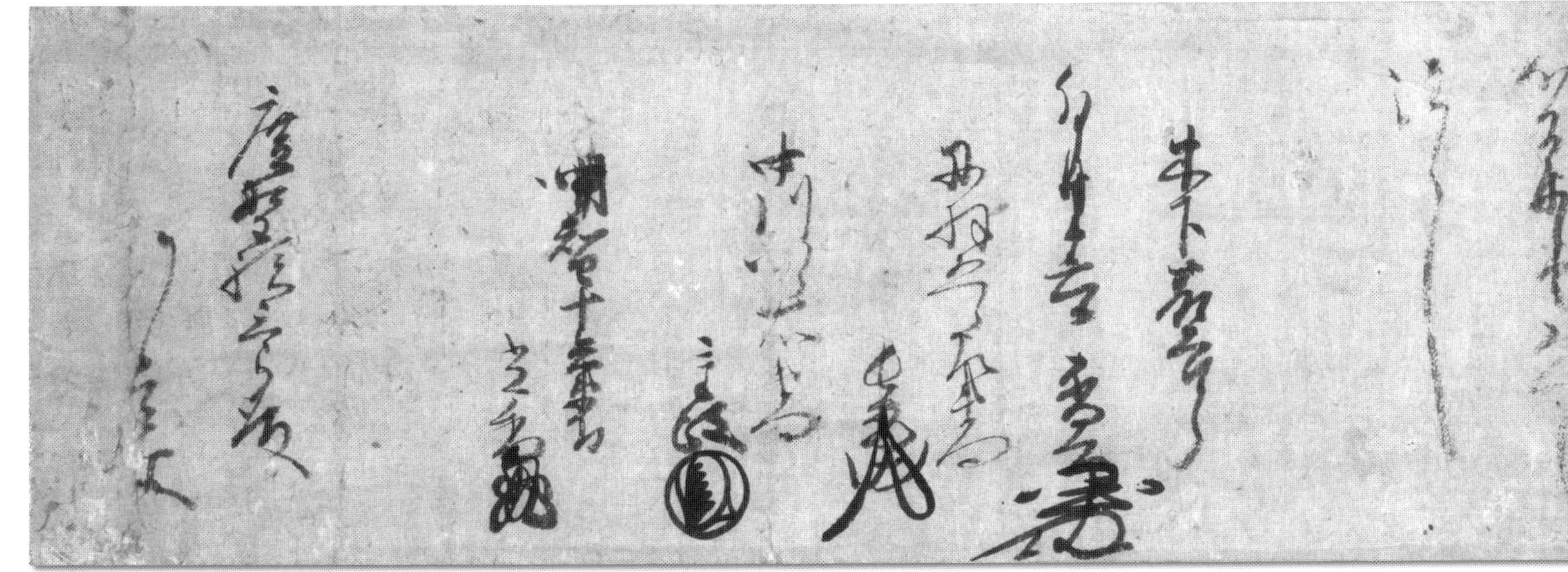

木下秀吉ほか三名連署状（2/2）

003 (永禄十三年)三月十八日付け木下秀吉副状

九州国立博物館保管

木下秀吉副状（2/2）

004 (元亀元年)六月四日付け木下秀吉書状

名古屋市博物館所蔵

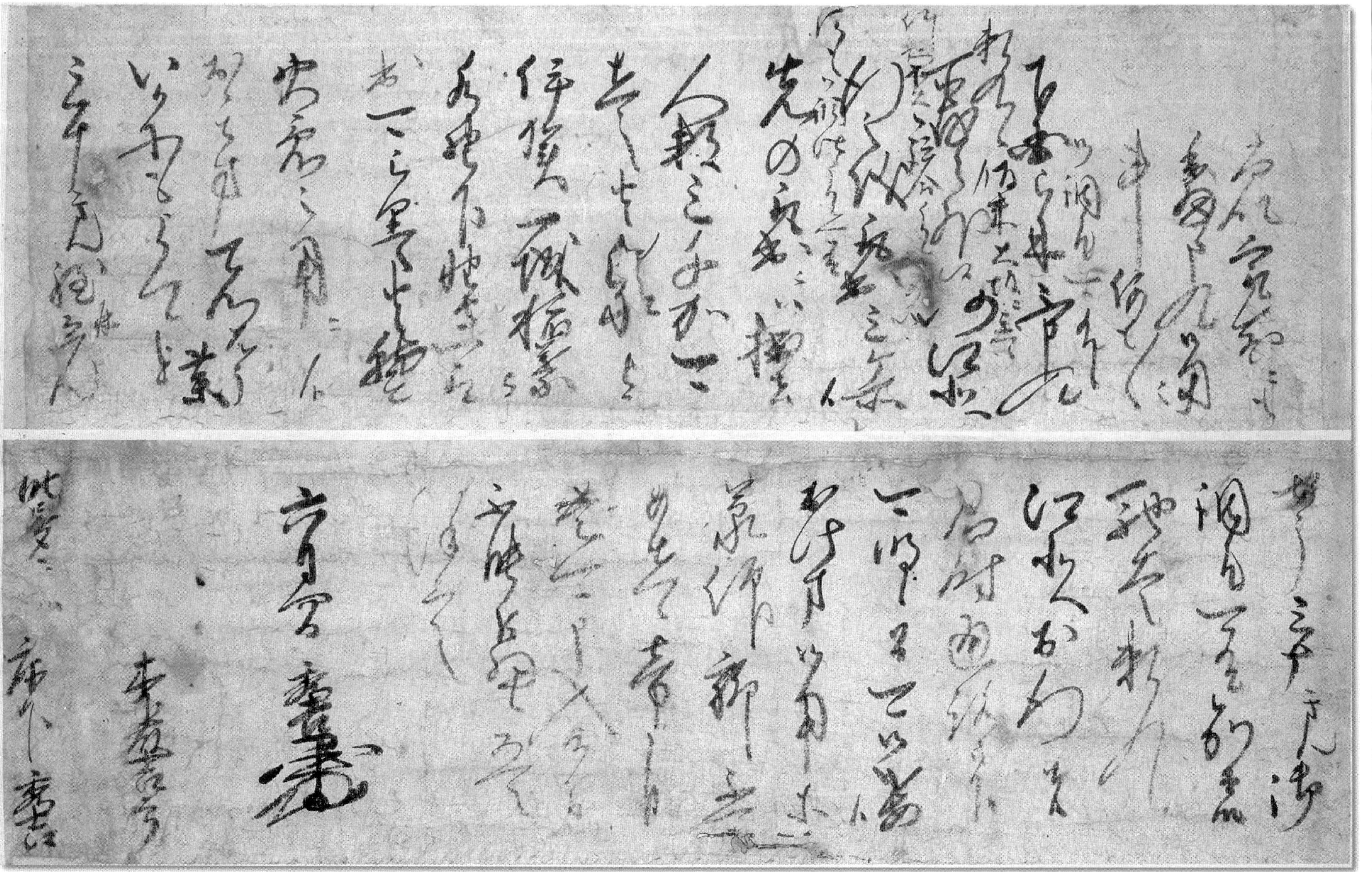

005 (天正元年)九月七日付け羽柴秀吉書状

毛利博物館所蔵

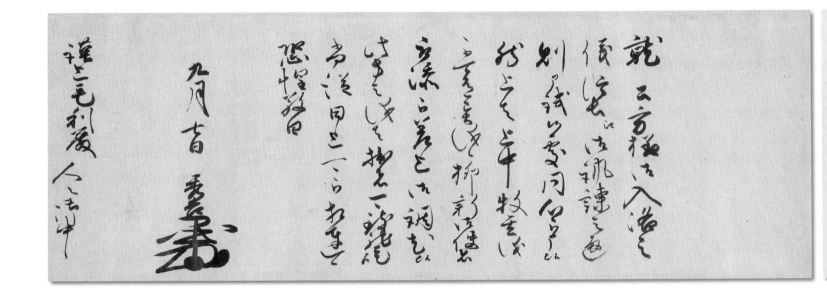

006 天正元年極月吉日付け羽柴秀吉判物写

東京大学史料編纂所所蔵影写本

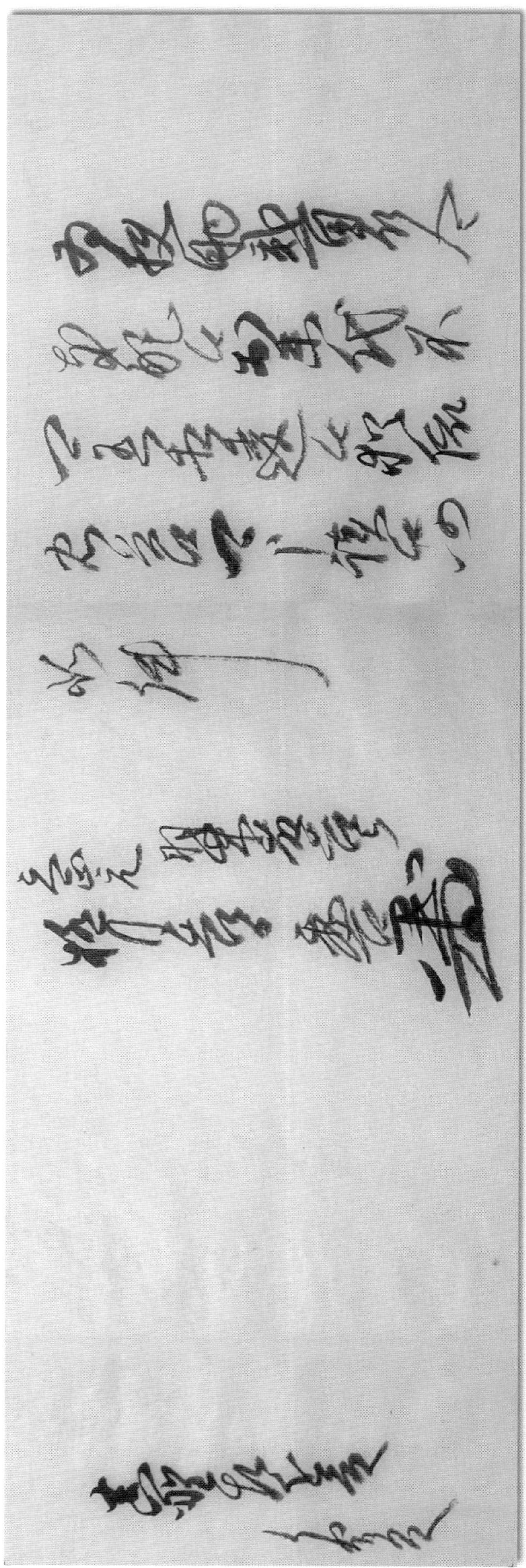

007 （天正四年）正月十九日付け羽柴秀吉書状

九州国立博物館保管

008 天正五年正月付け蒔絵鞍注文

東京国立博物館所蔵

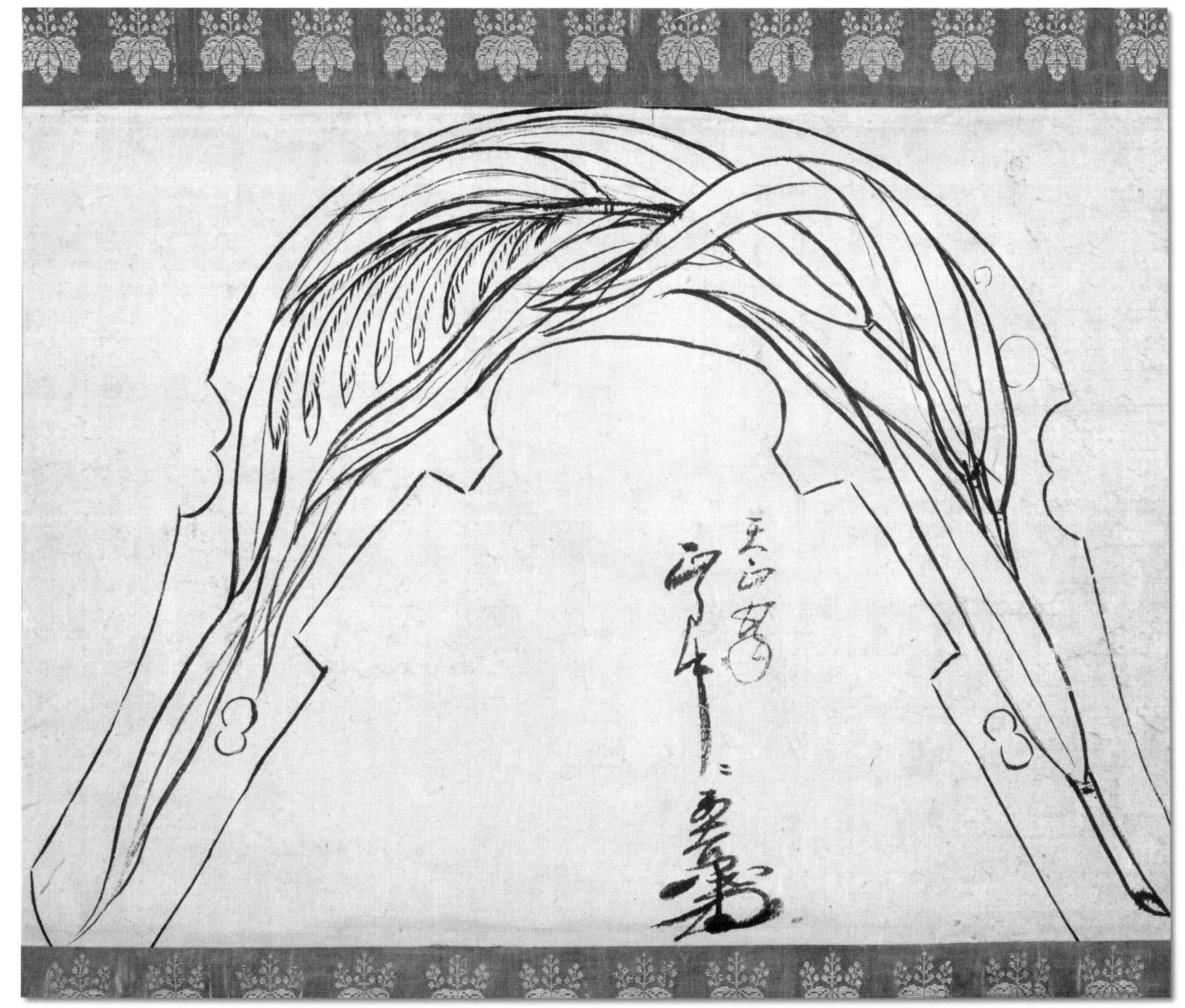

蒔絵鞍注文

009 天正五年六月五日付け羽柴秀吉判物

小山富美子氏所蔵

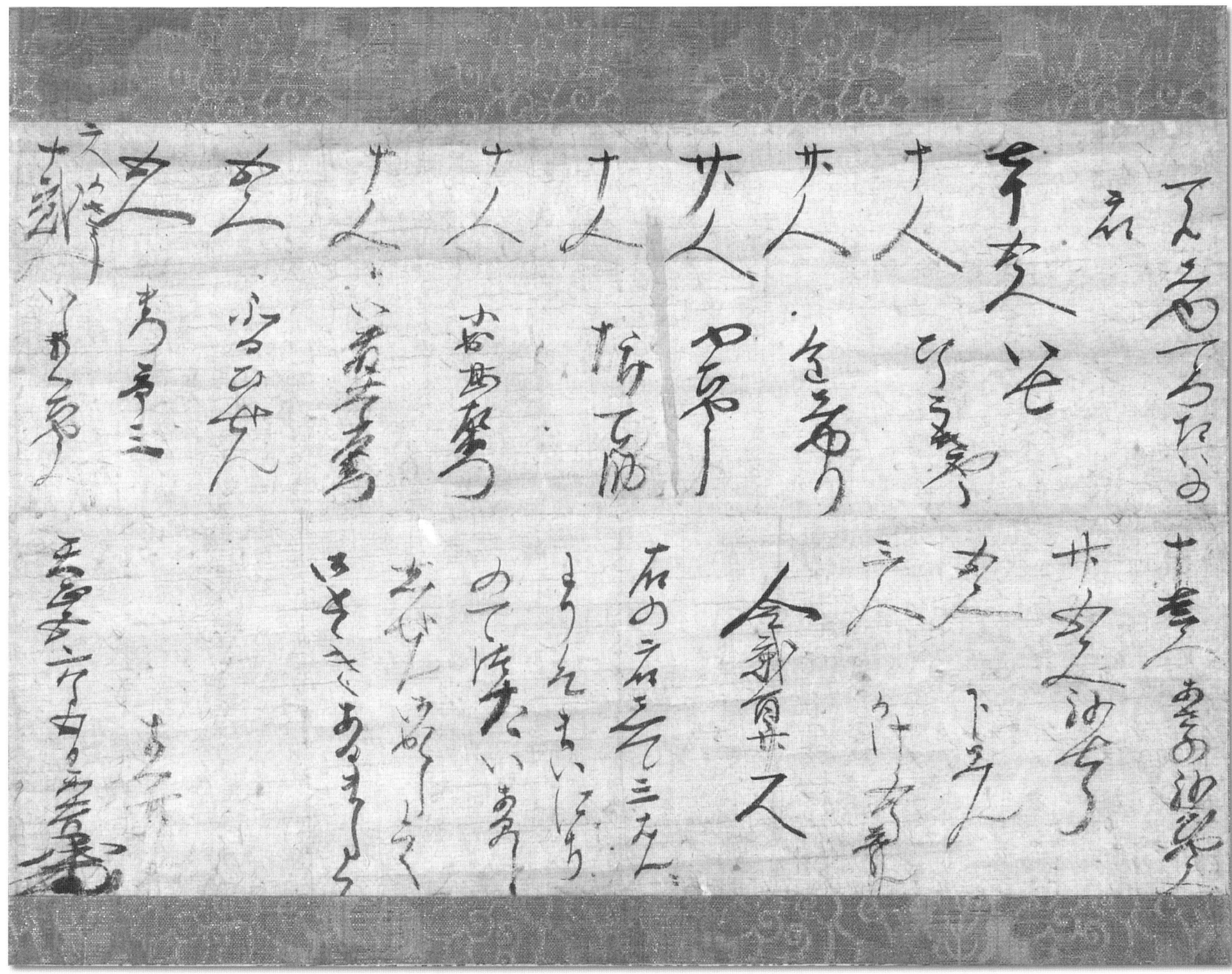

010 (天正五年)七月二十三日付け羽柴秀吉自筆書状

福岡市博物館所蔵

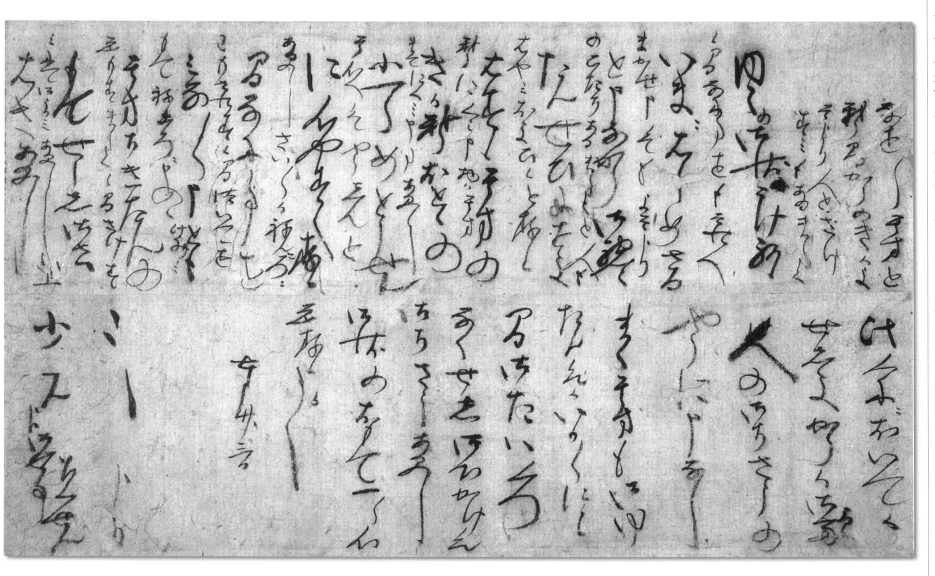

011 (天正七年)十二月二十五日付け羽柴秀吉判物写

東京大学史料編纂所所蔵影写本

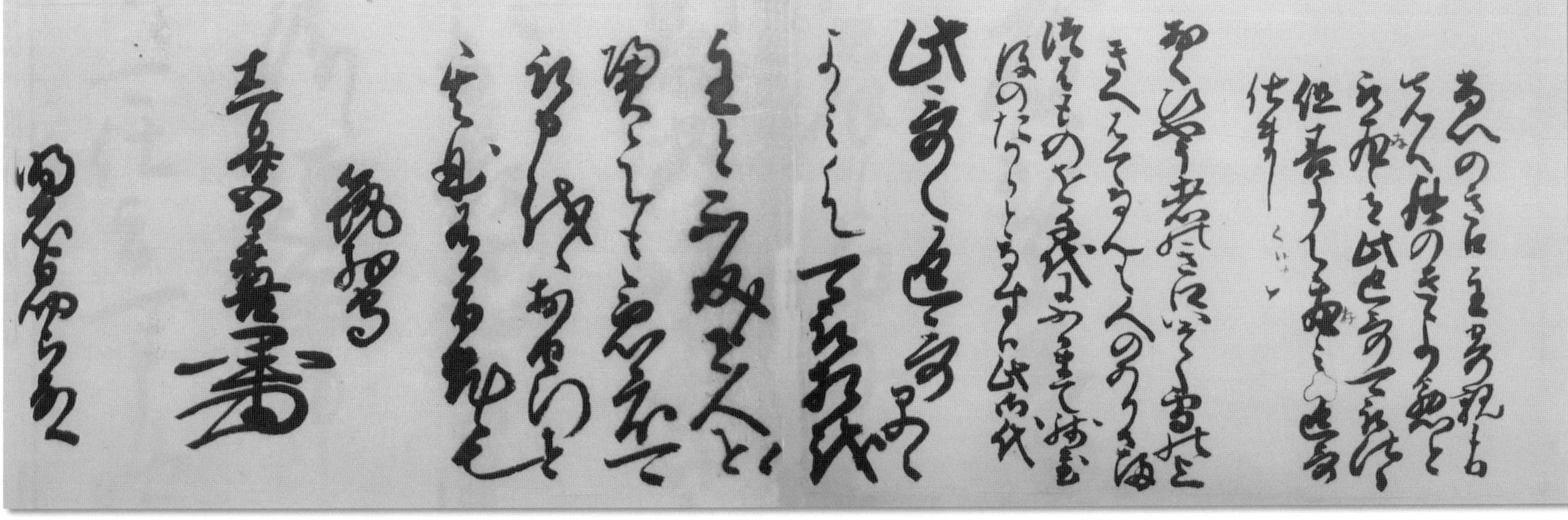

012 (天正八年ヵ)正月十日付け羽柴秀吉・千宗易連署状写

東京大学史料編纂所所蔵影写本

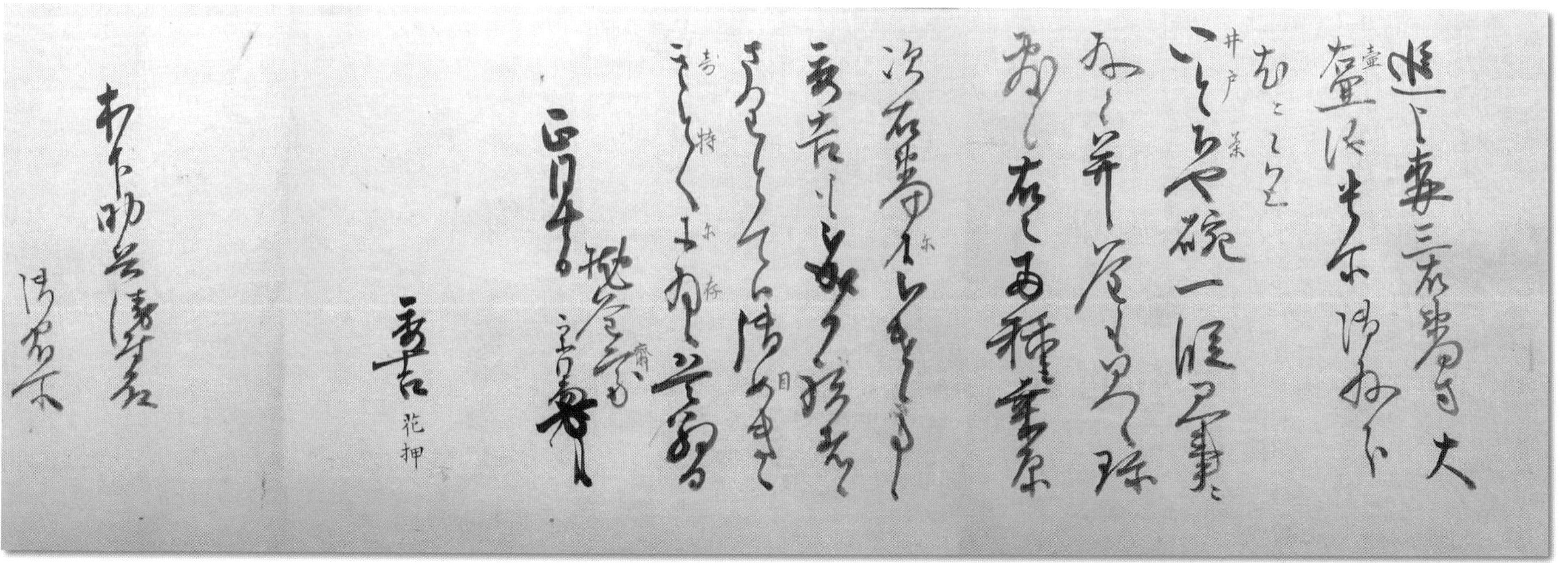

013

（天正八年）正月十四日付け羽柴秀吉書状

慶應義塾図書館所蔵

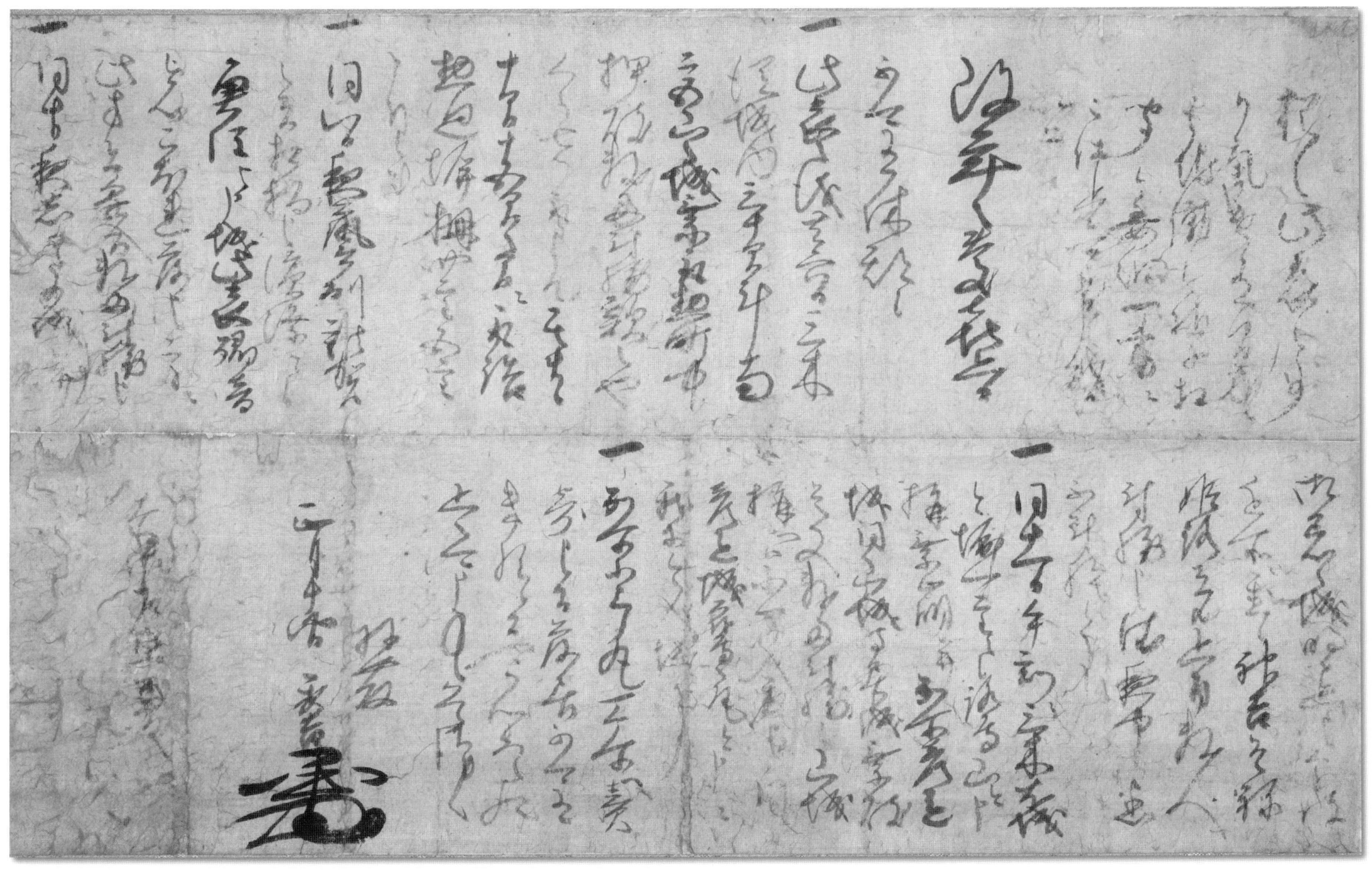

014 (天正八年)七月二十四日付け羽柴秀吉書状

福岡市博物館所蔵

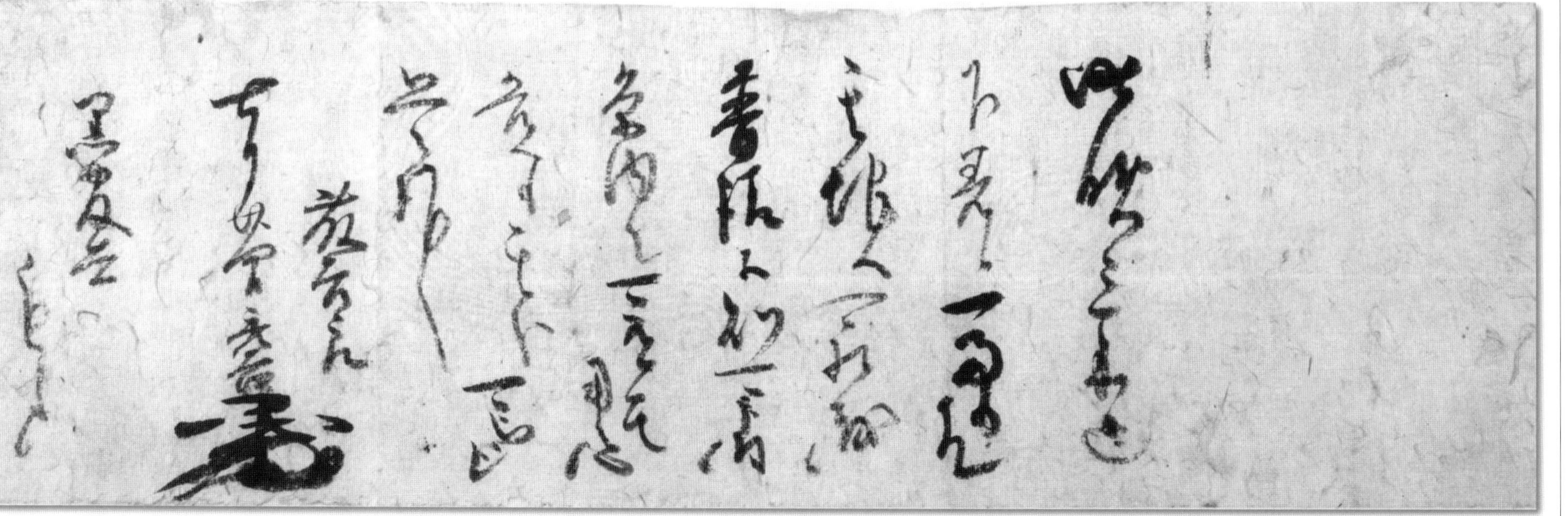

015 天正八年十月二十八日付け羽柴秀吉制札

姫路市立城郭研究室所蔵

016 天正九年正月十一日付け羽柴秀吉判物

名古屋市博物館所蔵

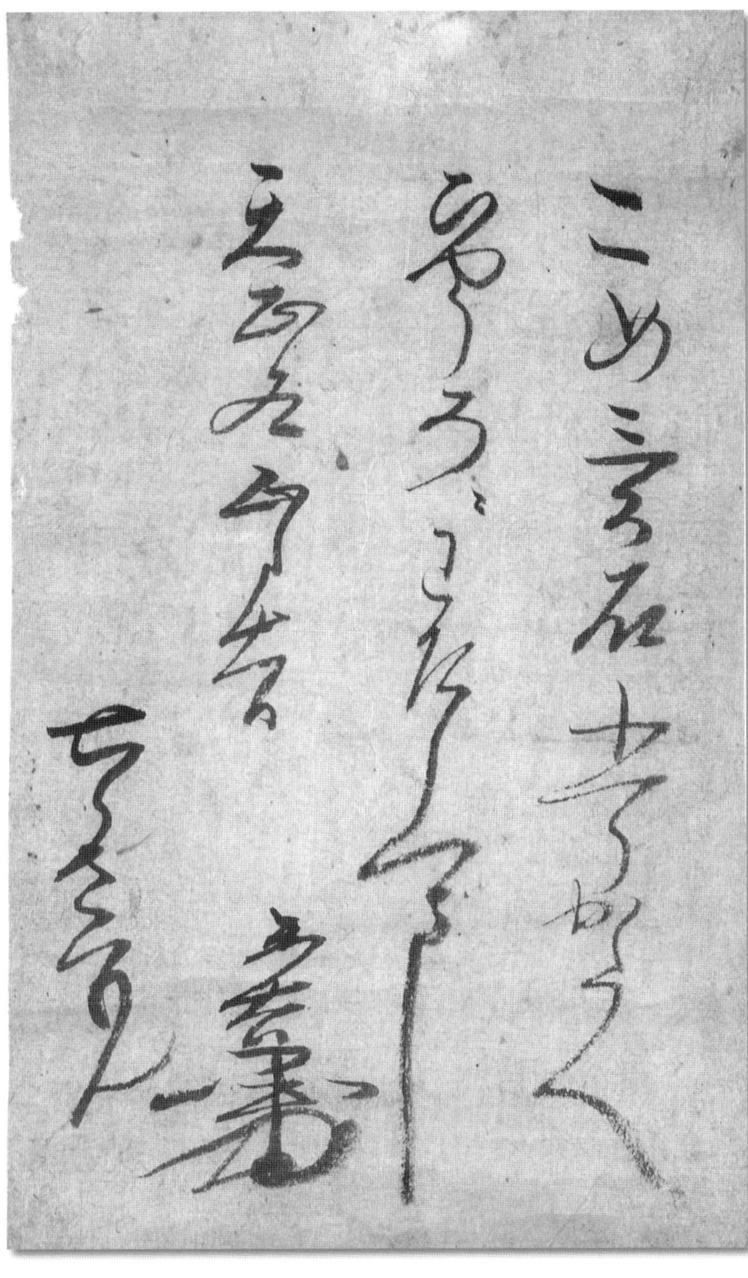

017 (天正九年)九月二十八日付け羽柴秀吉判物

個人所蔵

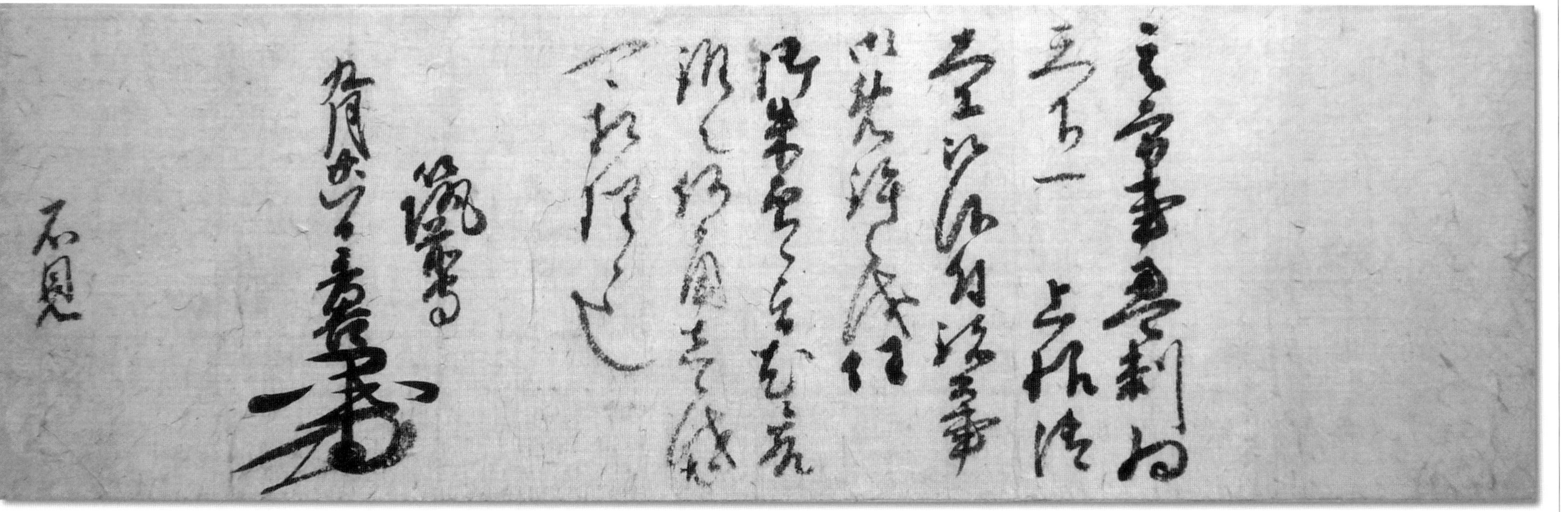

018 (天正九年)十月二十日付け羽柴秀吉書状

国立歴史民俗博物館所蔵

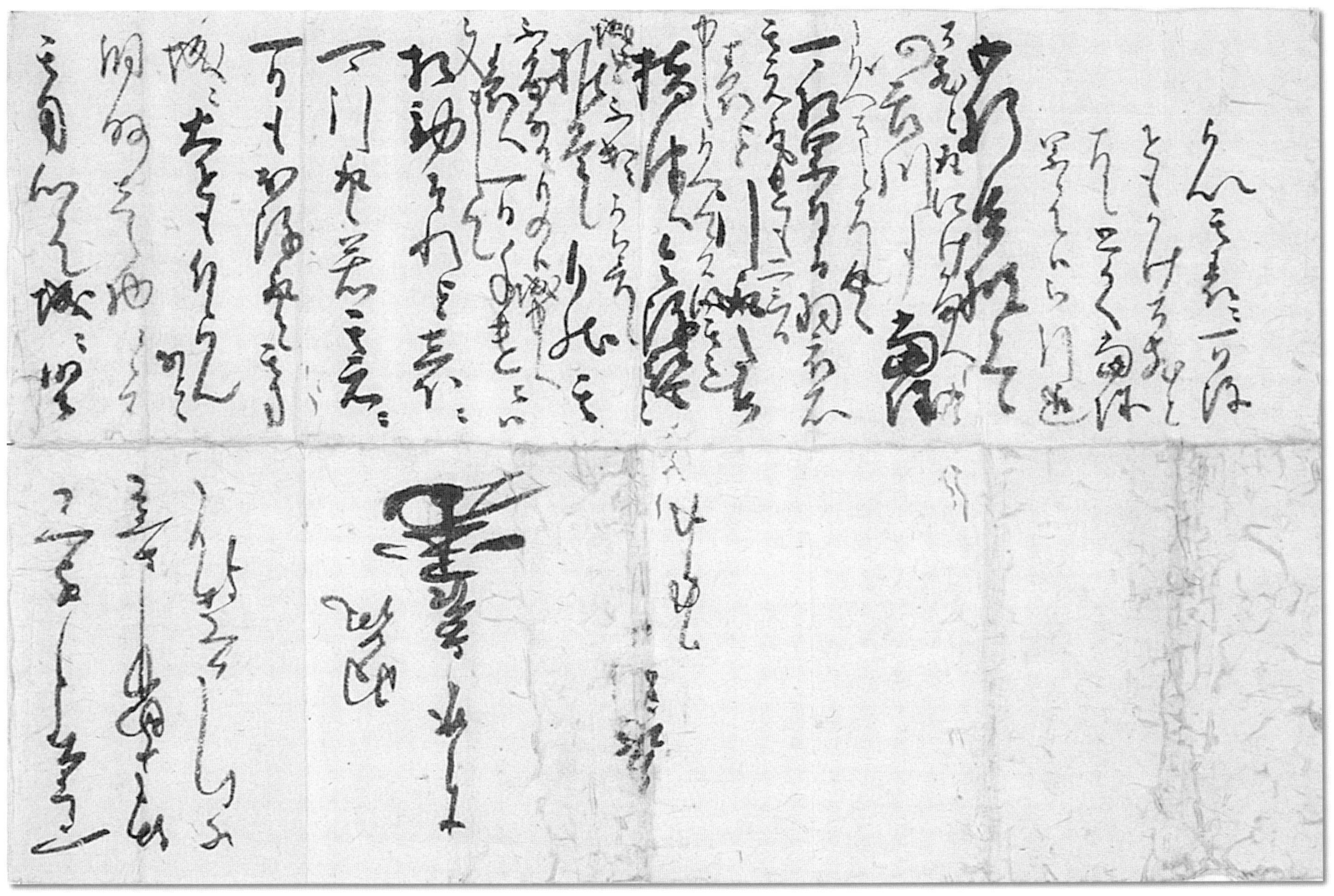

019 天正十年三月九日付け羽柴秀吉判物

法政大学能楽研究所
観世新九郎家文庫所蔵

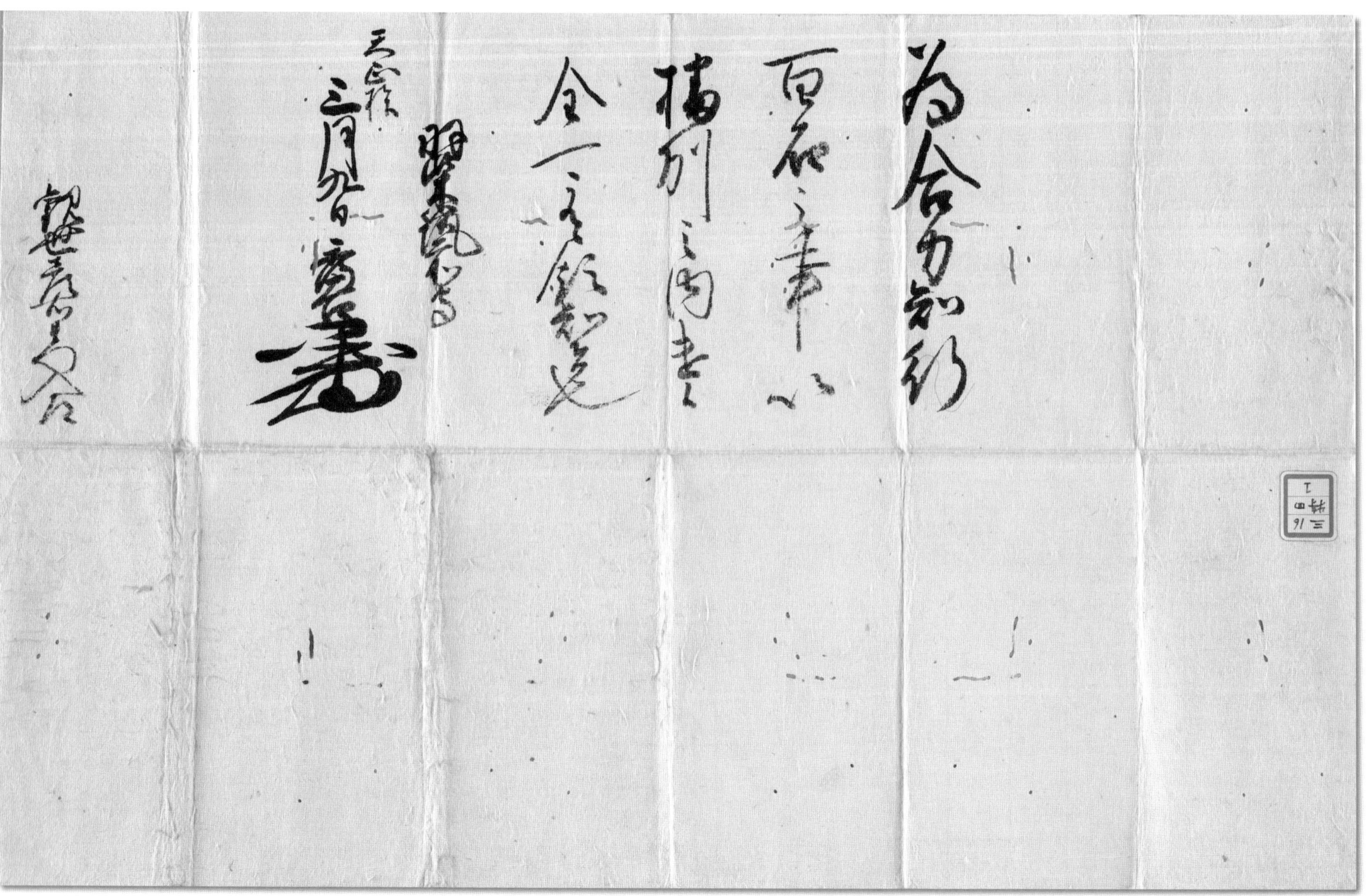

020 (天正十年)卯月十九日付け羽柴秀吉書状

山口県文書館所蔵

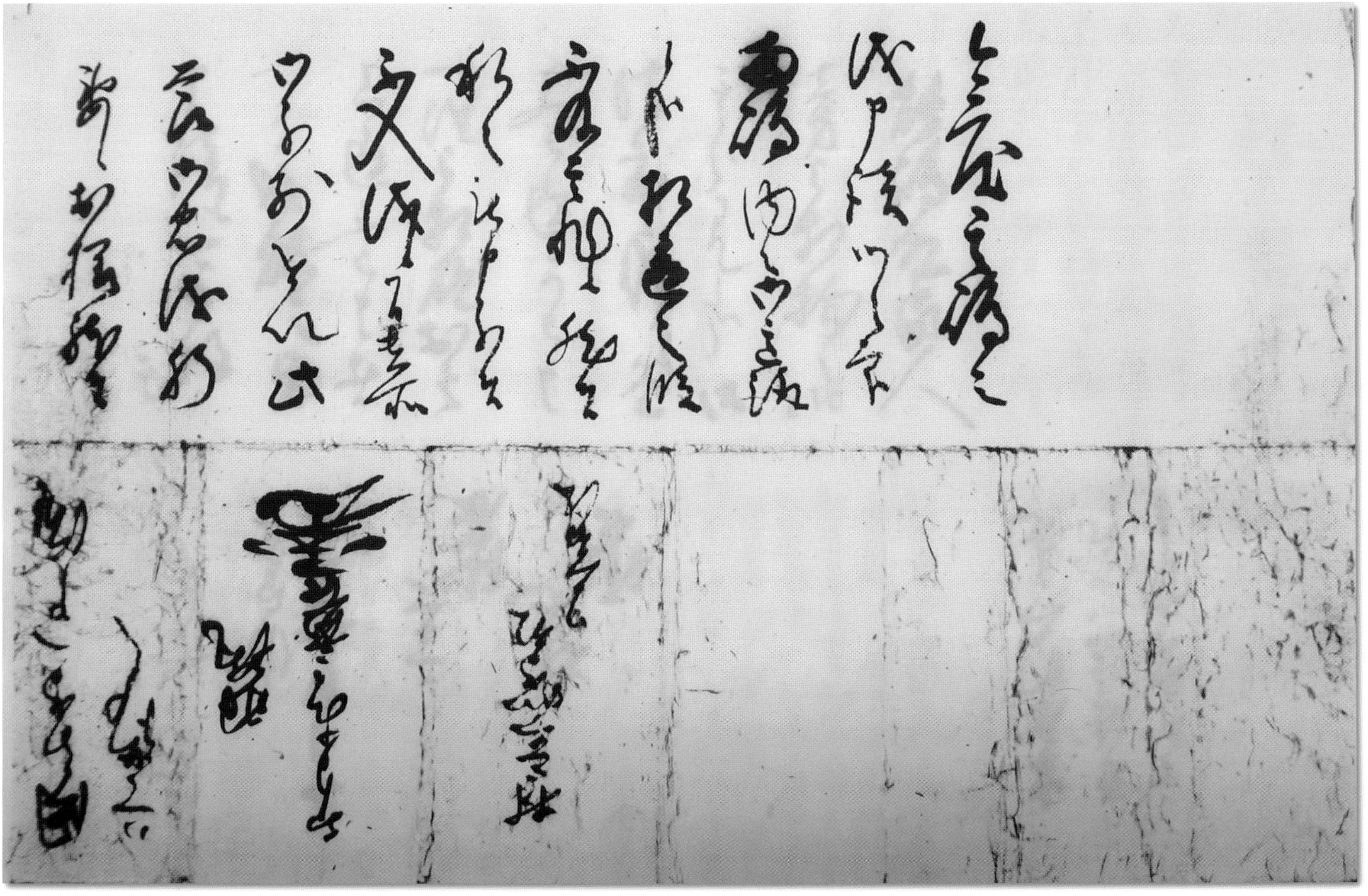

021 (天正十年)卯月二十三日付け羽柴秀吉書状

神戸大学文学部所蔵

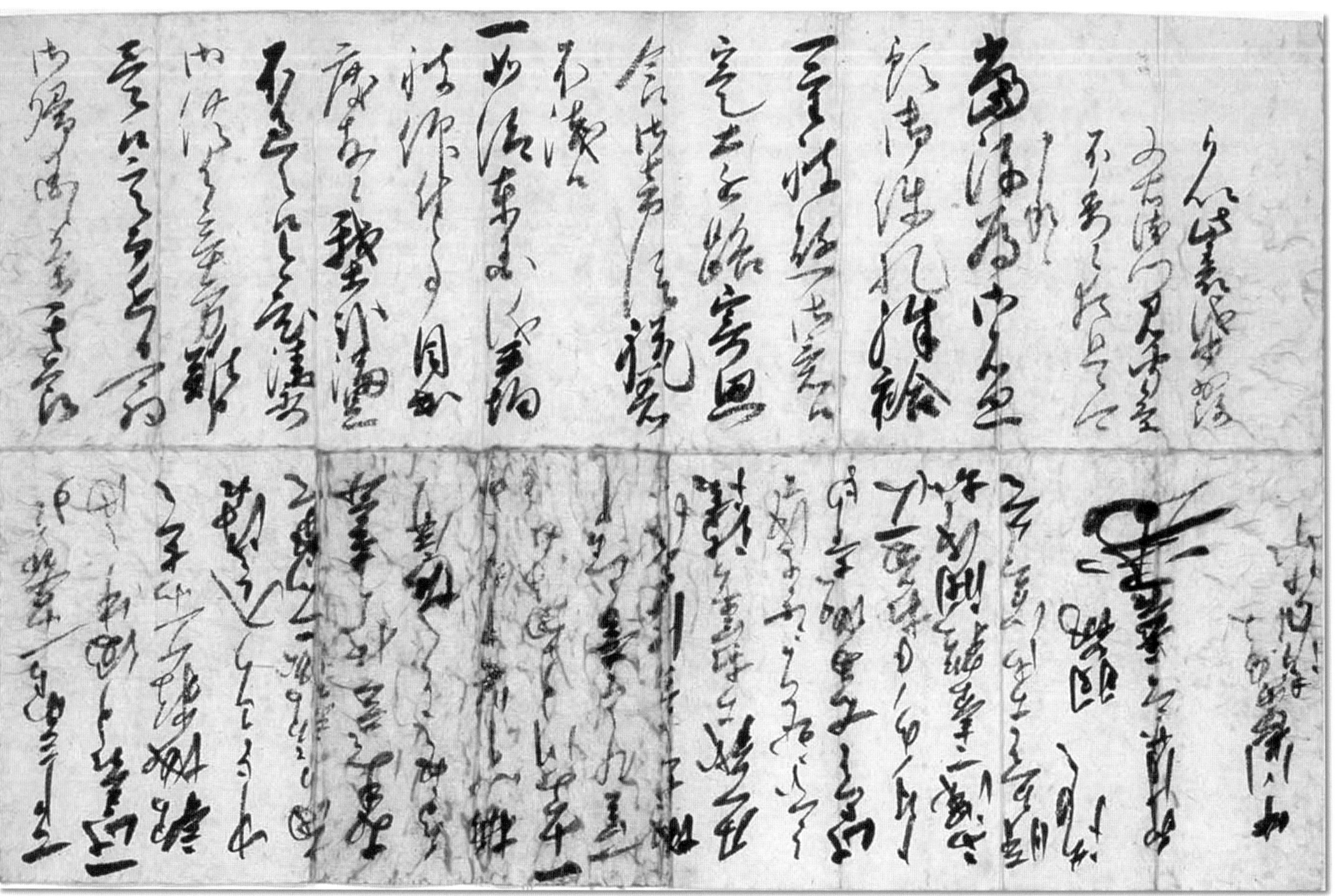

022 (天正十年)六月五日付け羽柴秀吉書状

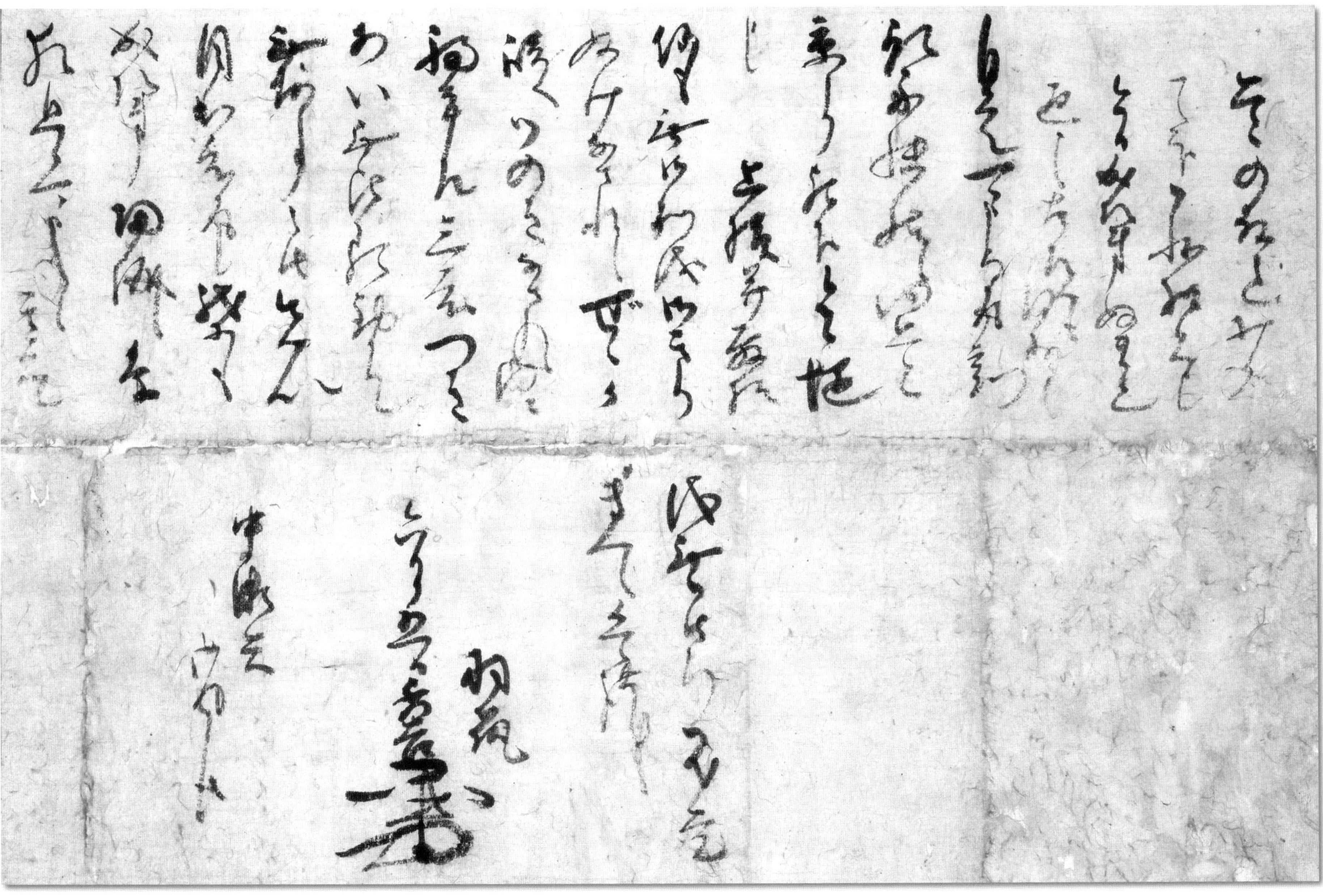

梅林寺所蔵

023 (天正十年)六月十三日付け羽柴秀吉・丹羽長秀連署状

名張市教育委員会所蔵

024 天正十年六月二十七日付け羽柴秀吉ほか三名連署状

本居宣長記念館所蔵

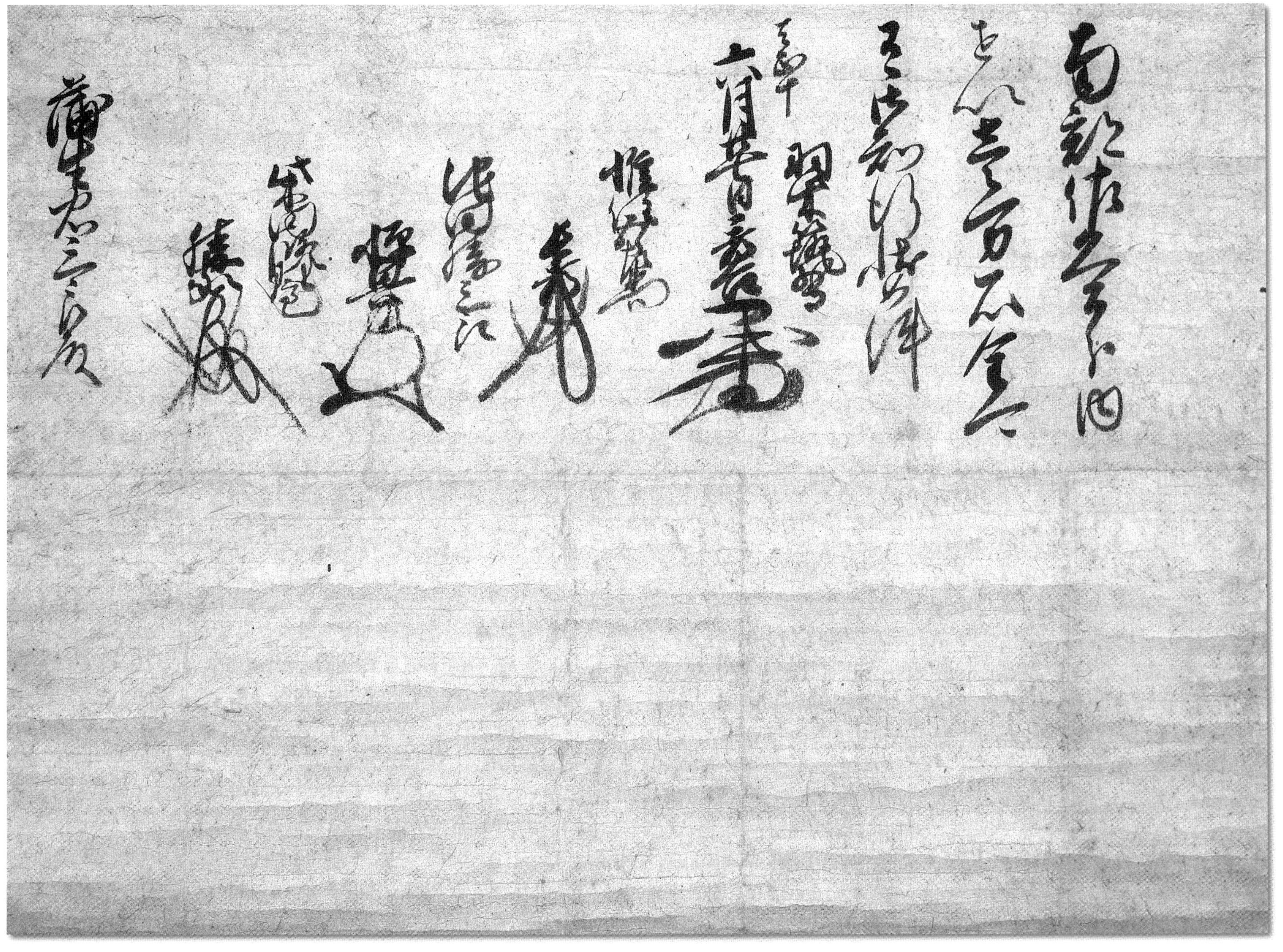

025 (天正十年)七月十一日付け羽柴秀吉書状写

東京大学史料編纂所所蔵影写本

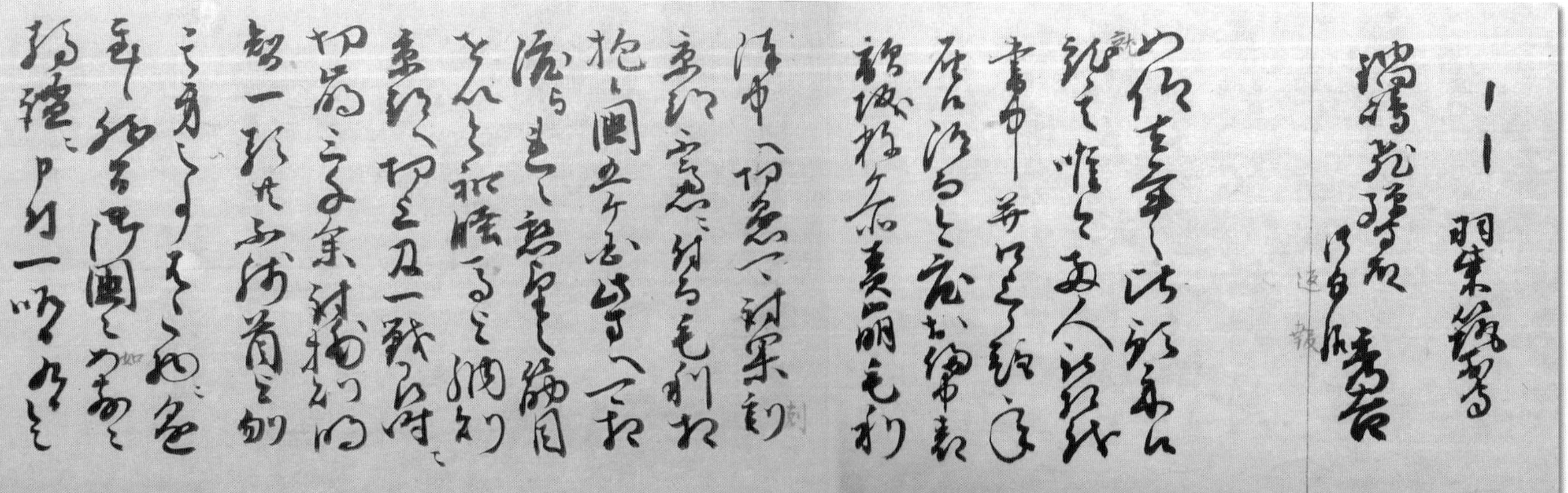

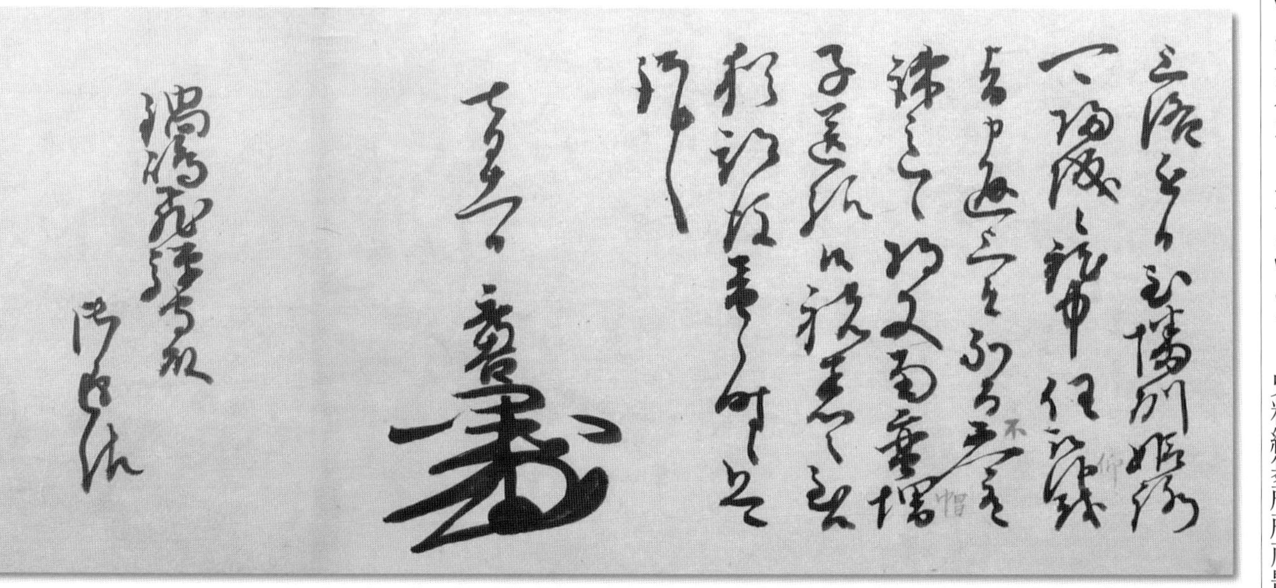

026 天正十年七月十一日付け羽柴秀吉血判起請文

永青文庫所蔵

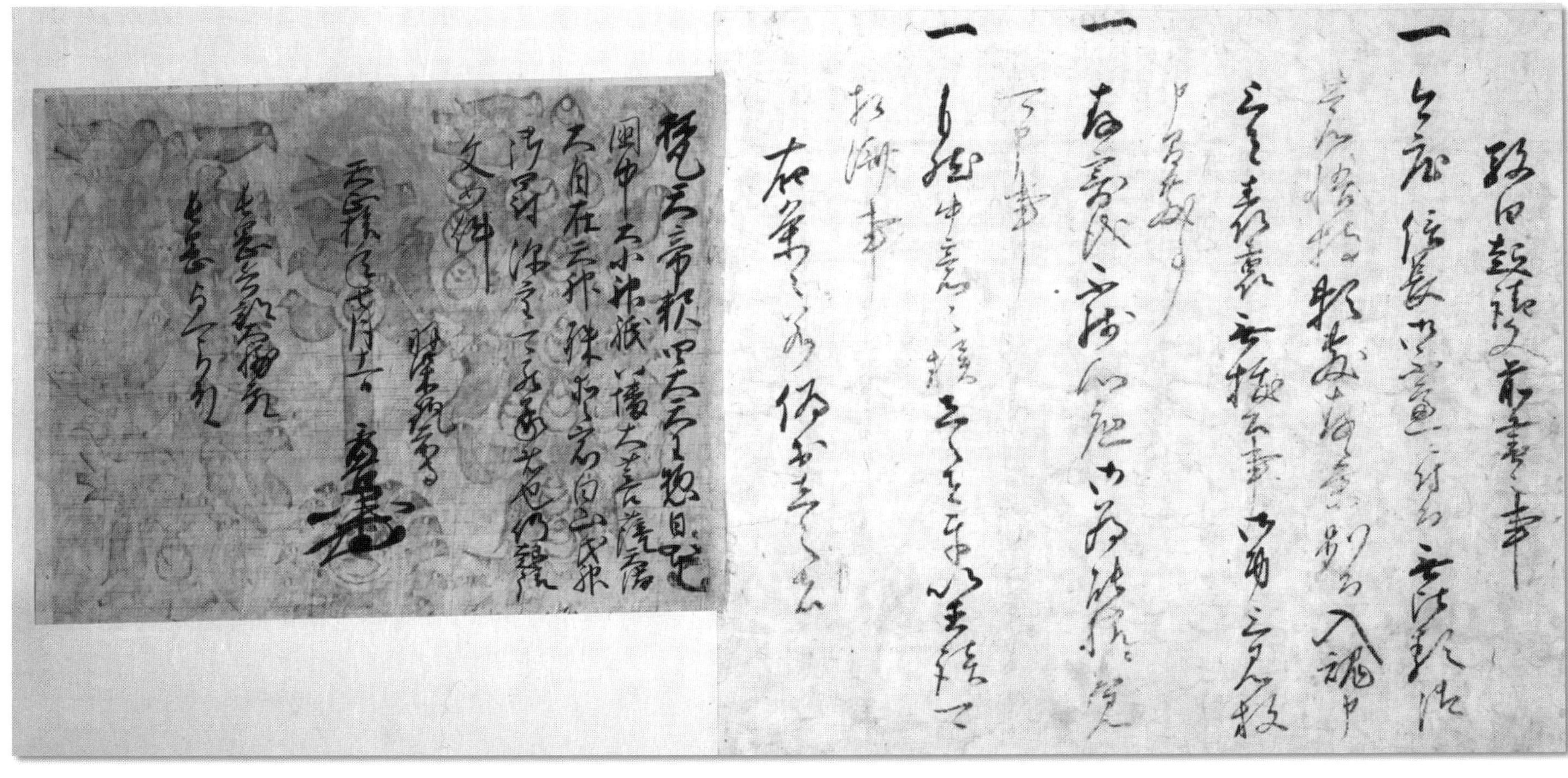

027 (天正十年)七月十七日付け羽柴秀吉書状

毛利博物館所蔵

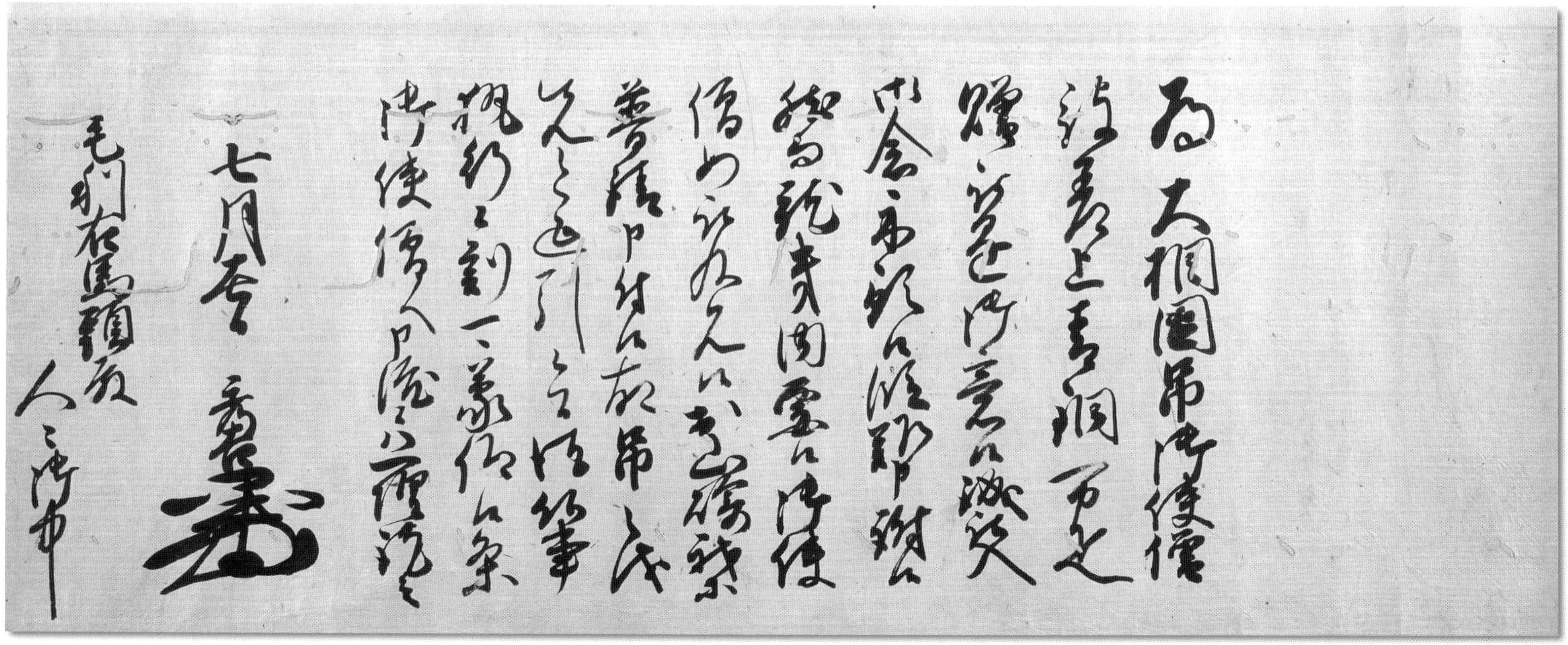

028 天正十年十月十八日付け羽柴秀吉書状写

滋賀県立安土城考古博物館所蔵

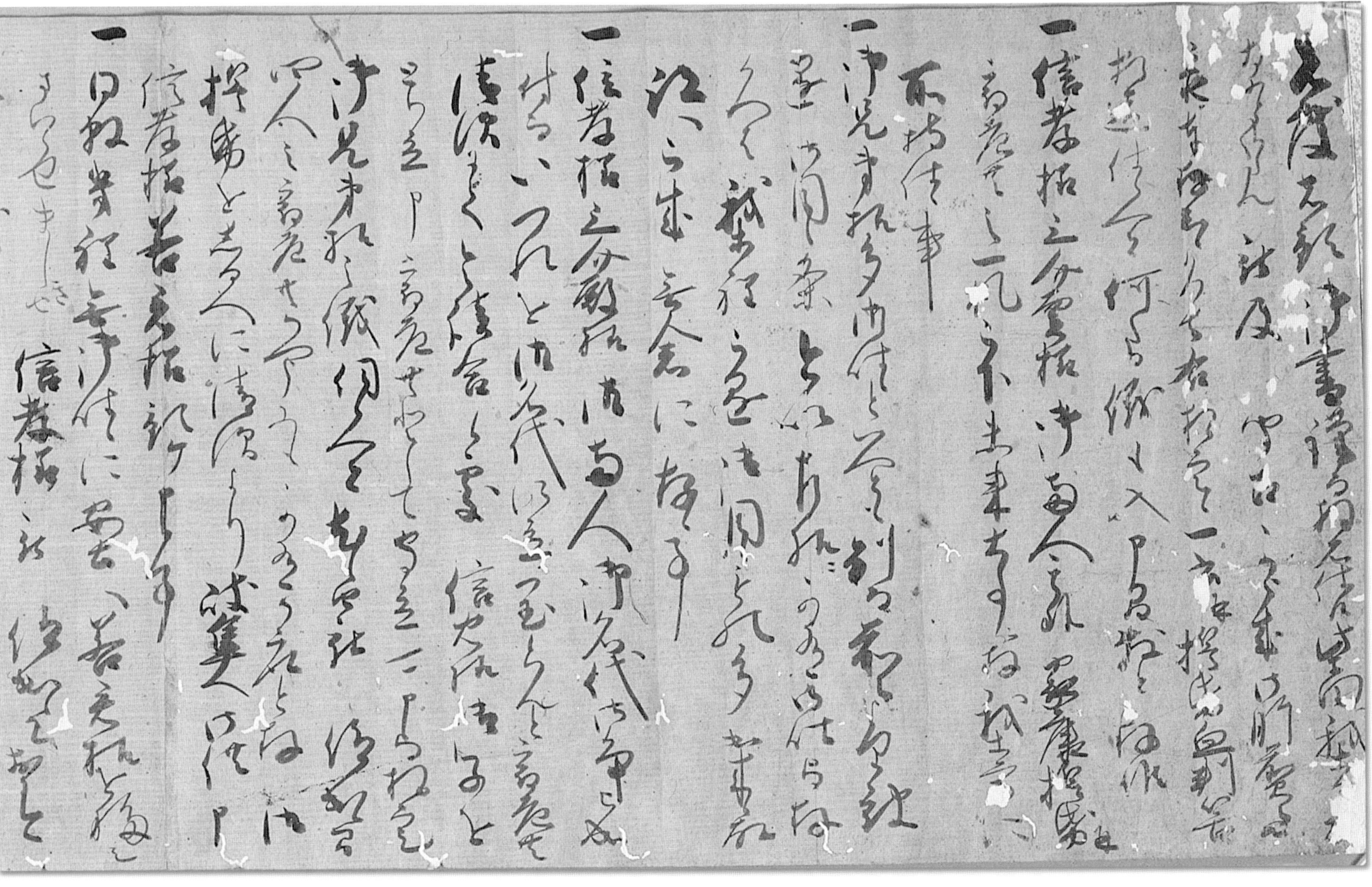

羽柴秀吉書状写（2/8）

羽柴秀吉書状写（3/8）

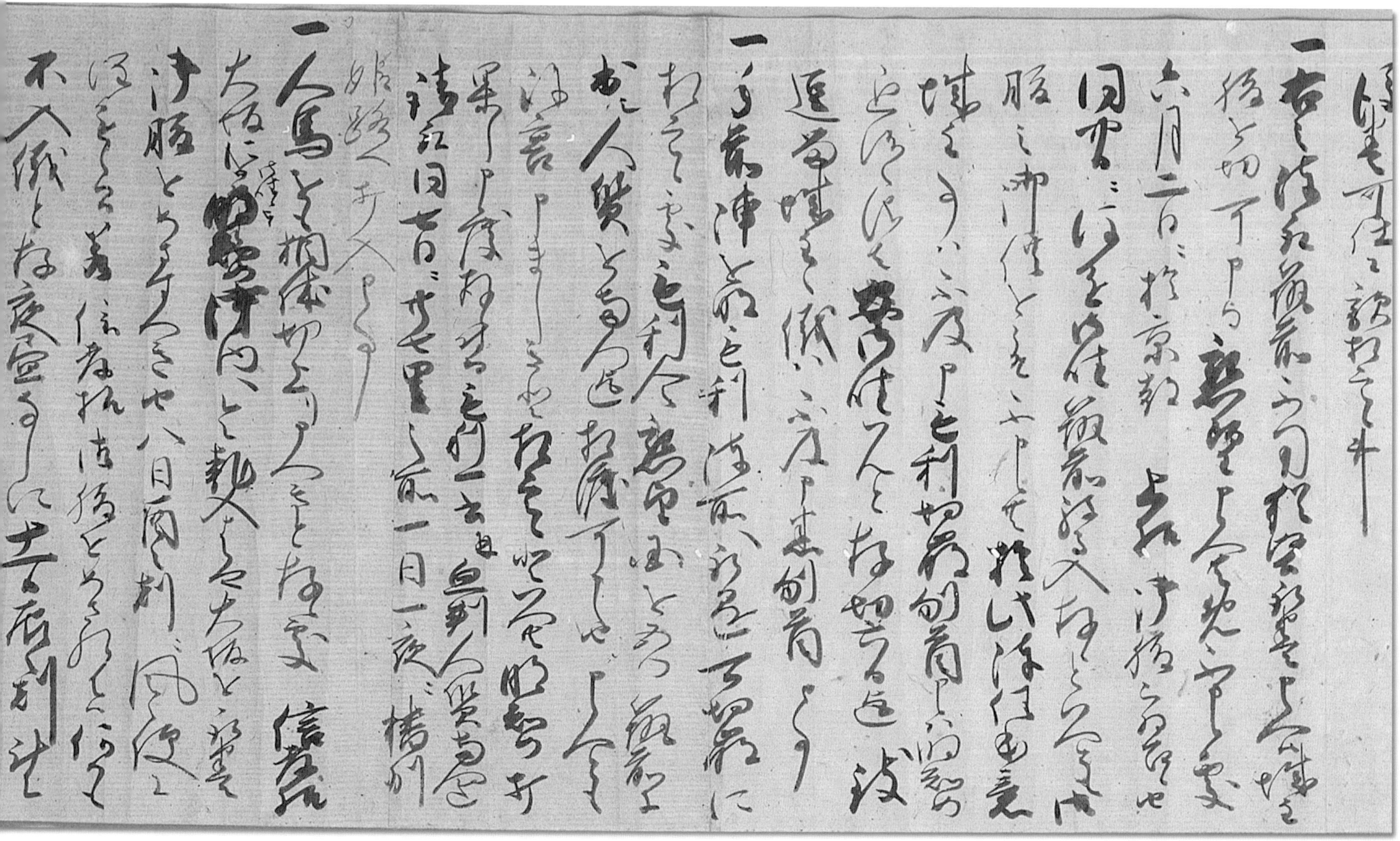

羽柴秀吉書状写（6/8）

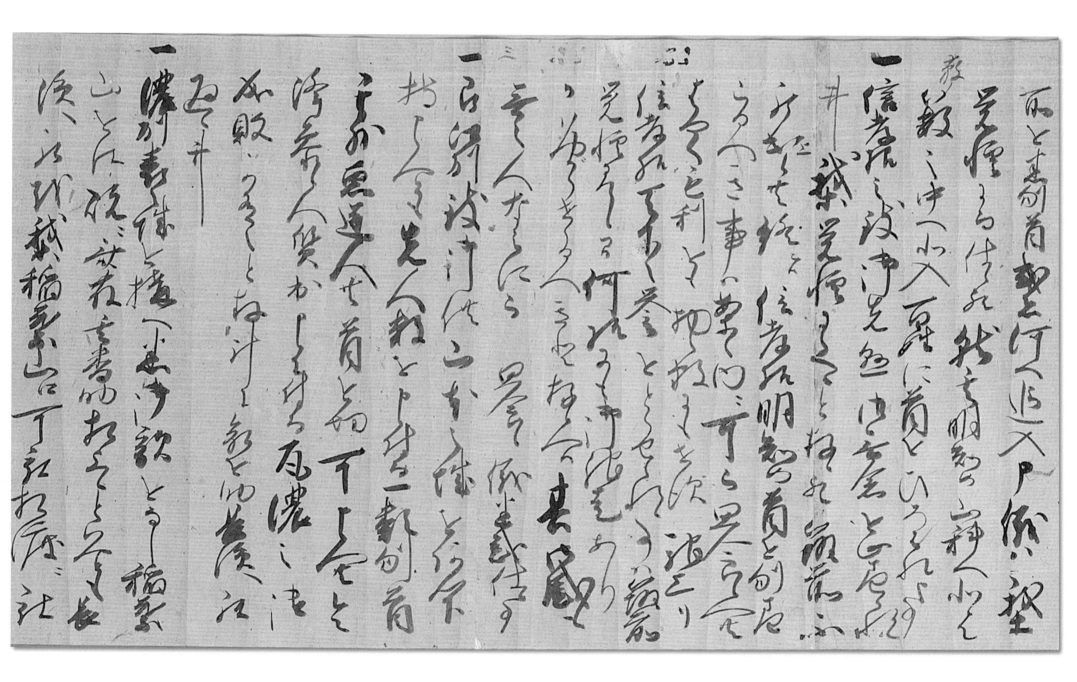

羽柴秀吉書状写（7/8）

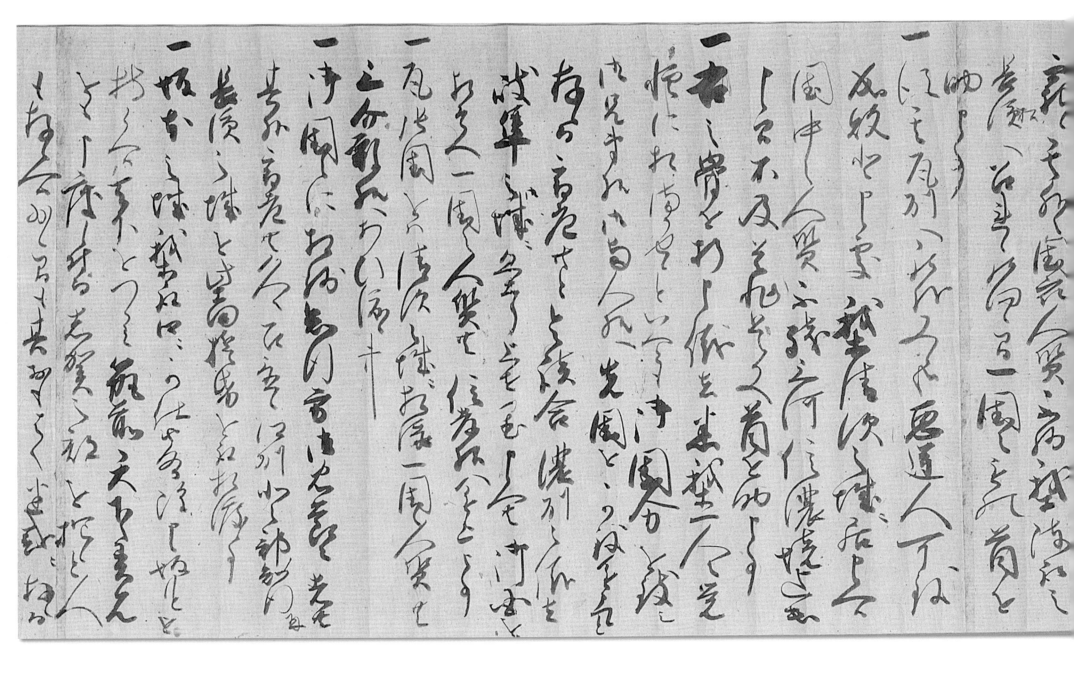

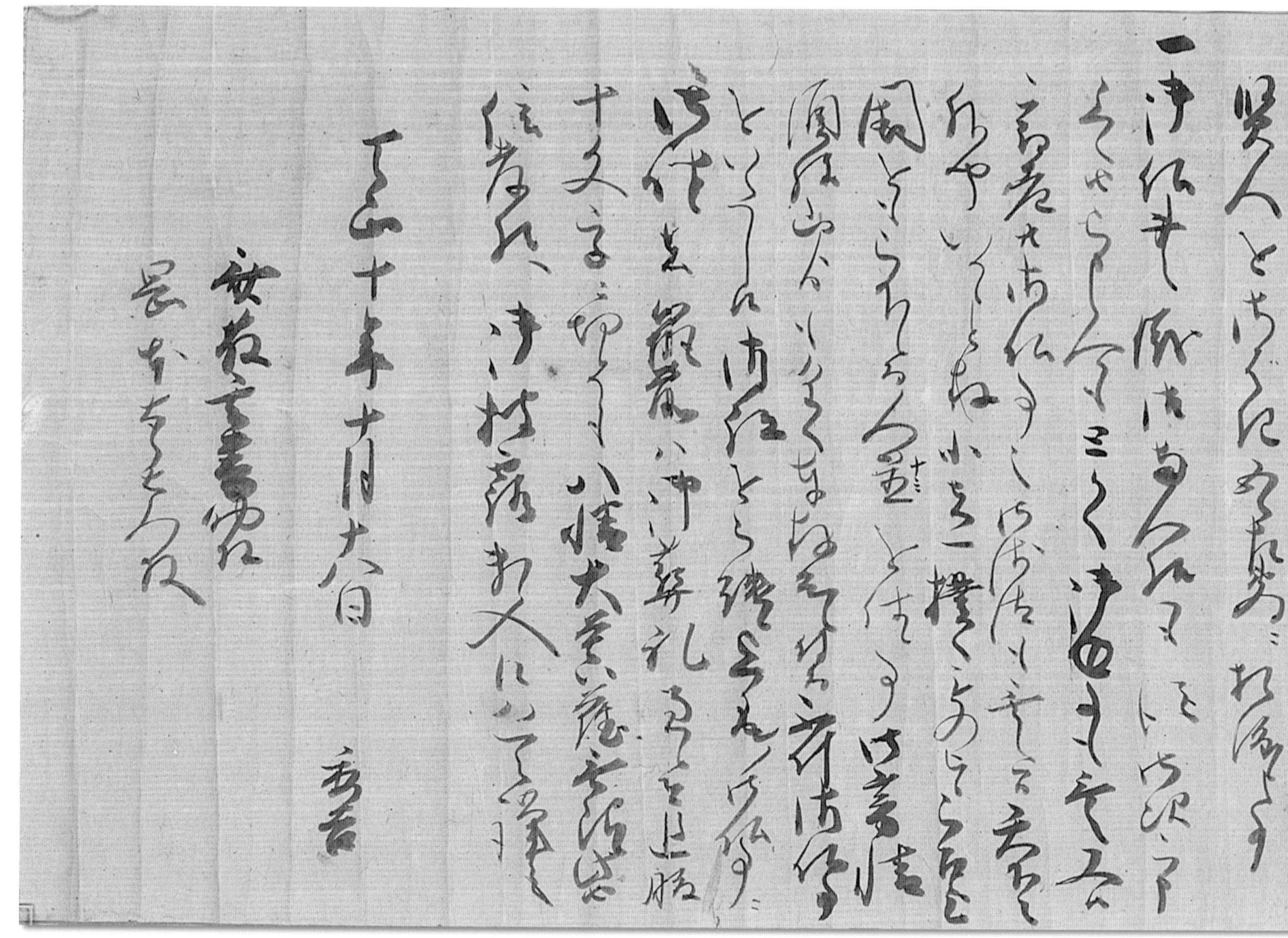

029 (天正十一年)五月十五日付け羽柴秀吉書状

毛利博物館所蔵

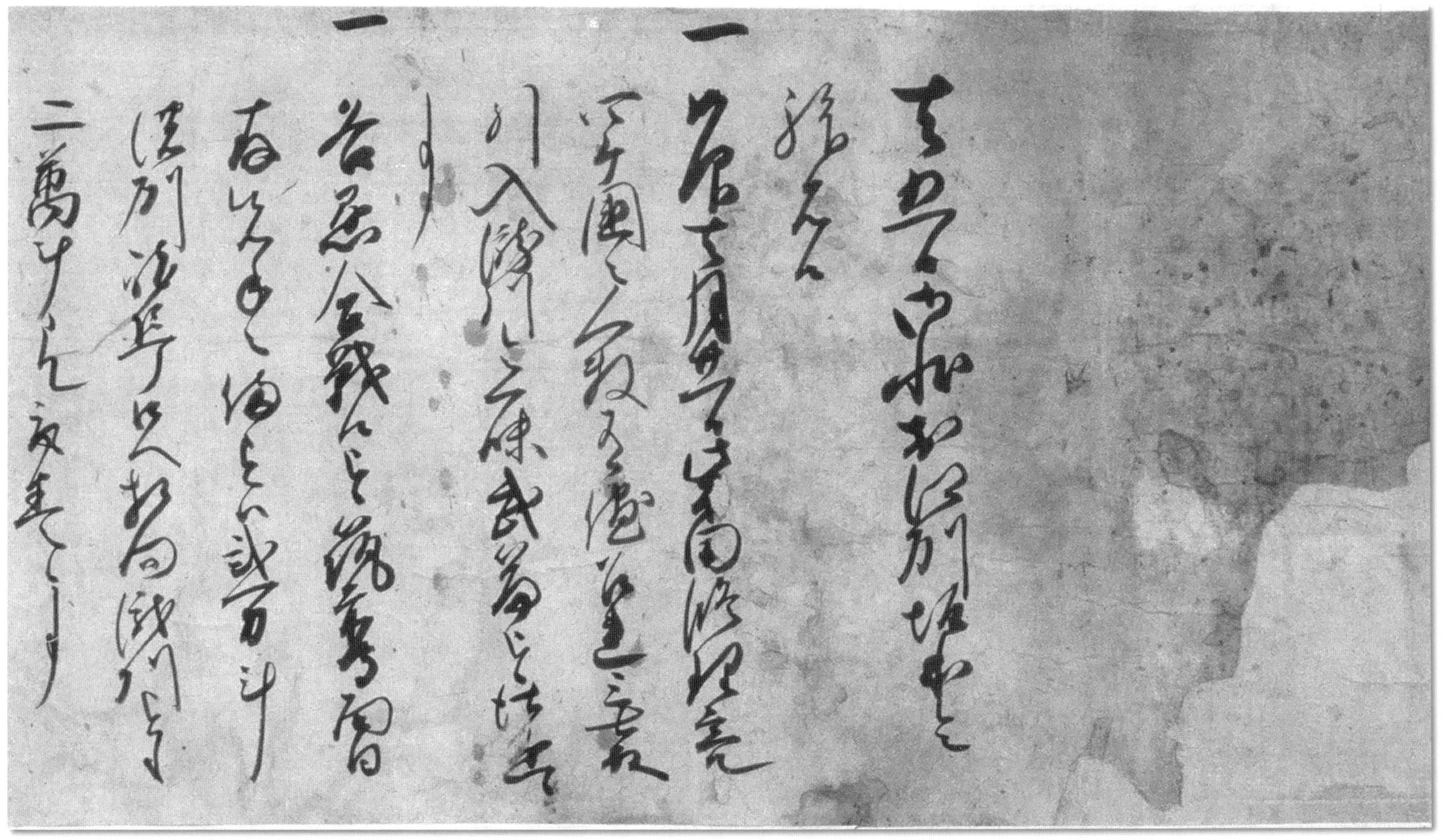

羽柴秀吉書状（2/7）

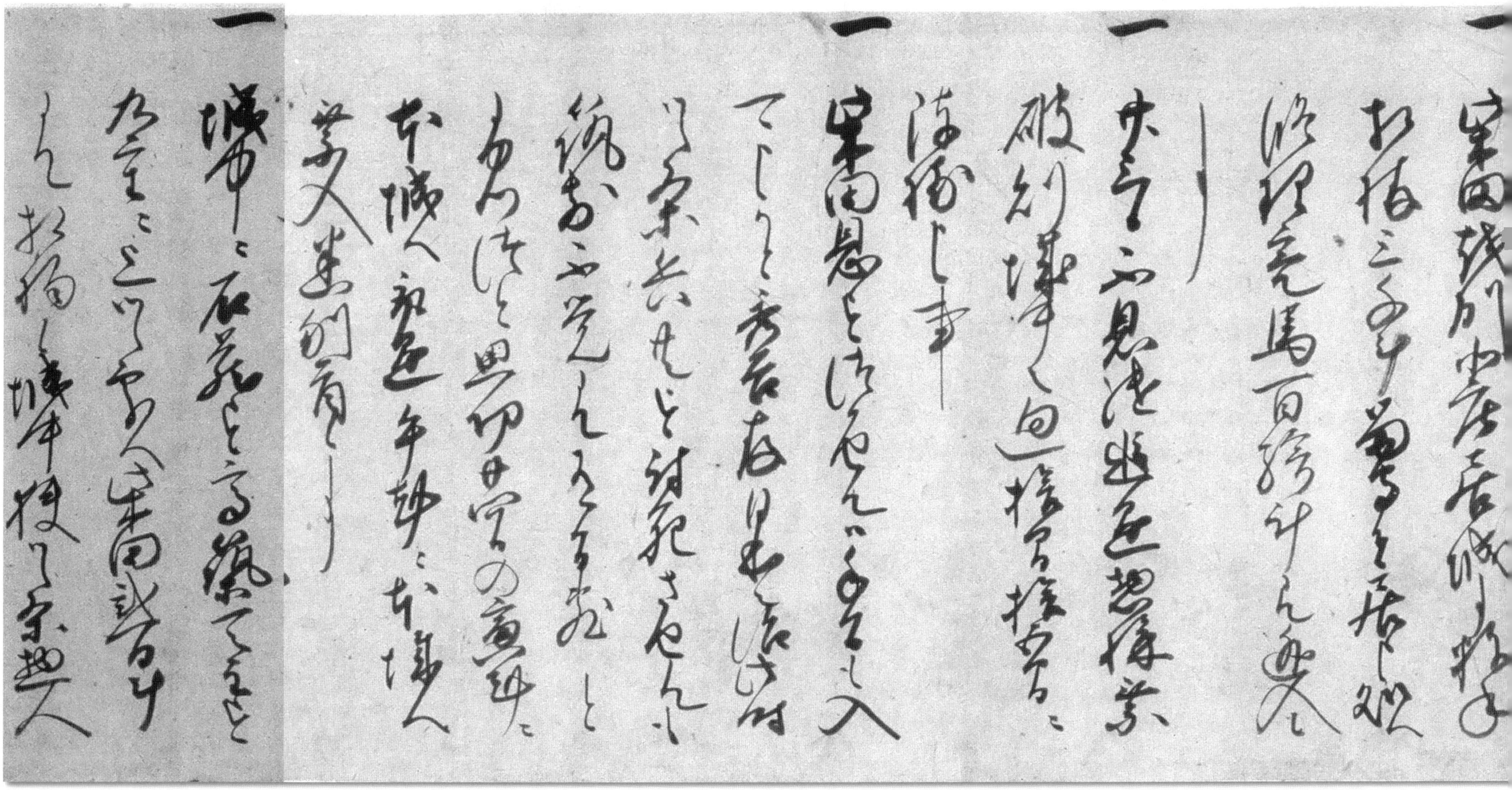

羽柴秀吉書状（3/7）

羽柴秀吉書状（4/7）

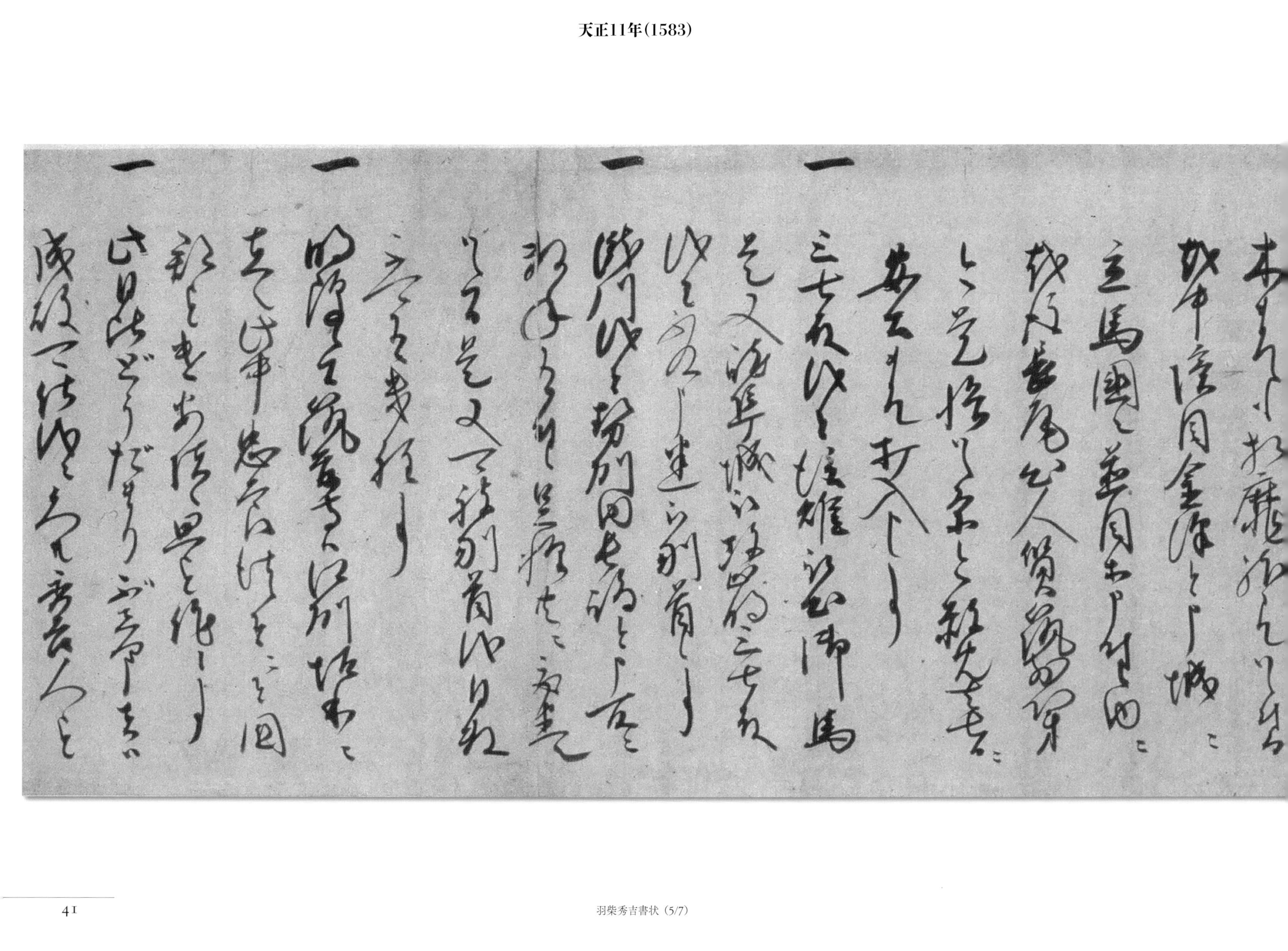

羽柴秀吉書状（5/7）

羽柴秀吉書状（6/7）

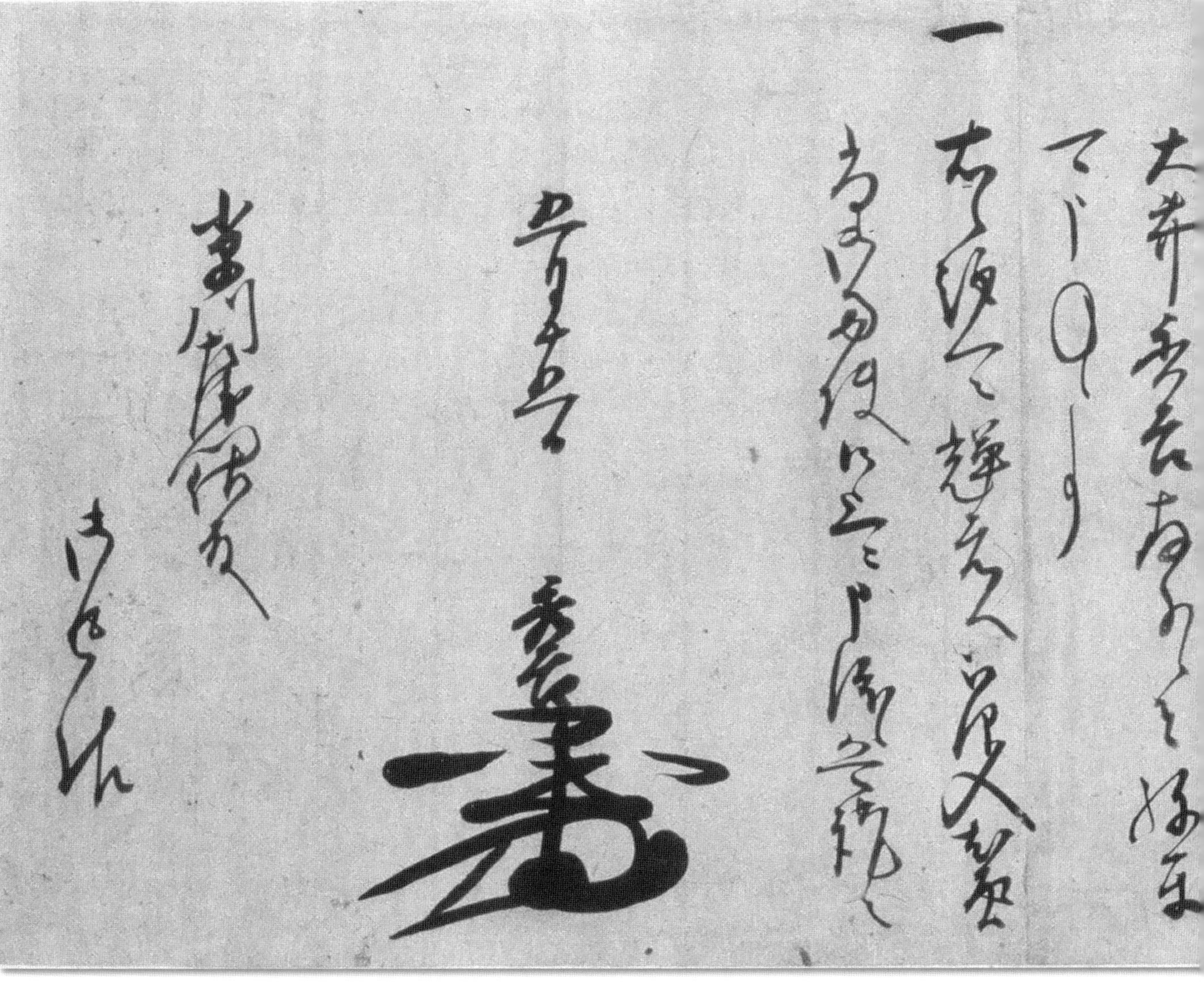

030 天正十一年六月五日付け羽柴秀吉判物

個人所蔵

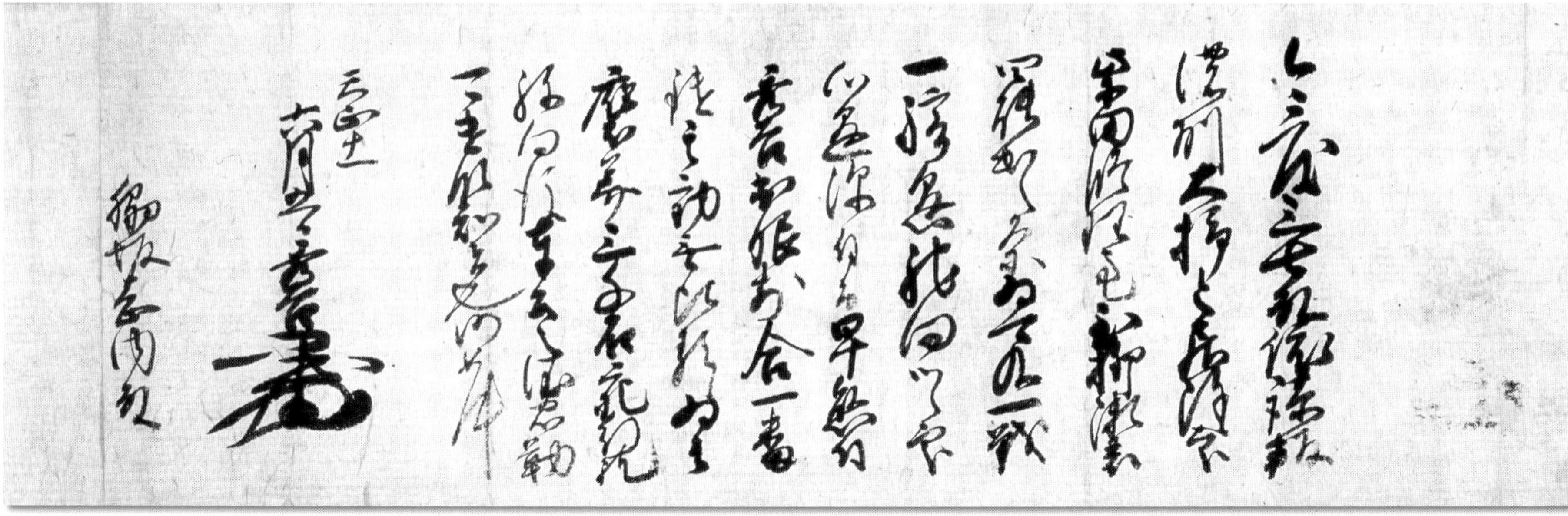

031 (天正十一年)十二月十四日付け羽柴秀吉書状

大坂城天守閣所蔵

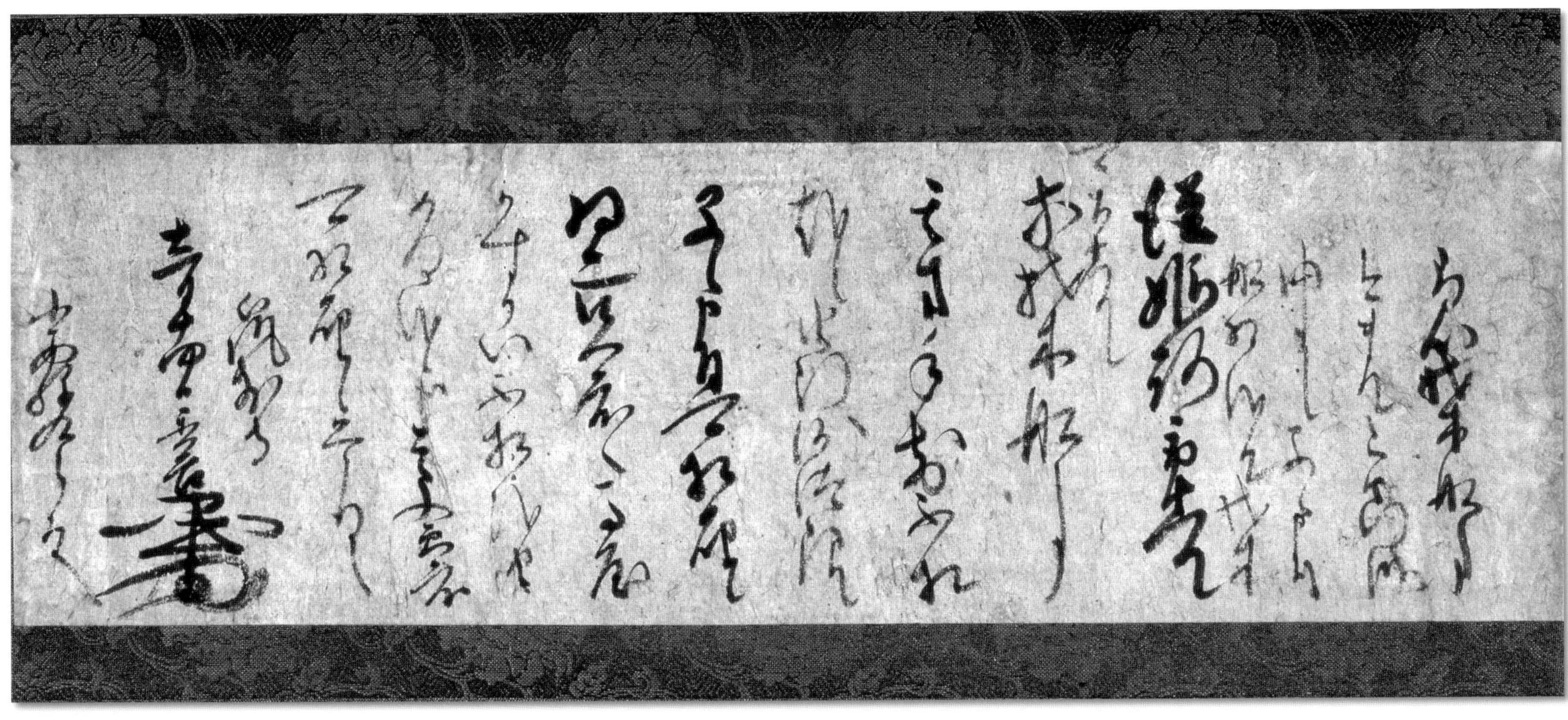

032 (天正十二年)三月九日付け羽柴秀吉書状写

東京大学史料編纂所所蔵影写本

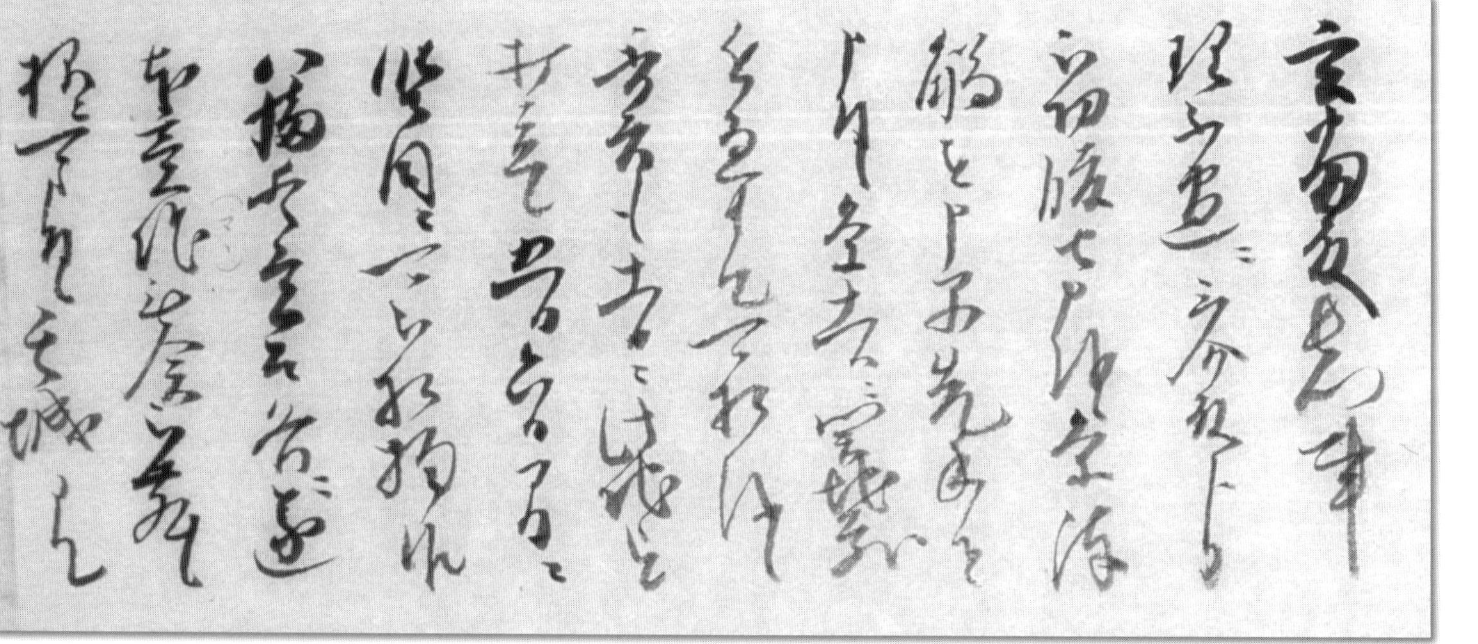

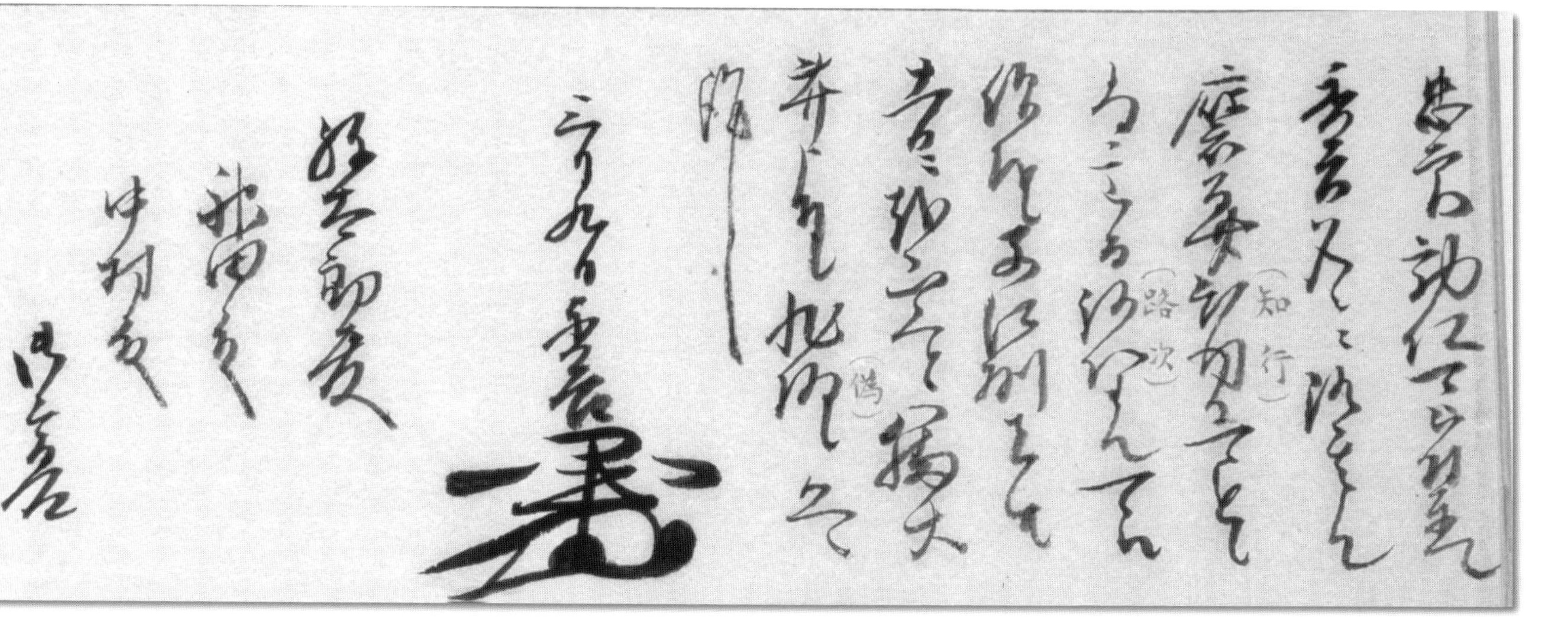

033 (天正十二年)三月十七日付け羽柴秀吉書状

神宮徴古館所蔵

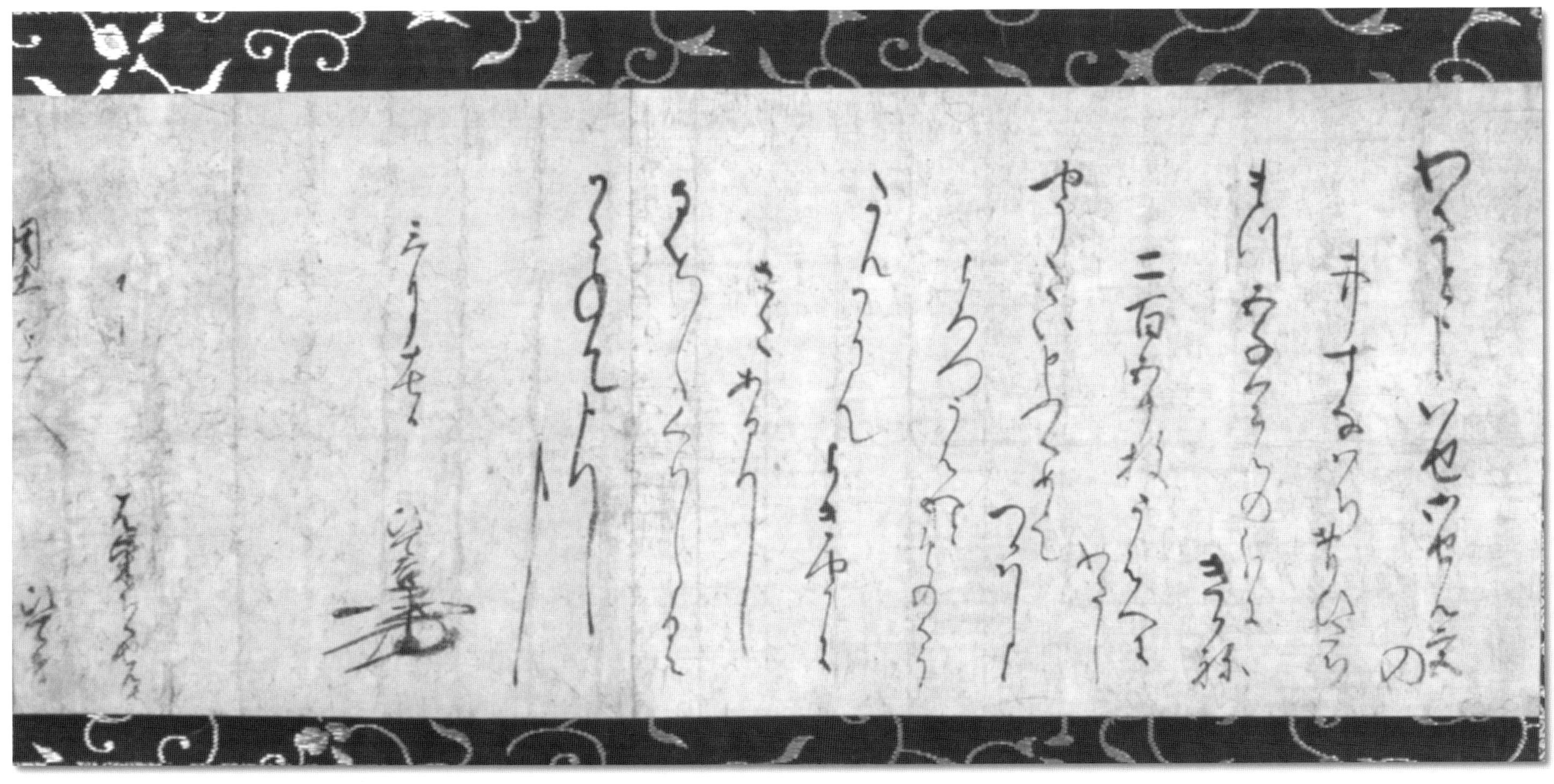

034 (天正十二年)三月二十六日付け羽柴秀吉書状写

東京大学史料編纂所所蔵影写本

花押

035 (天正十二年)卯月十一日付け羽柴秀吉書状

林原美術館所蔵

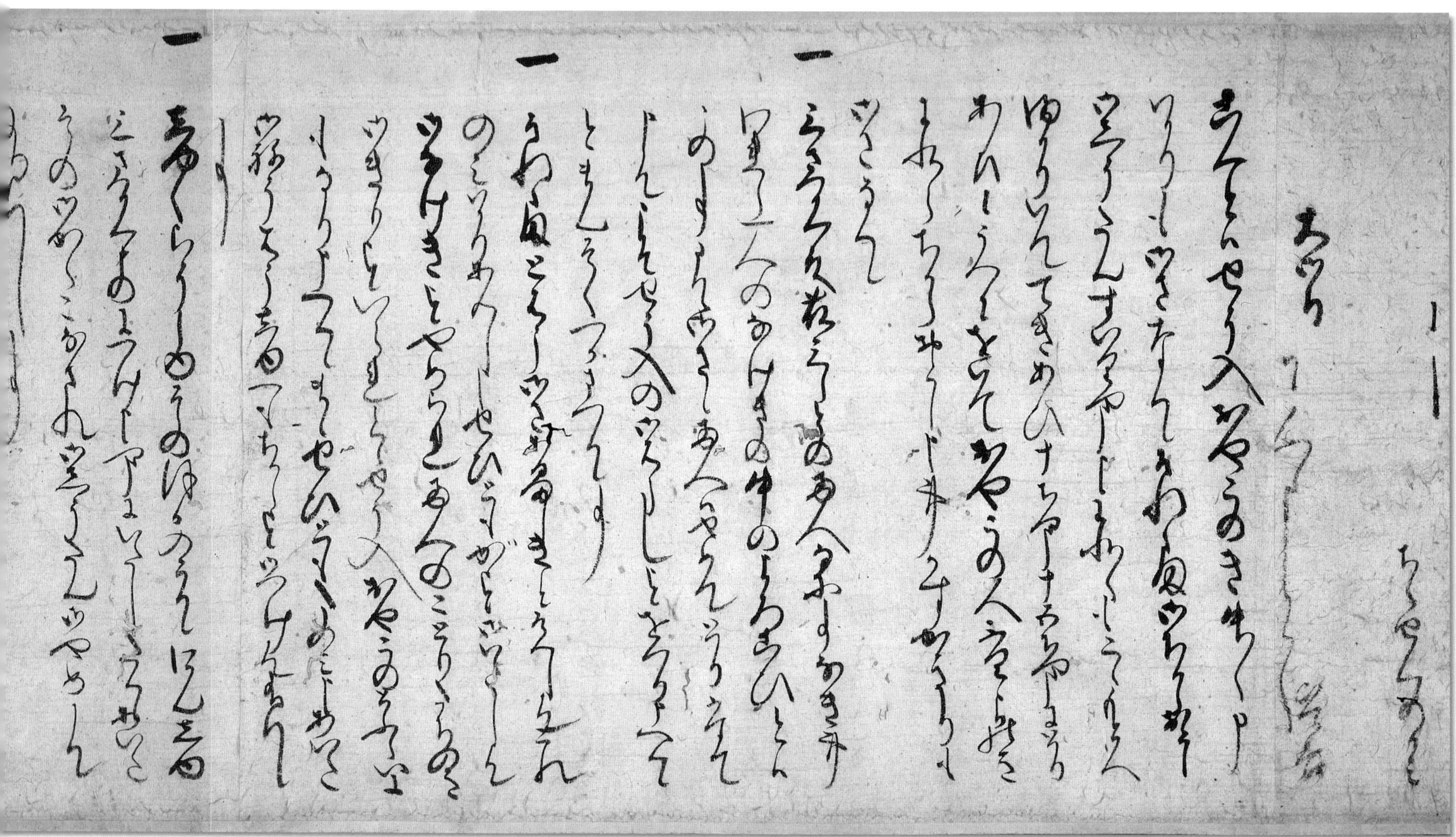

羽柴秀吉書状（1/2）

羽柴秀吉書状（2/2）

036 (天正十二年八月)小牧・長久手の戦い陣立書

大阪城天守閣所蔵

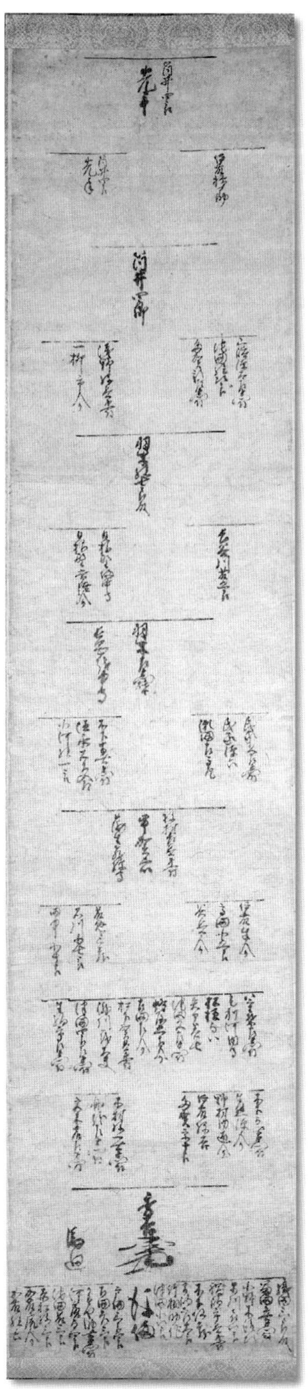

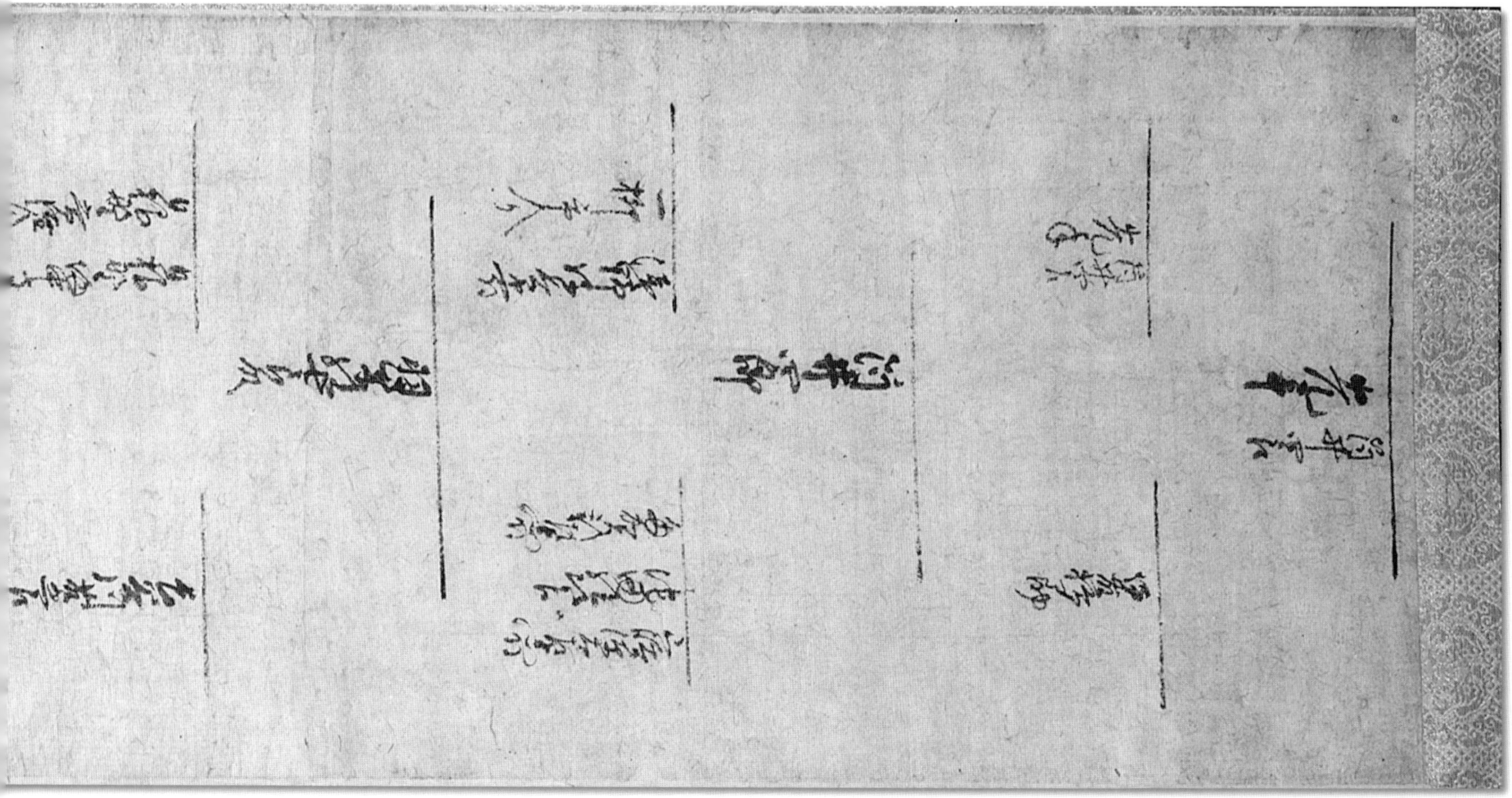

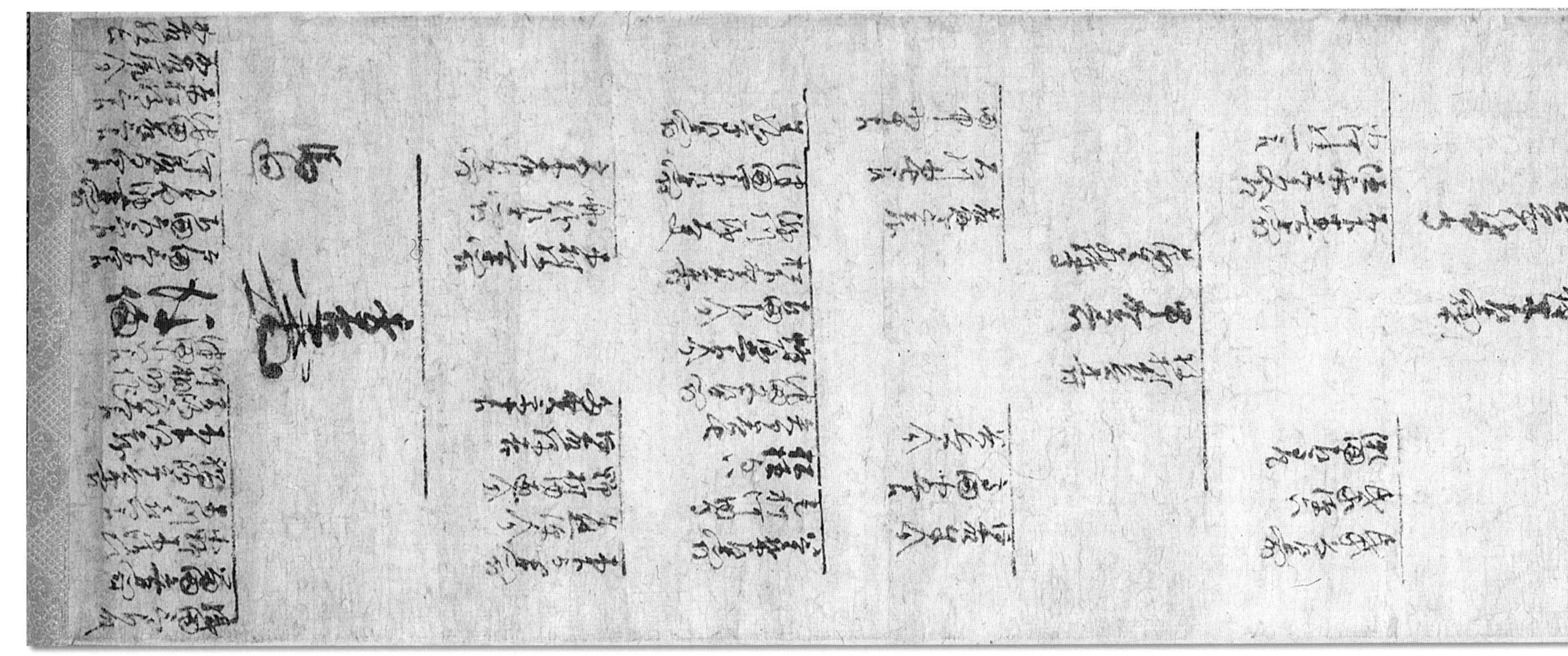

037 (天正十二年)九月八日付け羽柴秀吉書状

前田育徳会所蔵

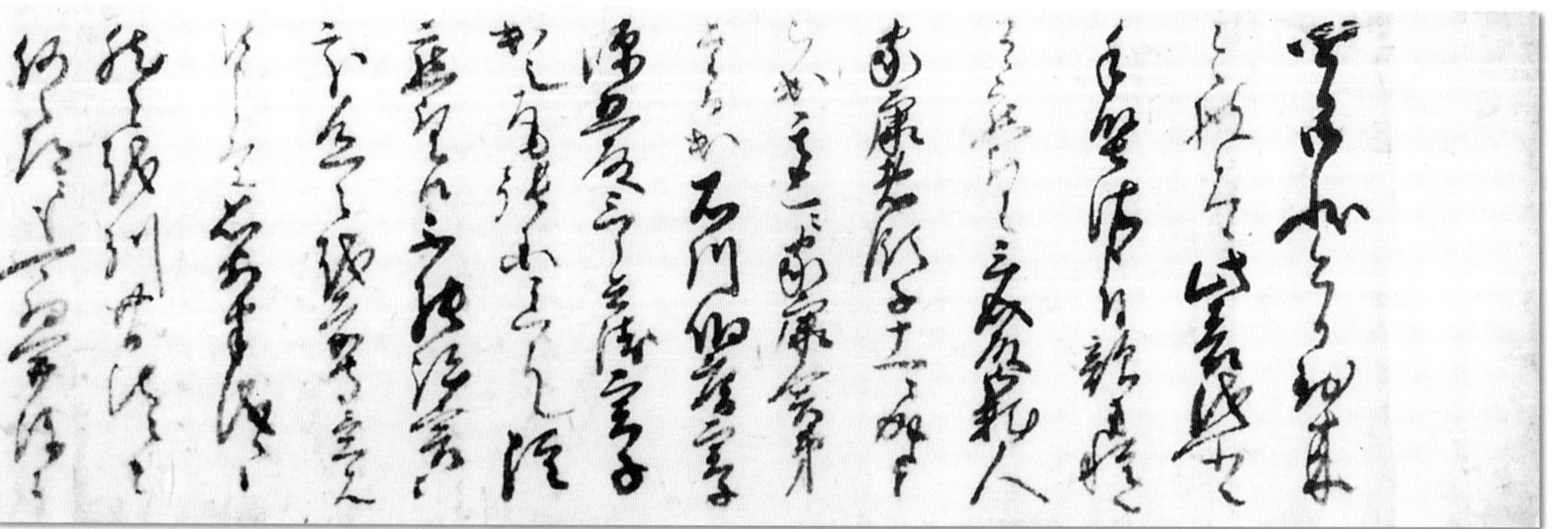

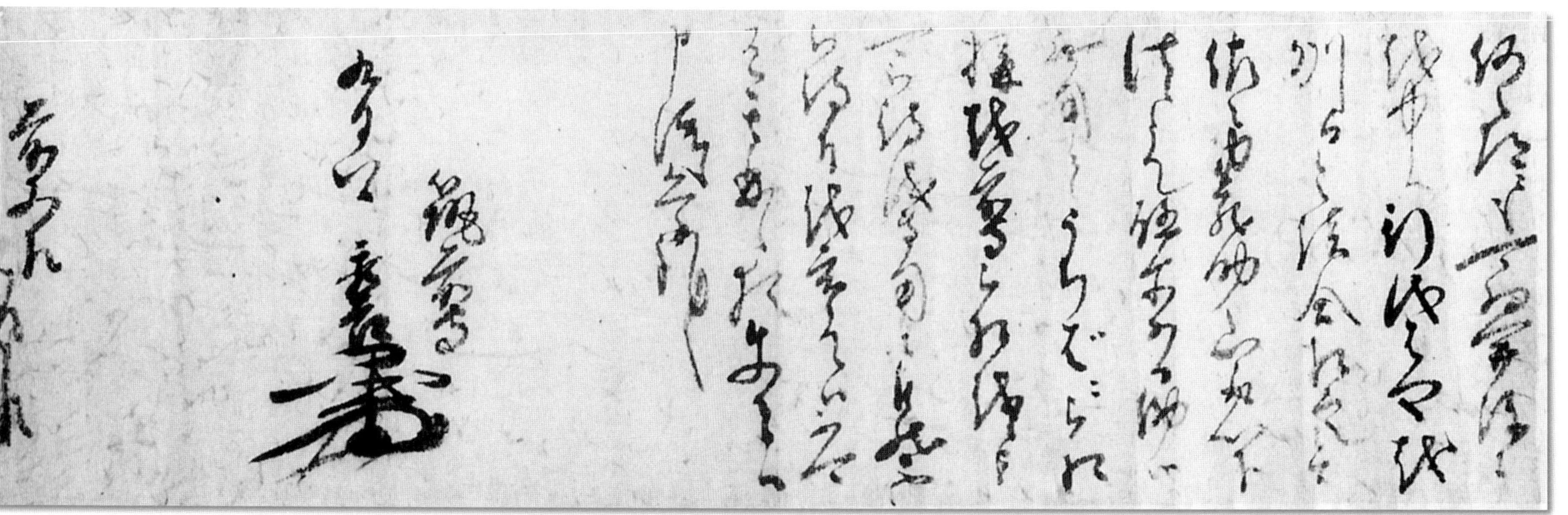

038 (天正十二年)九月二十三日付け羽柴秀吉条書写

金沢市立玉川図書館所蔵

羽柴秀吉条書写（2/2）

039

(天正十三年)三月二十五日付け羽柴秀吉書状

九州国立博物館保管

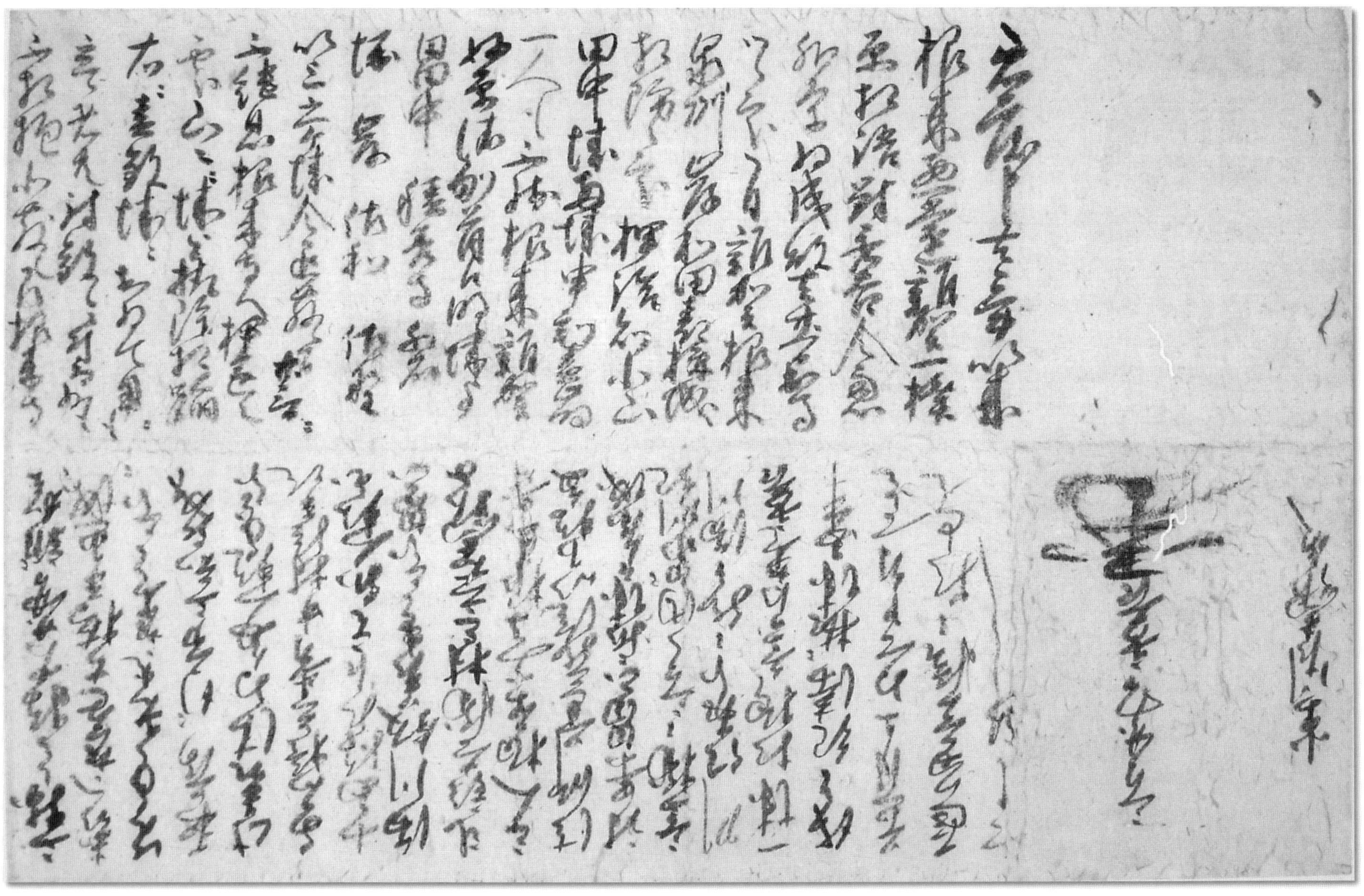

040 (天正十三年)卯月九日付け羽柴秀吉朱印状

東京国立博物館所蔵

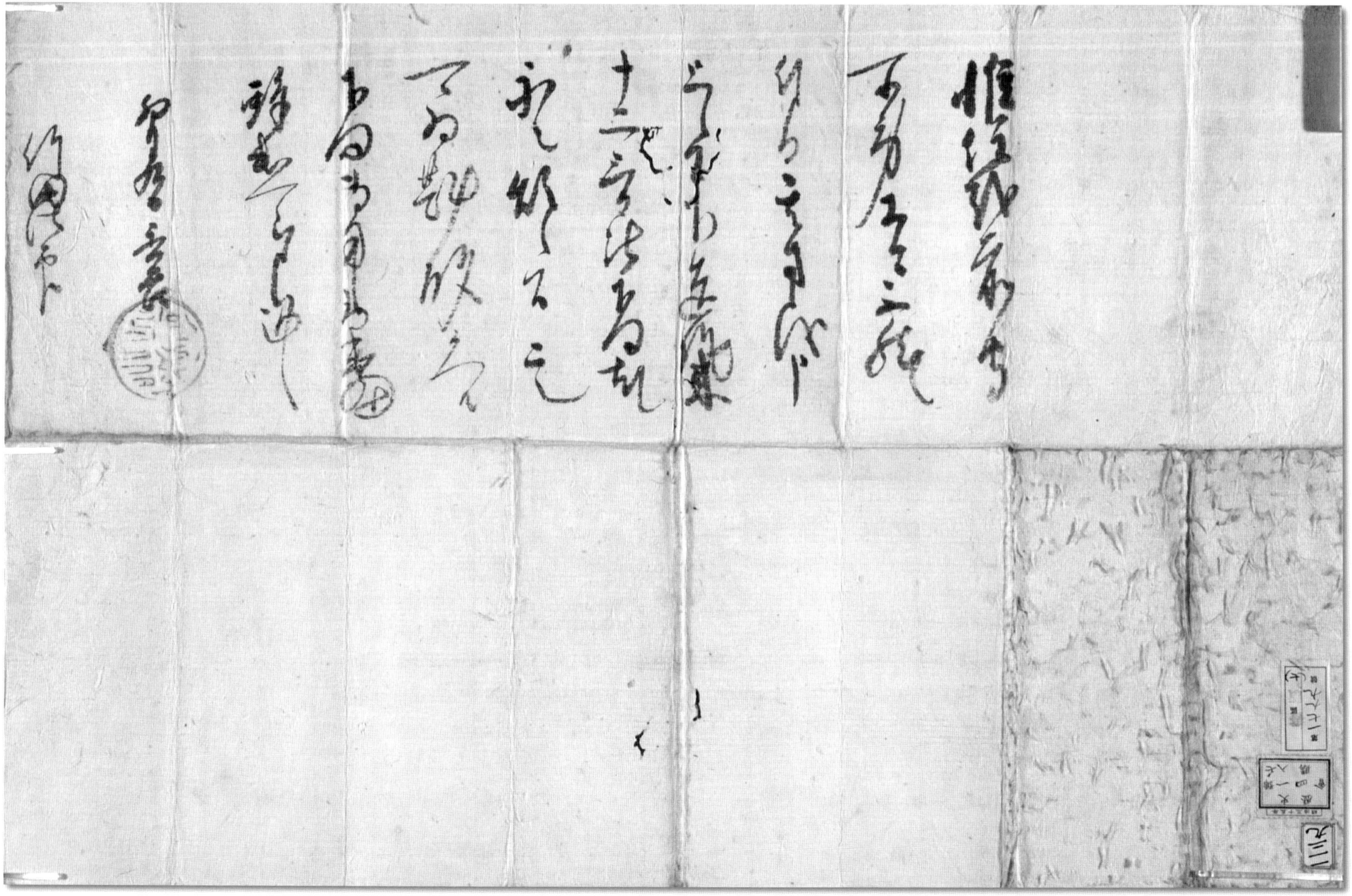

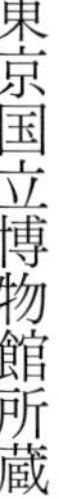

041 天正十三年卯月二十一日付け羽柴秀吉朱印状

太田孝美氏所蔵

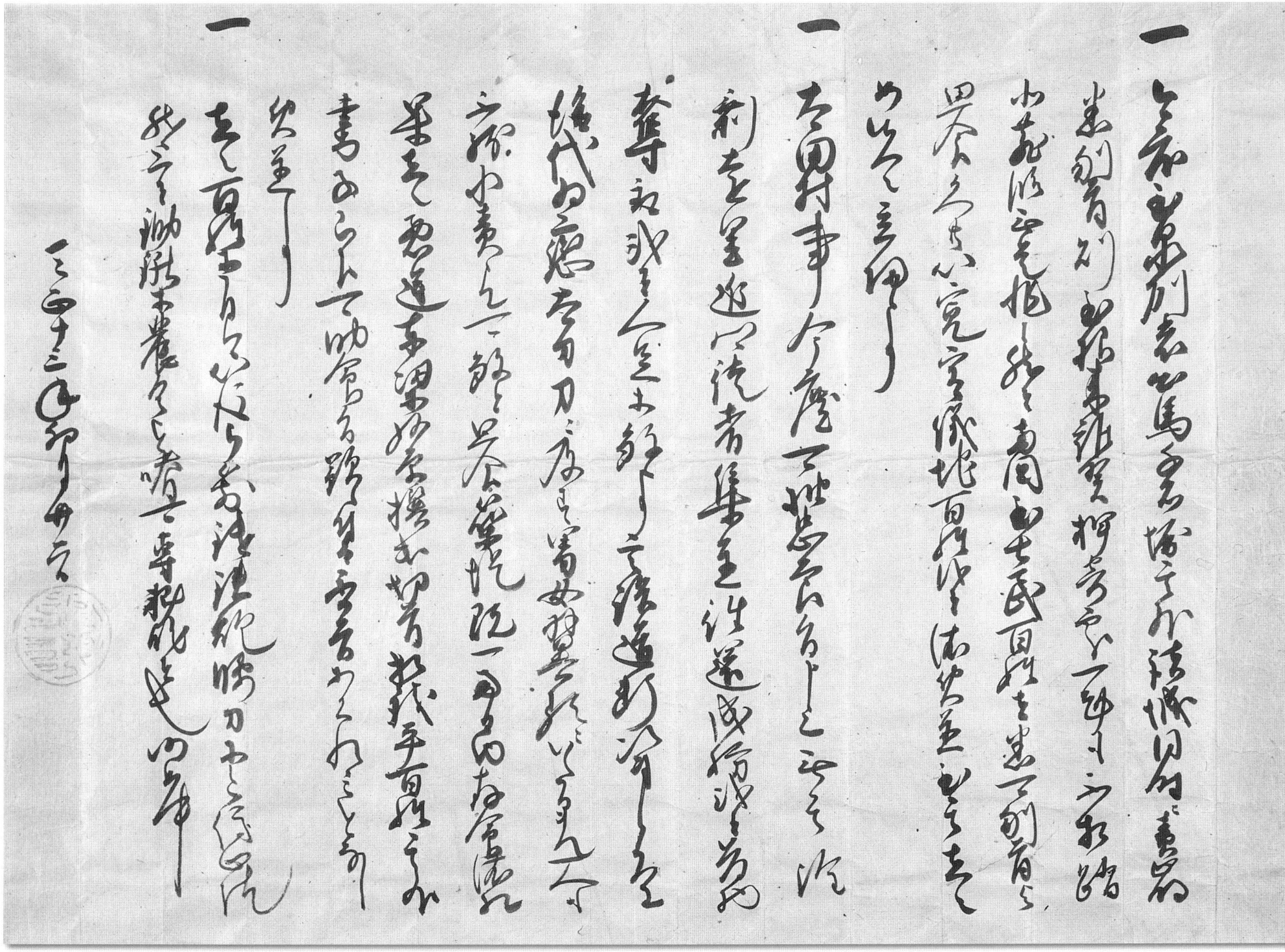

042 (天正十三年)六月十七日付け羽柴秀吉朱印状

神戸大学文学部所蔵

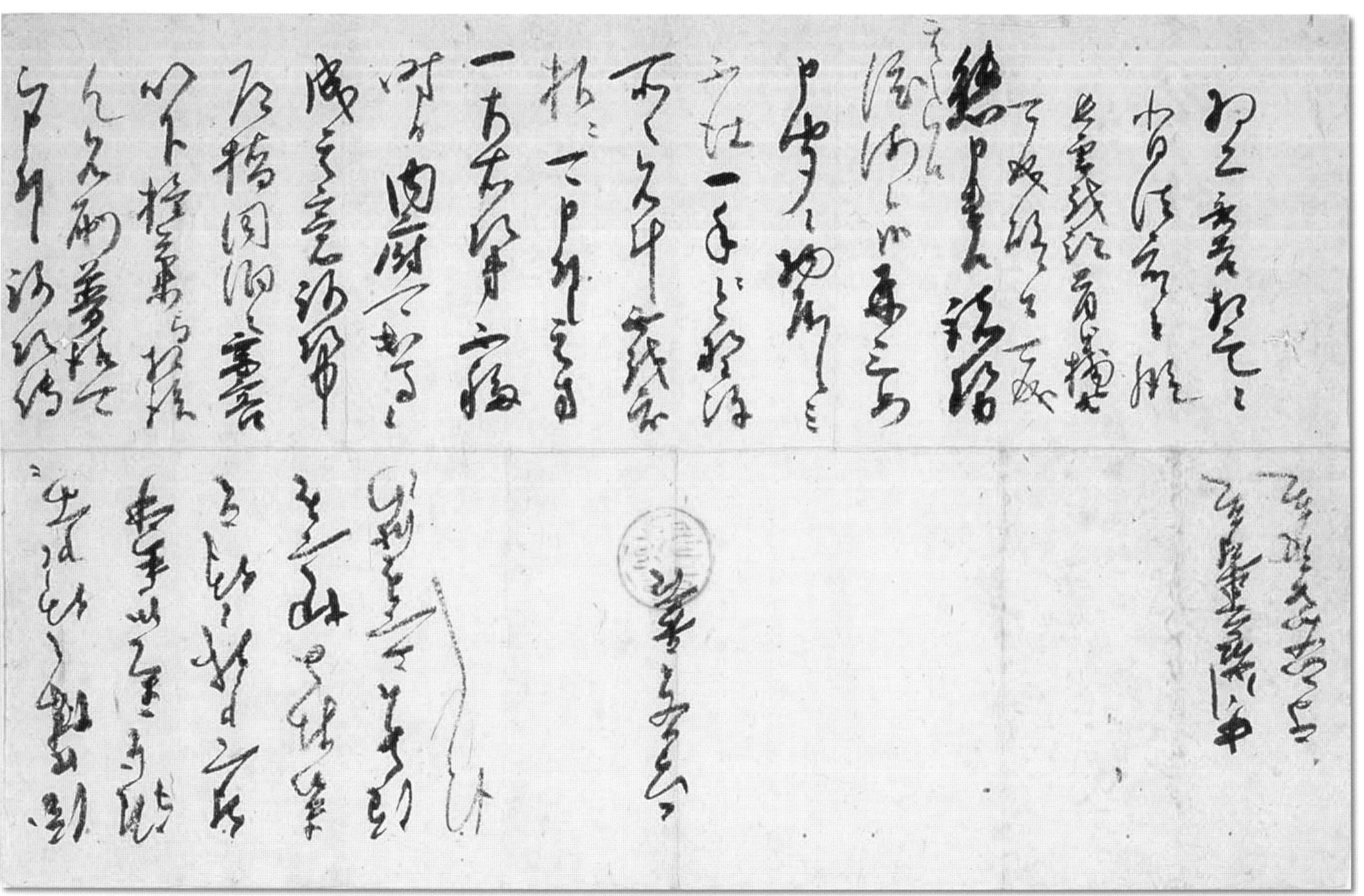

043 天正十三年七月十五日付け羽柴秀吉判物

宮内庁書陵部所蔵

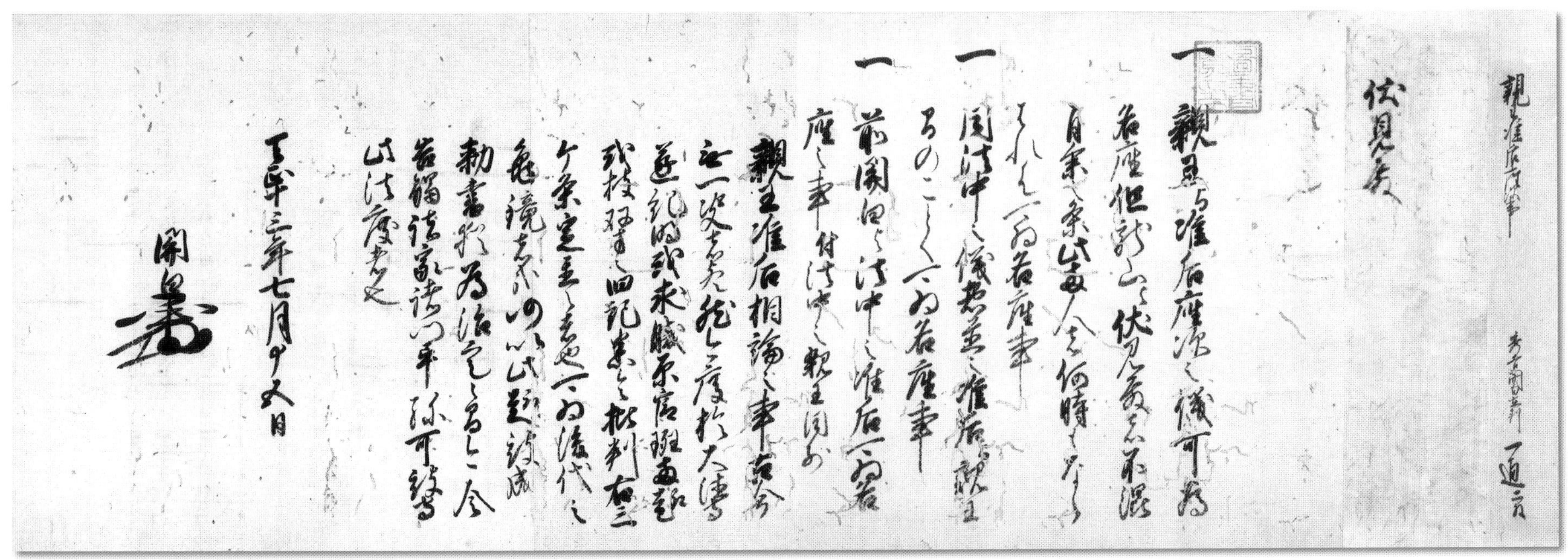

044 天正十三年七月十八日付け羽柴秀吉判物

宮内庁書陵部所蔵

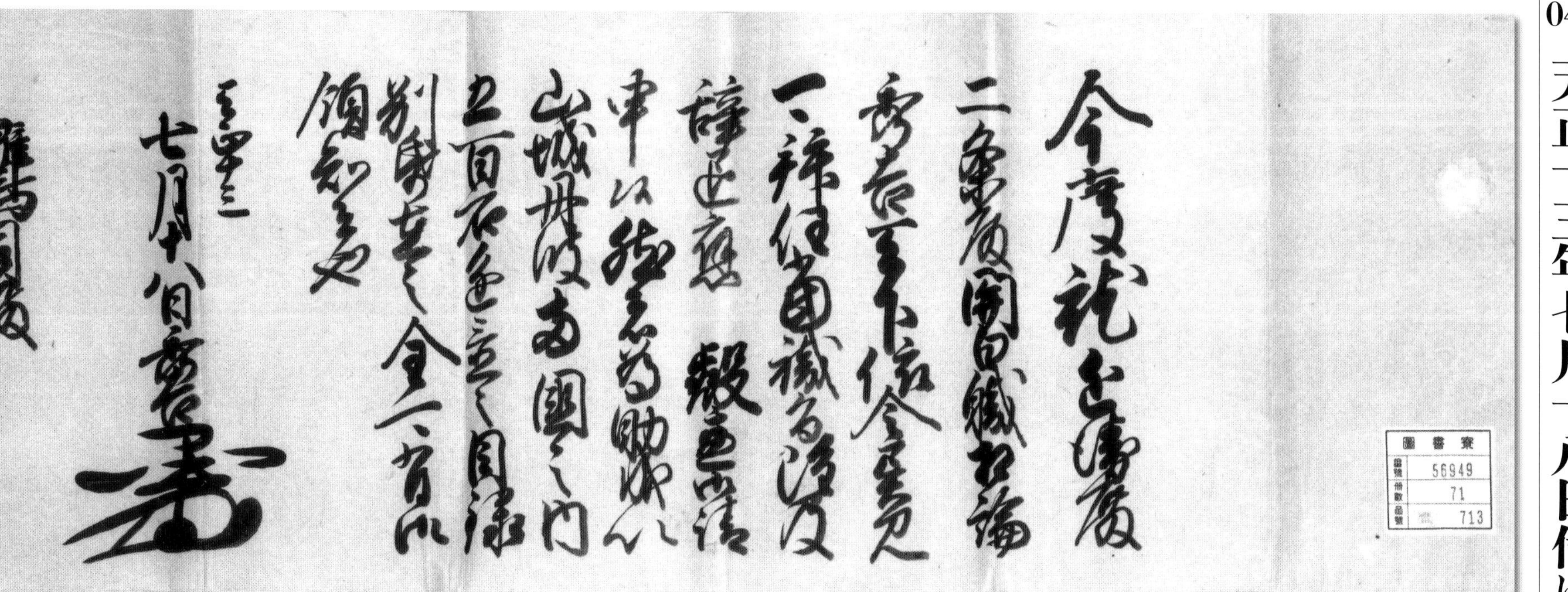

045 (天正十三年)閏八月五日付け羽柴秀吉朱印状

宮内庁書陵部所蔵

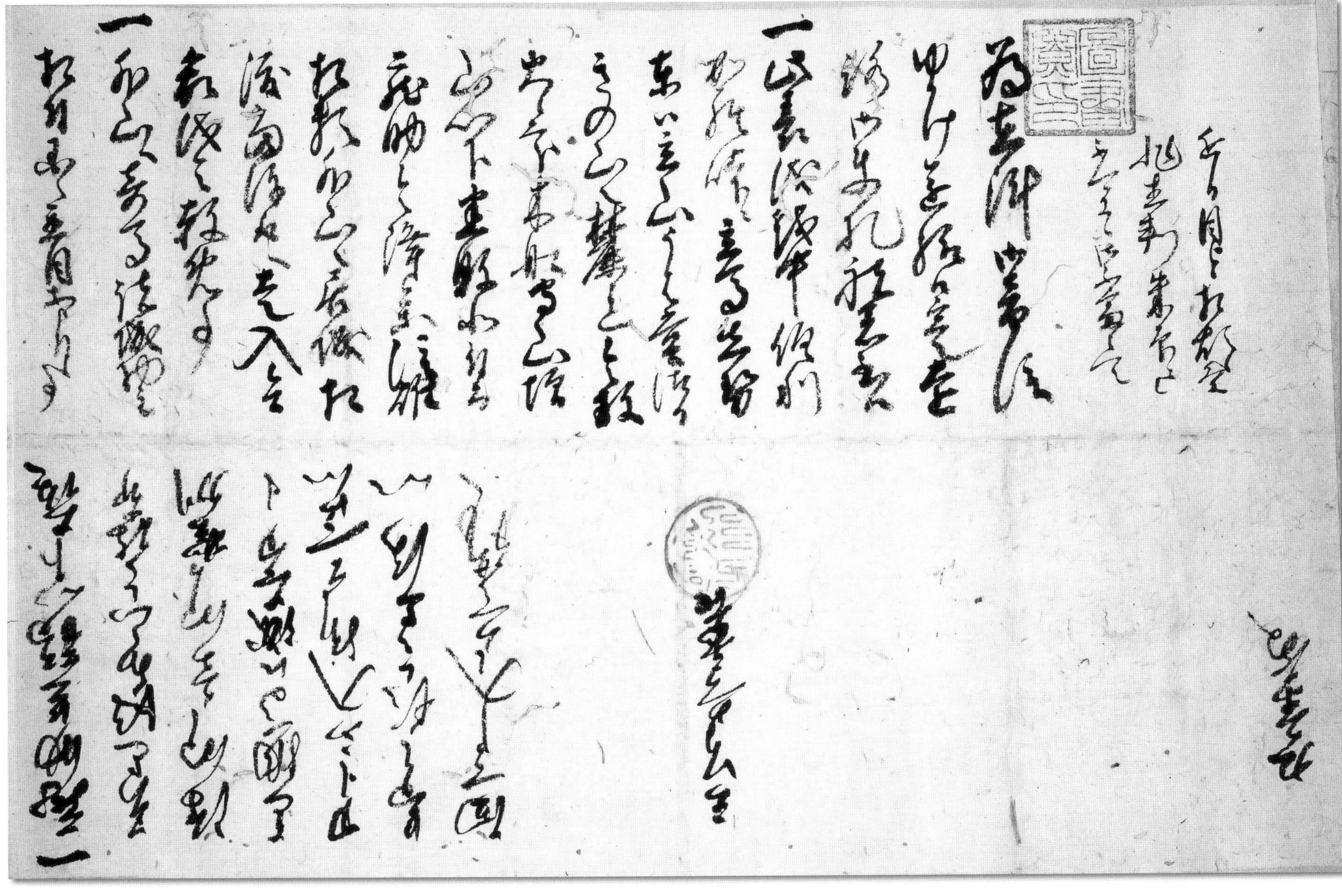

046 (天正十三年)九月三日付け羽柴秀吉朱印状

三溪園所蔵

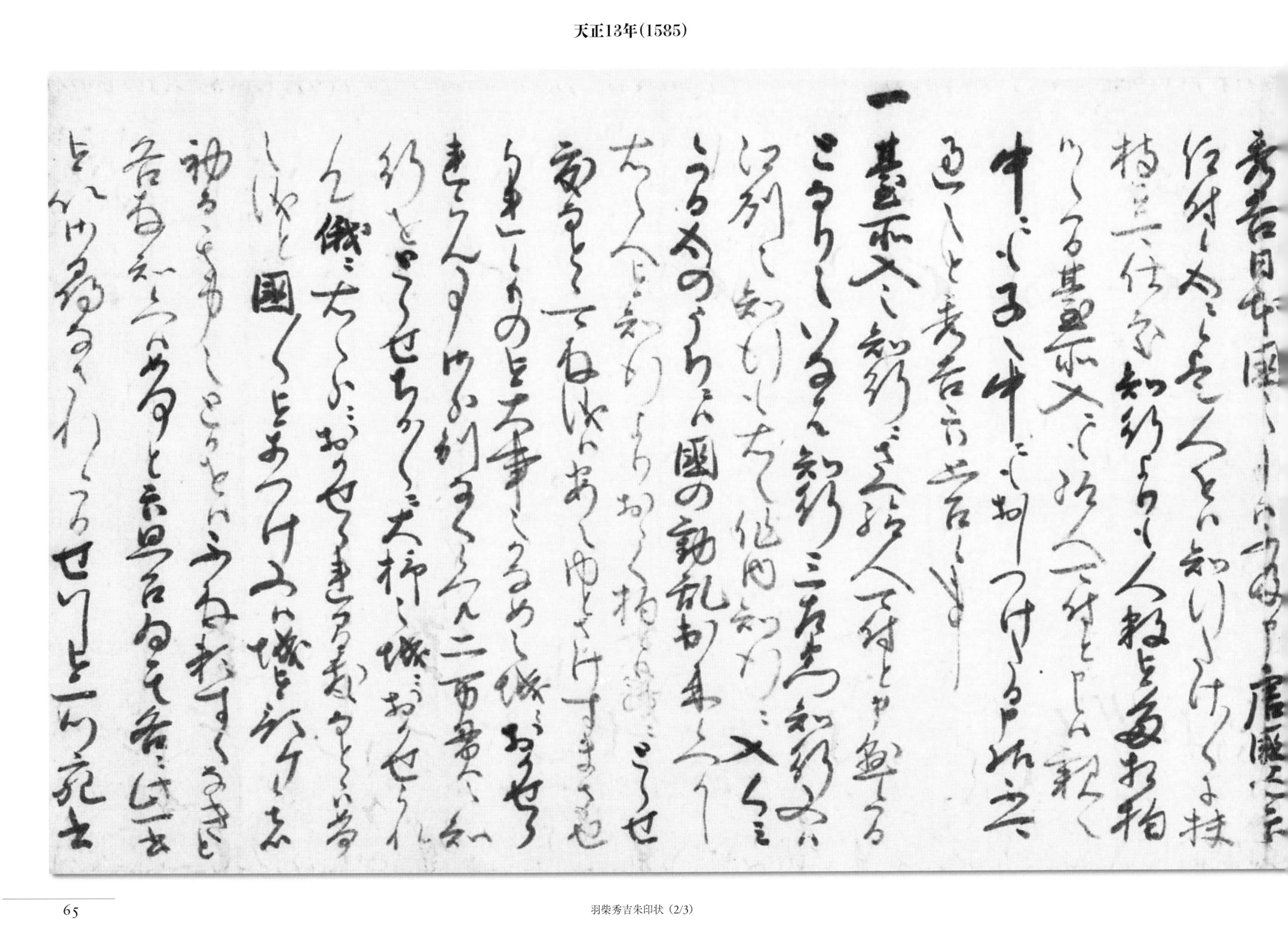

羽柴秀吉朱印状（2/3）

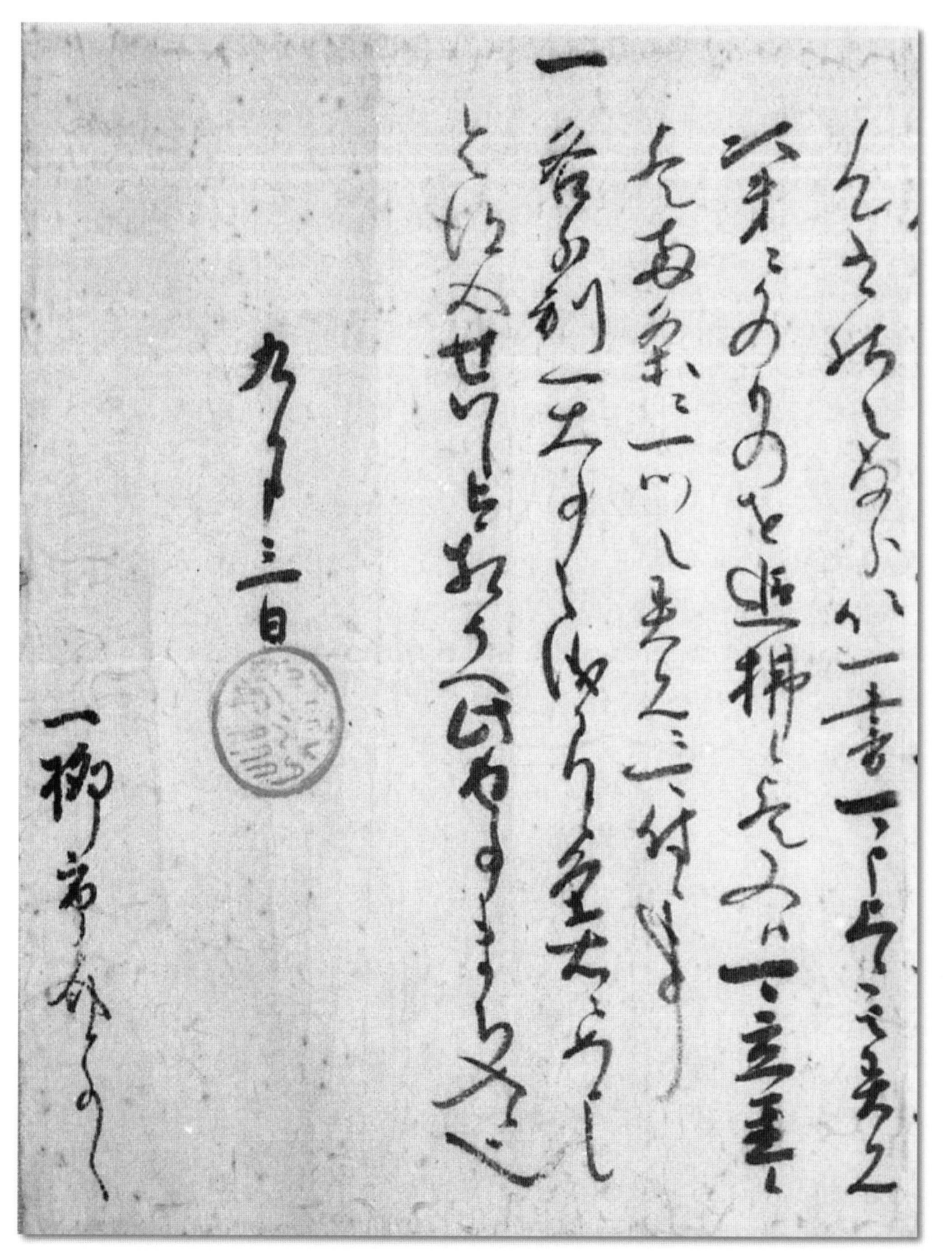

047 天正十三年九月九日付け豊臣改姓款状案ほか二通

国立公文書館内閣文庫所蔵

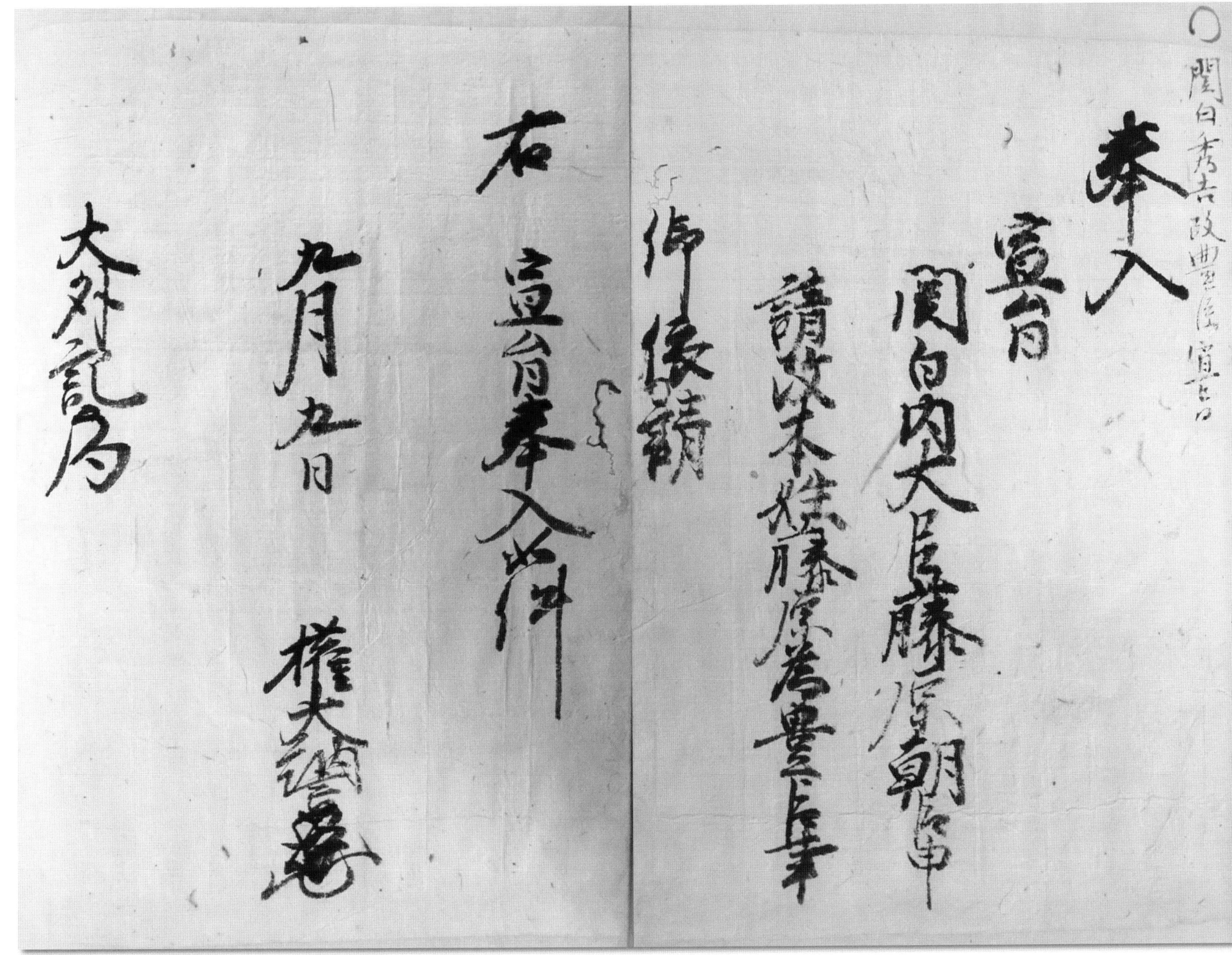

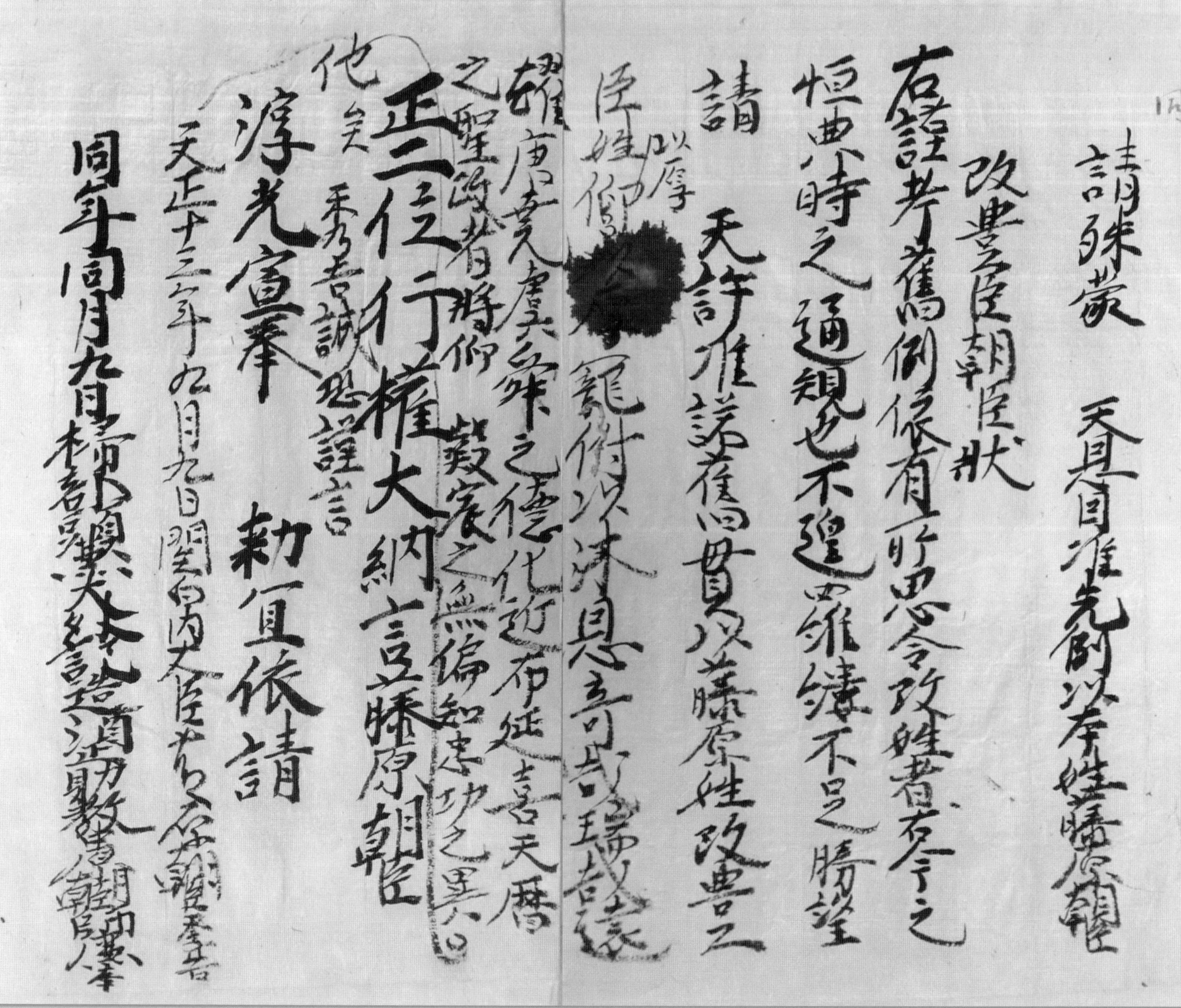

請殊蒙　天恩因准先例以本姓藤原朝臣
改豊臣朝臣状
右謹考舊例依有所思令改姓者古今之
恒典時之通規也不遑羅縷不足勝望
請　天許准諸舊貫以藤原姓改豊臣之
臣姓以厚寵倂以沐恩幸哉瑞哉
唐堯虞舜之德化行布延喜天暦之聖政皆將仰穀衮之無偏知忠功之異
正三位行權大納言藤原朝臣
秀吉誠恐謹言
淳光宣奉　勅宜依請
天正十三年九月九日関白内大臣藤原朝臣秀吉
同年同月九日権右少辨兼大外記造酒正朝臣

豊臣改姓款状案ほか二通（2/2）

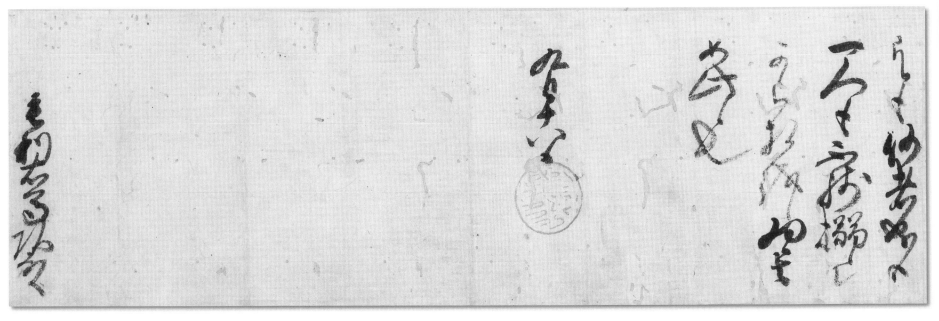

048 (天正十三年)九月十八日付け豊臣秀吉朱印状

毛利博物館所蔵

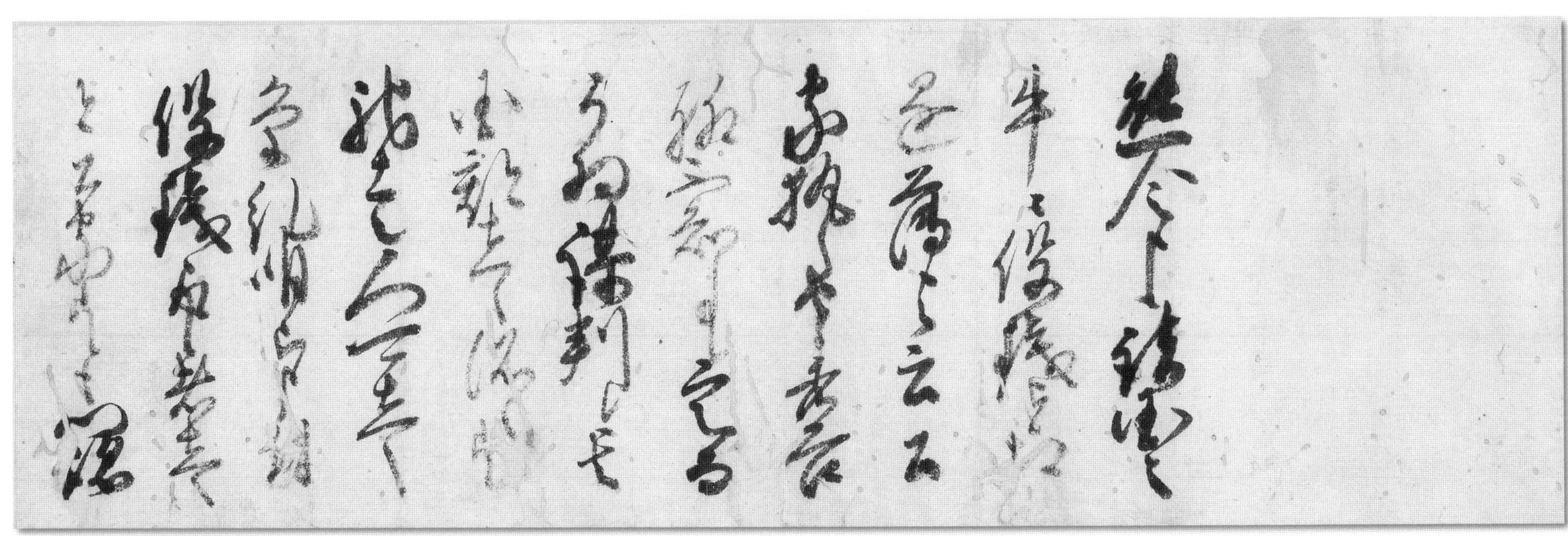

049 (天正十三年)十月二日付け豊臣秀吉判物

東京大学
史料編纂所所蔵

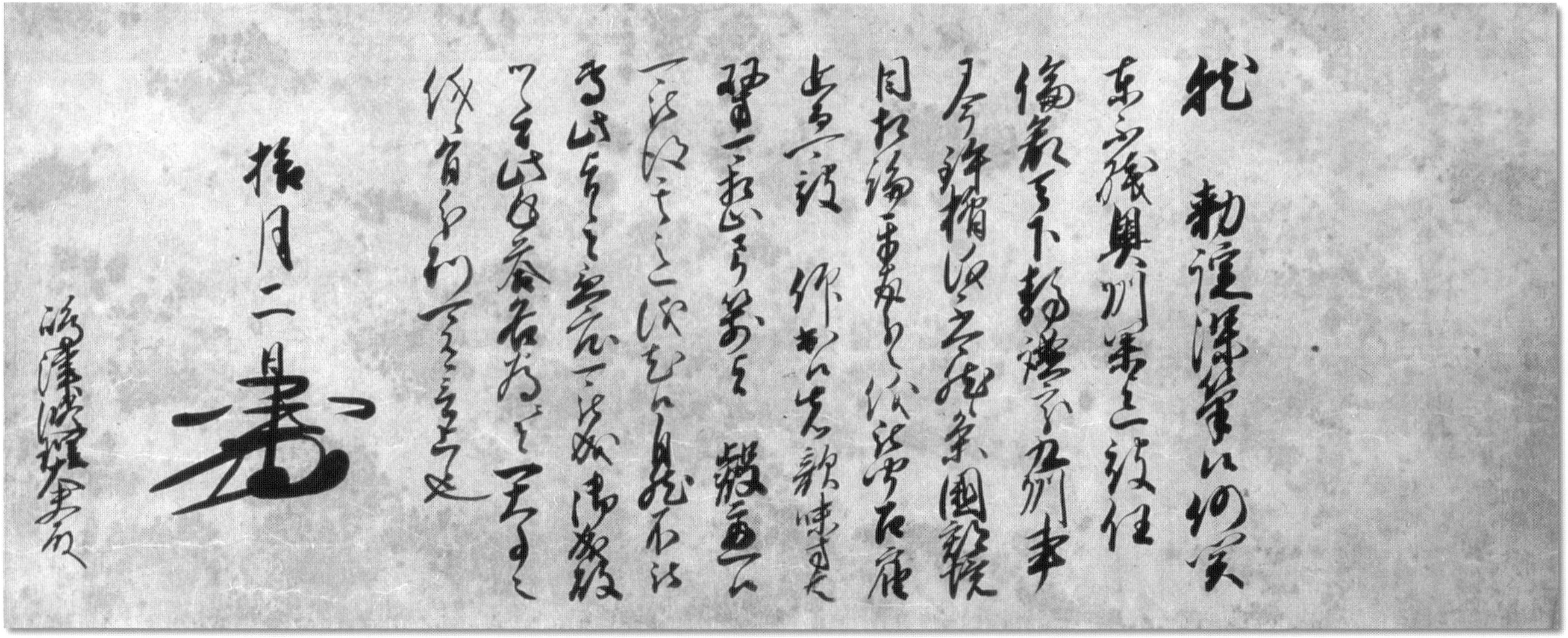

050 (天正十三年)十月二十日付け豊臣秀吉朱印状写

國學院大學図書館所蔵

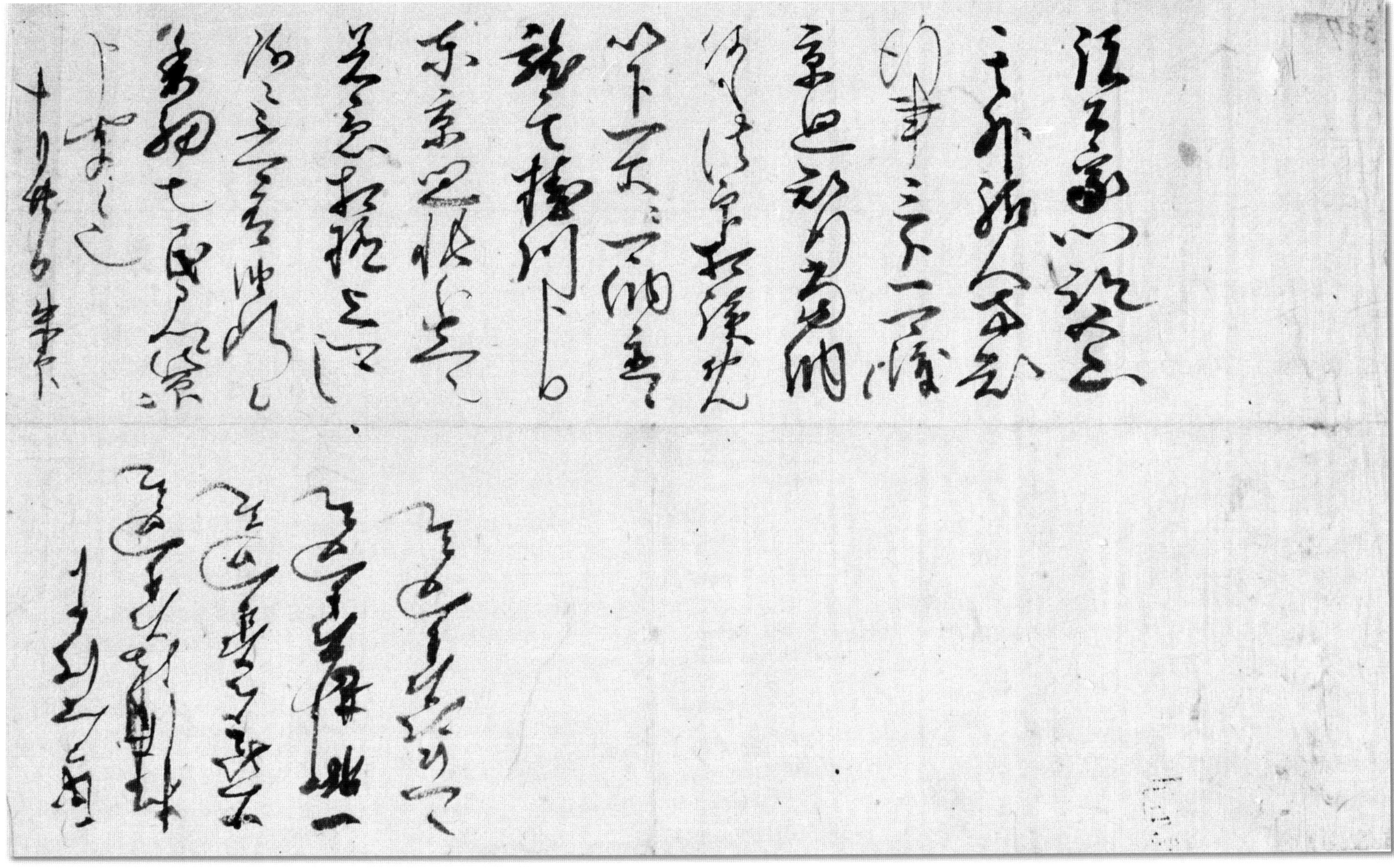

051 天正十三年十一月二十一日付け自筆掟

名古屋市秀吉清正記念館所蔵

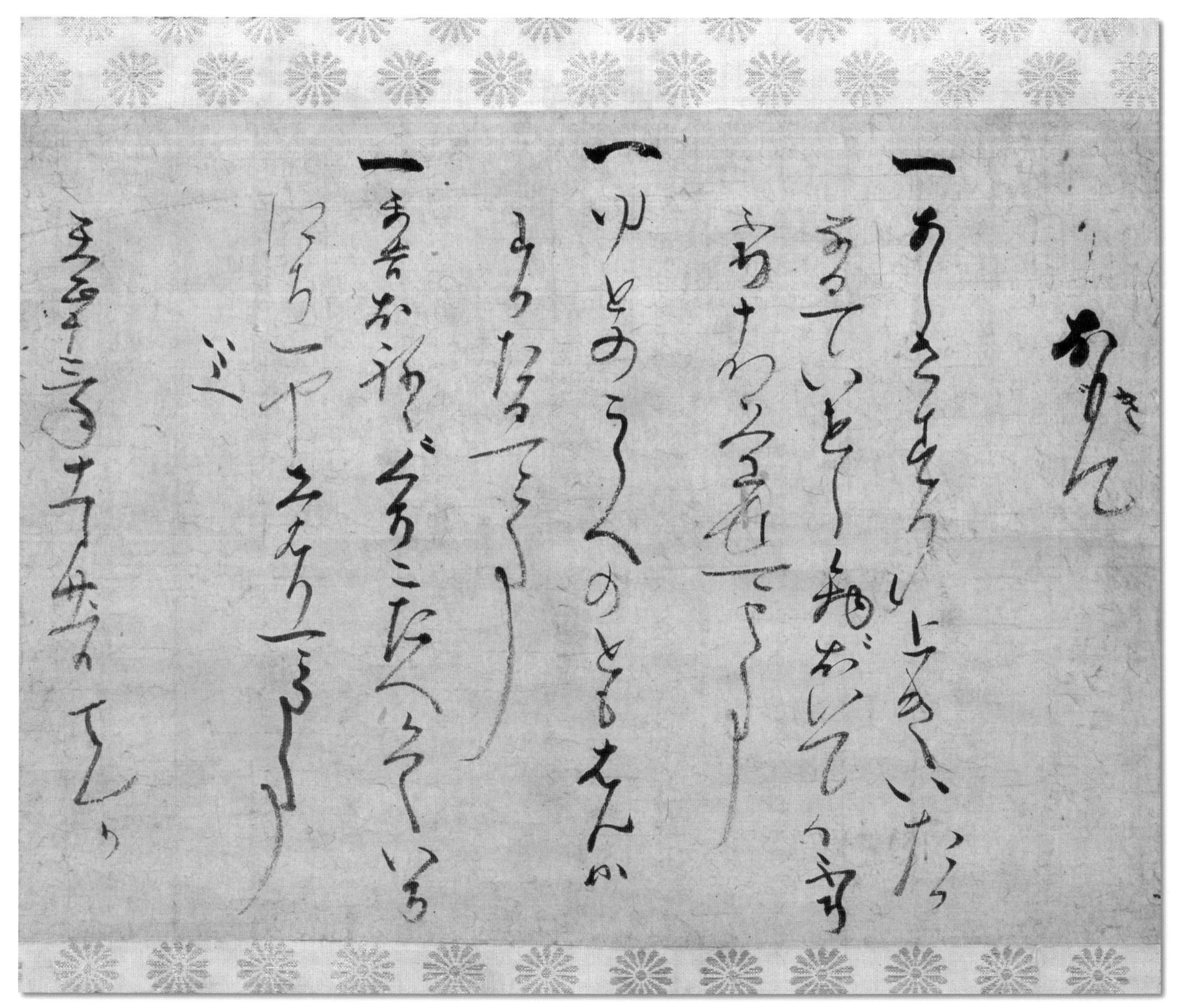

自筆掟

052 (天正十三年)十一月二十一日付け豊臣秀吉判物

小沢健輔氏所蔵

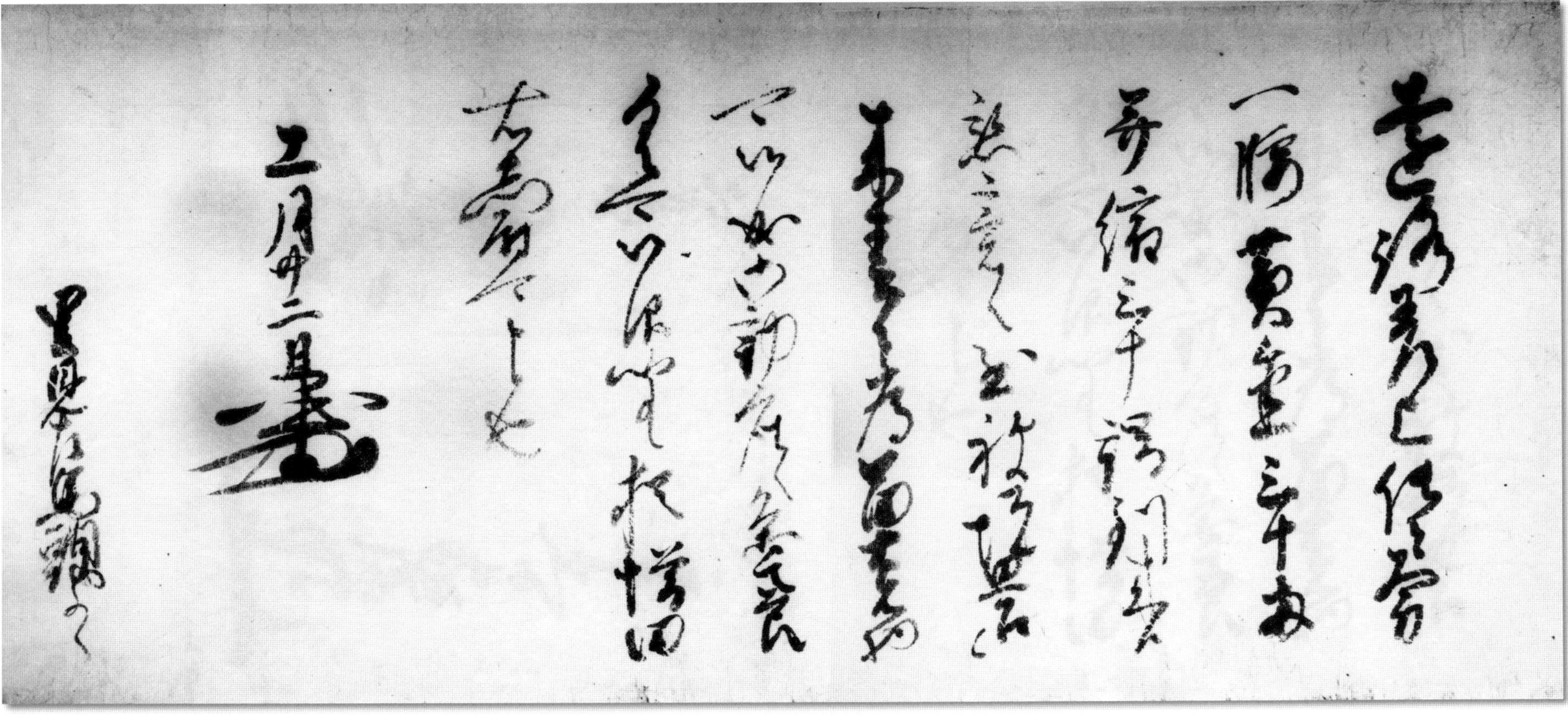

053 (天正十四年)正月九日付け豊臣秀吉書状

熊野大社所蔵

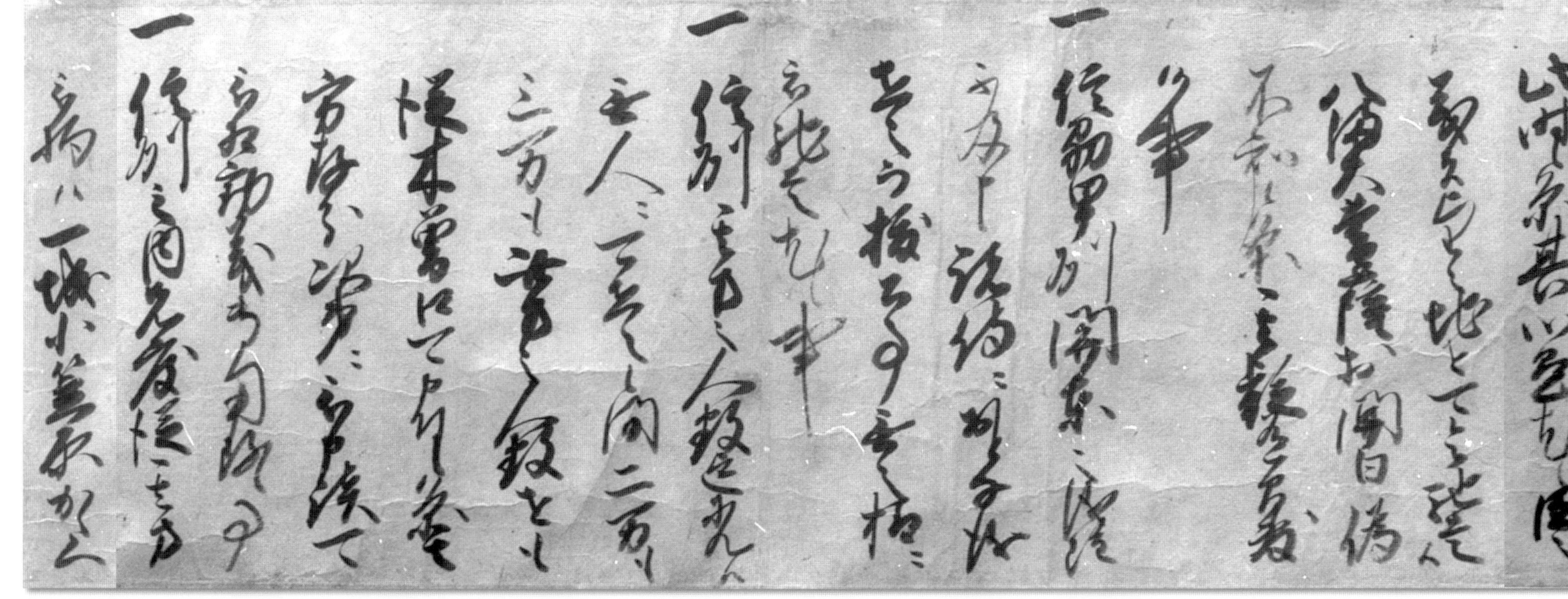

豊臣秀吉書状（2/3）

054 天正十四年正月十九日付け定(豊臣秀吉朱印状写)

早稲田大学図書館所蔵

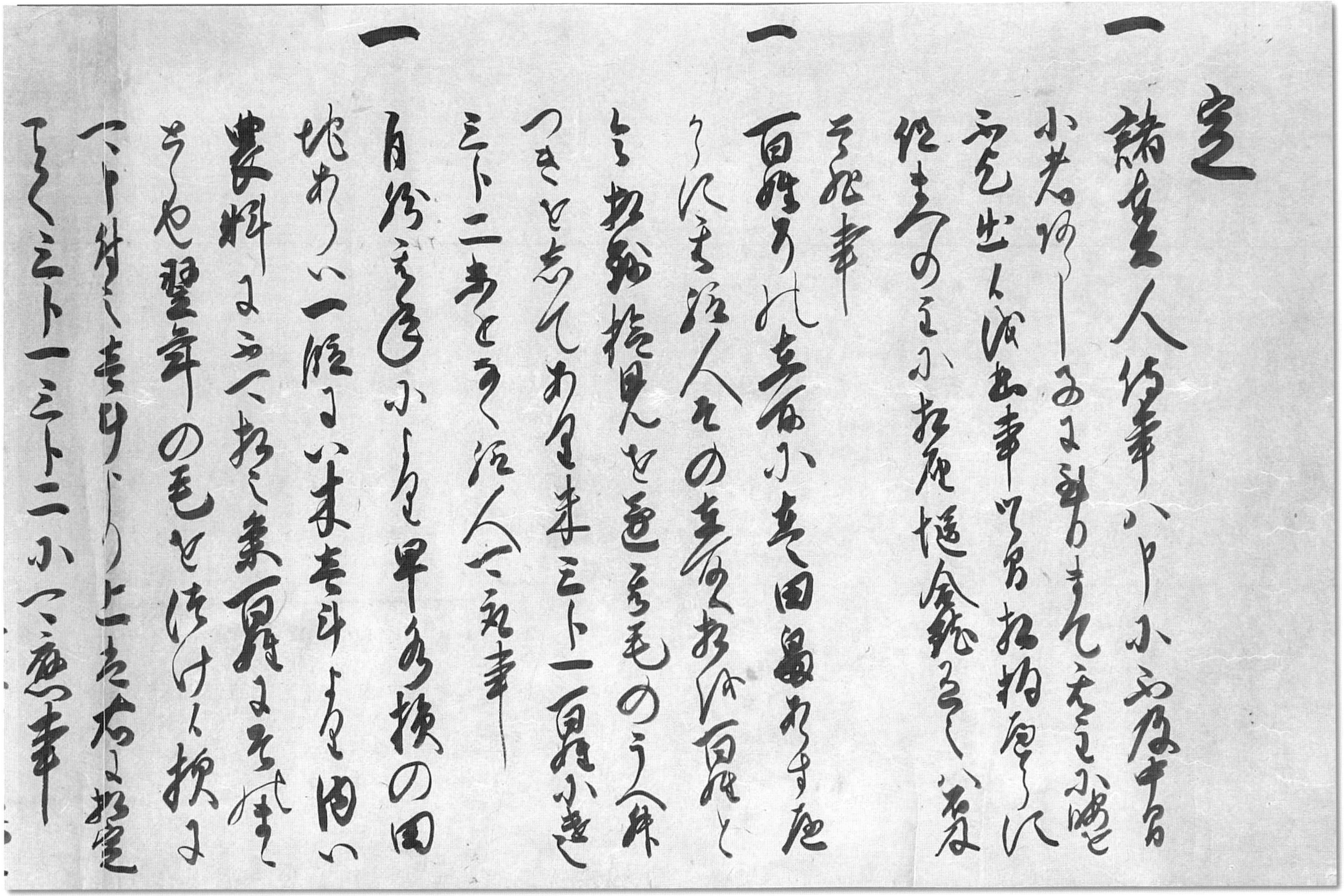

定（豊臣秀吉朱印状写）(2/3)

定（豊臣秀吉朱印状写）(3/3)

055 （天正十四年）四月十日付け覚（豊臣秀吉朱印状）

毛利博物館所蔵

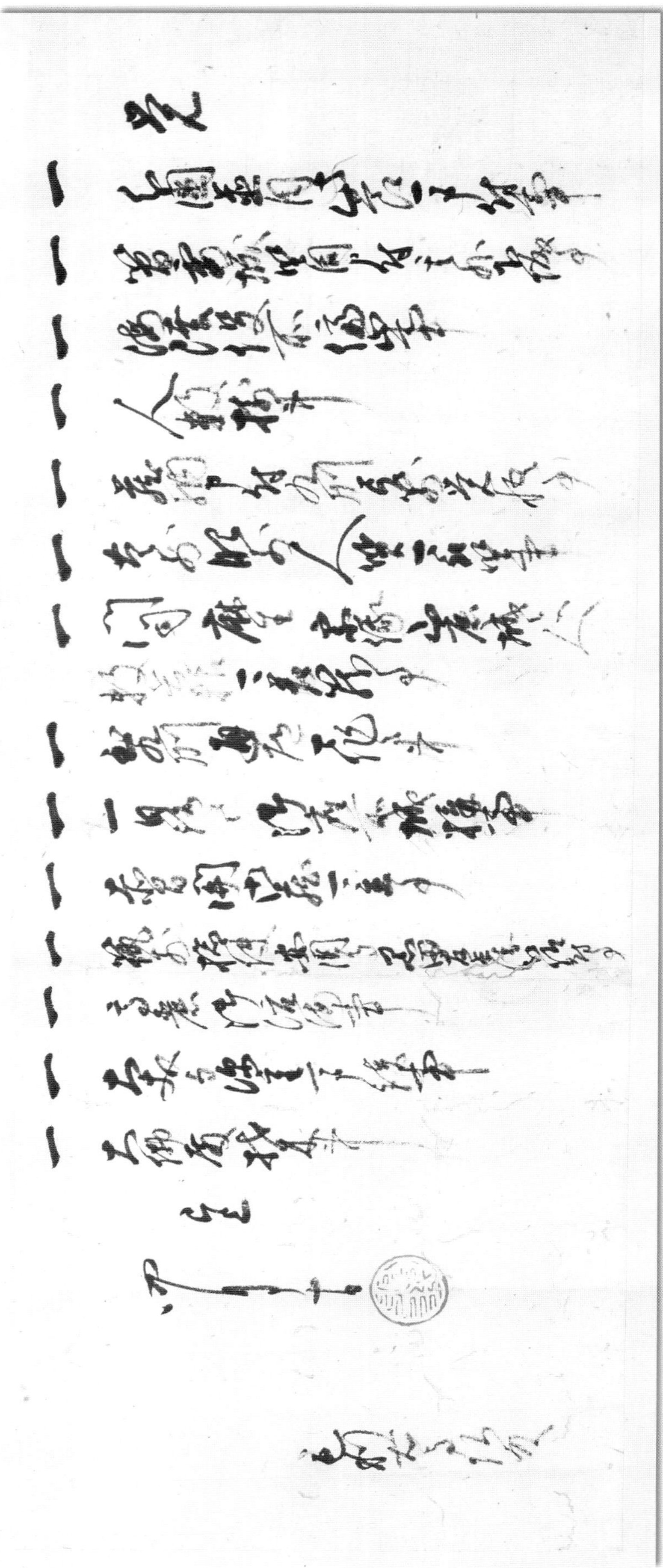

056 (天正十四年)卯月二十一日付け豊臣秀吉朱印状

国立国会図書館所蔵

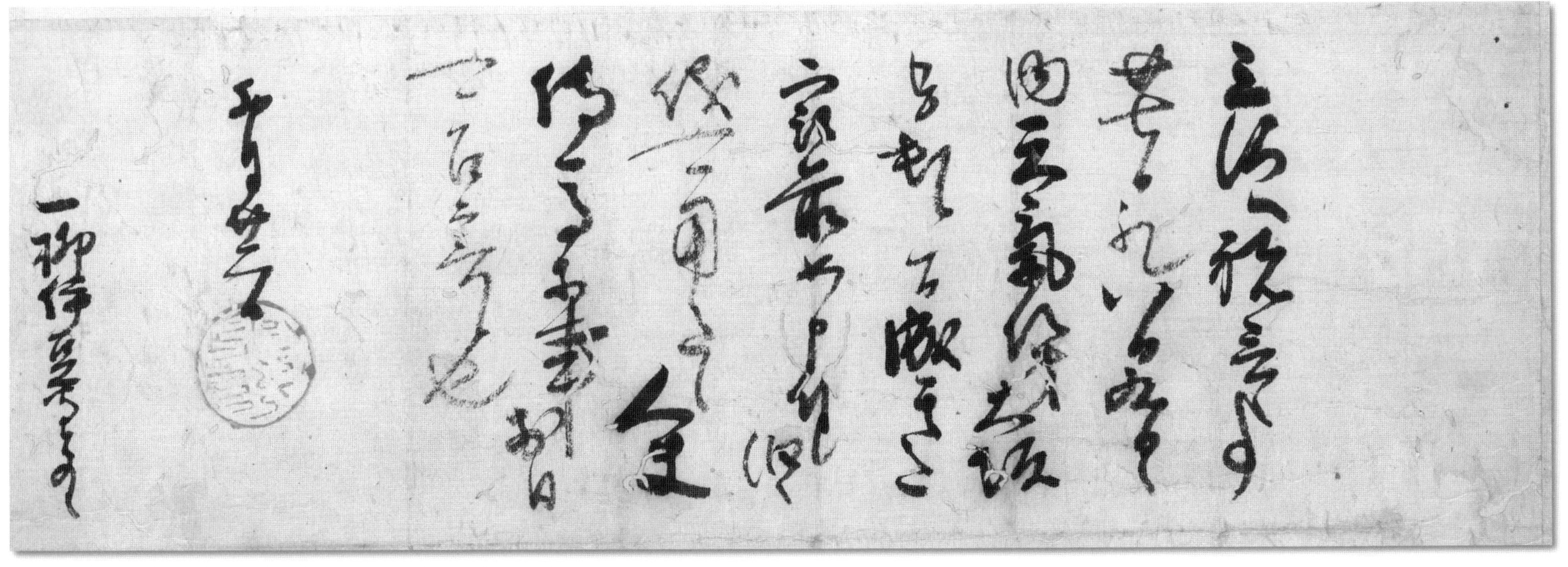

057 (天正十四年)九月十日付け豊臣秀吉判物

立花家史料館所蔵

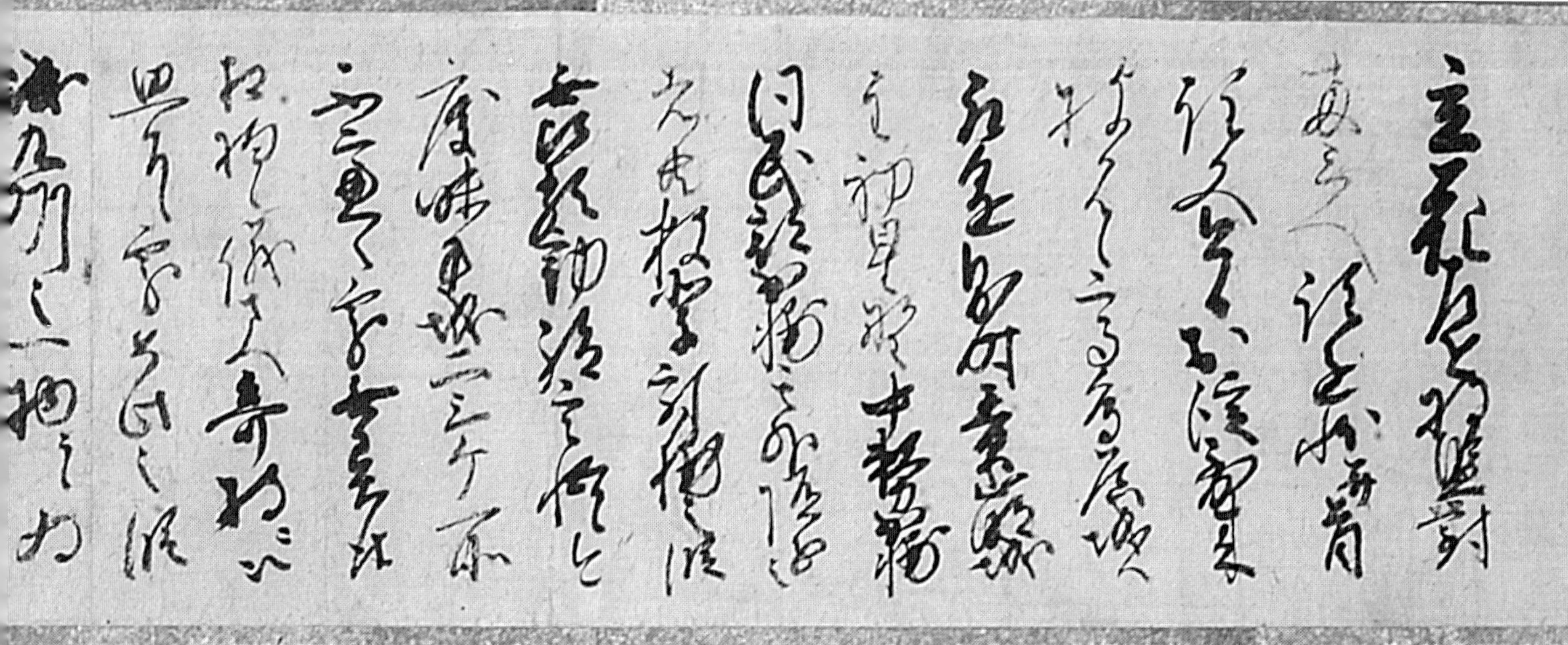

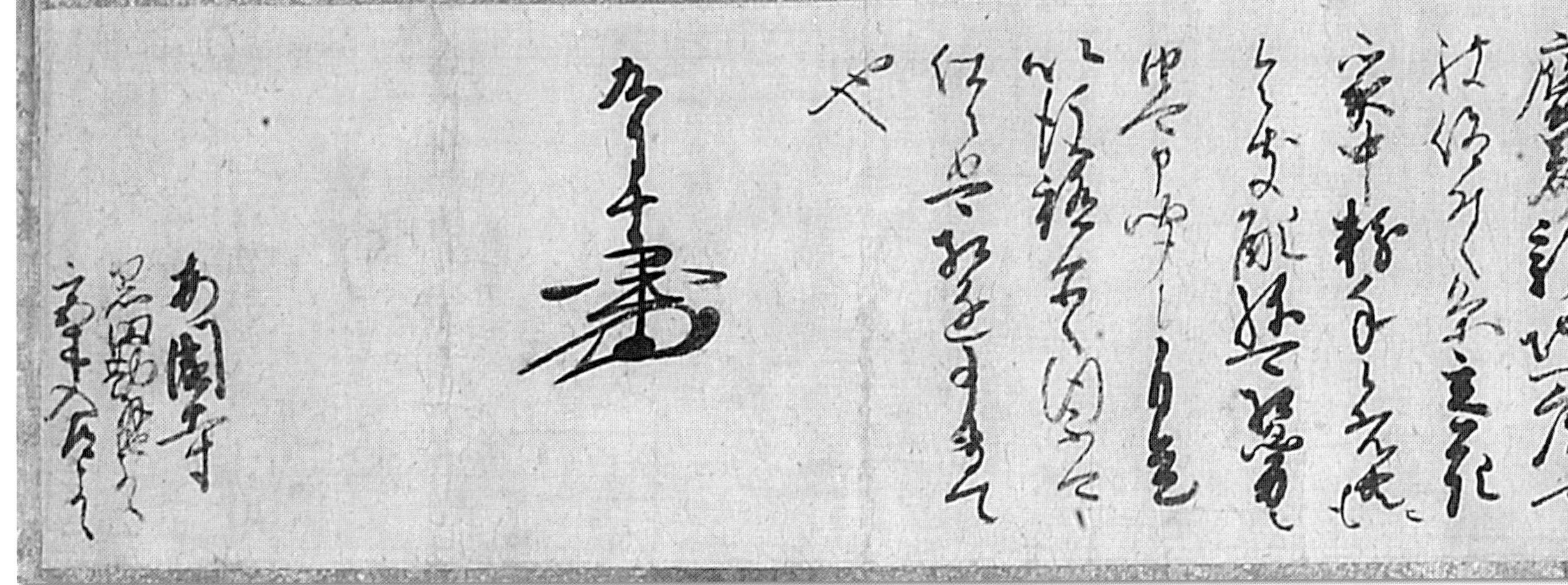

058 (天正十四年)十一月四日付け豊臣秀吉判物

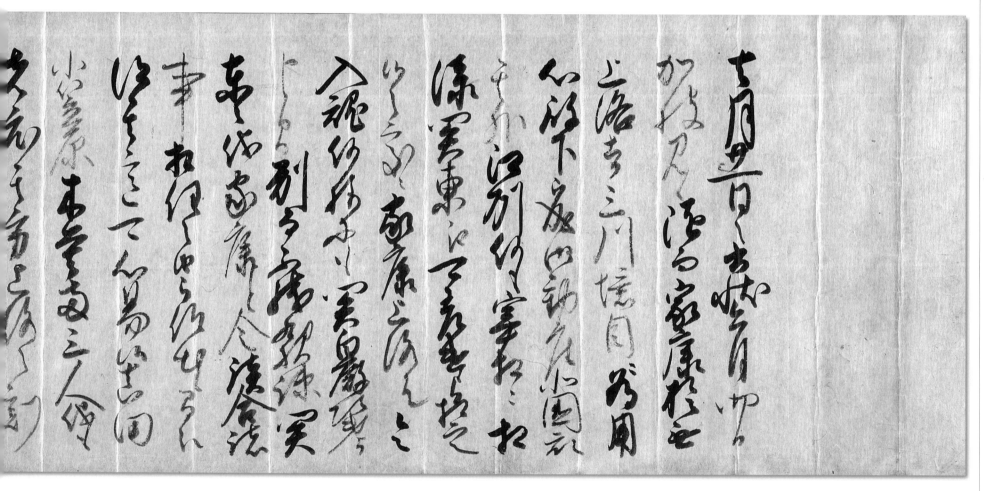

米沢市
上杉博物館所蔵

豊臣秀吉判物（1/2）

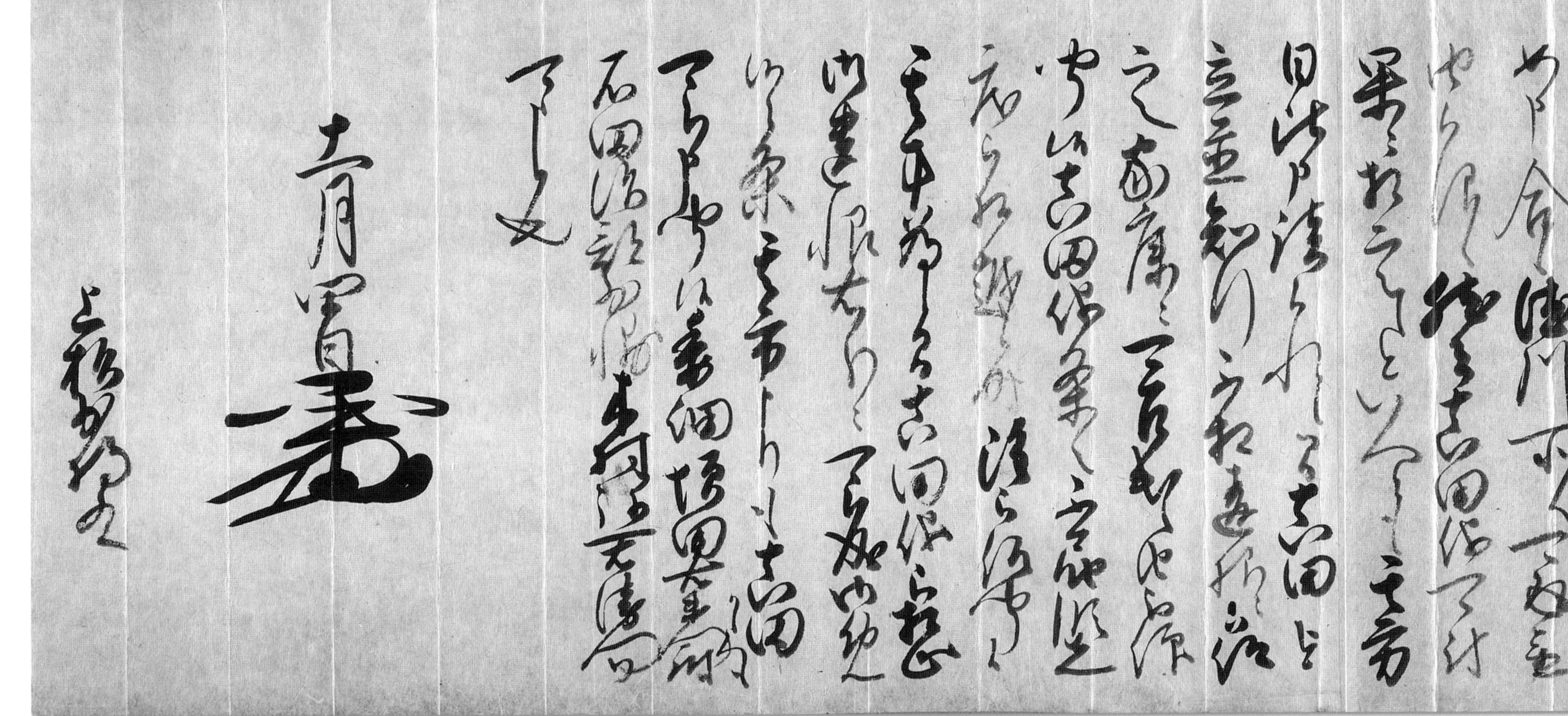

豊臣秀吉判物（2/2）

059 (天正十四年)十一月二十一日付け豊臣秀吉朱印状

真田宝物館所蔵

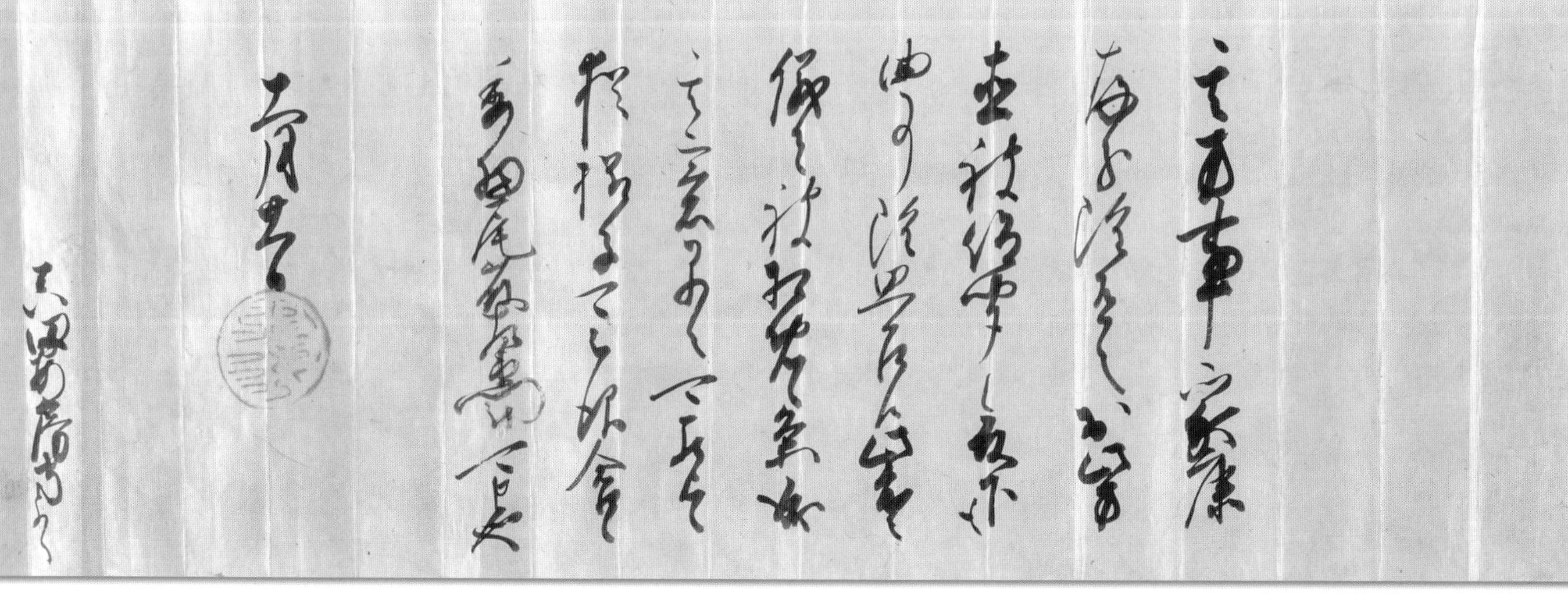

060 (天正十五年)三月二十六日付け豊臣秀吉朱印状

立花家史料館所蔵

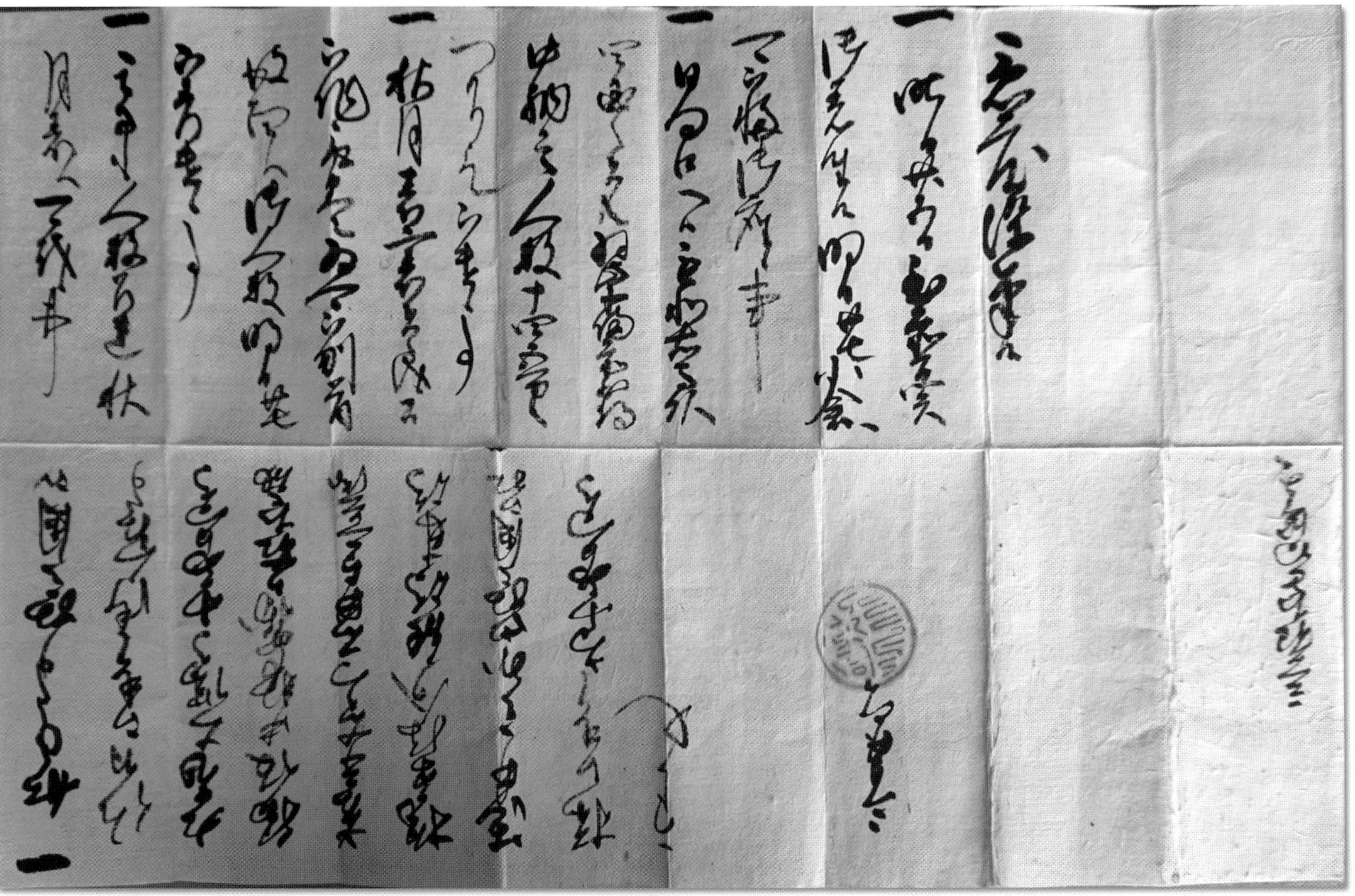

061 (天正十五年)五月十九日付け豊臣秀吉朱印状

東京大学史料編纂所所蔵

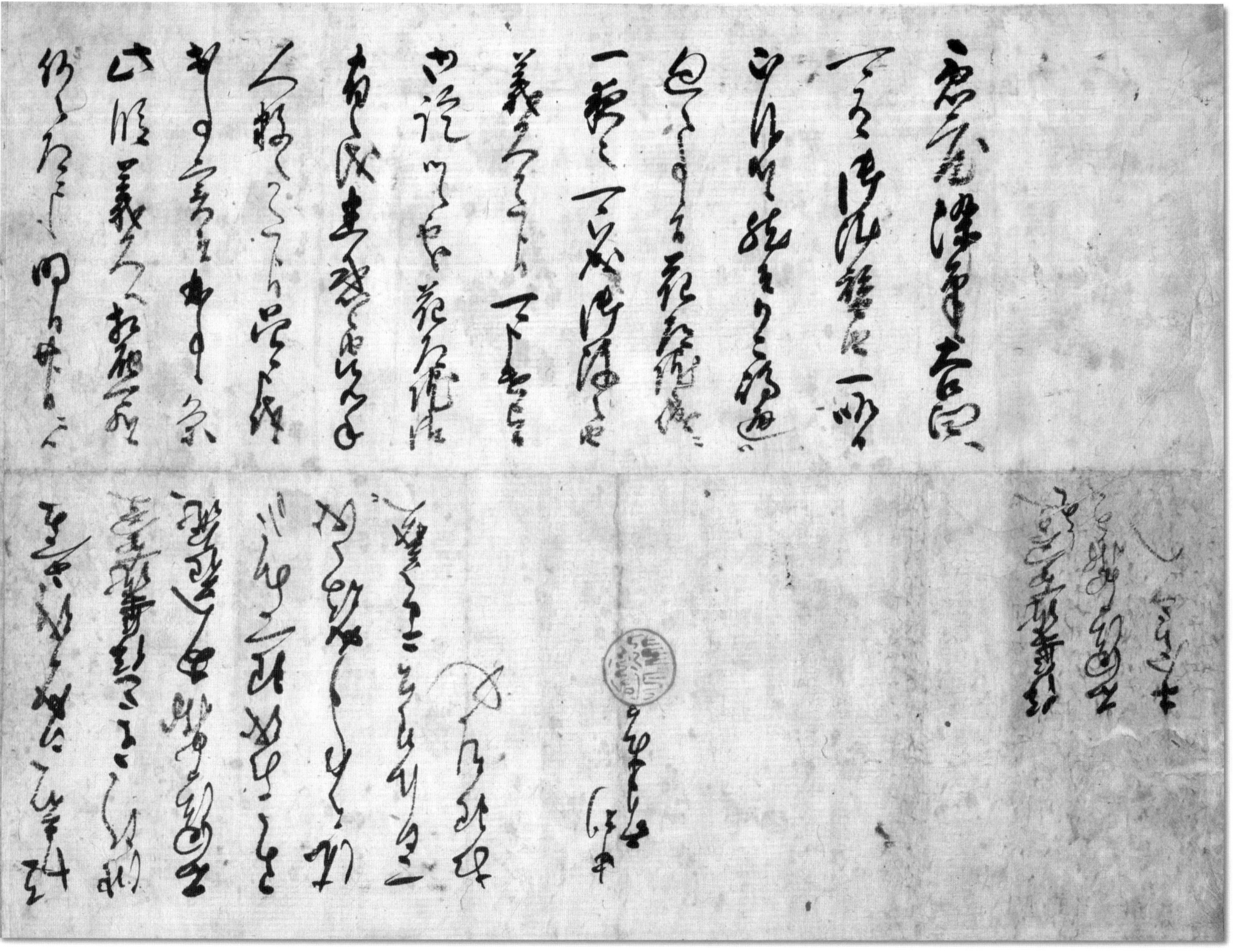

062 (天正十五年)五月二十七日付け豊臣秀吉朱印状

慶應義塾図書館所蔵

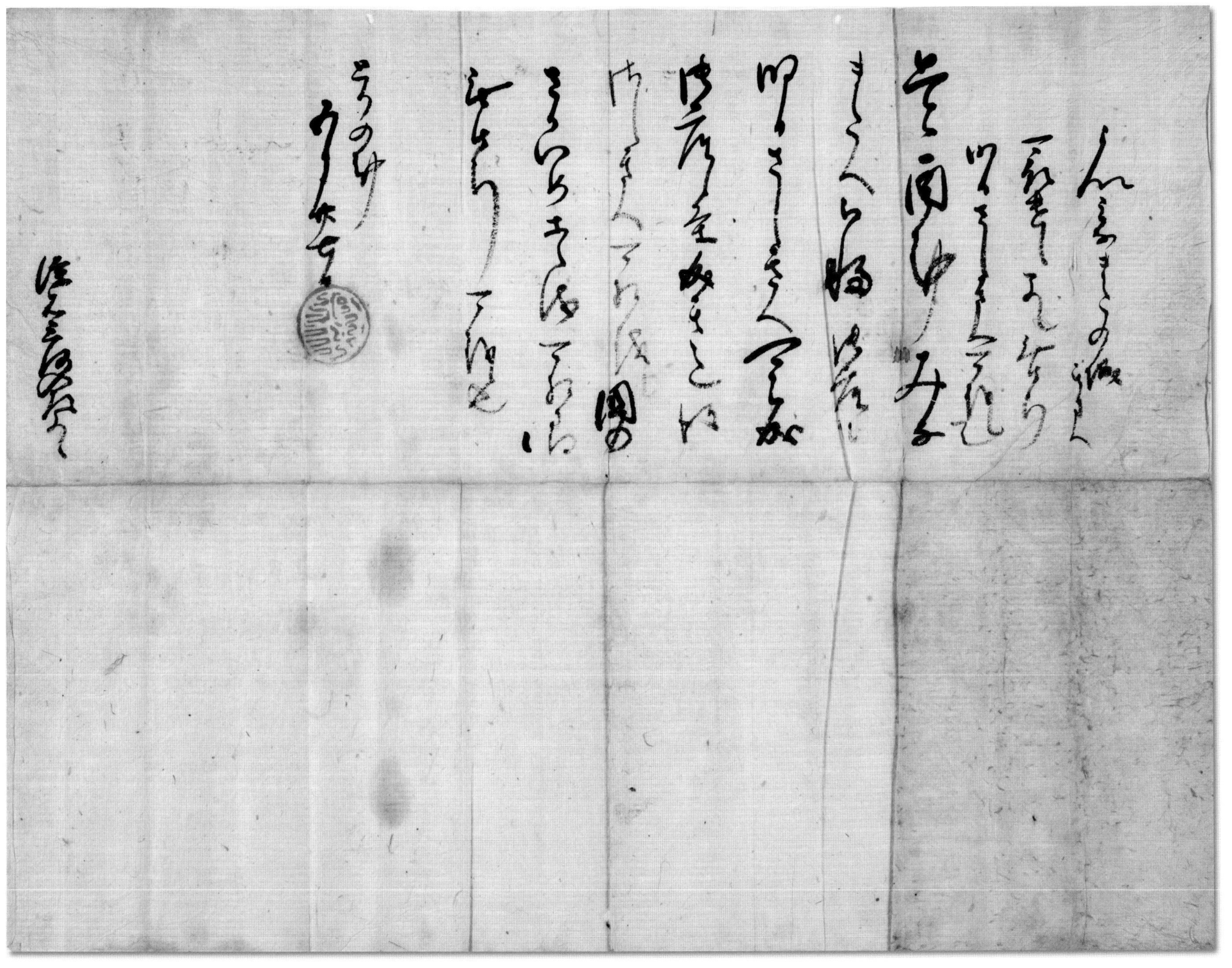

063 (天正十五年)五月二十八日付け豊臣秀吉朱印状

国立国会図書館所蔵

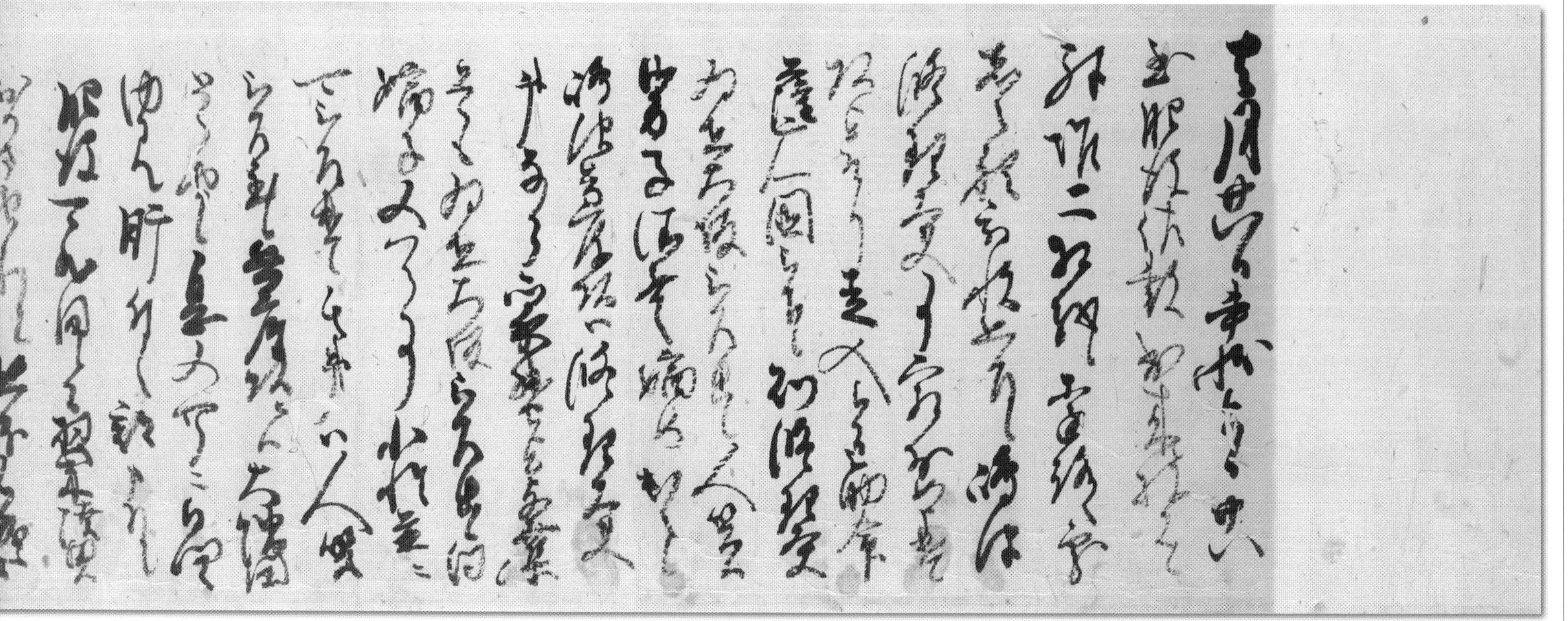

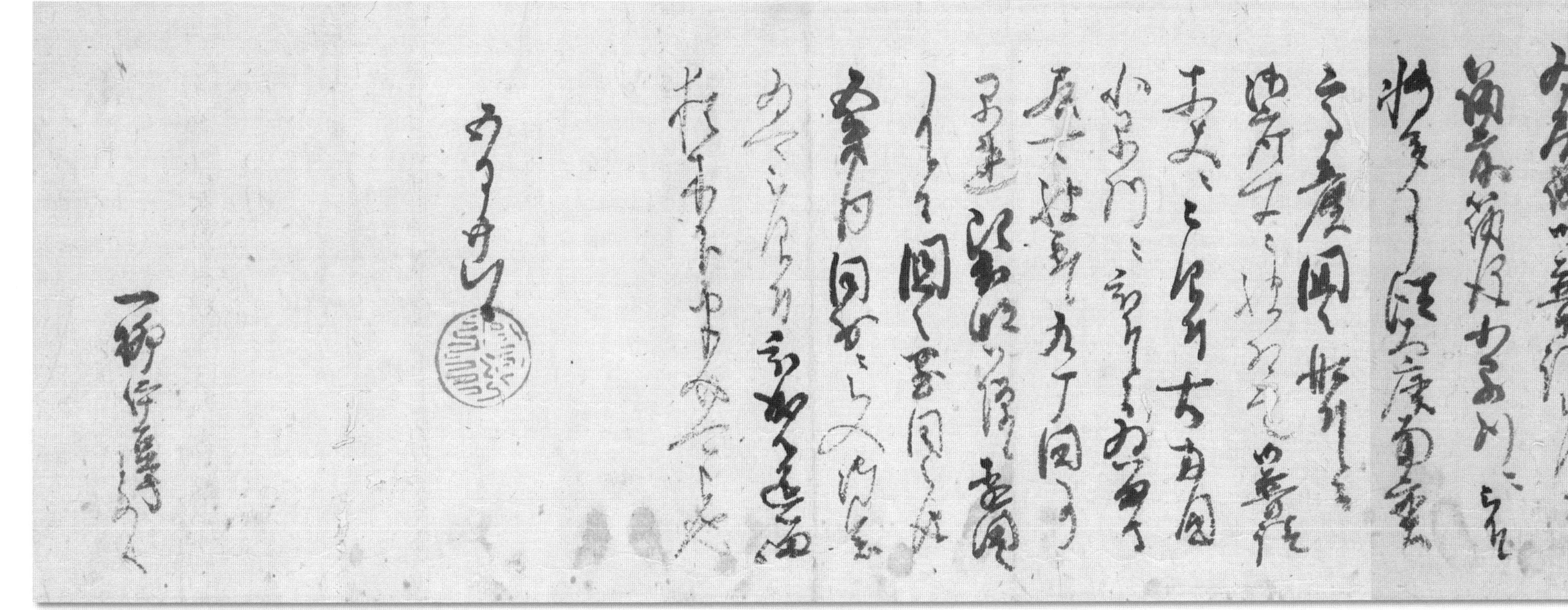

064 天正十五年六月十九日付け定(伴天連追放令写)

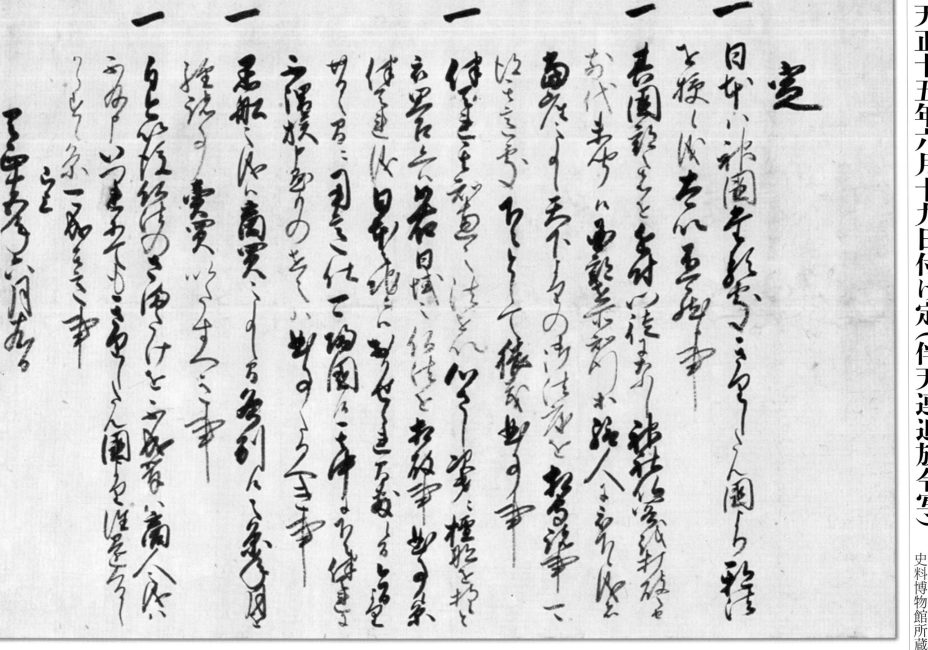

松浦史料博物館所蔵

065 天正十五年六月日付け定（豊臣秀吉朱印状）

櫛田神社所蔵

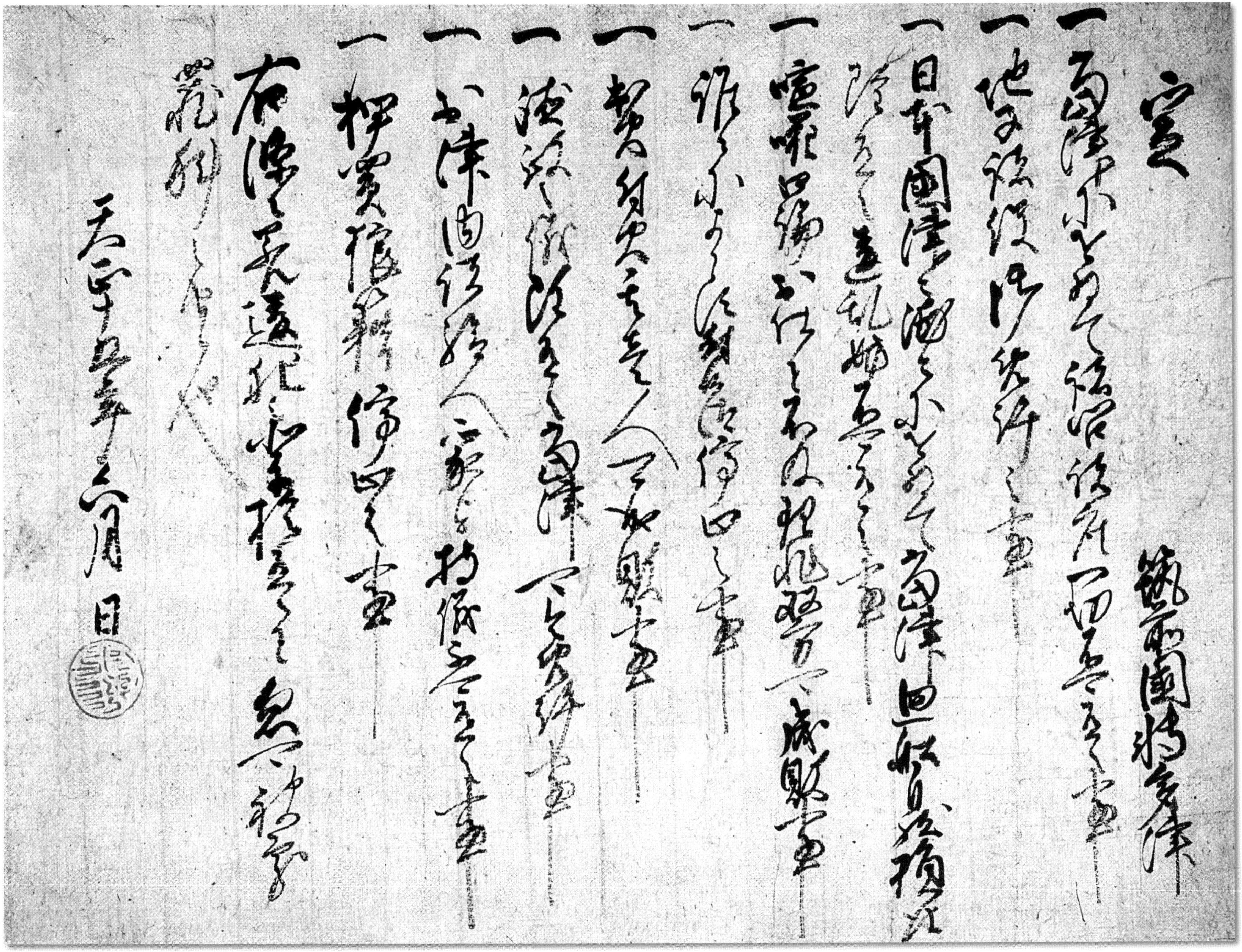

066 (天正十五年)七月六日付け豊臣秀吉朱印状

名古屋市博物館所蔵

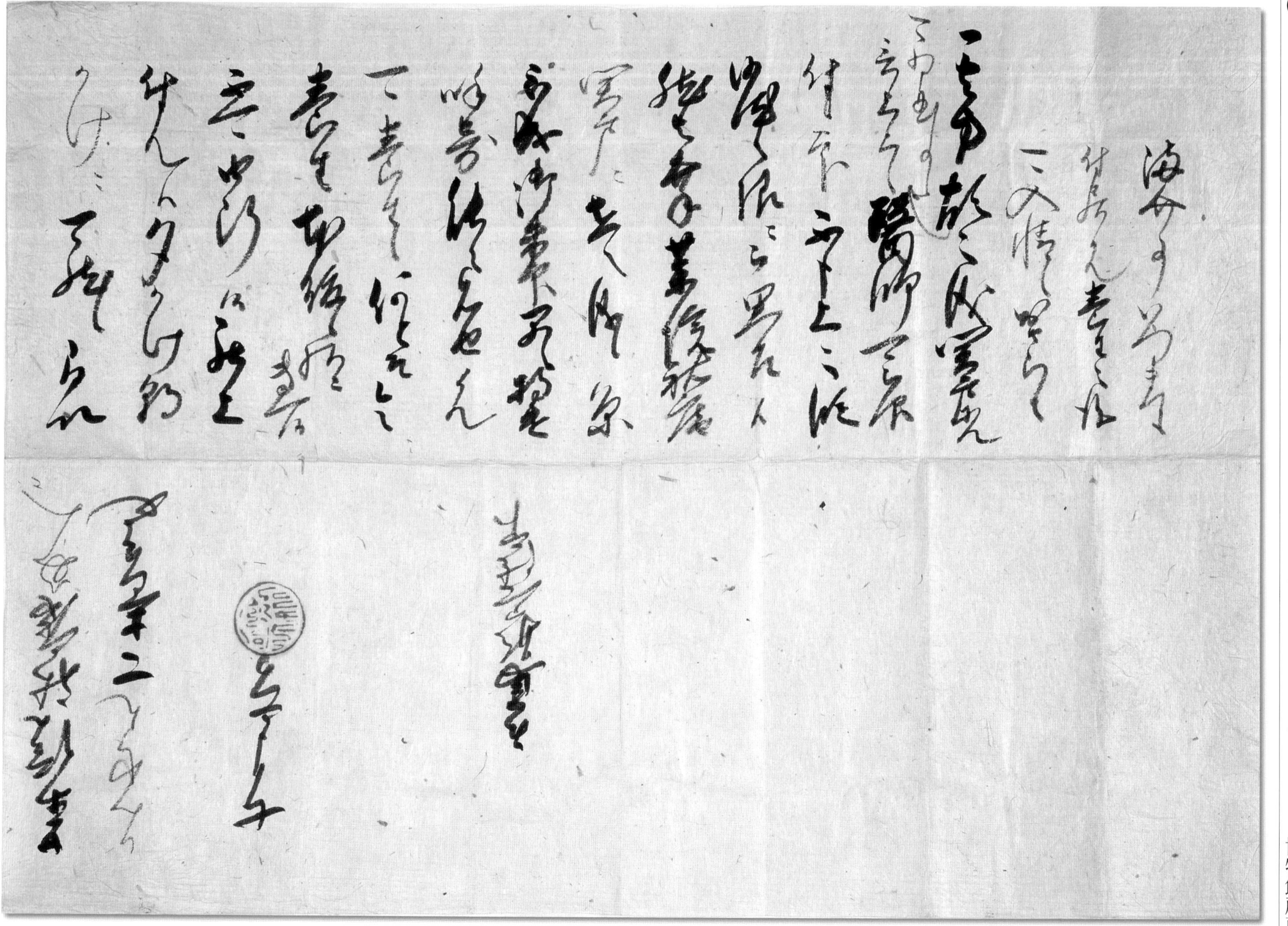

067 (天正十五年)豊臣秀吉高札複製

北野天満宮所蔵

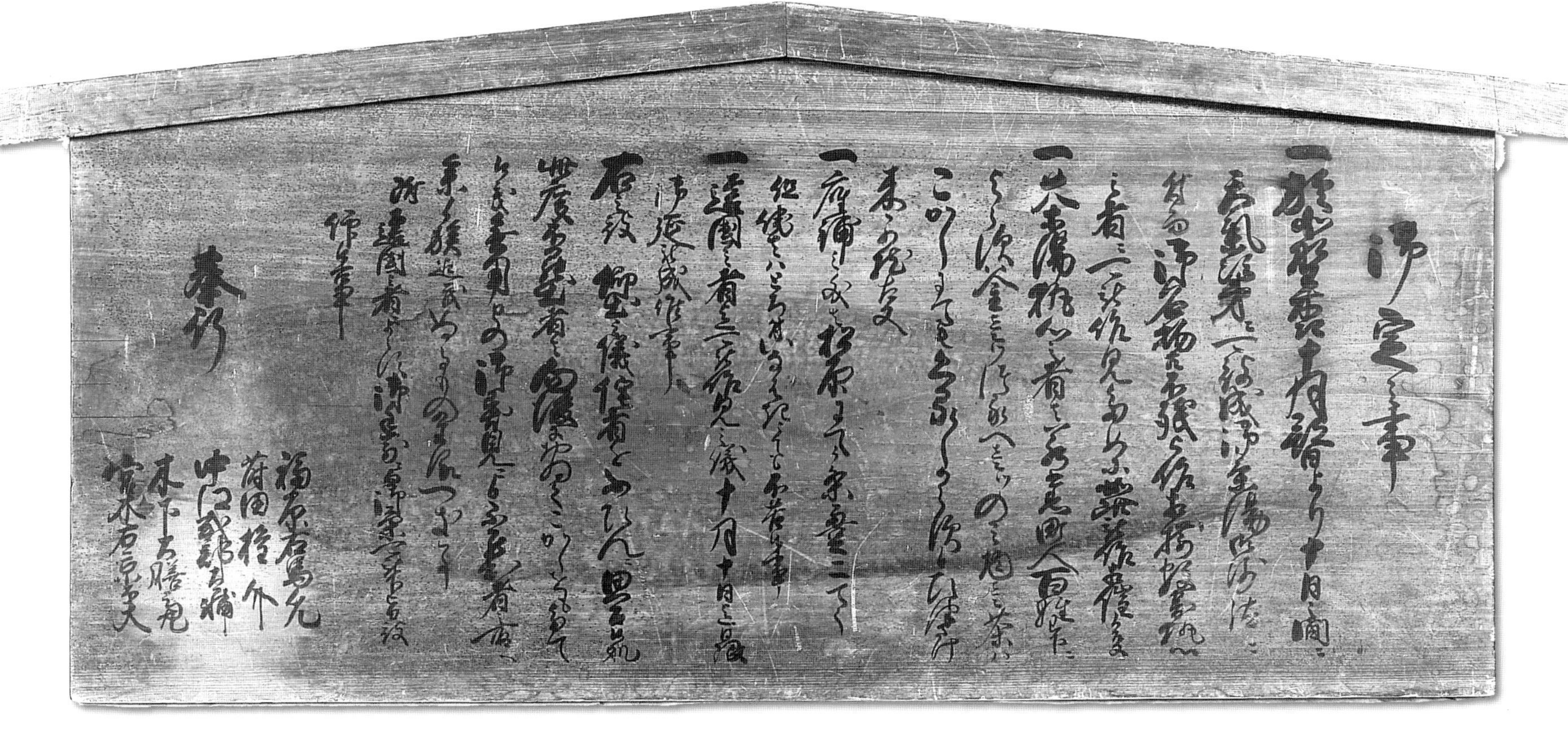

068 (天正十五年)十月十三日付け豊臣秀吉朱印状

九州国立博物館保管

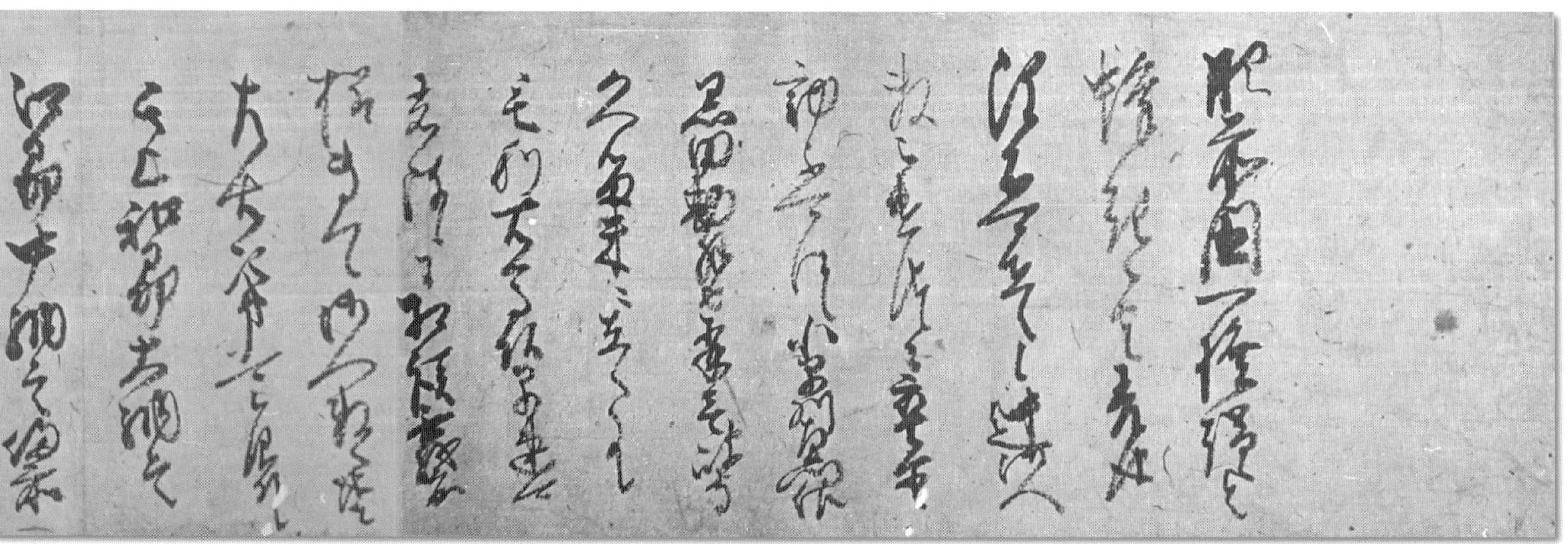

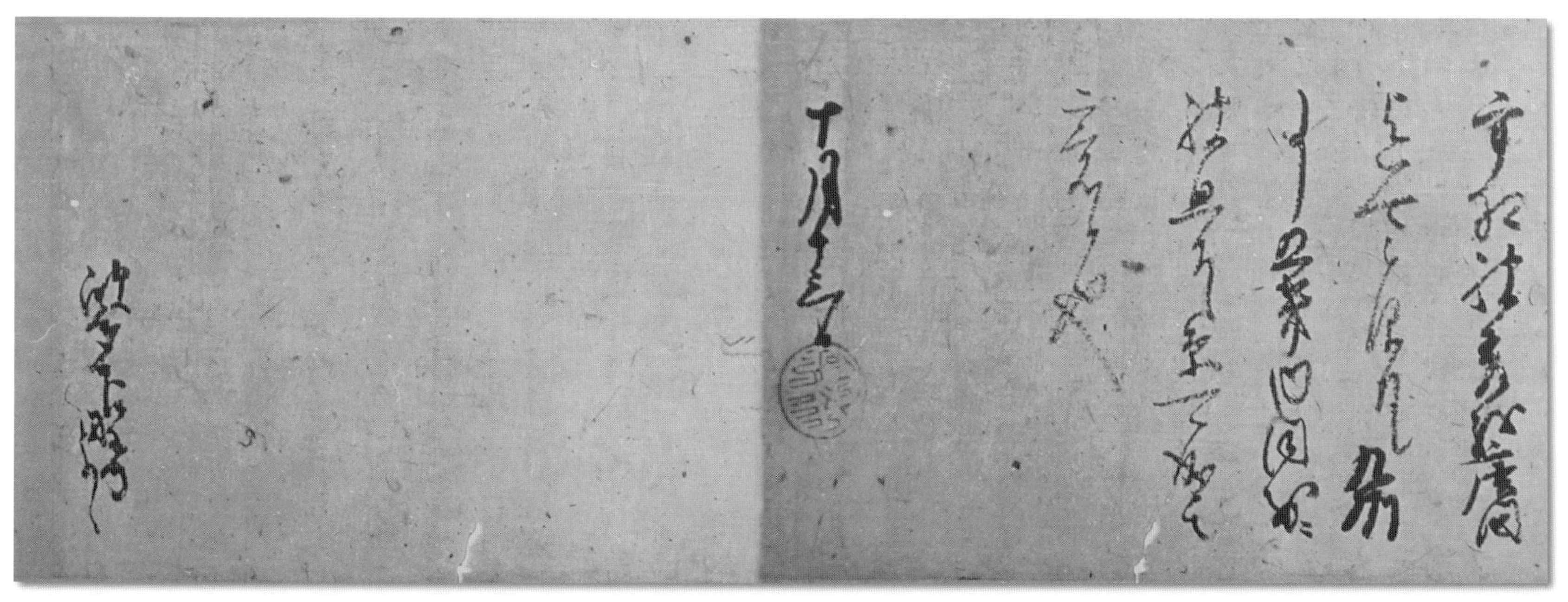

069 (天正十五年)十二月三日付け豊臣秀吉判物

『東北遺物展覧会記念帖』所収

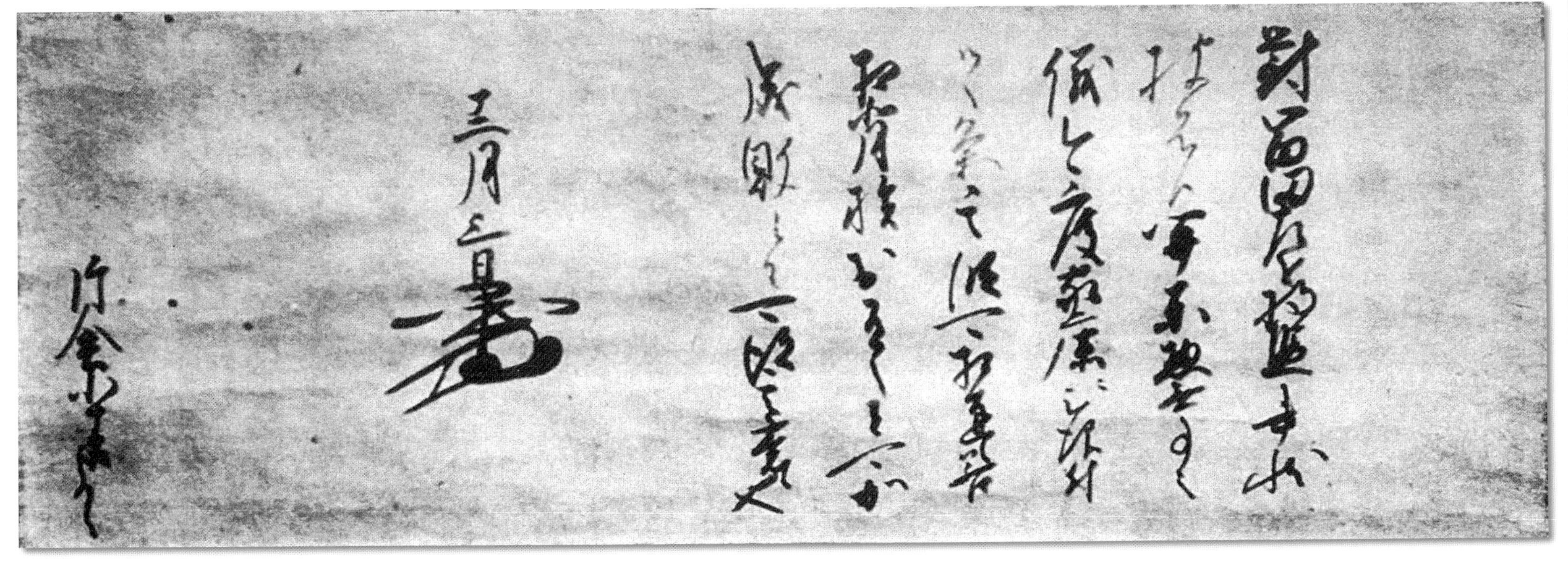

070 (天正十五年)十二月十日付け豊臣秀吉朱印状

九州国立博物館保管

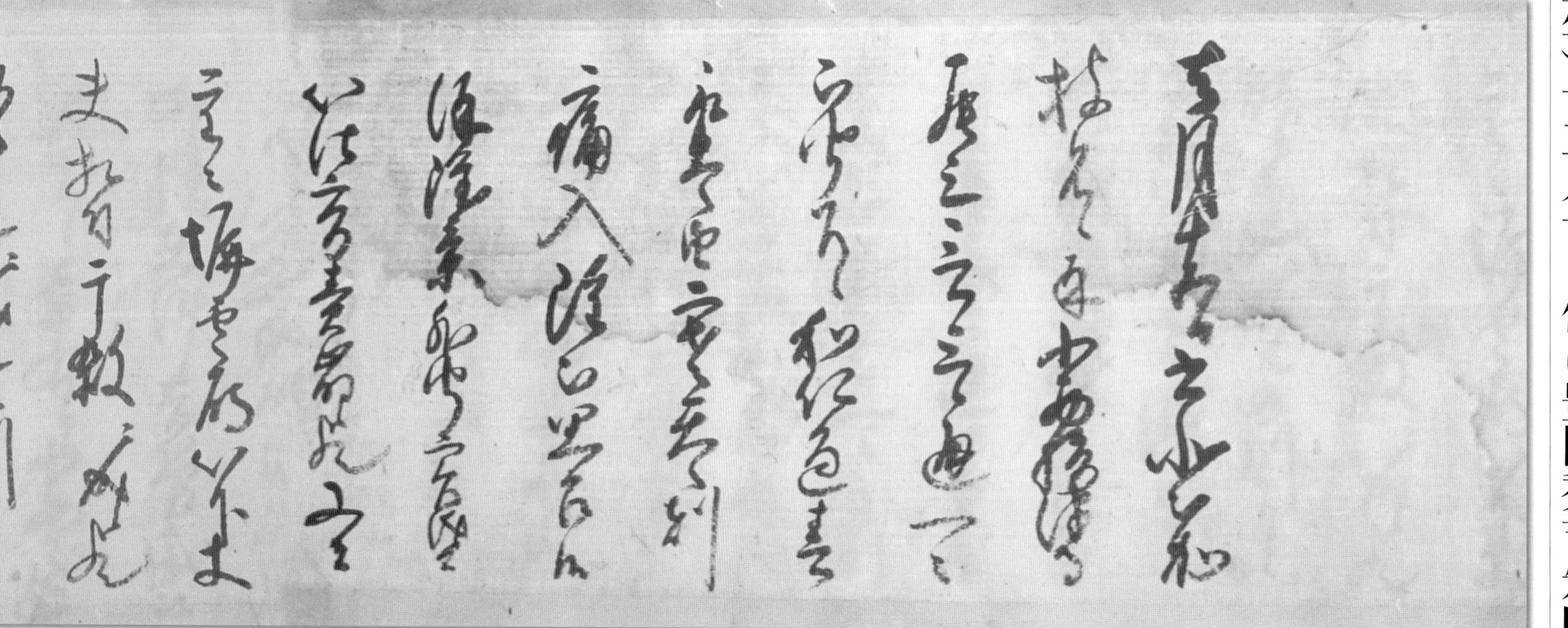

豊臣秀吉朱印状（1/2）

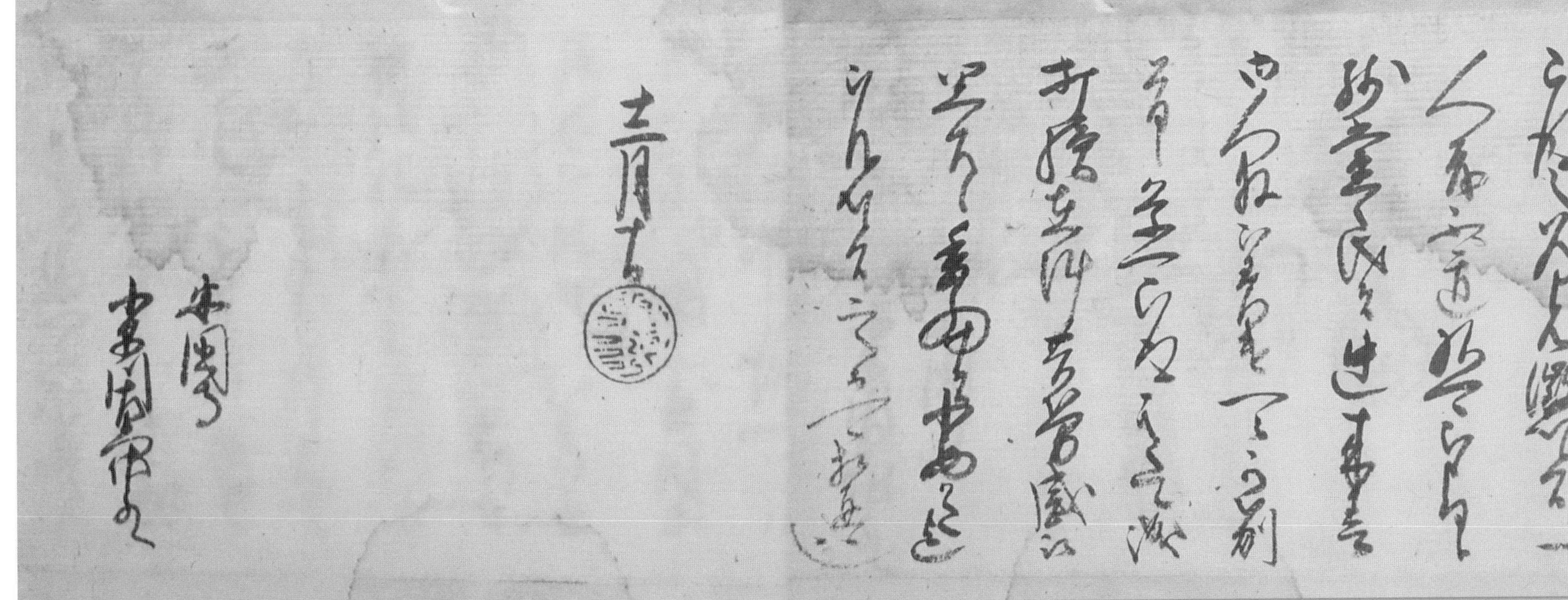

071 (天正十六年)正月十九日付け豊臣秀吉朱印状

福岡市博物館所蔵

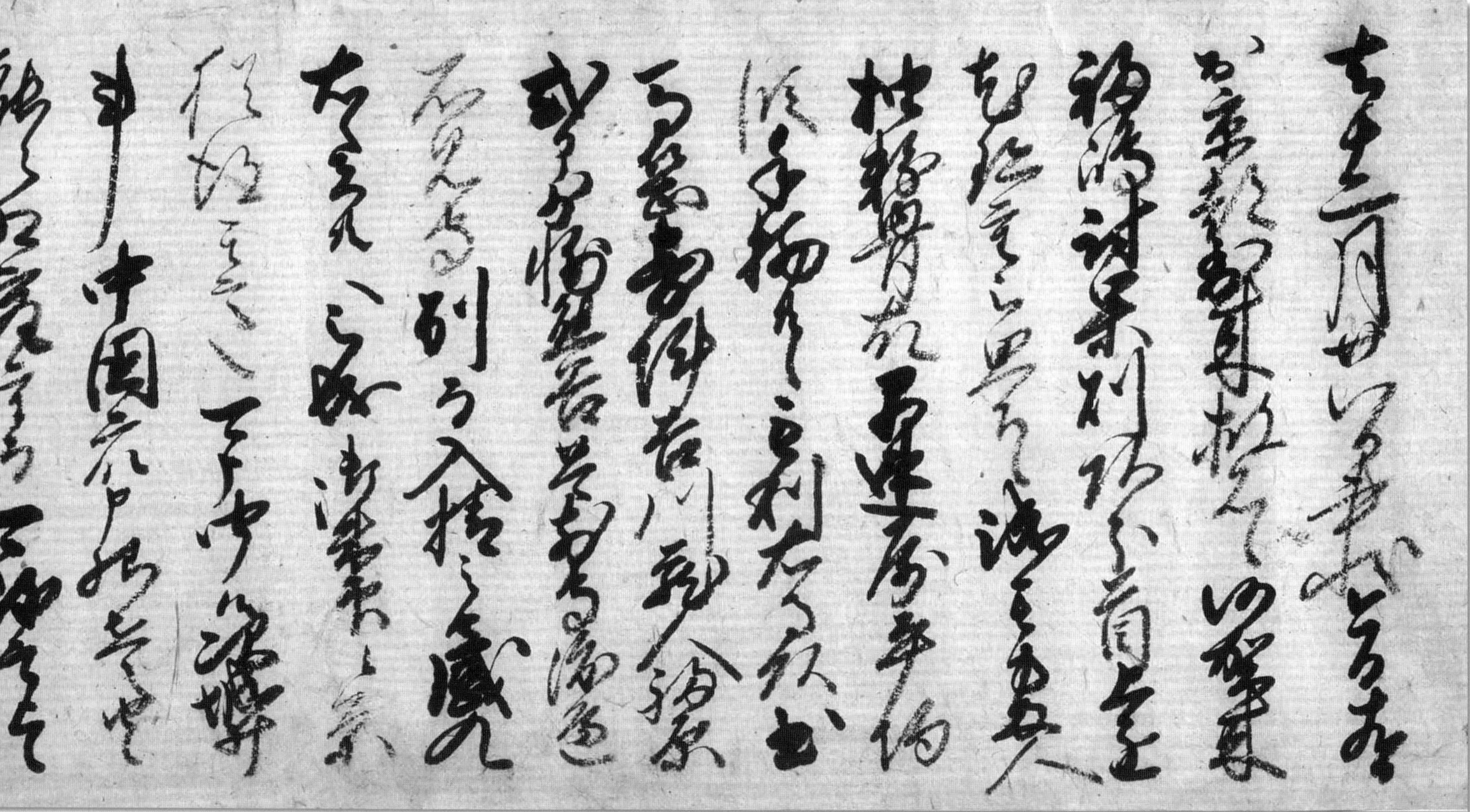

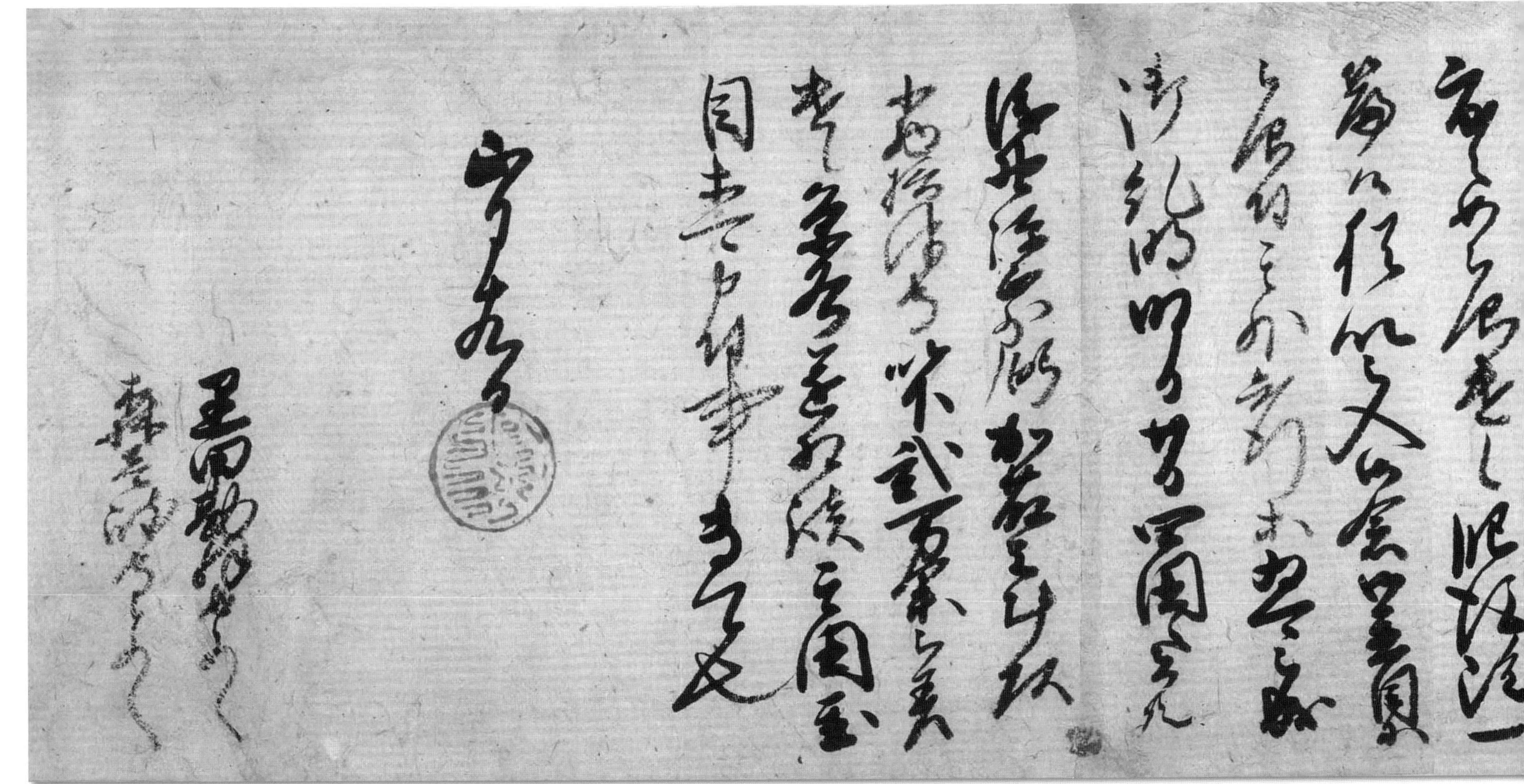

072 天正十六年卯月十五日付け豊臣秀吉判物

宮内庁書陵部所蔵

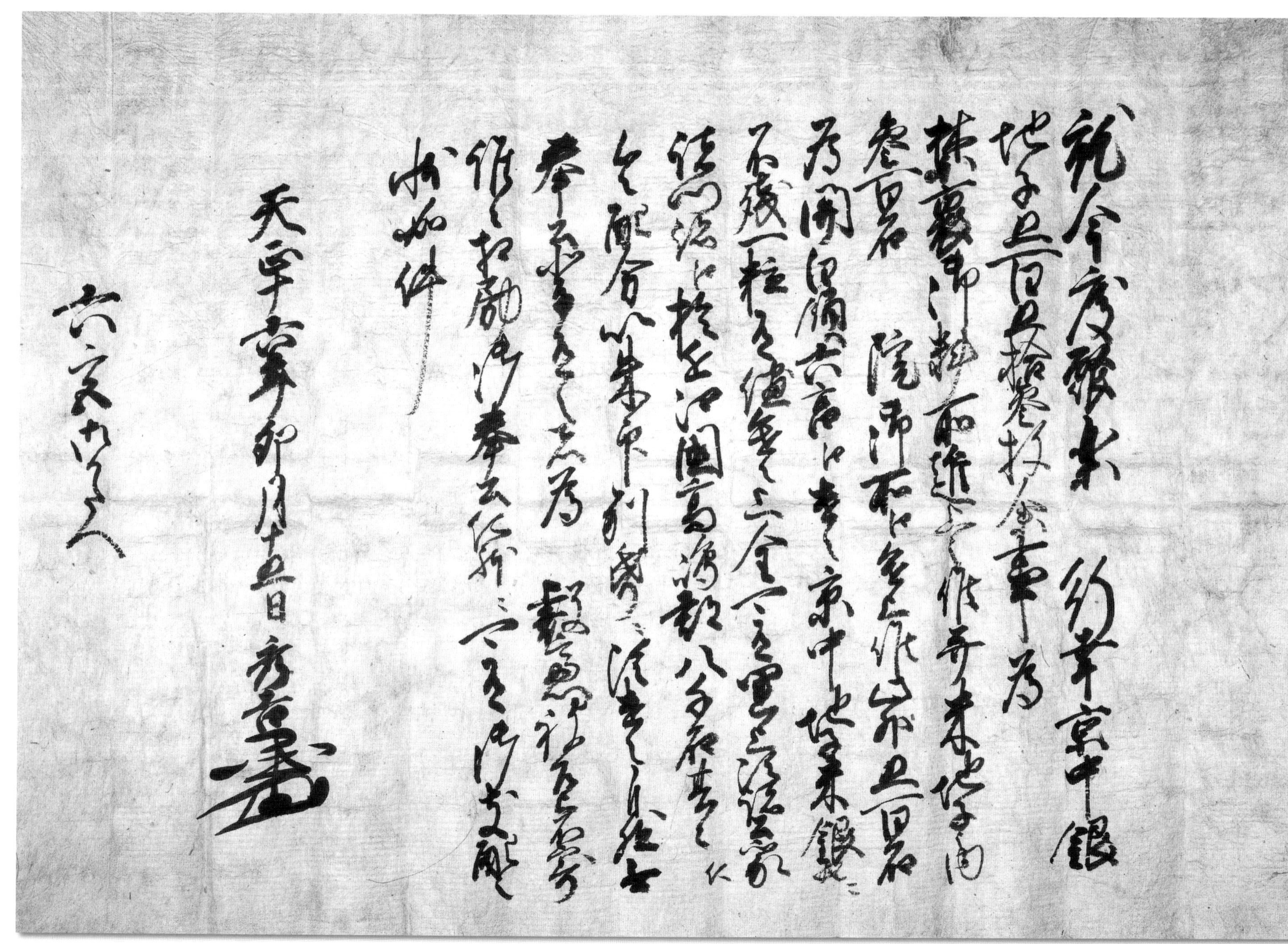

073 天正十六年閏五月十四日付け陸奥守前後悪逆条々事

東京大学史料編纂所所蔵

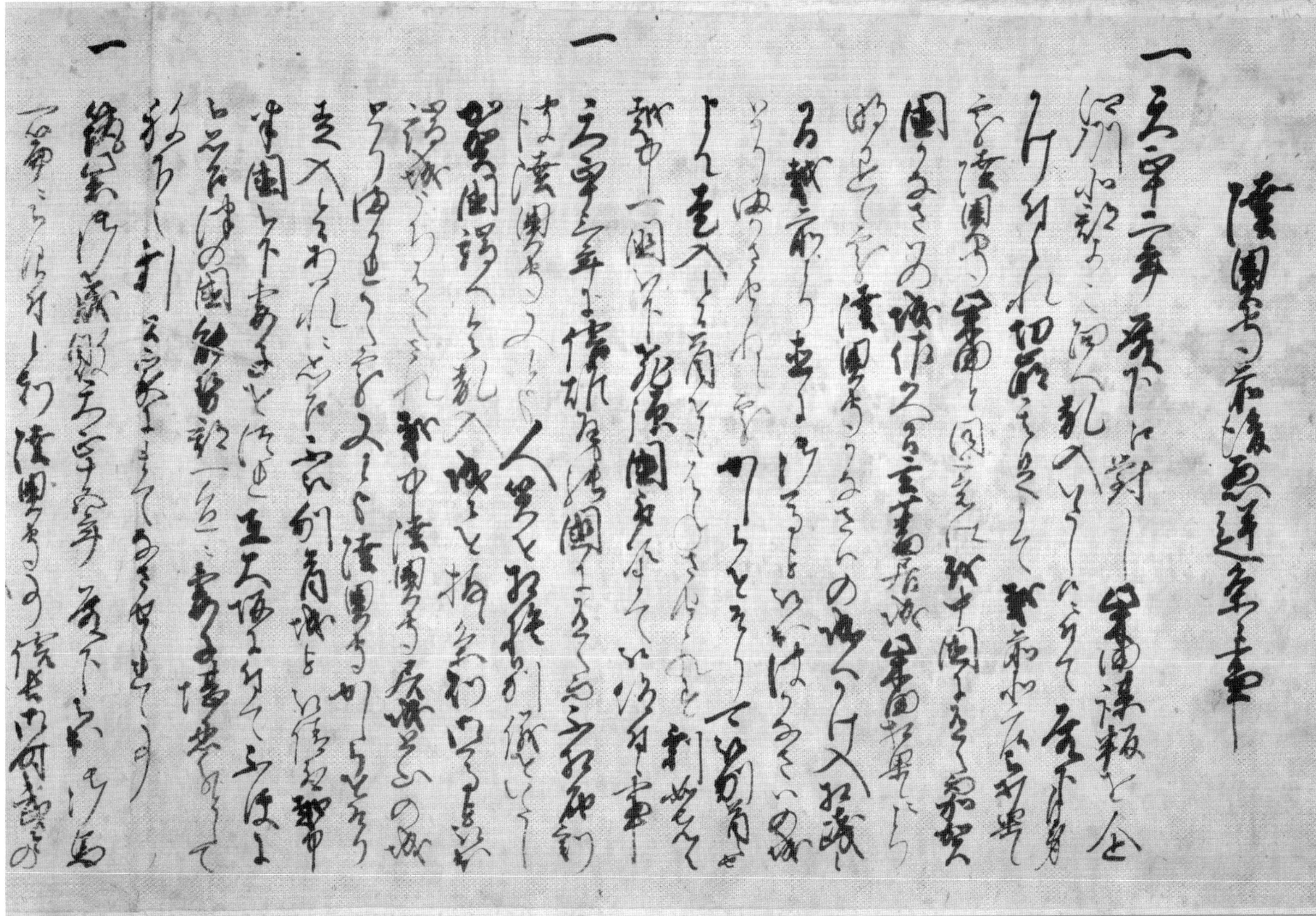

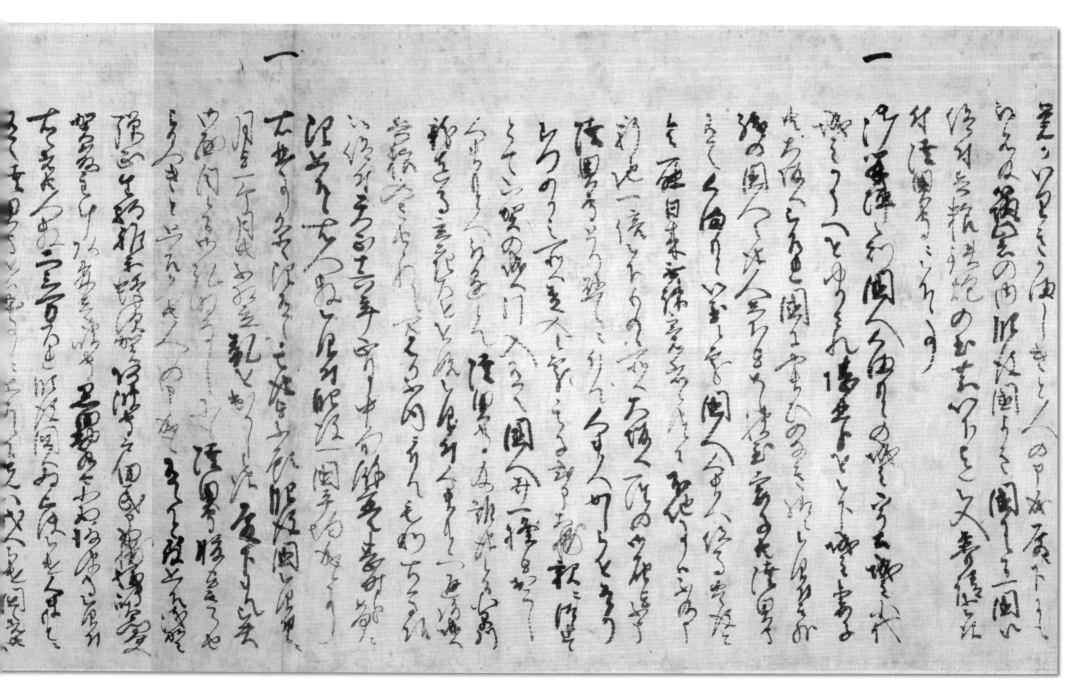

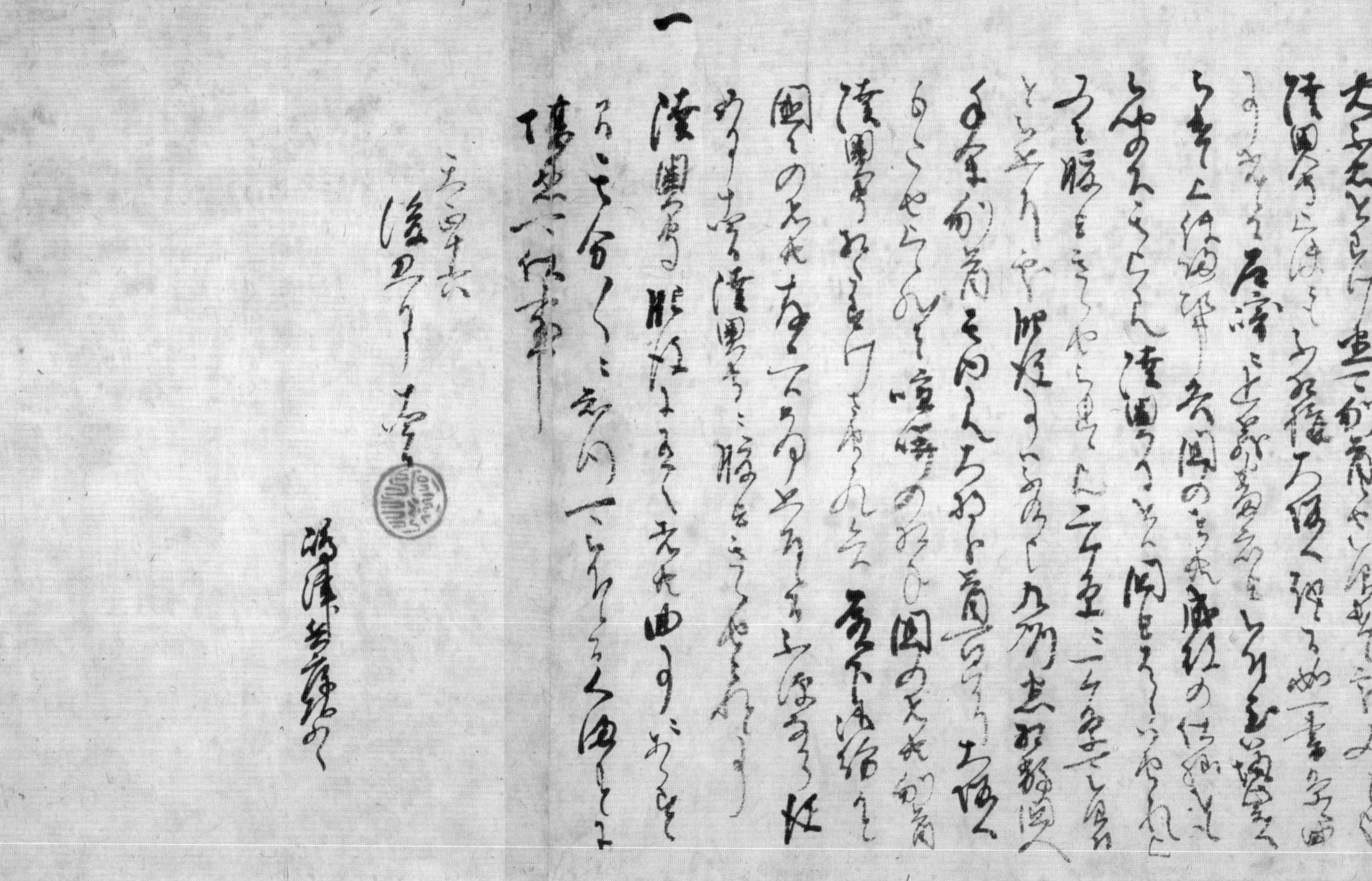

074 (天正十六年)閏五月十五日付け豊臣秀吉朱印状

富山市郷土博物館所蔵

075 天正十六年七月八日付け定(海賊禁止令)

立花家史料館所蔵

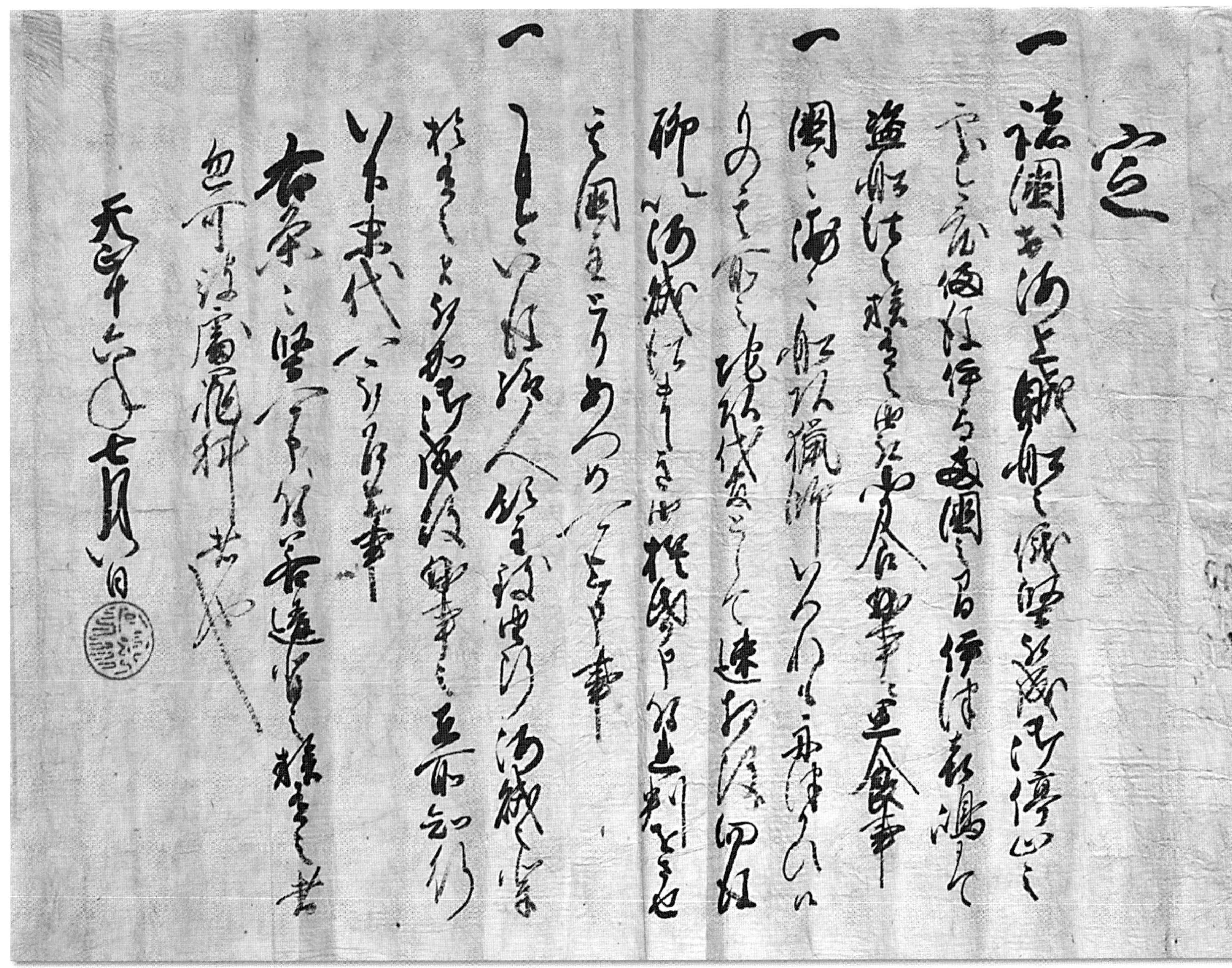

076 天正十六年七月八日付け条々(刀狩令)

立花家史料館所蔵

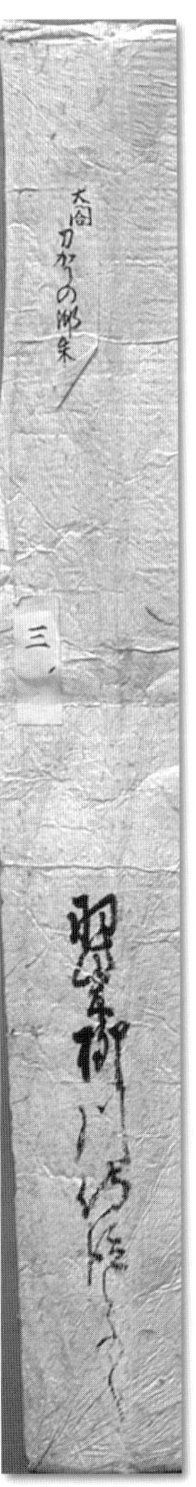

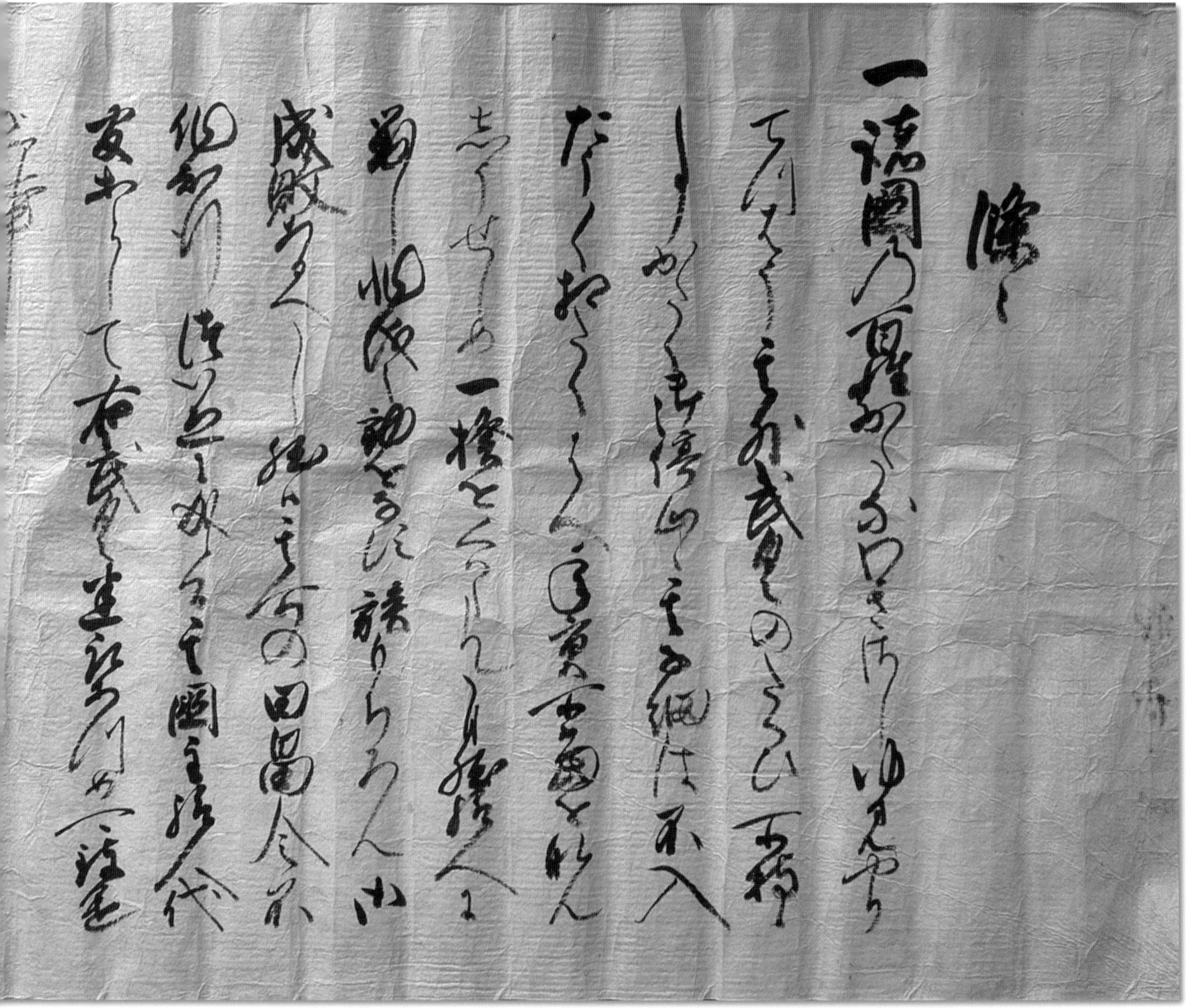

条々(刀狩令)(1/2)

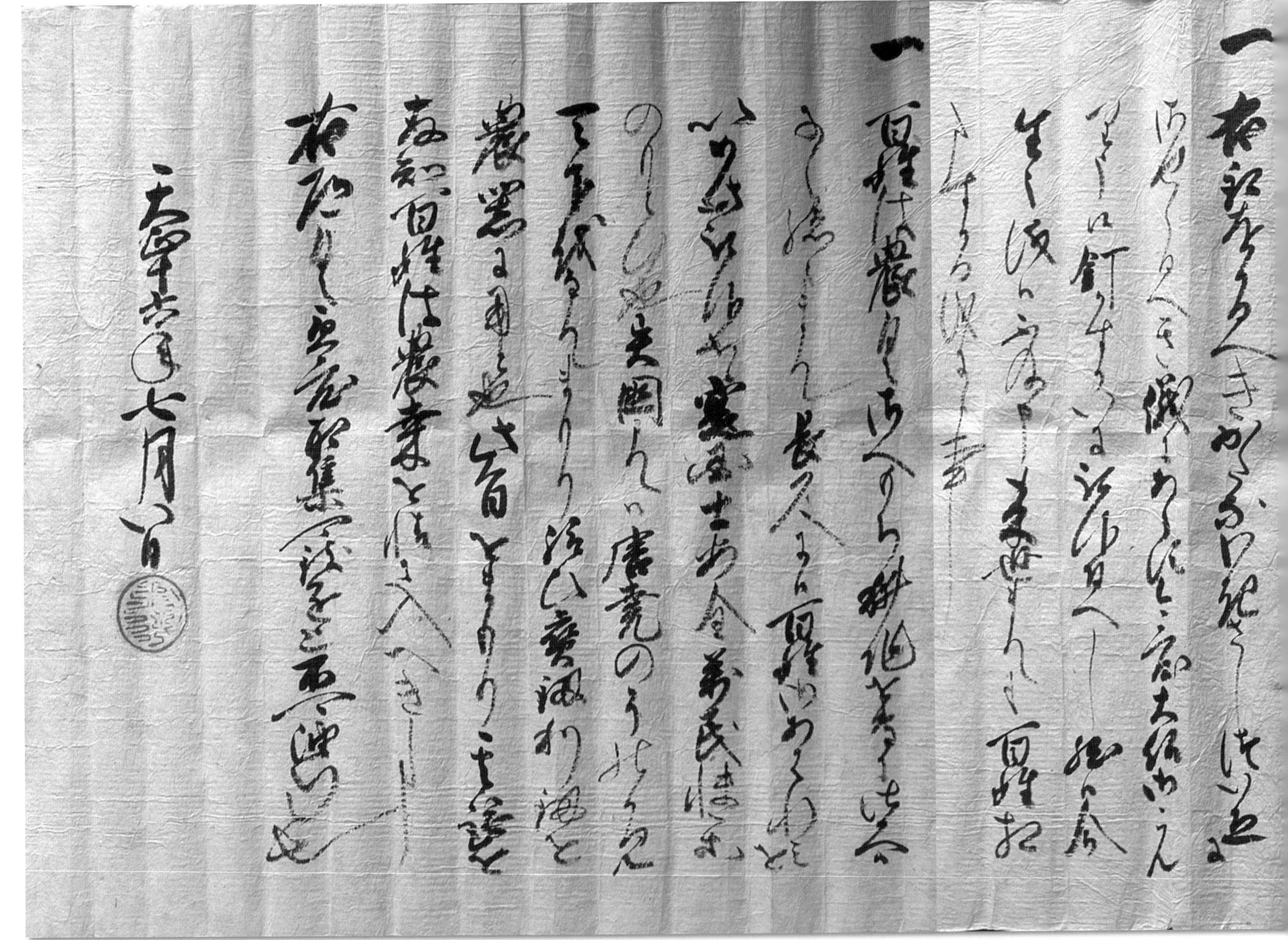

一　右取をかるへき刀・脇指、ついえにさせらるへき儀にあらす候之間、今度大仏御建立候釘・かすかひに被仰付へし、然者今生之儀者不及申、来世之事まても百姓たすかる儀に候事

一　百姓ハ農具さへもち、耕作を専に仕候へハ、子々孫々まて長久に候、百姓御あはれミをもって、如此被仰出候、誠国土安全万民快楽の基也、異国にてハ唐堯のそのかみ、天下を鎮撫せしめ、宝剣利刀を農器にもちゐると也、本朝にてハためしあるへからす、此旨を守り、各其趣を存知、百姓ハ農桑を精に入へき事

右道具急度取集、可致進上、不可有油断也

天正十六年七月八日（朱印）

条々（刀狩令）(2/2)

077 (天正十七年)三月二十三日付け豊臣秀吉朱印状

岡山大学附属図書館所蔵

078 天正十七年十一月二十四日付け条々(宣戦布告状)

仙台市博物館所蔵

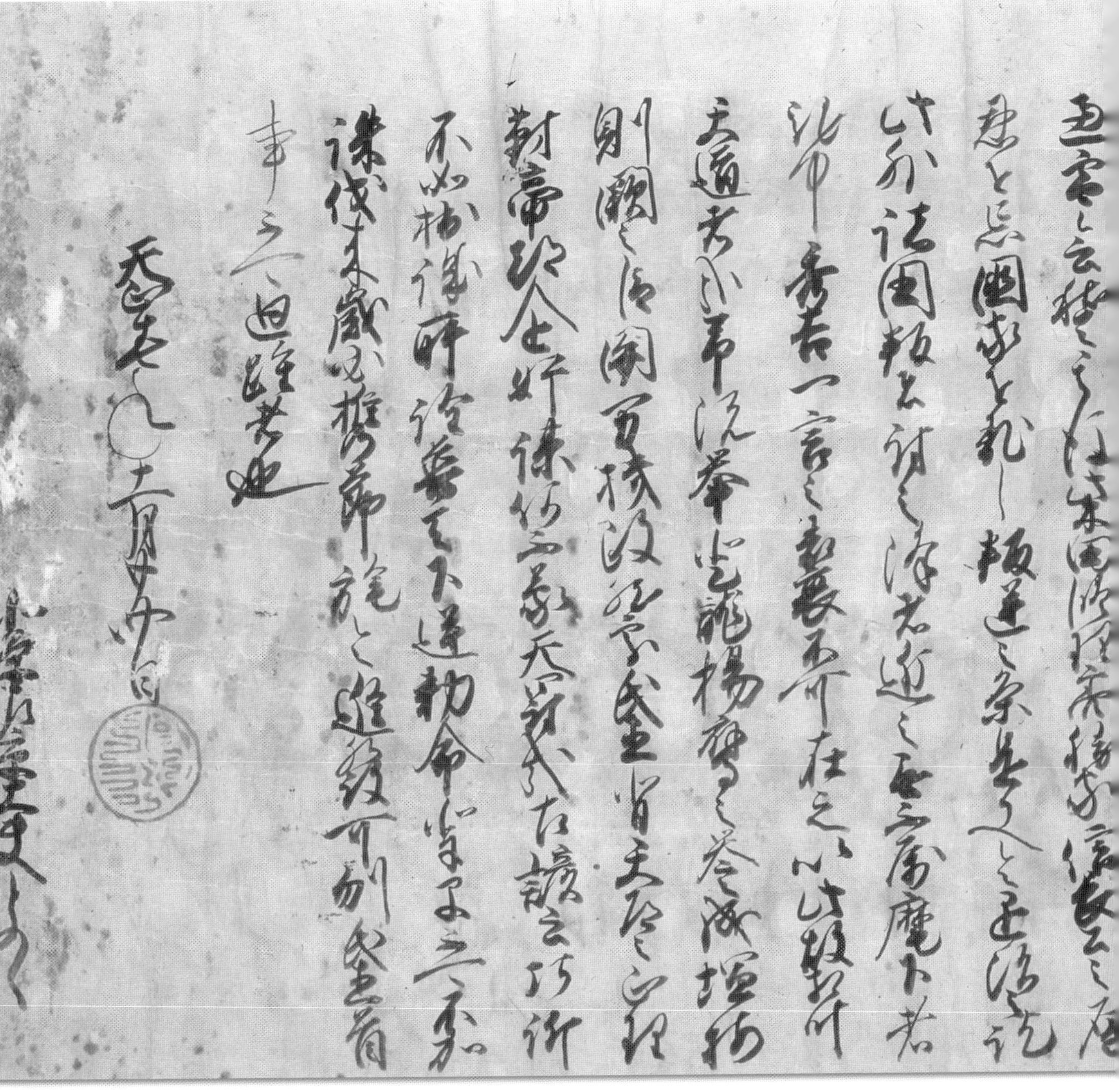

条々（宣戦布告状）(3/3)

079 天正十八年二月二十八日付け琉球国主宛て国書写

妙本寺所蔵

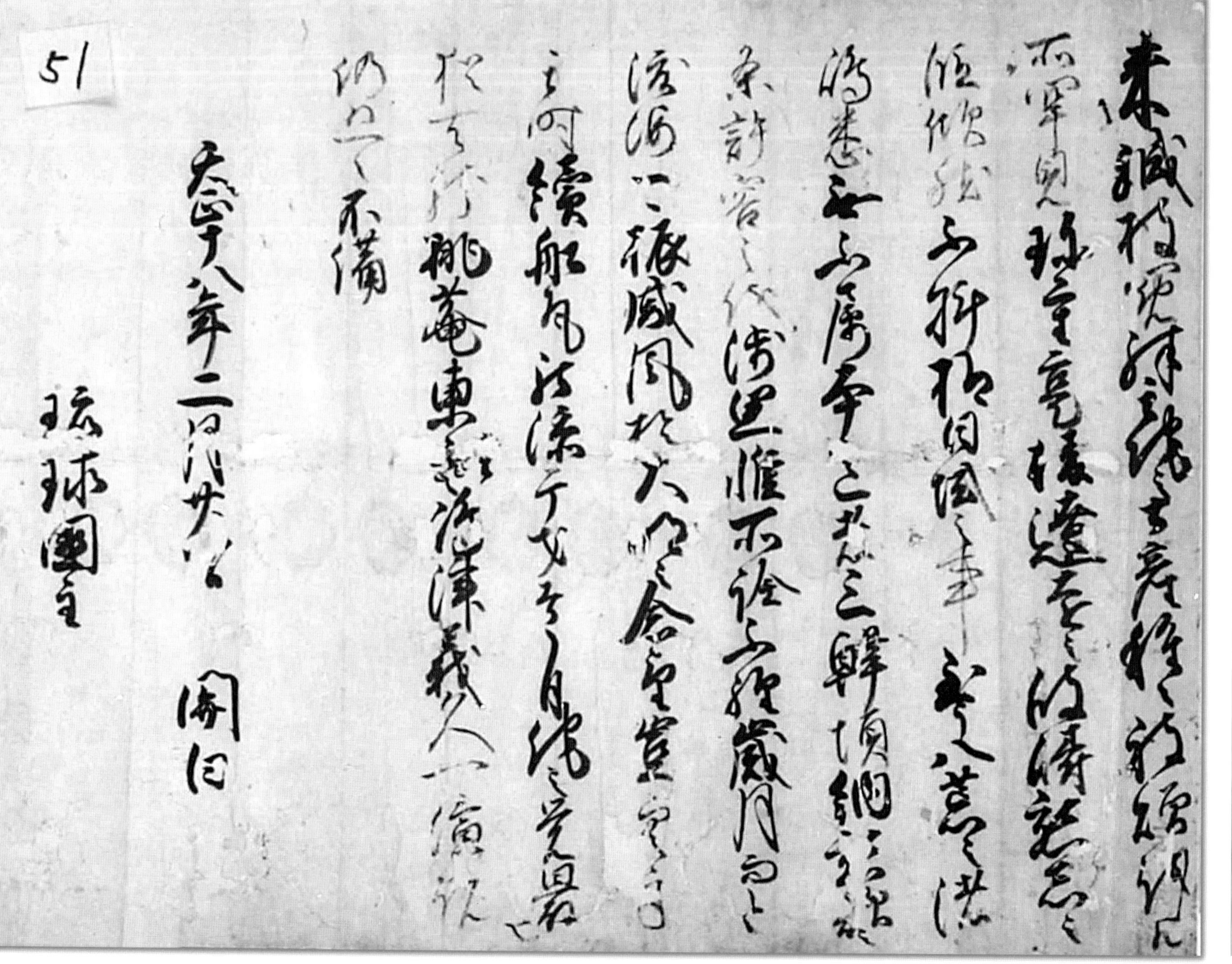

080 (天正十八年)三月二十九日付け豊臣秀吉朱印状

早稲田大学図書館所蔵

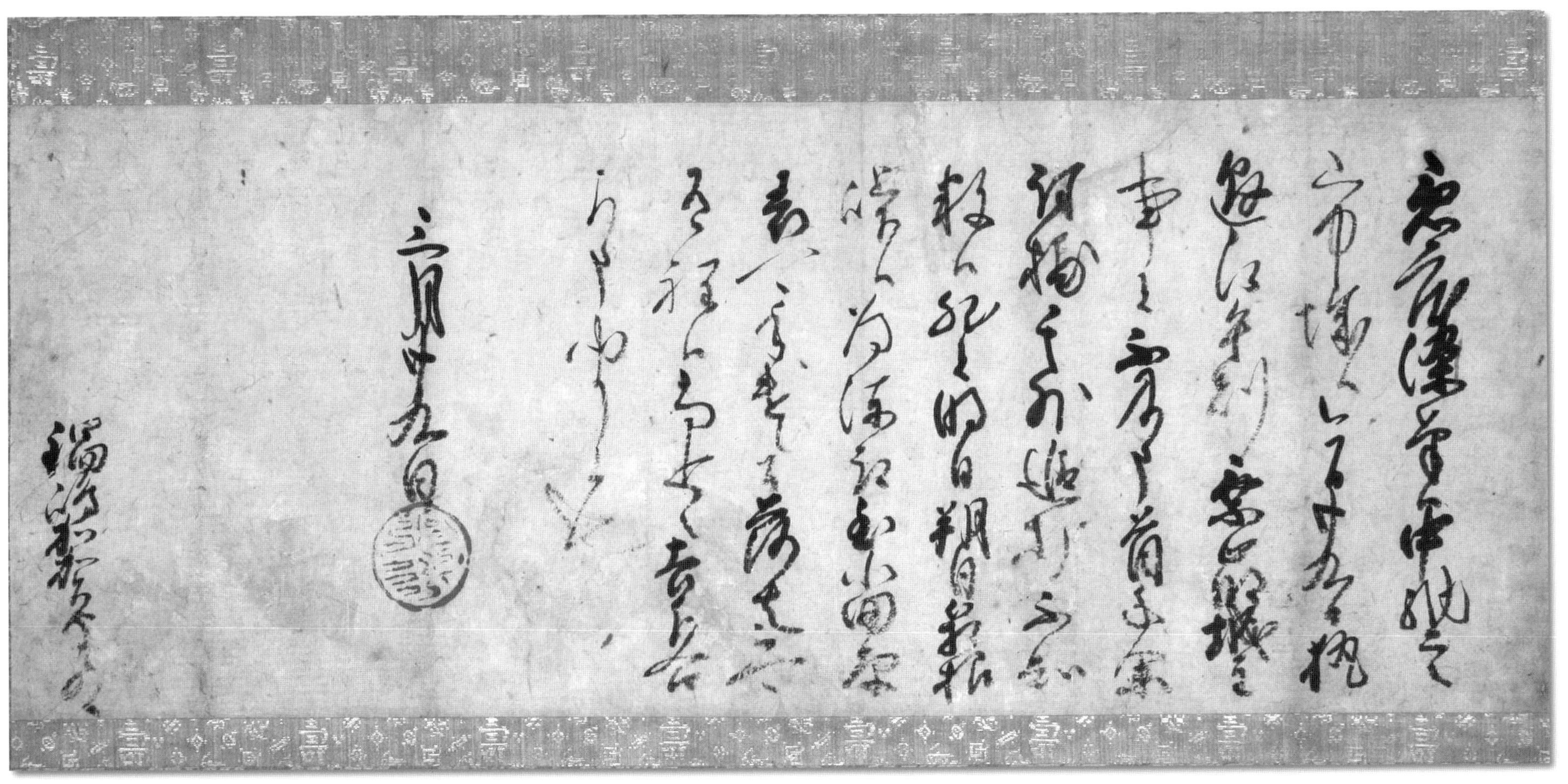

081 (天正十八年)五月二日付け豊臣秀吉朱印状

個人所蔵

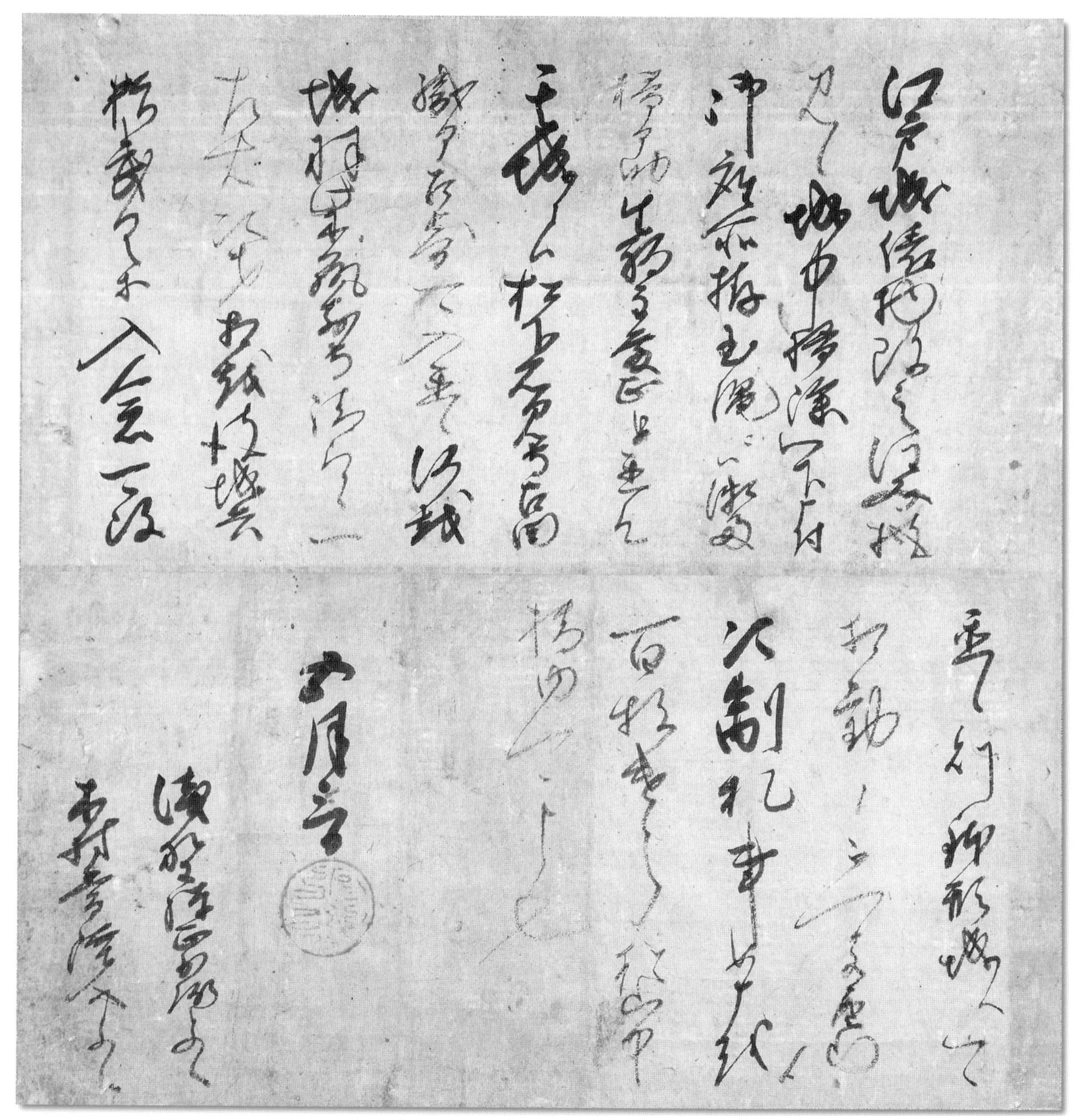

082 (天正十八年)五月二十三日付け豊臣秀吉朱印状

名古屋市博物館所蔵

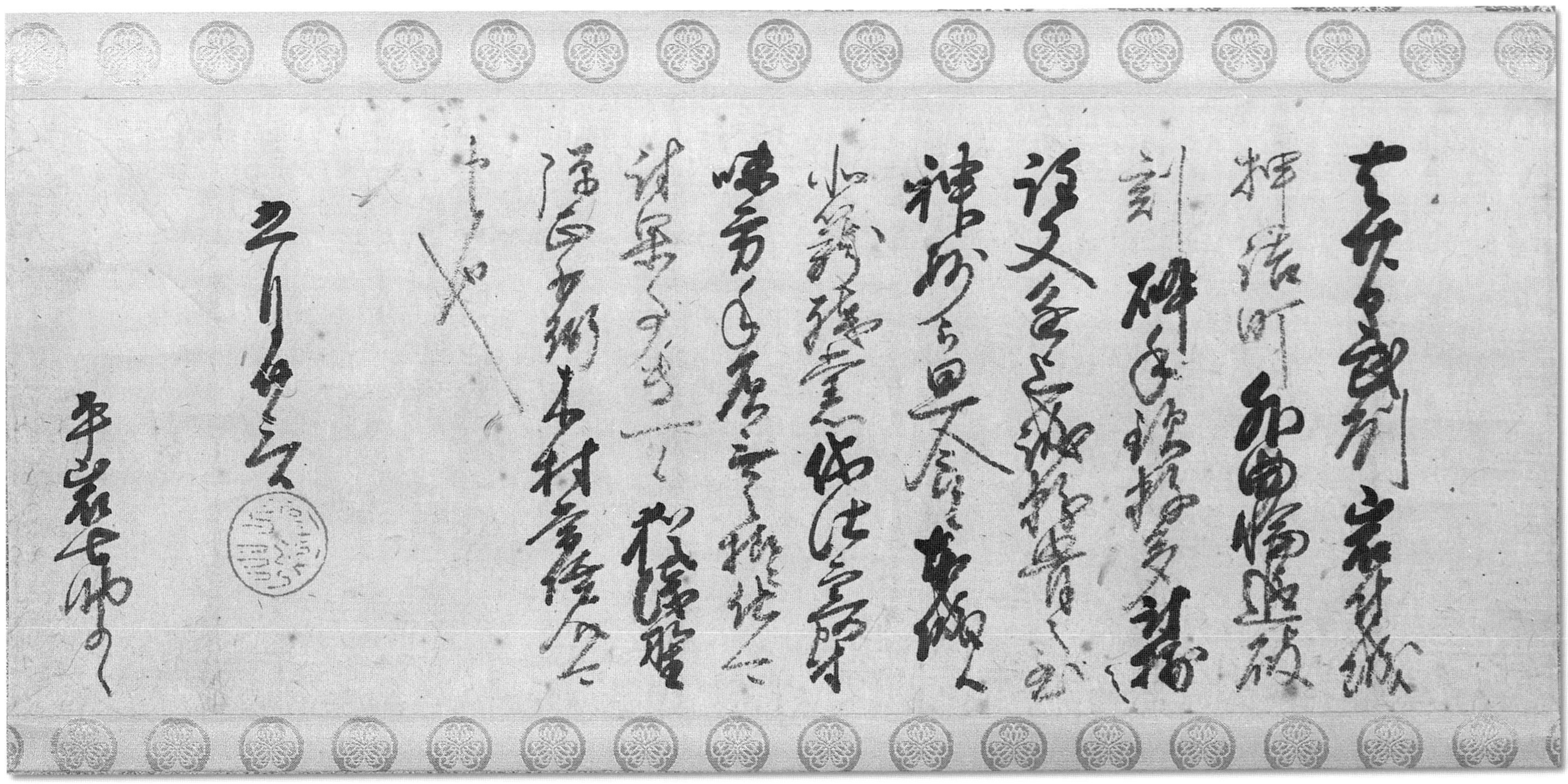

083 (天正十八年)七月十一日付け豊臣秀吉書状

豊国神社所蔵

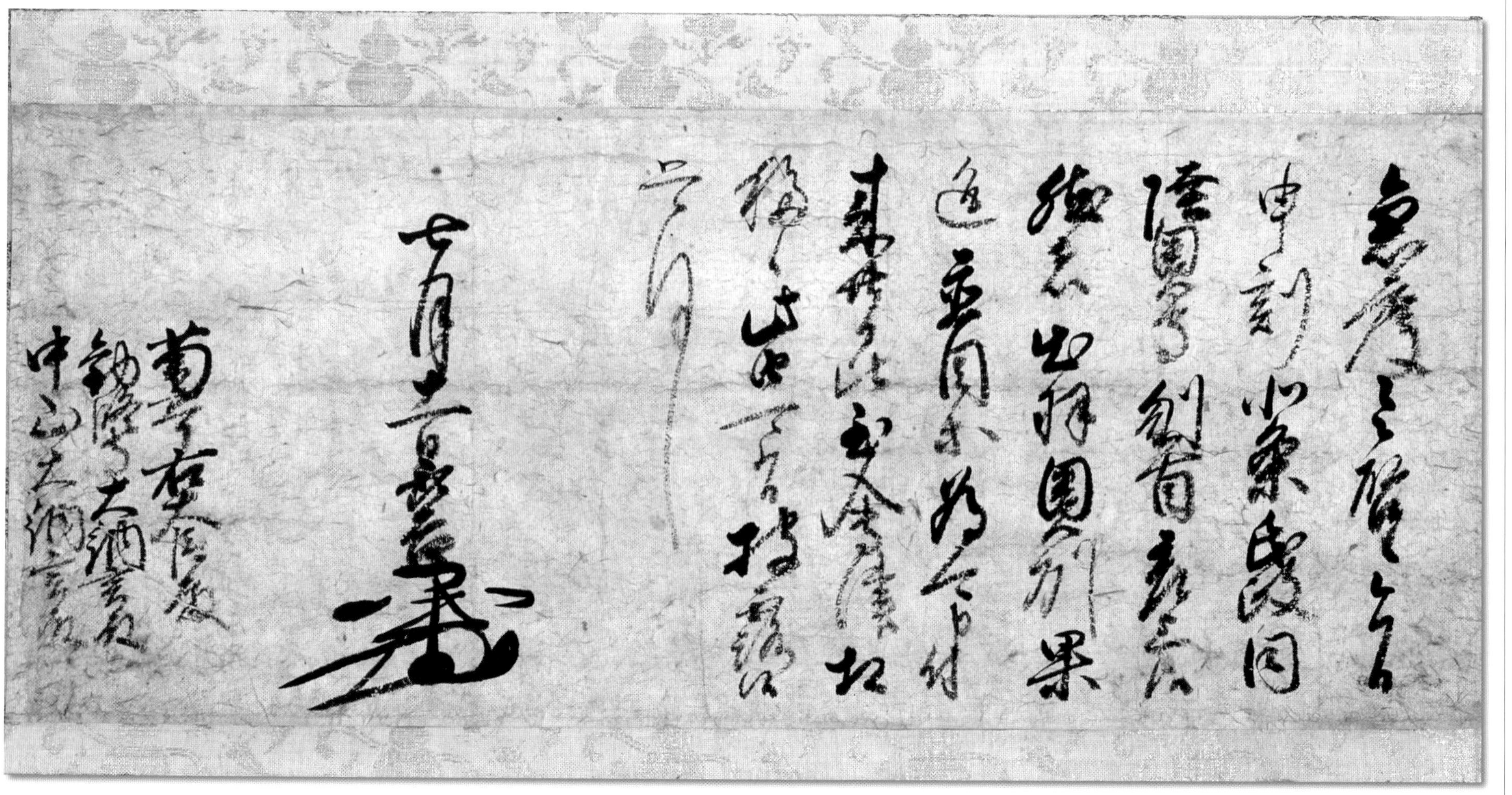

084 (天正十八年)七月十六日付け豊臣秀吉朱印状

個人所蔵

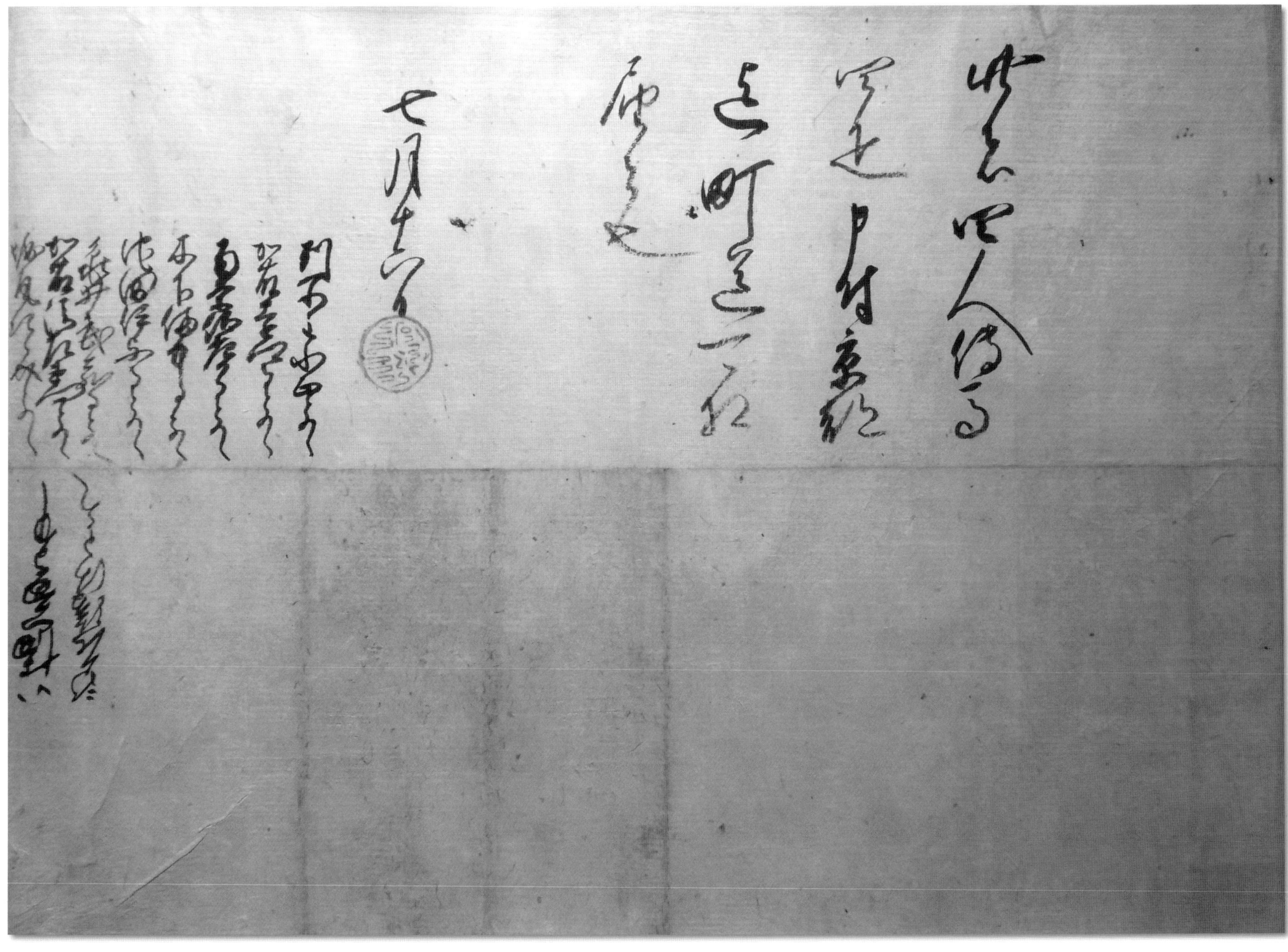

085 天正十八年七月二十七日付け覚(豊臣秀吉朱印状)

もりおか歴史文化館所蔵

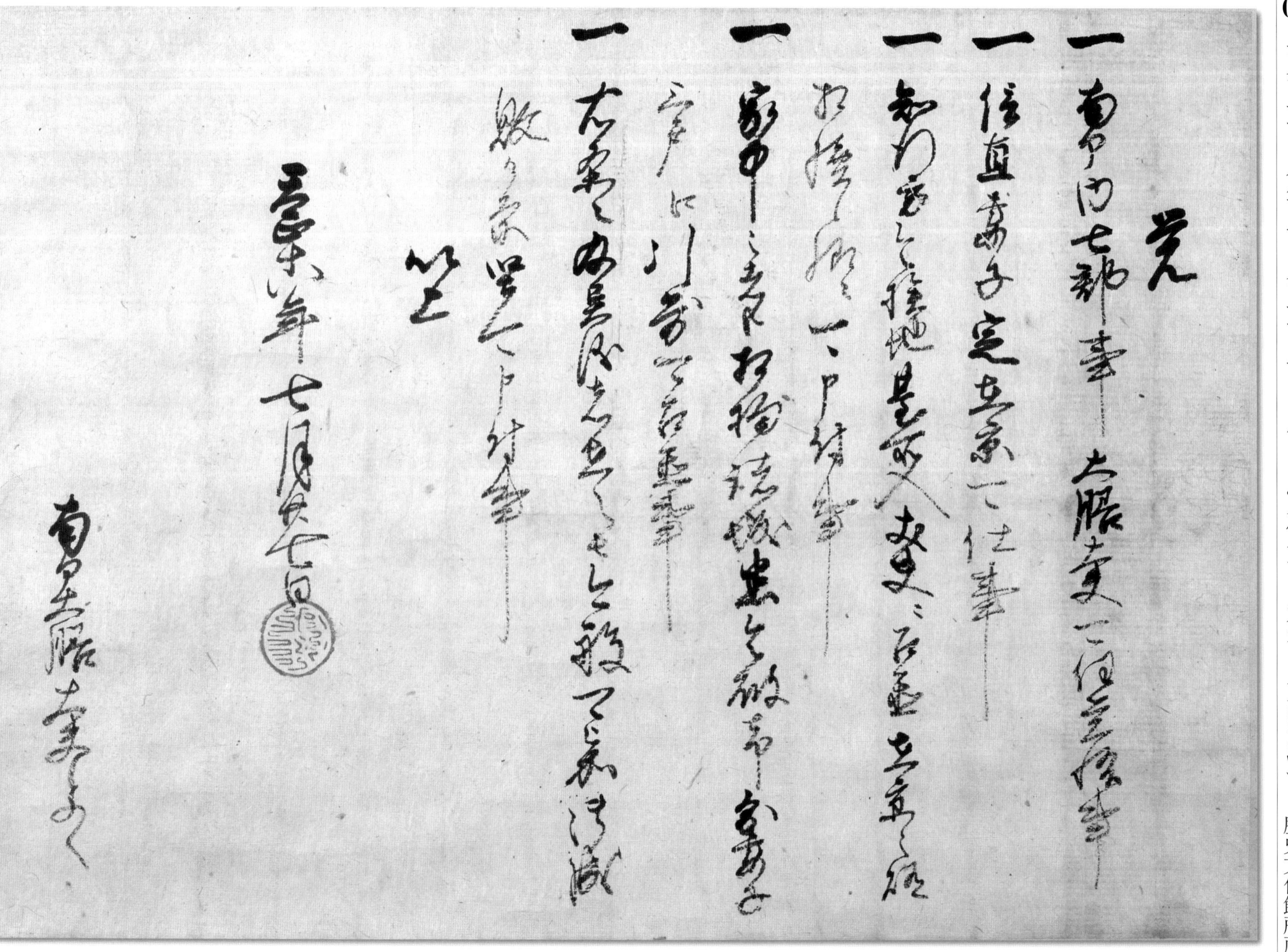

086 (天正十八年)七月二十八日付け豊臣秀吉朱印状

大阪城天守閣所蔵

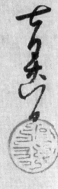

087 天正十八年八月十日付け定(豊臣秀吉朱印状)

個人所蔵

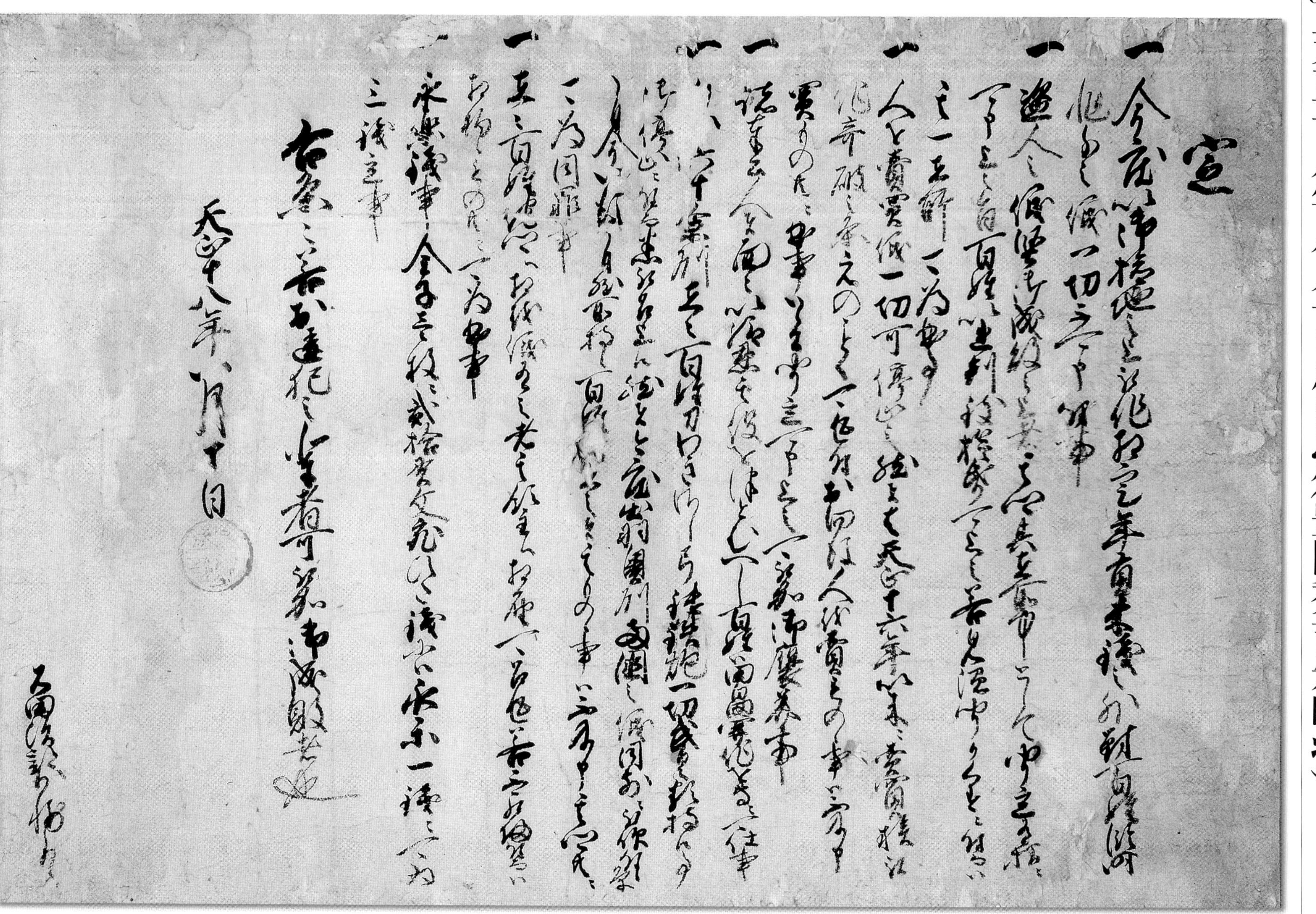

定

一 今度以御検地之上、被作相定年貢米銭之外、対百姓臨時非分之儀、一切不可申懸事

一 盗人之儀、堅被成御成敗上者、其郷其在所中として聞立、有様ニ可申上、若隠置付而者、後日聞付次第、其一在所可為曲事

一 人を売買儀、一切可停止之、然者去天正十六年以来ニ売買族被作棄破之条、元のことく可返付、於向後人を売もの事ハ申におよはす、買もの共ニ曲事ニ候、聞立可申上、可加褒美事

一 諸奉公人ハ面々以給恩、其役をつとむへし、百姓ハ田畠開作を専ニ可仕事

一 日本六十余州在々百姓、刀・脇指・弓・鑓・鉄炮、一切武具類持候事、停止候、然而今度出羽・奥州両国之儀、同前ニ被仰付候、自今以後自然所持候百姓於在之者、其者之事ハ不及申、其郷共ニ同罪たるへき事

一 在々百姓、他郷へ相越儀在之者、其領主へ相届、可召返、若不罷帰付而ハ、相拘候者共ニ可為曲事

一 永楽銭、金子ハ壱枚ニ弐拾弐貫文宛、ひた銭にハ永楽一銭ニ三銭立之事

右条々、若於違犯之輩者、可被加御成敗者也

天正十八年八月十日 (朱印)

石田治部少輔とのへ

088 （天正十八年）八月十六日付け豊臣秀吉朱印状

仁木尚治氏所蔵

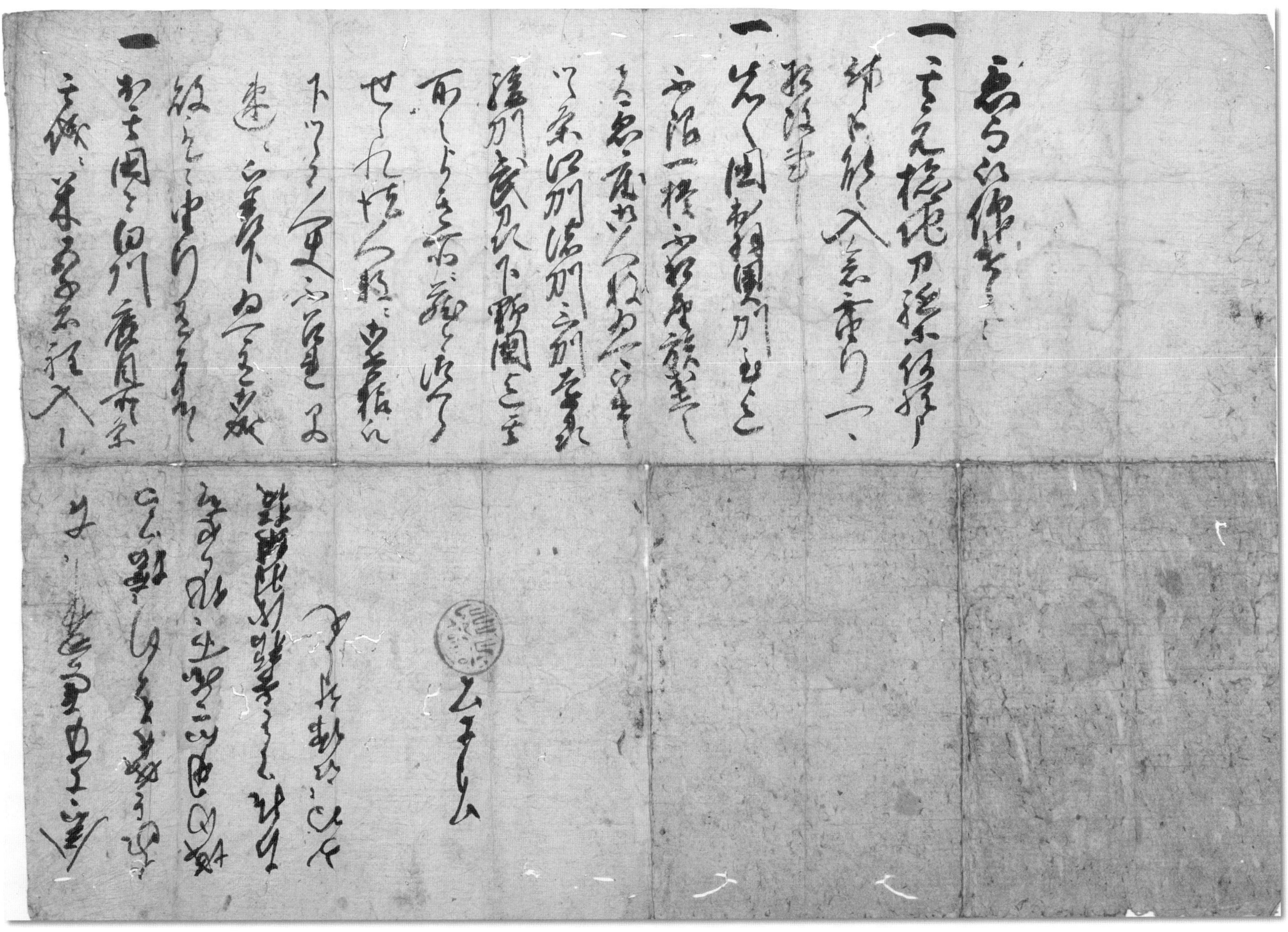

089 (天正十九年)六月二十日付け豊臣秀吉朱印状

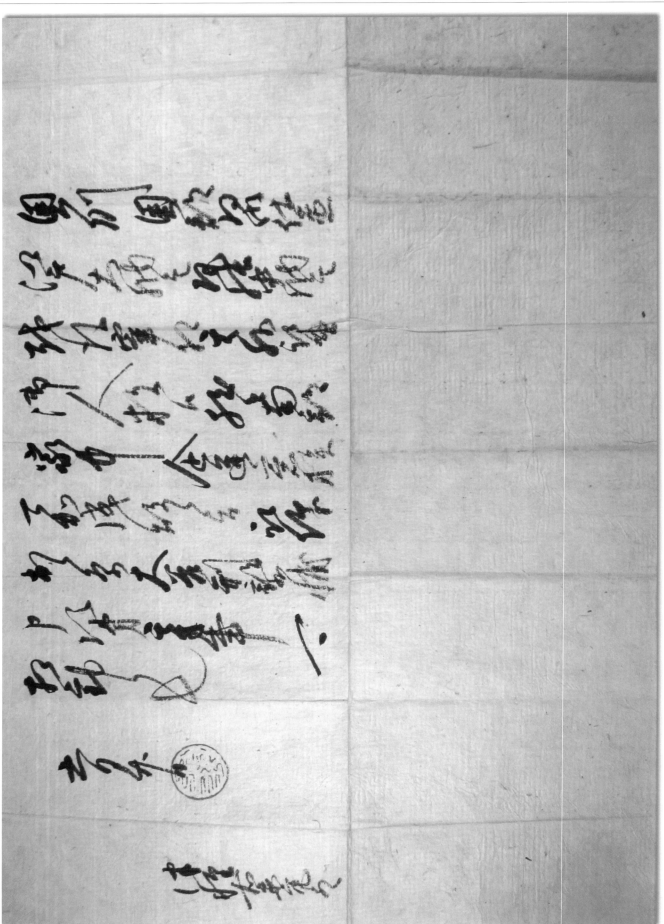

国文学研究資料館所蔵

090 (天正十九年)七月十七日付け豊臣秀吉朱印状

仙台市博物館所蔵

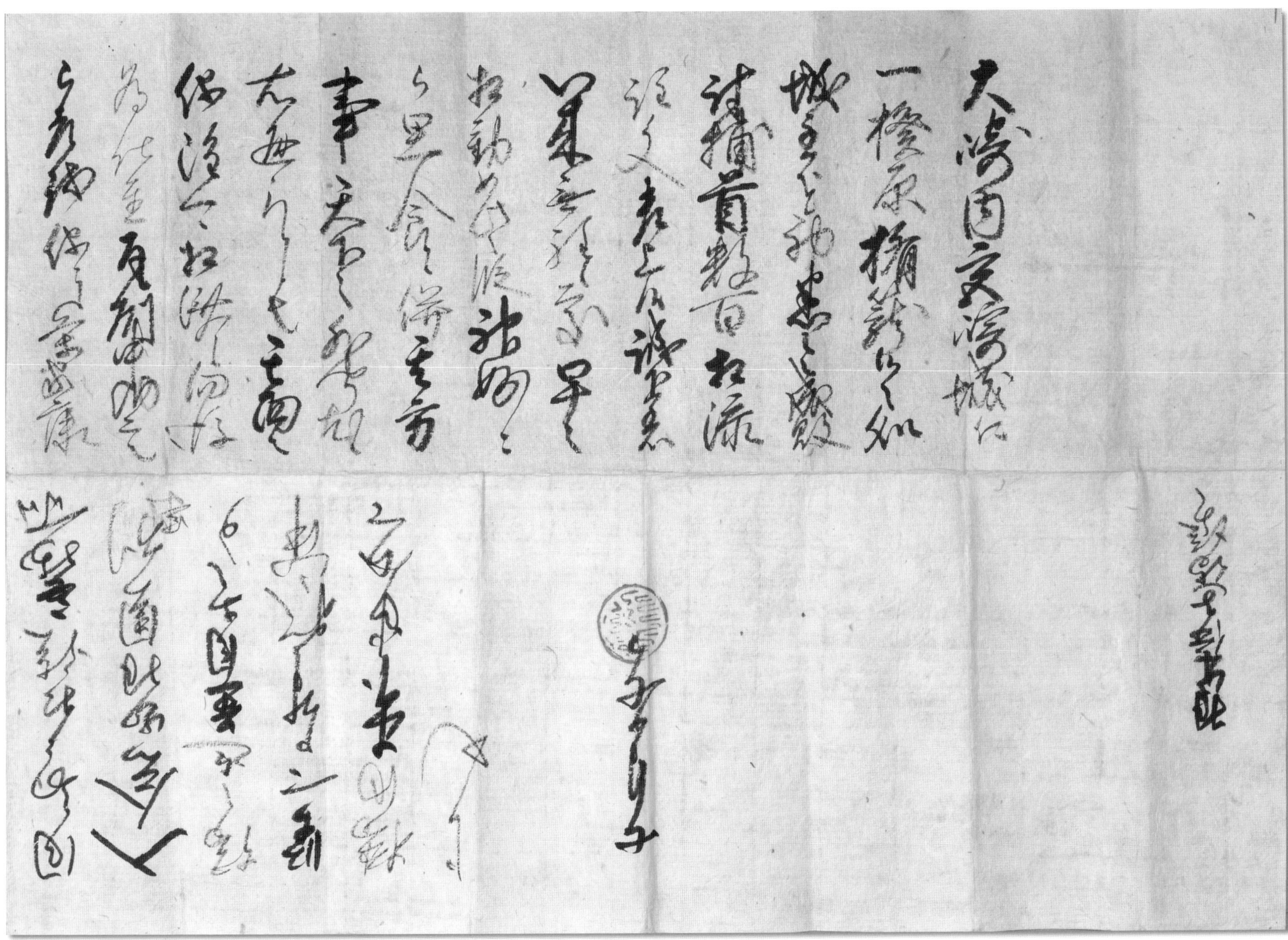

091 (天正十九年)八月二十一日付け定(身分法令)

立花家史料館所蔵

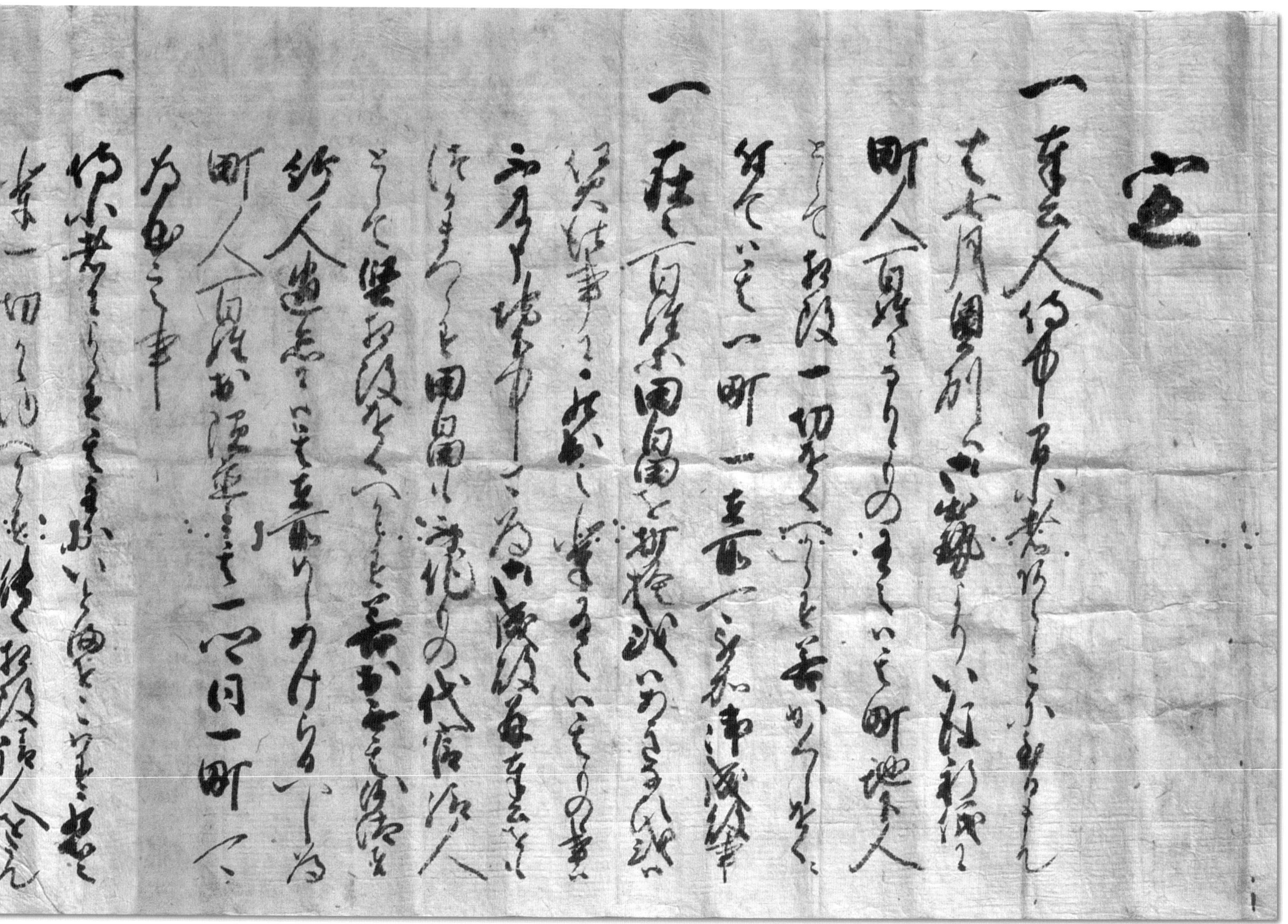

定（身分法令）(1/2)

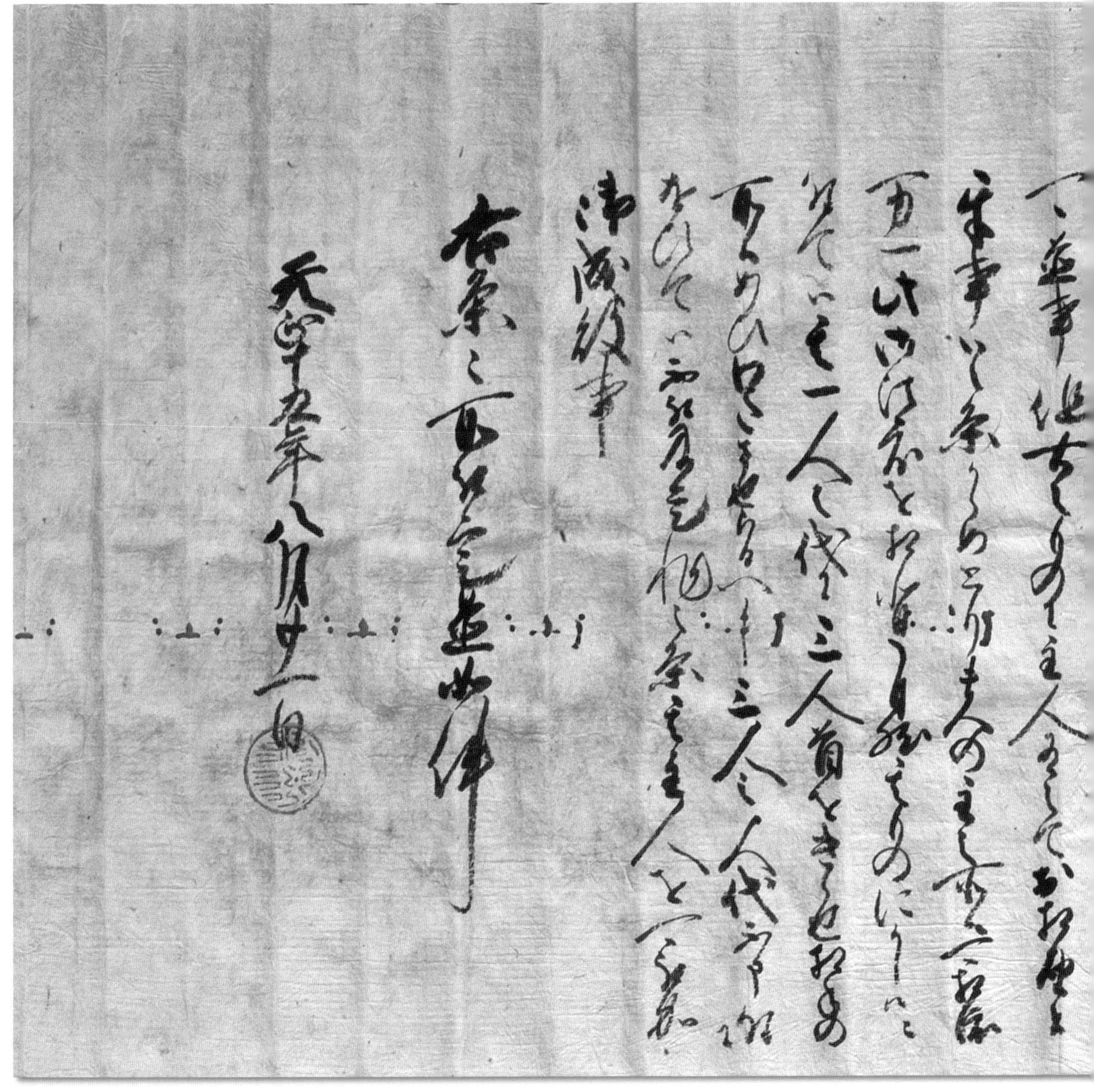

092 (天正十九年)十二月二十日付け豊臣秀吉朱印状写

東京大学史料編纂所所蔵影写本

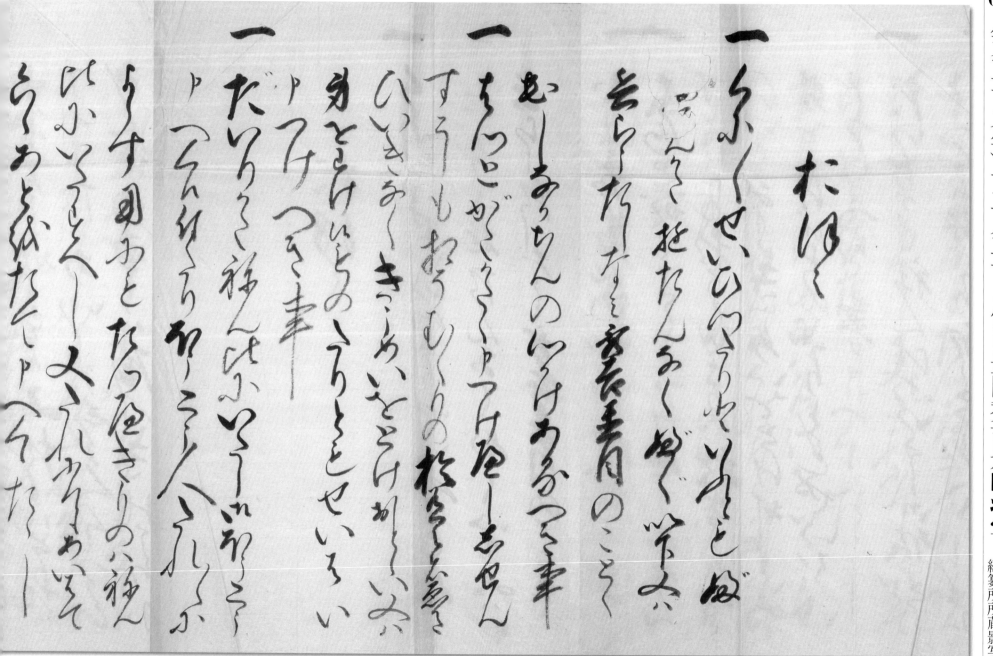

豊臣秀吉朱印状写（2/3）

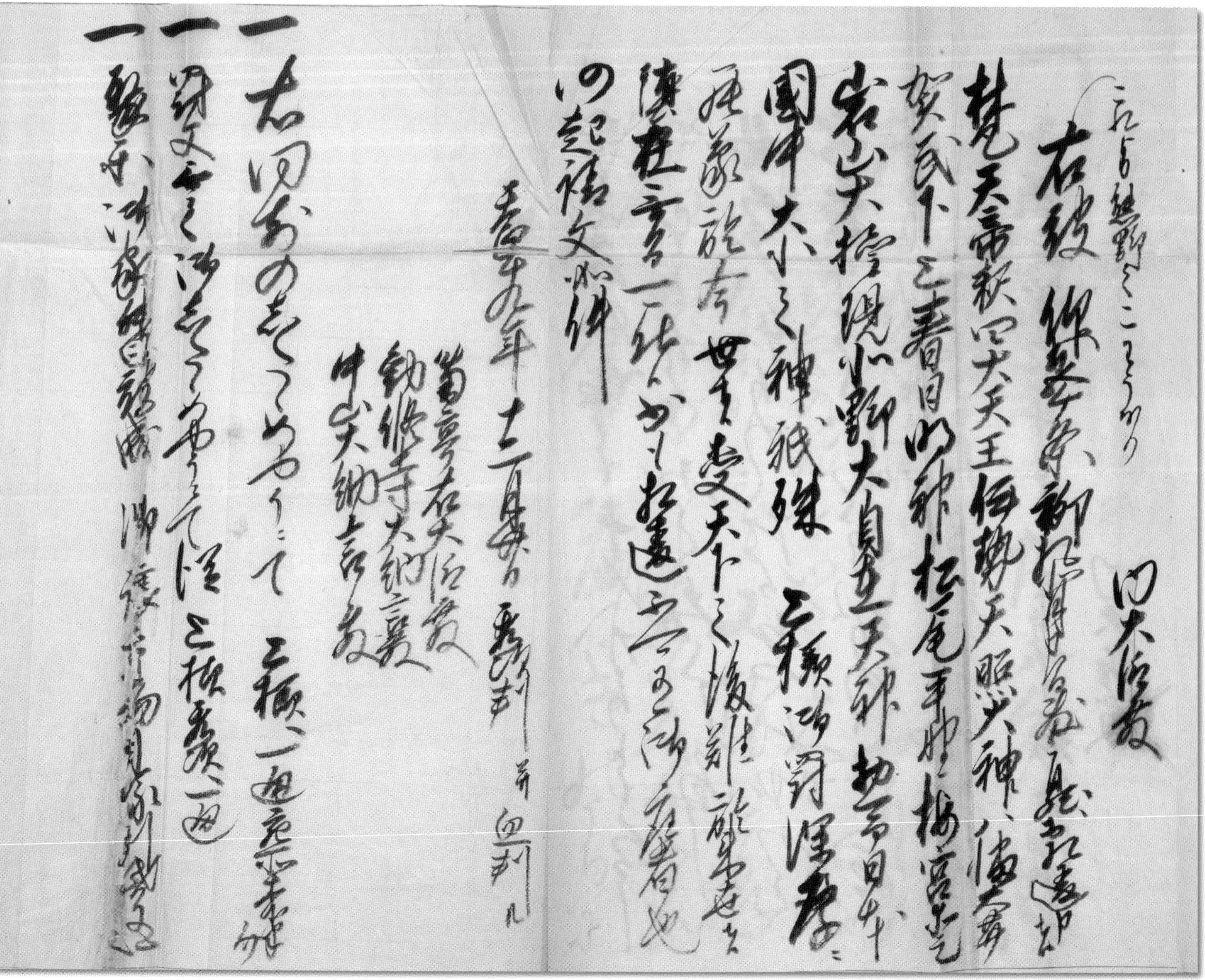

豊臣秀吉朱印状写（3/3）

093 (天正二十年)二月二十七日付け豊臣秀吉朱印状

堺市博物館所蔵

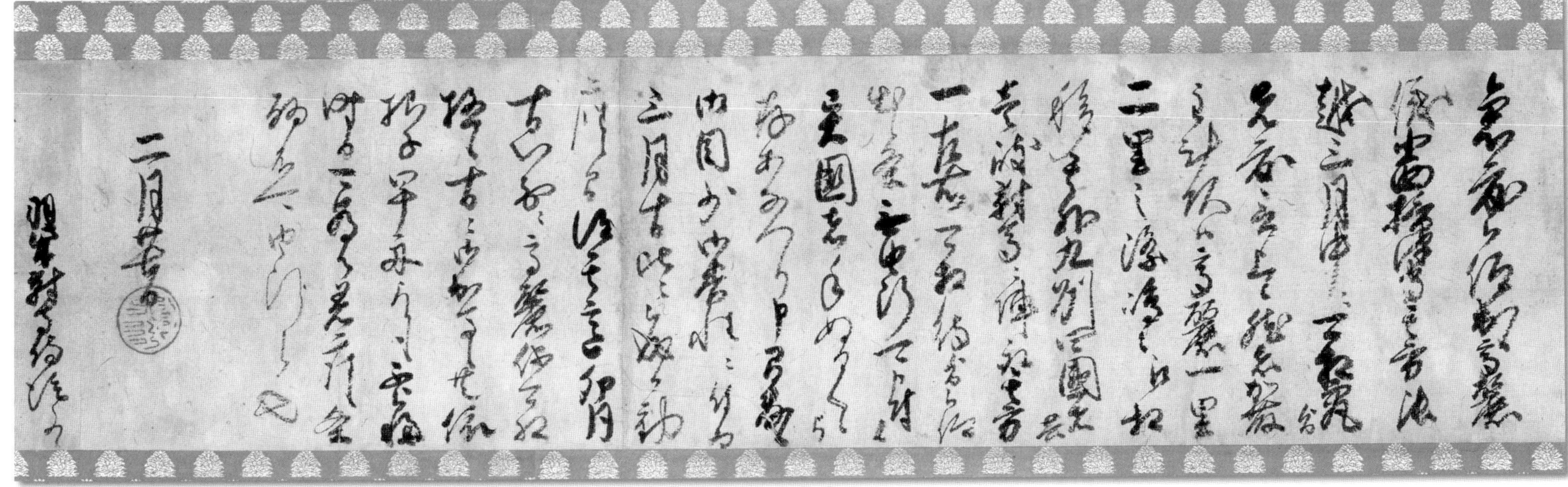

094 天正二十年三月二十三日付け知行方目録(豊臣秀吉朱印状)

個人所蔵

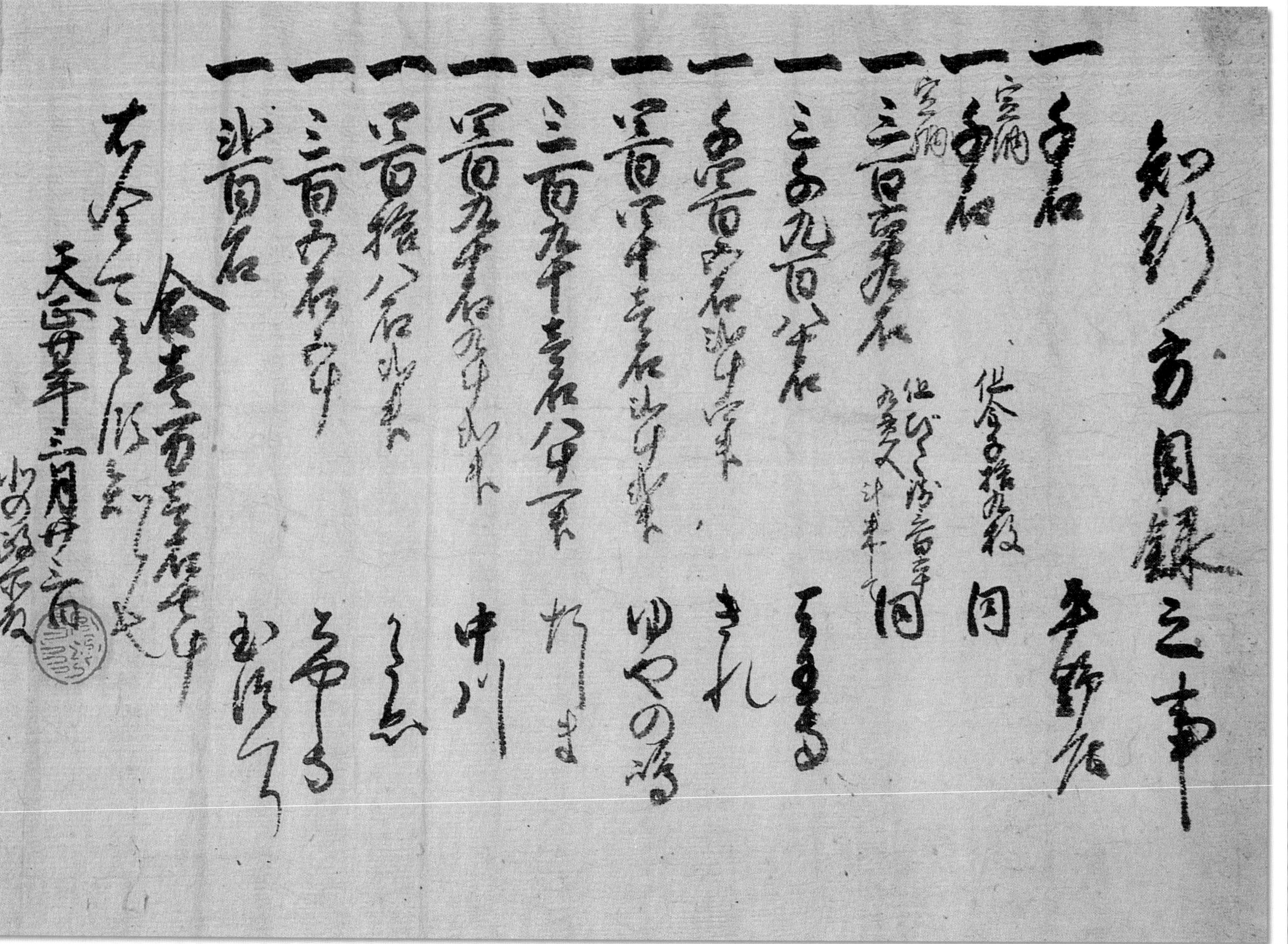

095 (天正二十年)卯月二十八日付け豊臣秀吉朱印状

土佐山内家宝物資料館所蔵

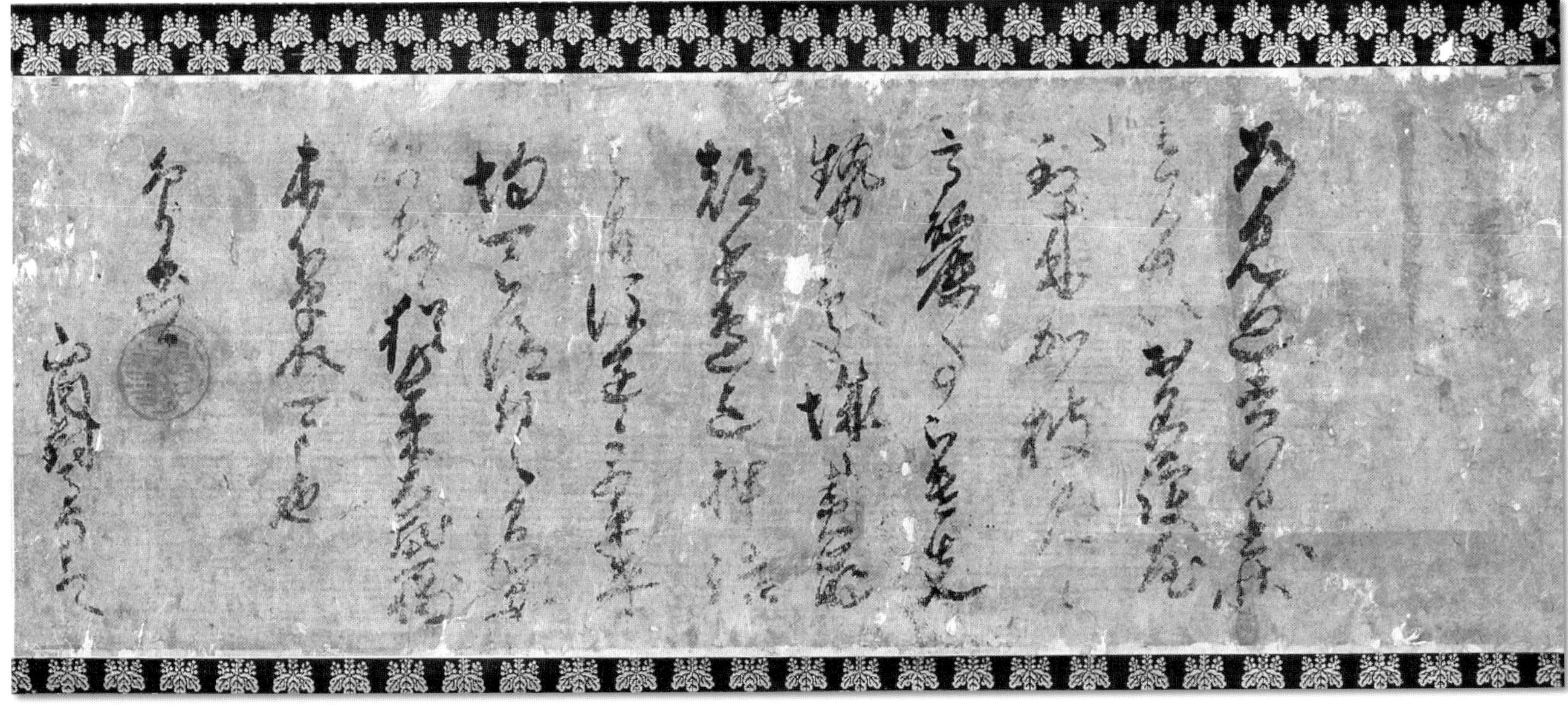

096 (天正二十年)卯月二十八日付け豊臣秀吉朱印状

永青文庫所蔵

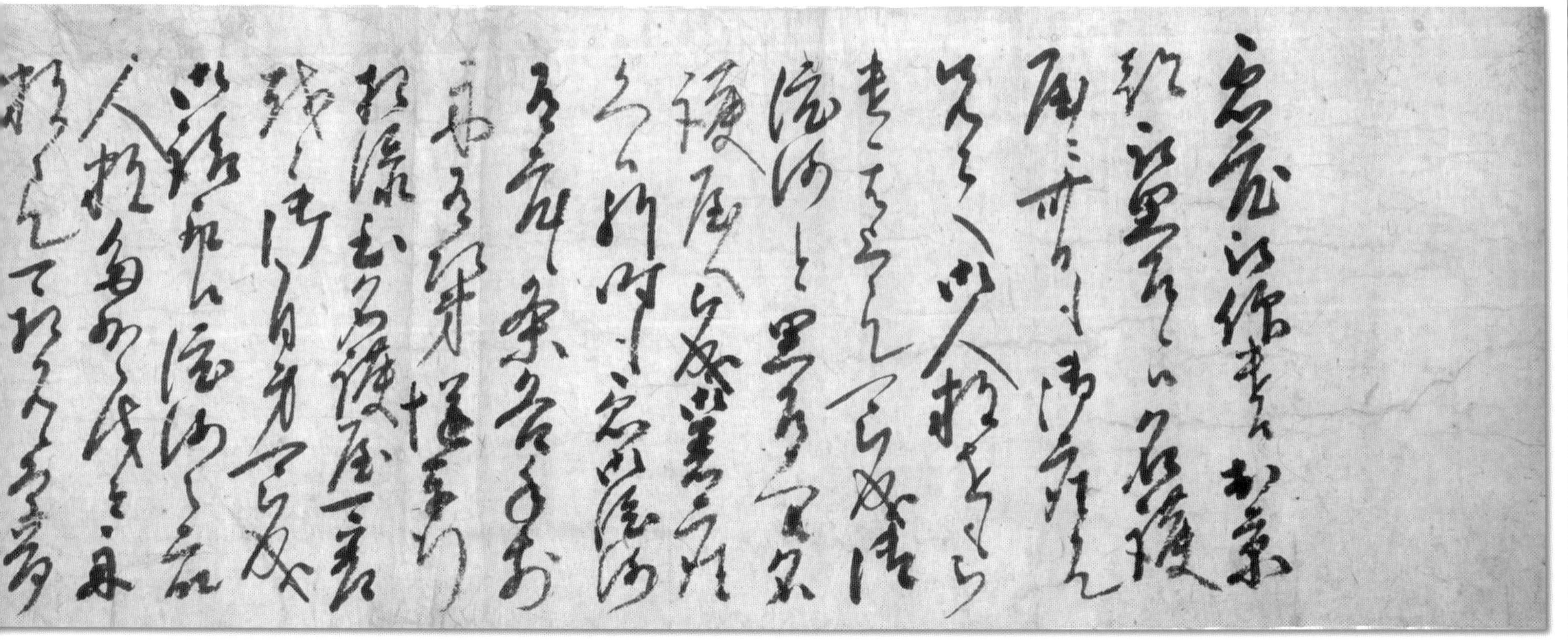
豊臣秀吉朱印状(1/2)

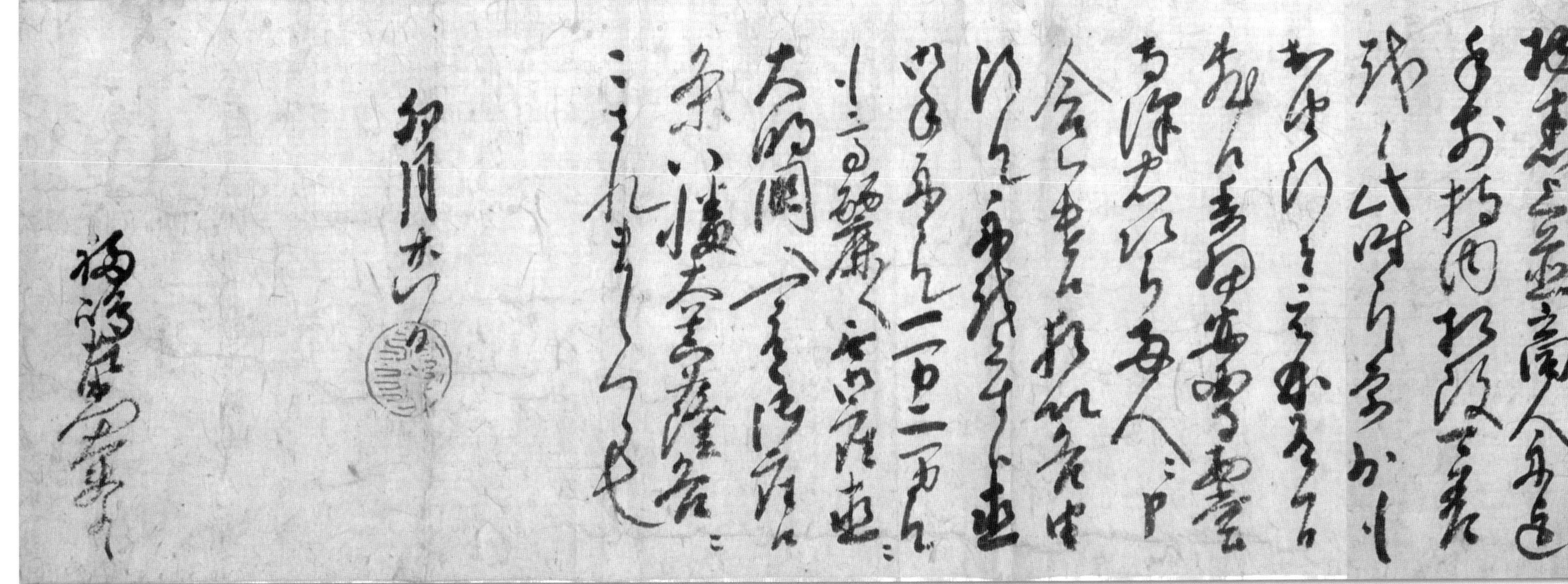

豊臣秀吉朱印状（2/2）

097 （天正二十年）五月十六日付け豊臣秀吉朱印状

九州国立博物館保管

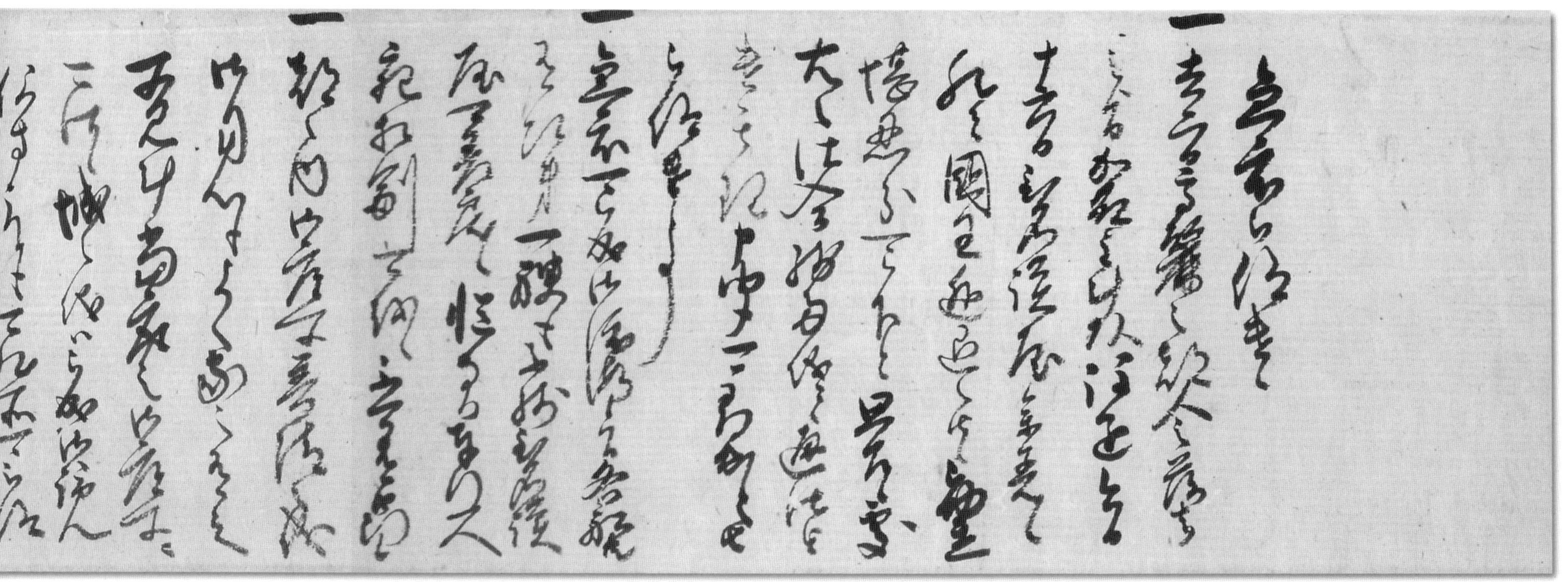

豊臣秀吉朱印状（1/2）

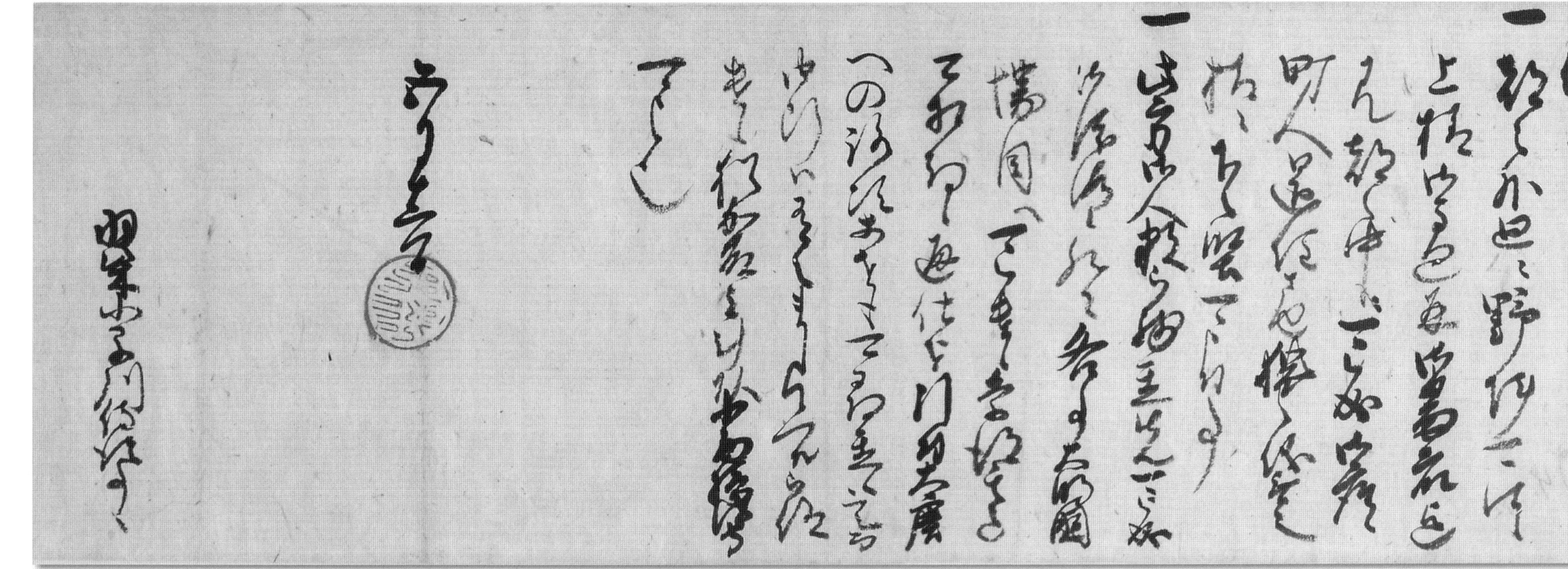

098 天正二十年六月三日付け豊臣秀吉朱印状

毛利博物館所蔵

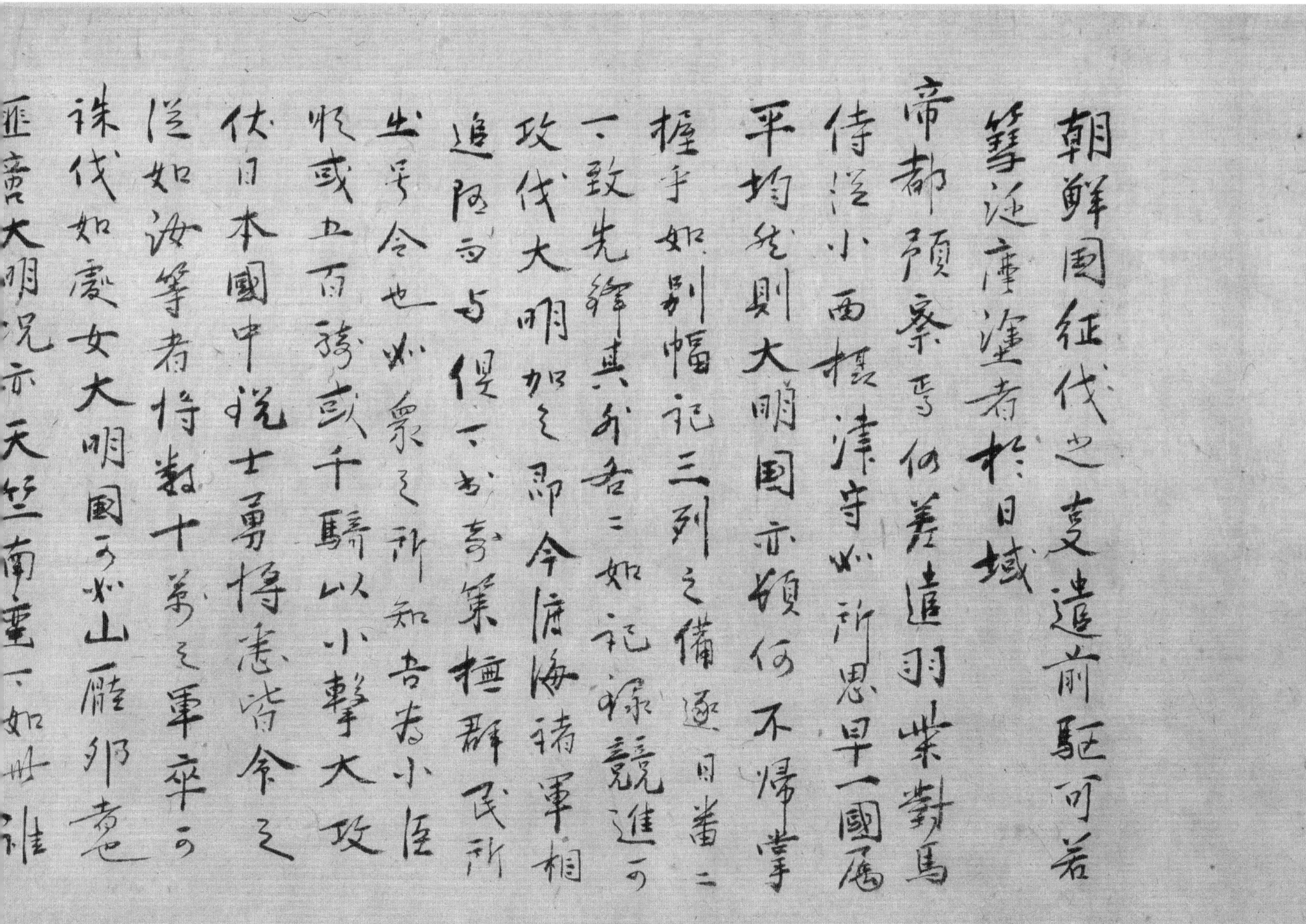

豊臣秀吉朱印状(1/2)

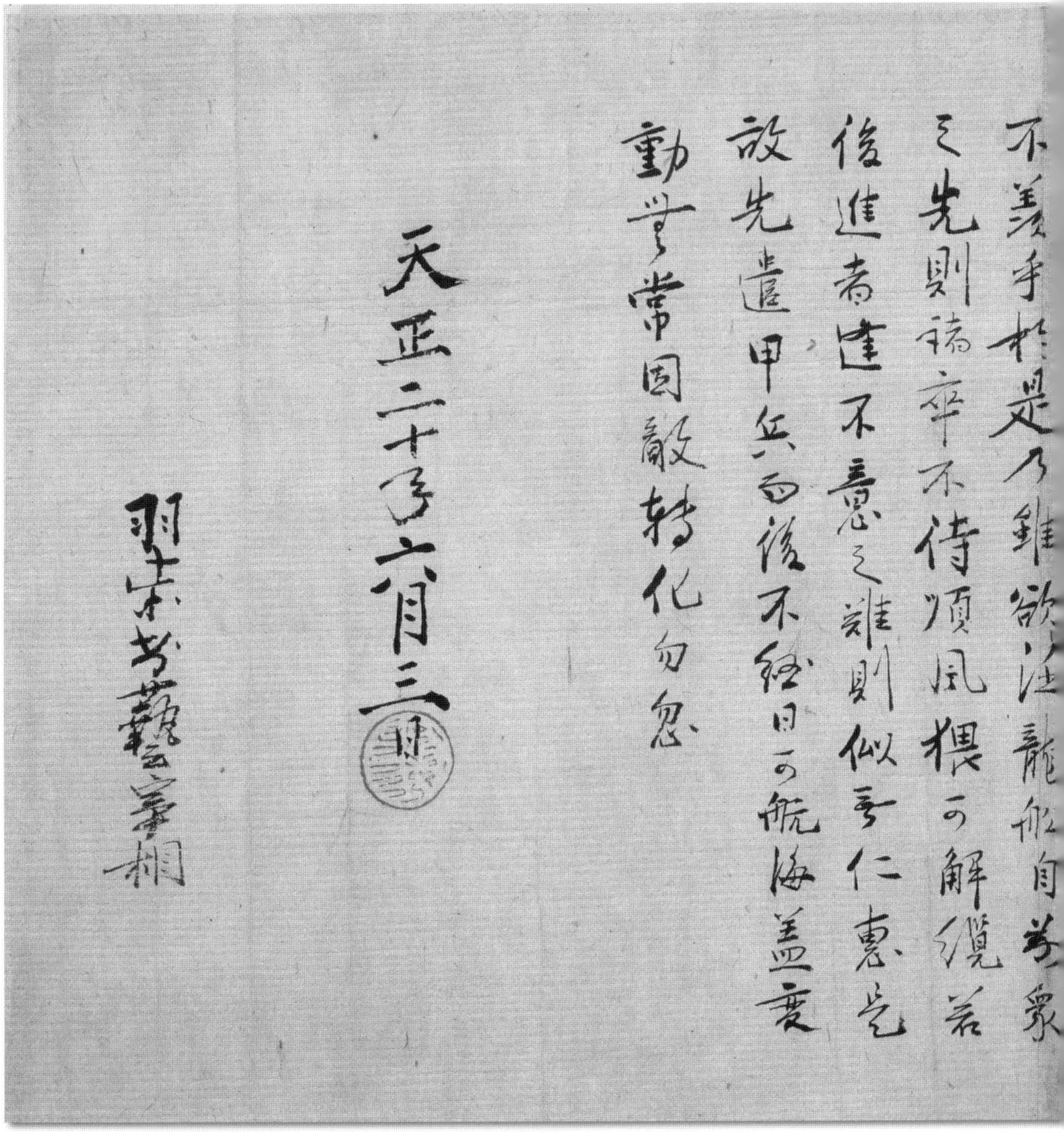

不義乎於是乃雖欲泛龍船自為衆
之先則福卒不待順風棋可解纜若
後進者逢不意之難則似乏仁恵乎
故先遣甲兵而後不経日可航海蓋要
動常因敵轉化勿忽

天正二十年六月三日

羽柴安藝宰相

099 (天正二十年)六月十九日付け豊臣秀吉朱印状

毛利博物館所蔵

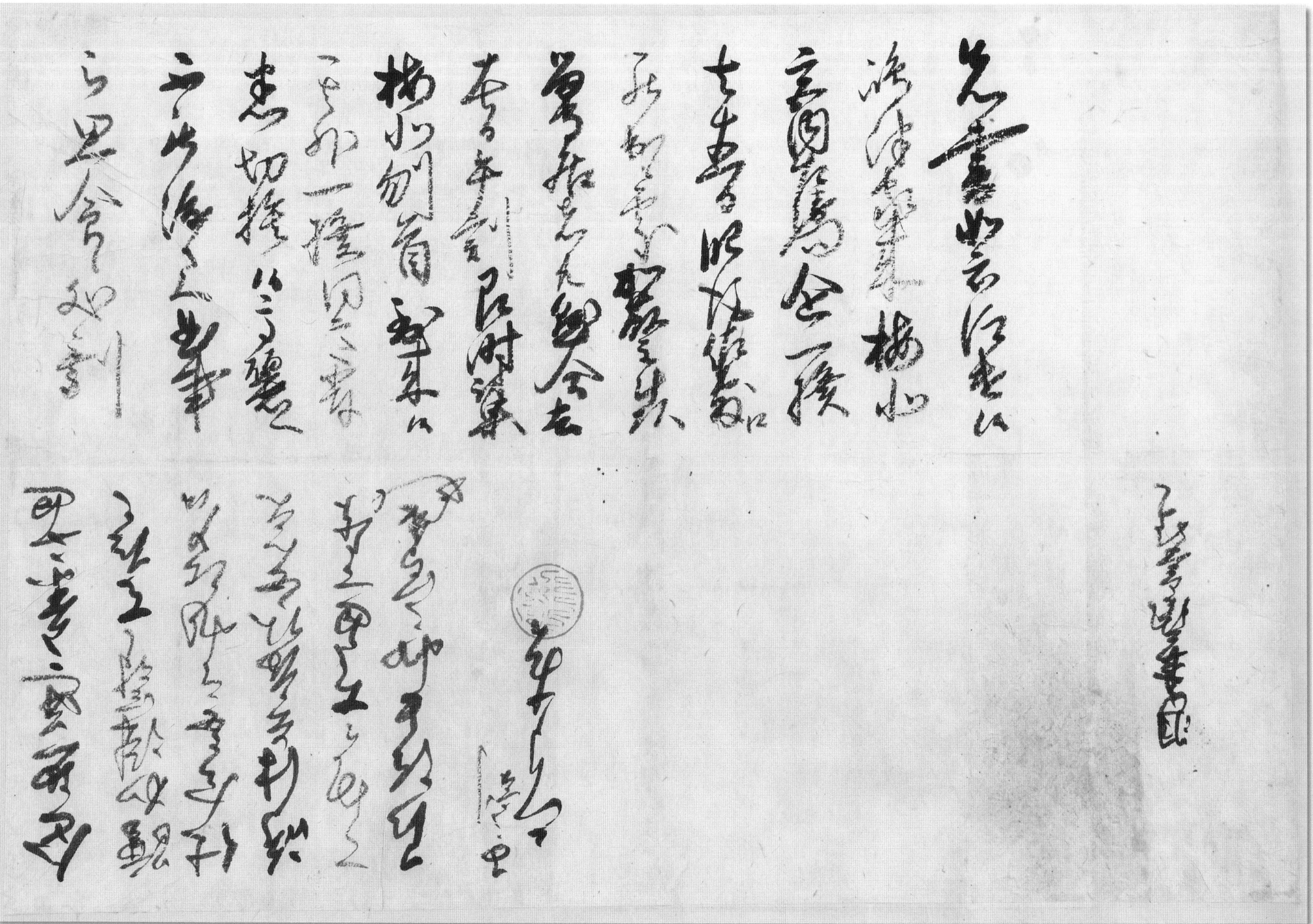

100 （天正二十年ヵ）七月十七日付け豊臣秀吉朱印状

安東晃氏所蔵

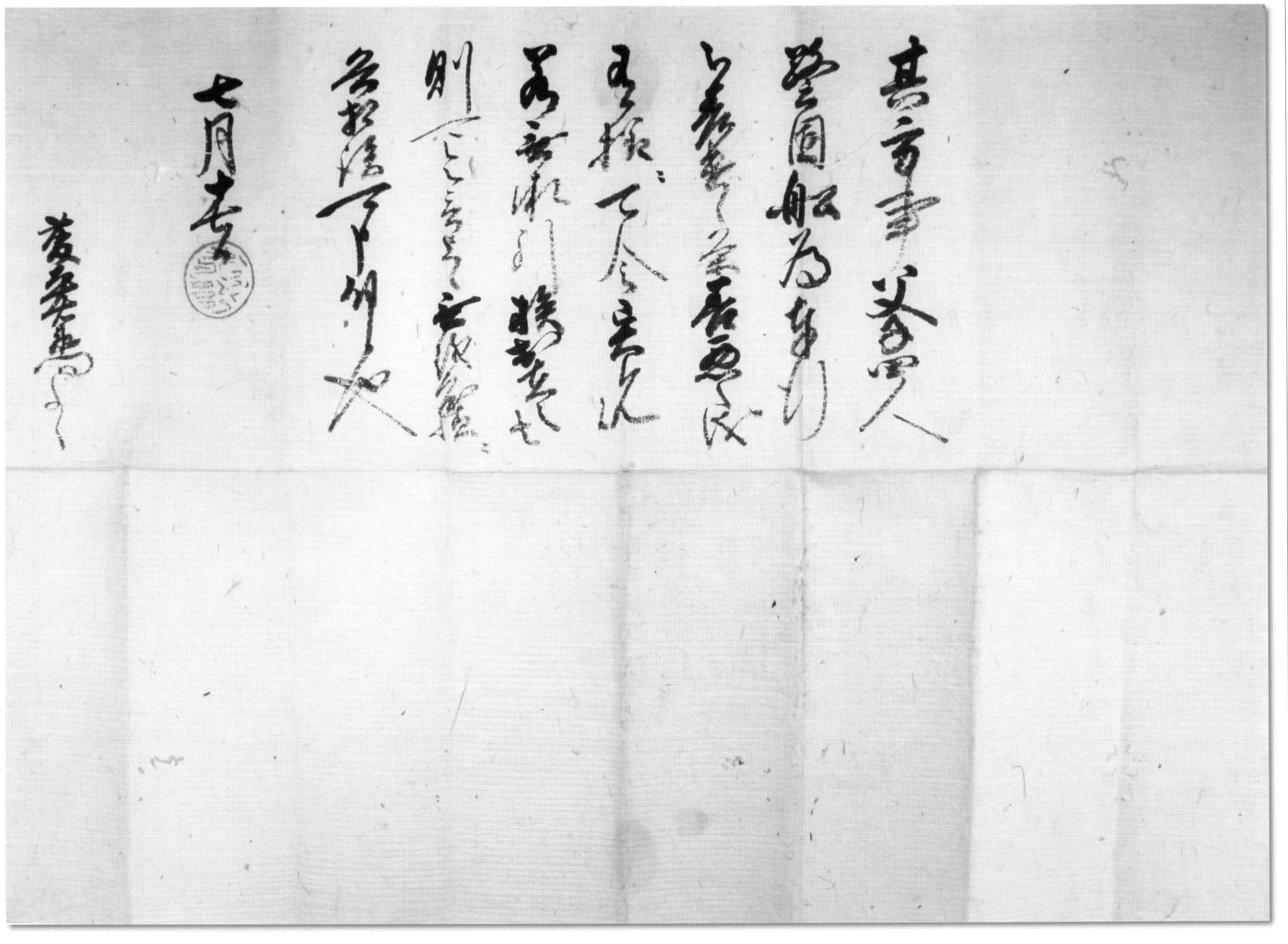

101 （天正二十年）九月九日付け豊臣秀吉書状写

個人所蔵

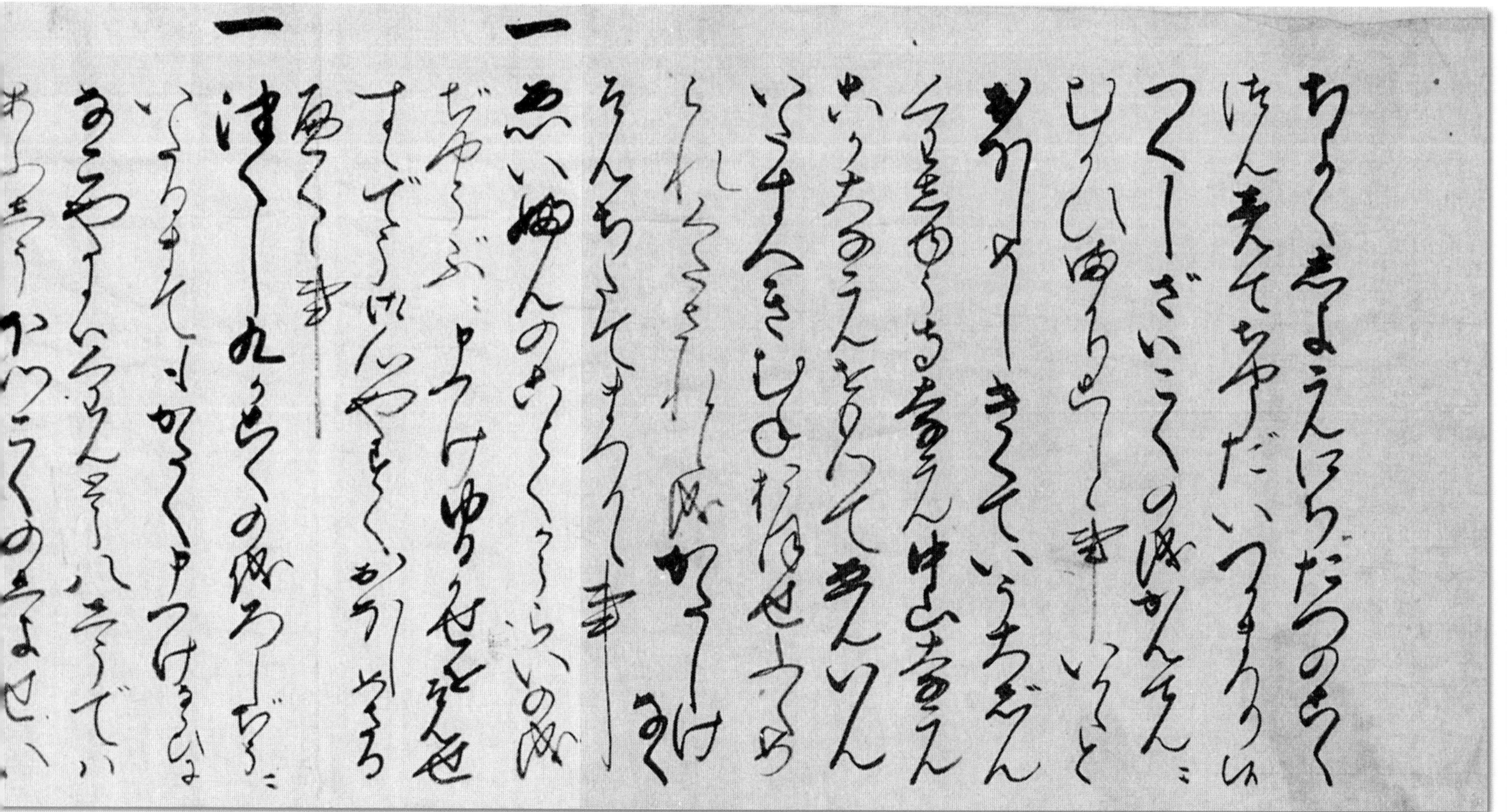

豊臣秀吉書状写（1/3）

豊臣秀吉書状写（2/3）

102

(天正二十年)九月二十二日付け豊臣秀吉朱印状

立花家史料館所蔵

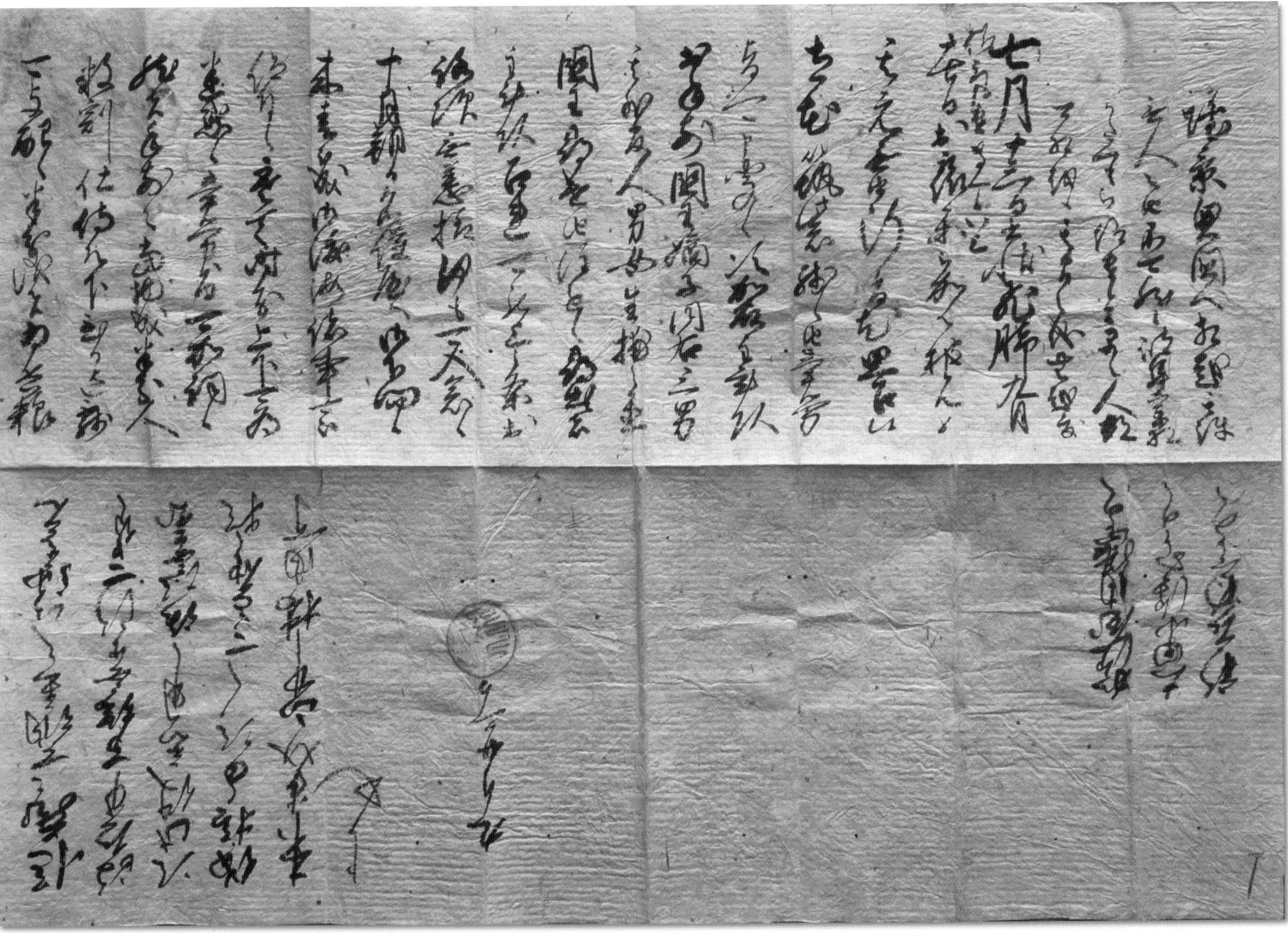

103 (天正二十年)極月六日付け豊臣秀吉朱印状

神戸大学文学部所蔵

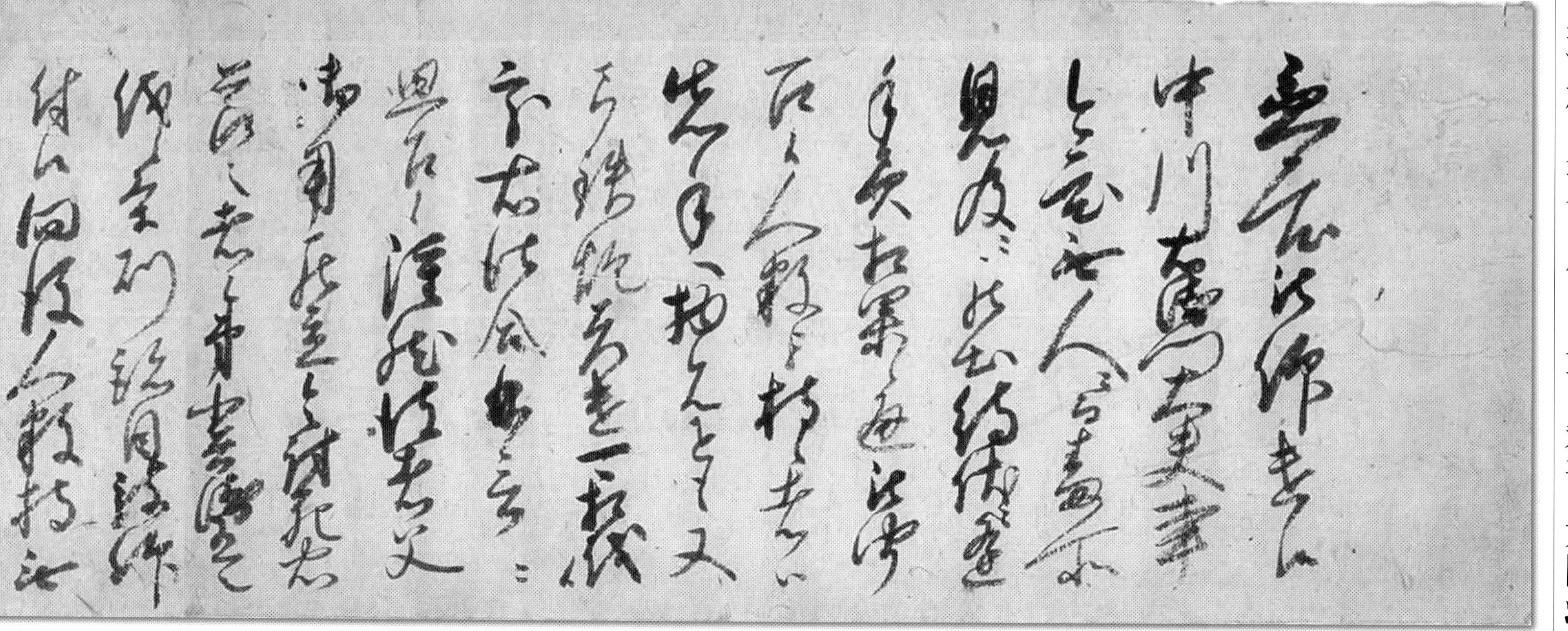

豊臣秀吉朱印状（1/2）

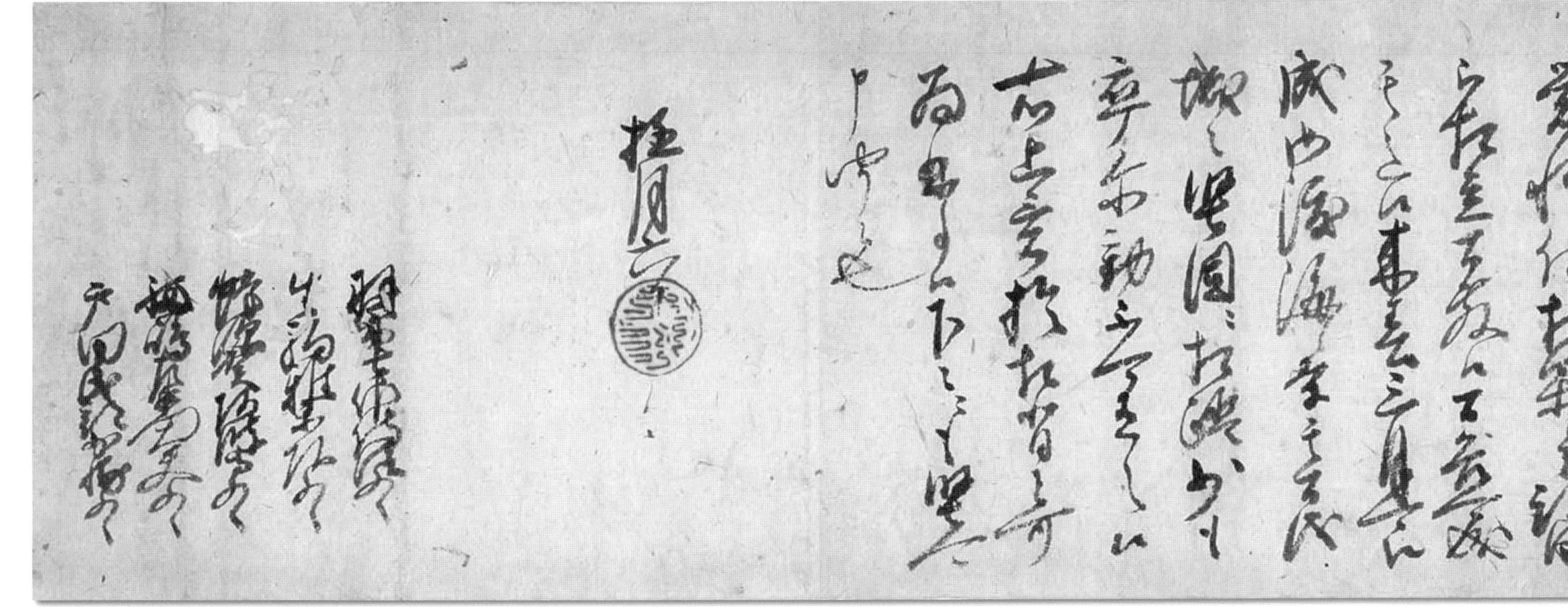

豊臣秀吉朱印状（2/2）

104 (文禄元年)十二月十一日付け豊臣秀吉自筆書状

個人所蔵

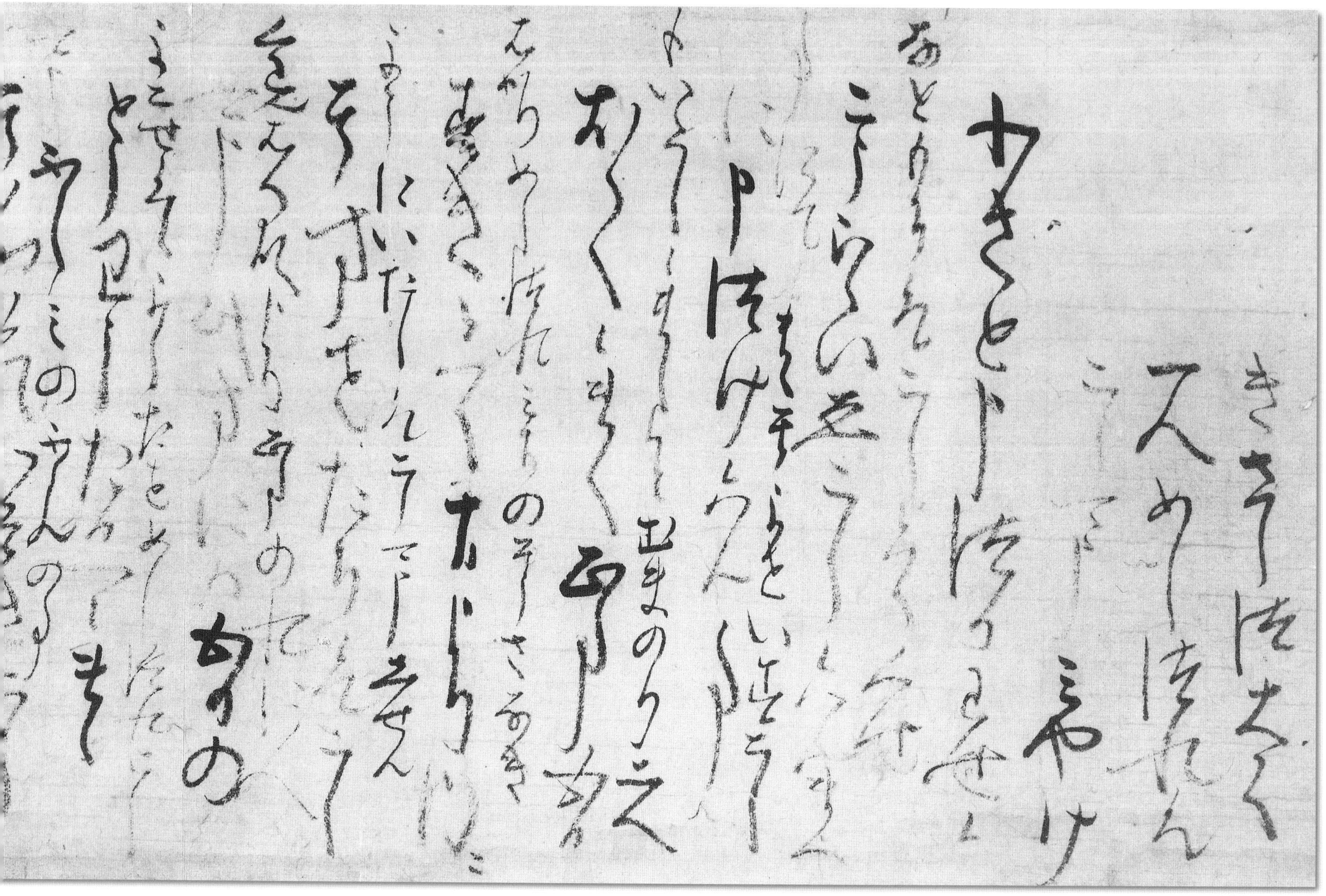

豊臣秀吉自筆書状（1/2）

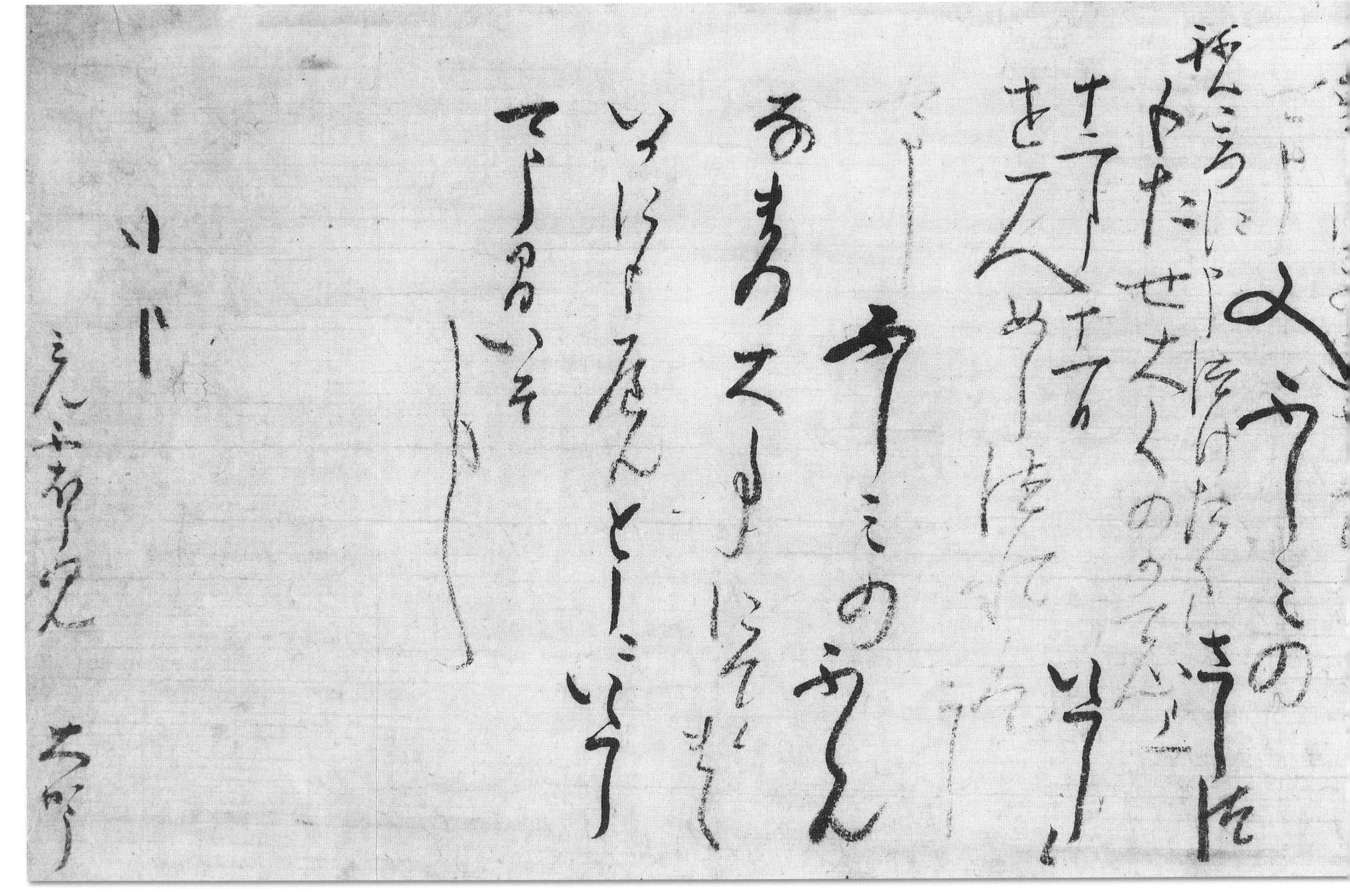

105 (文禄元年)極月二十七日付け豊臣秀吉朱印状

吉川史料館所蔵

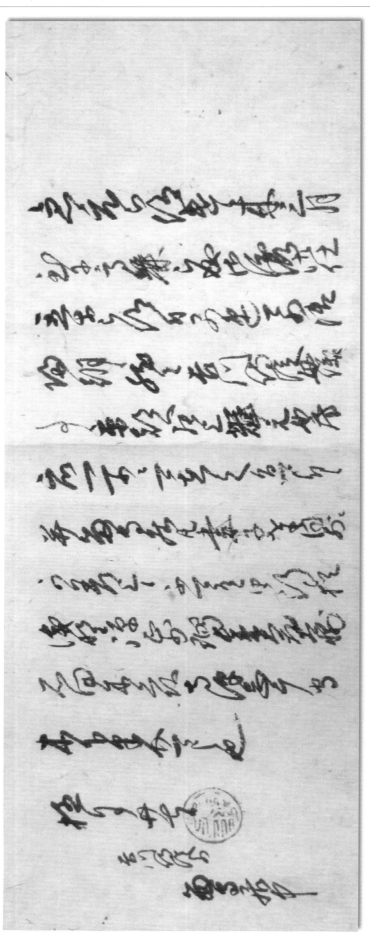

106 文禄二年二月二十七日付け覚(豊臣秀吉条書)

立花家史料館所蔵

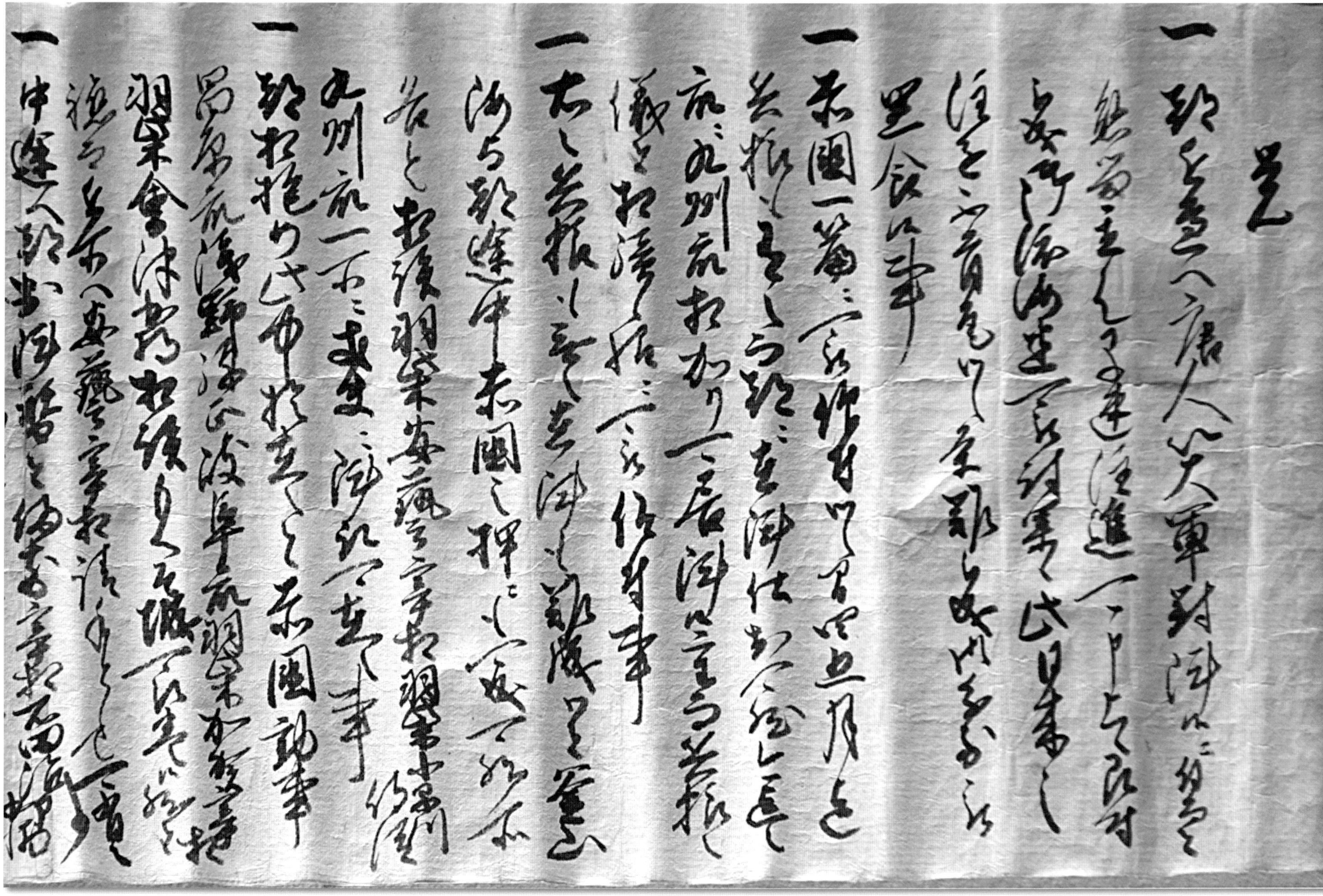

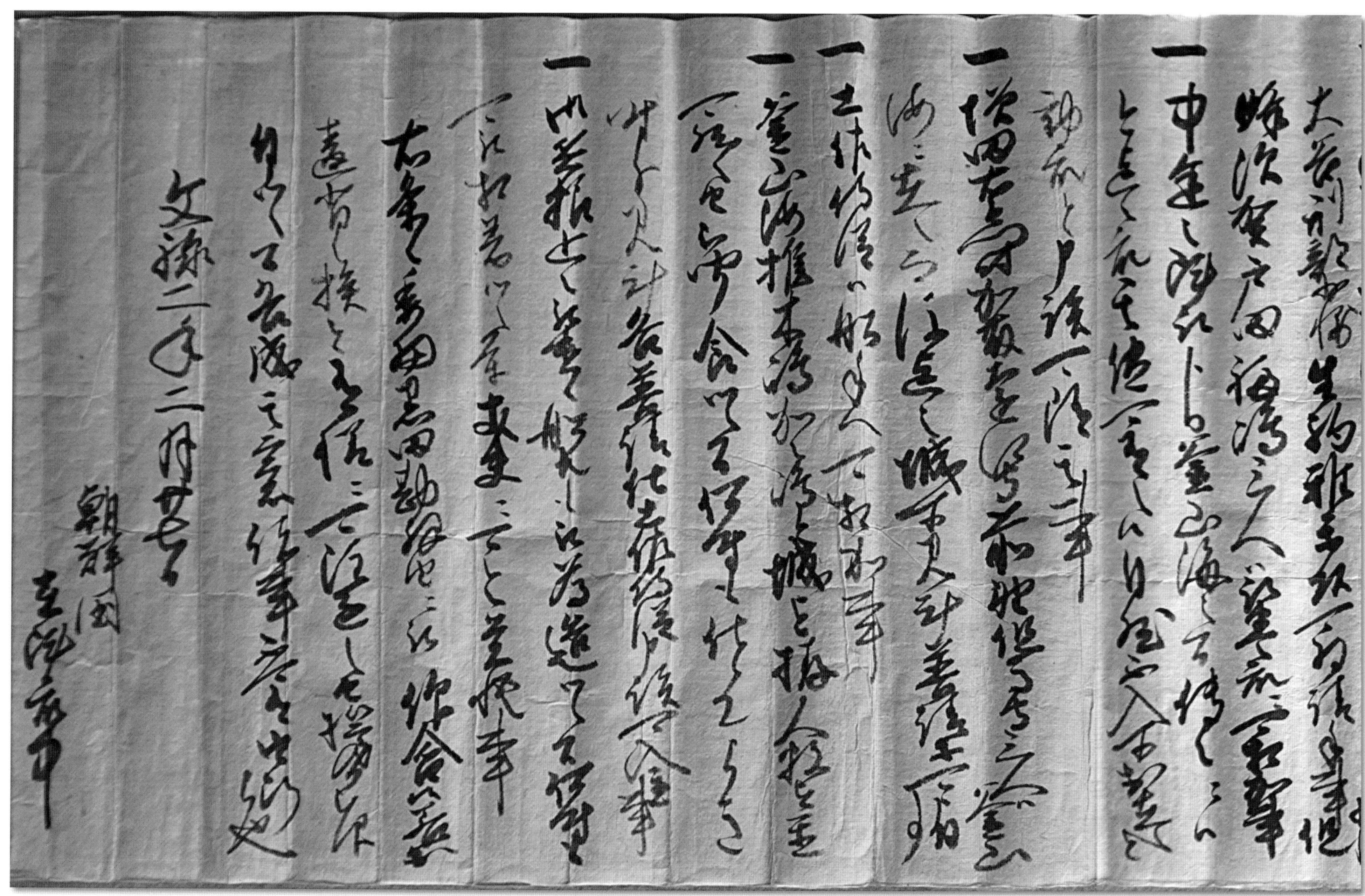

107 （文禄二年）五月朔日付け豊臣秀吉朱印状

毛利博物館所蔵

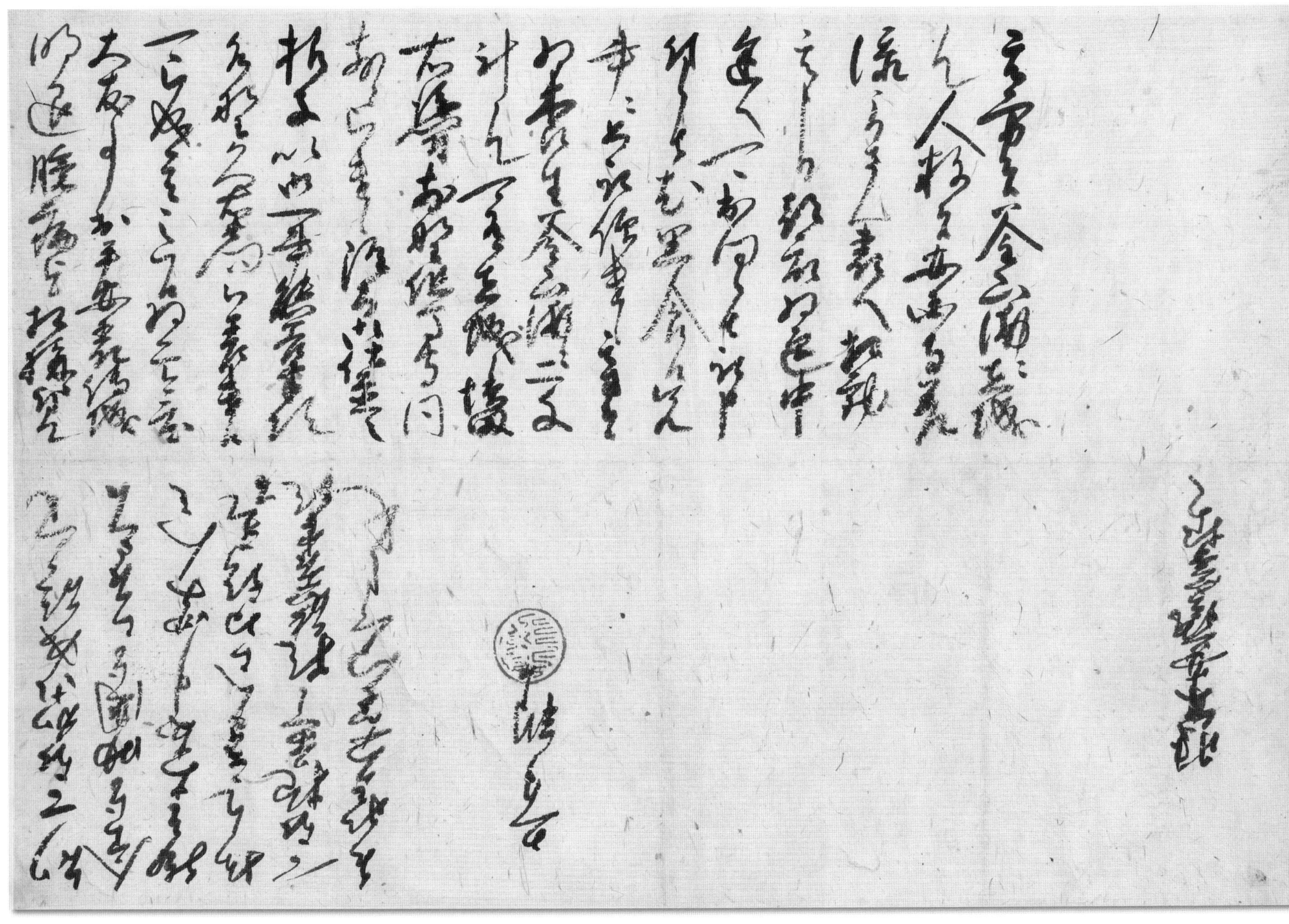

108 文禄二年五月二十一日付け覚(豊臣秀吉朱印状)

永原眞氏所蔵

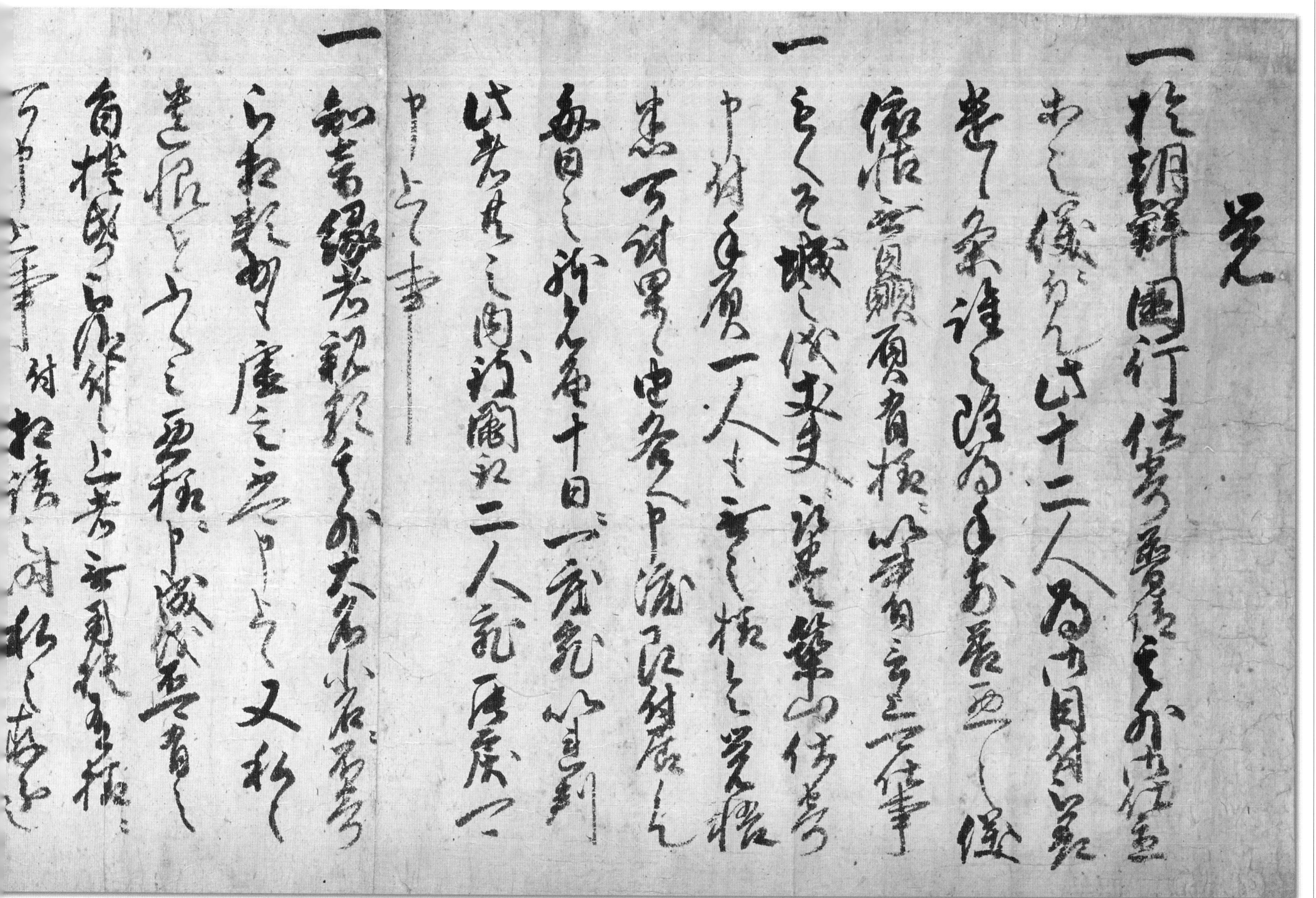

覚（豊臣秀吉朱印状）(1/2)

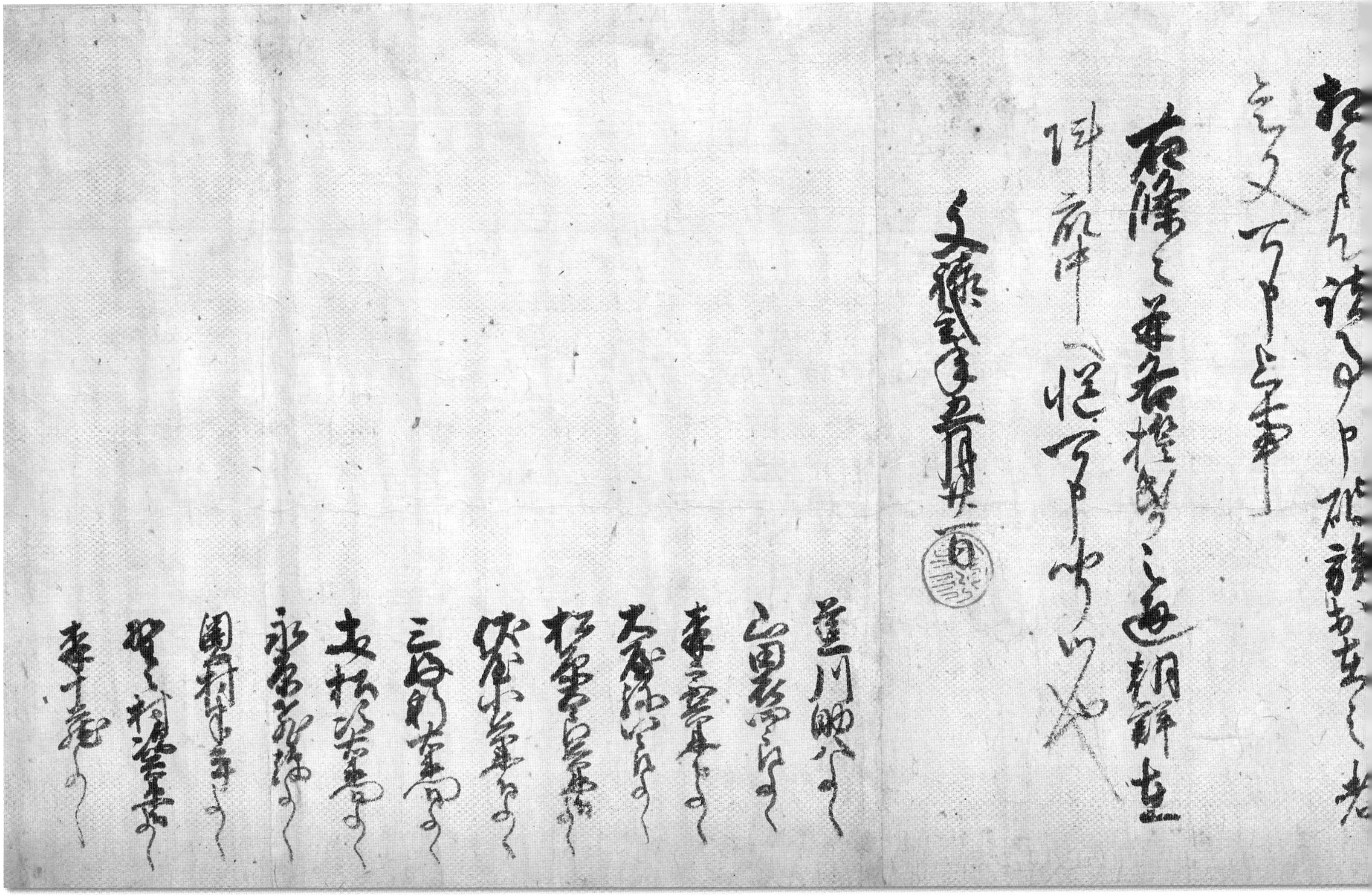

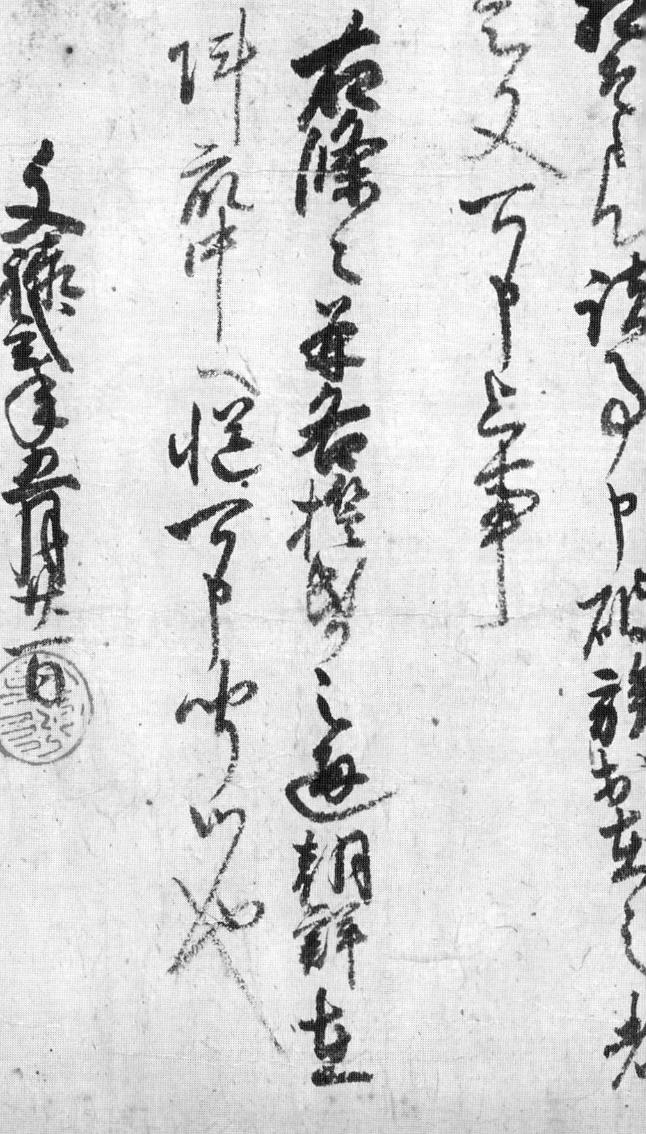

109 (文禄二年)五月二十二日付け豊臣秀吉自筆書状

佐賀県立名護屋城博物館所蔵

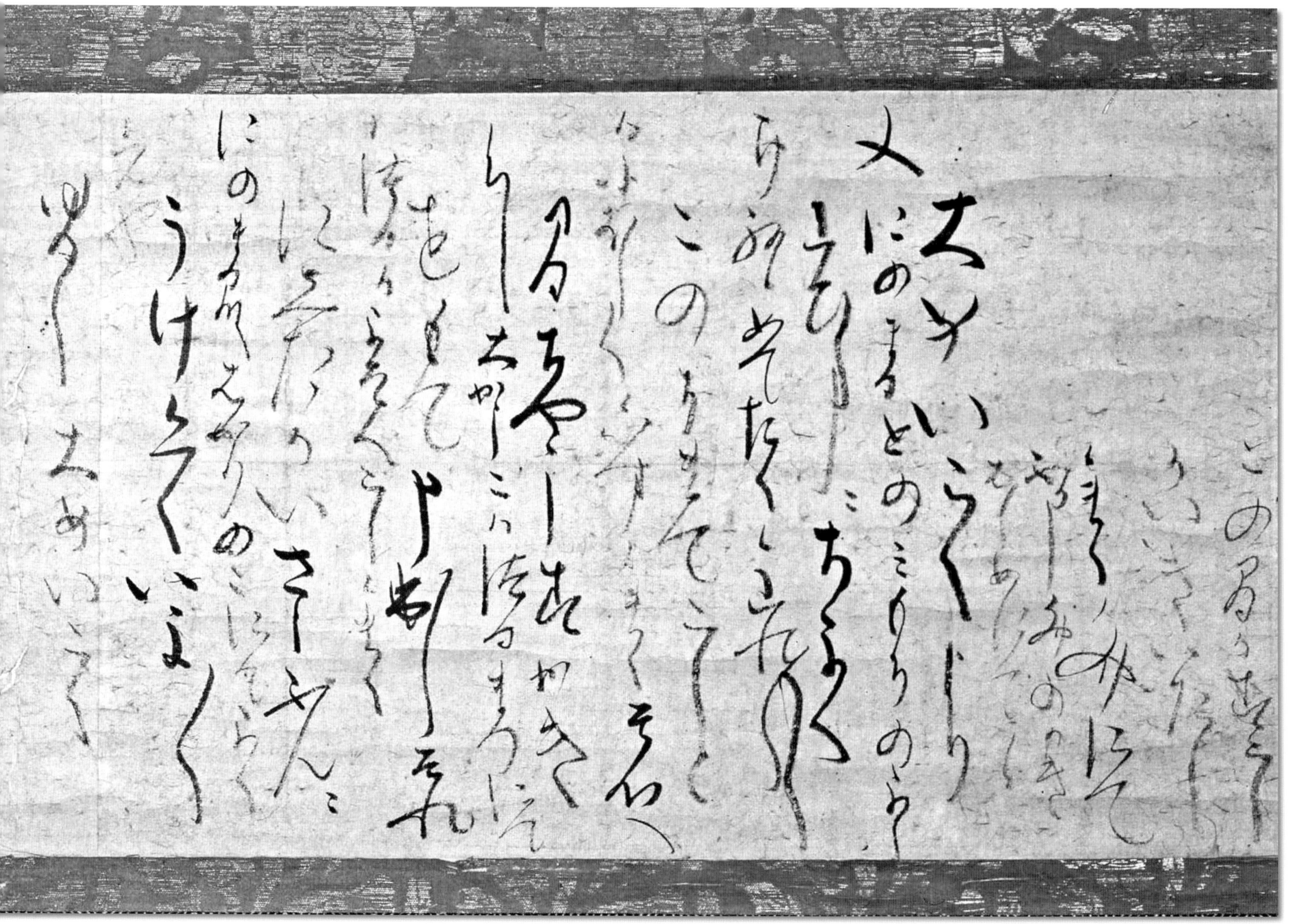

豊臣秀吉自筆書状（1/2）

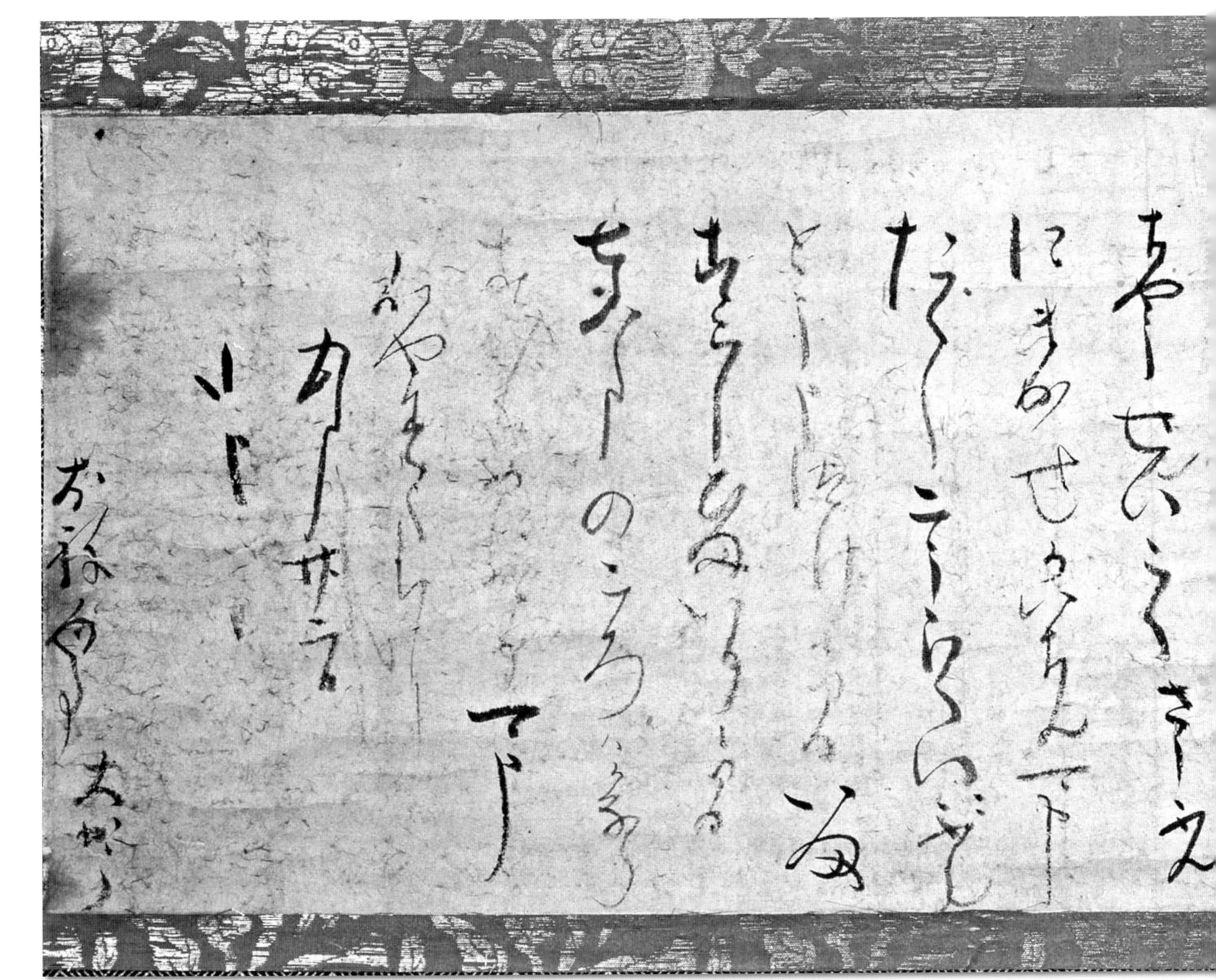

豊臣秀吉自筆書状（2/2）

110 (文禄二年)六月二十日付け豊臣秀吉朱印状

早稲田大学図書館所蔵

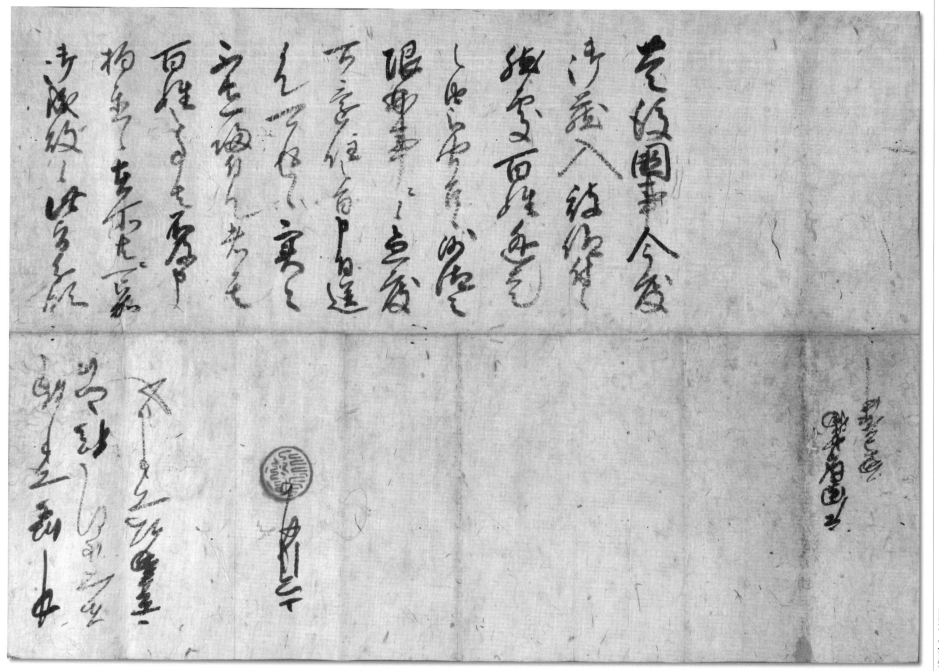

111 (文禄二年六月二十八日カ)扇面三国図

大阪城天守閣所蔵

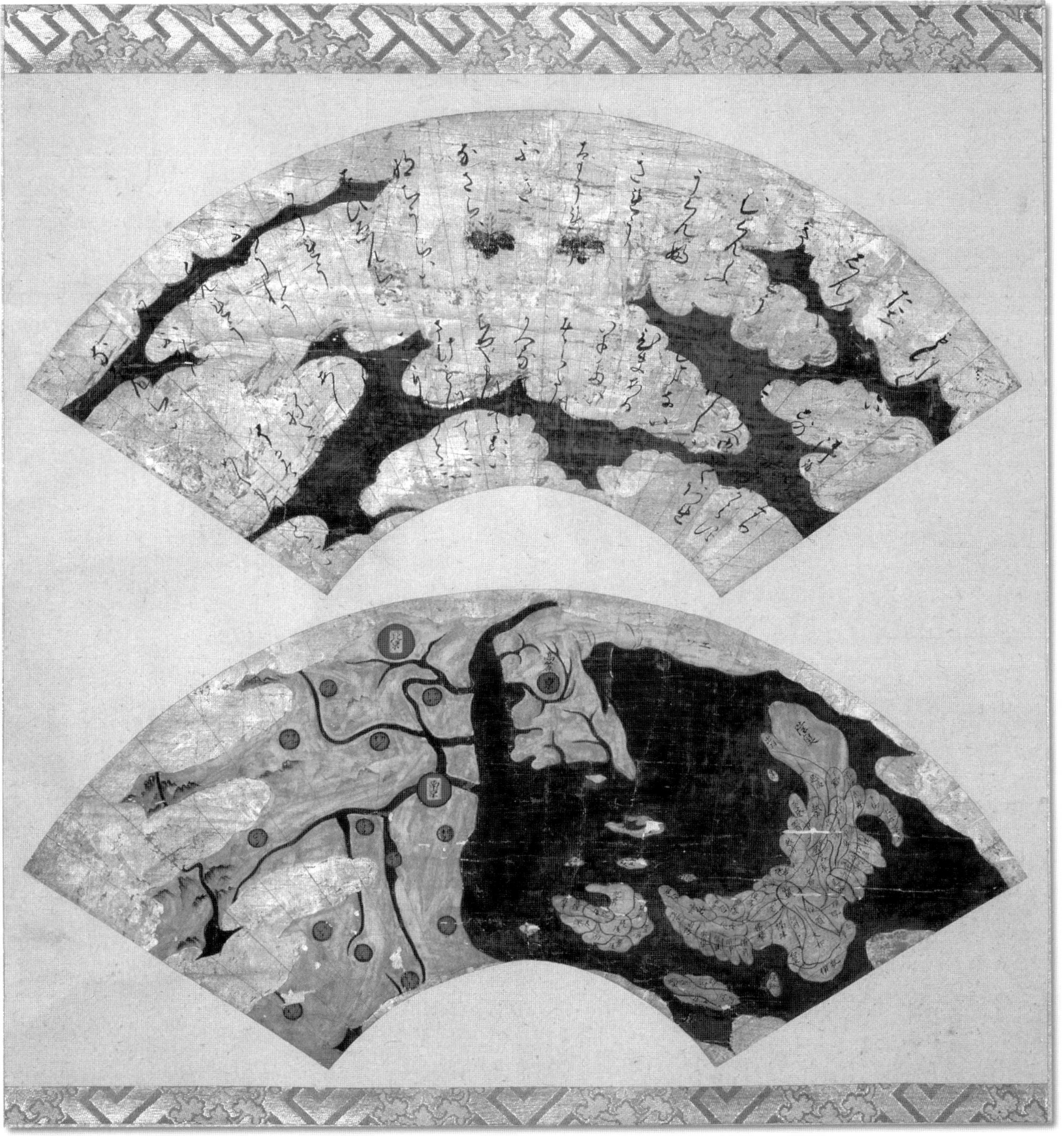

扇面三国図

112 （文禄二年）八月九日付け豊臣秀吉自筆書状

高台寺所蔵

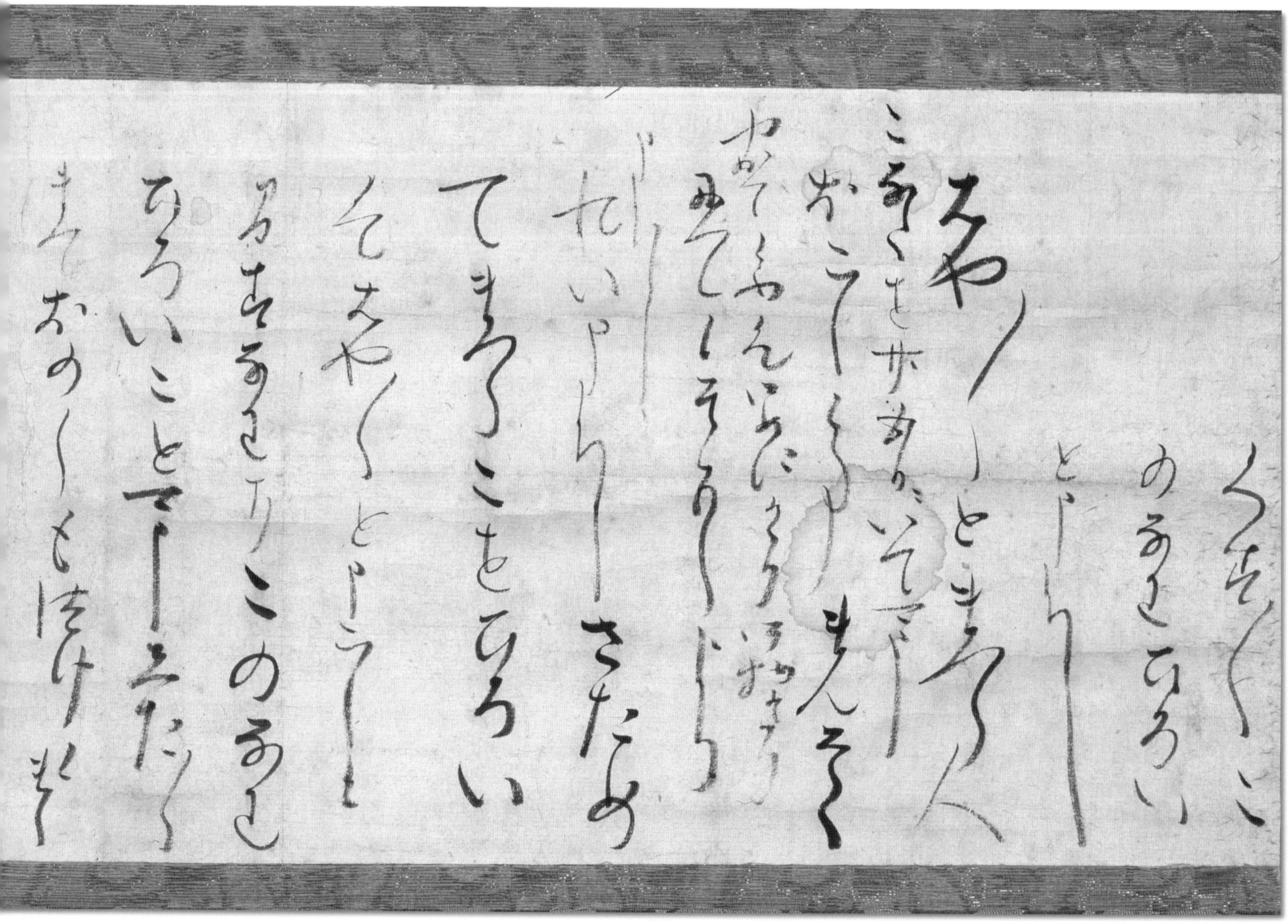

豊臣秀吉自筆書状（1/2）

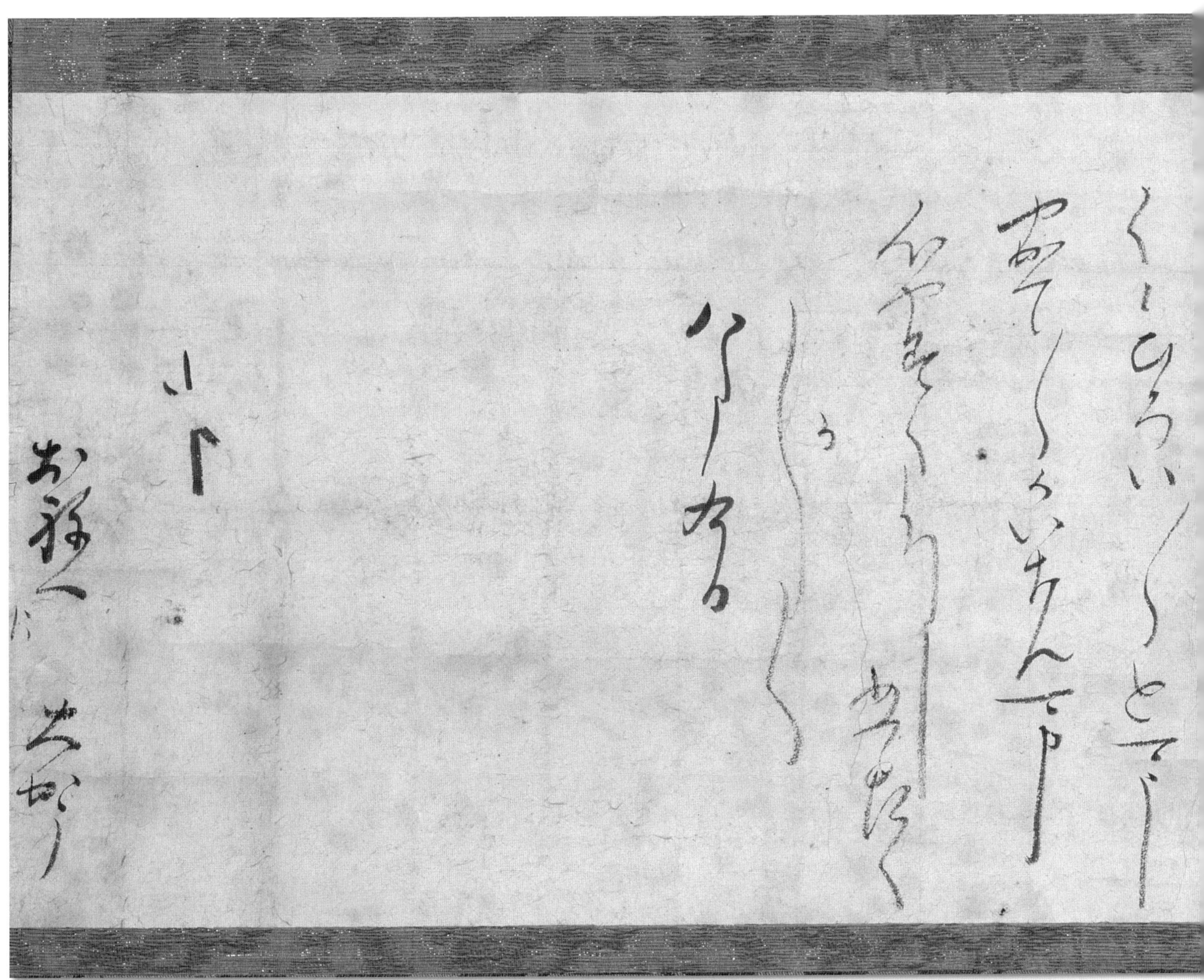

113 (文禄三年)二月二十八日付け豊臣秀吉朱印状

松浦史料博物館所蔵

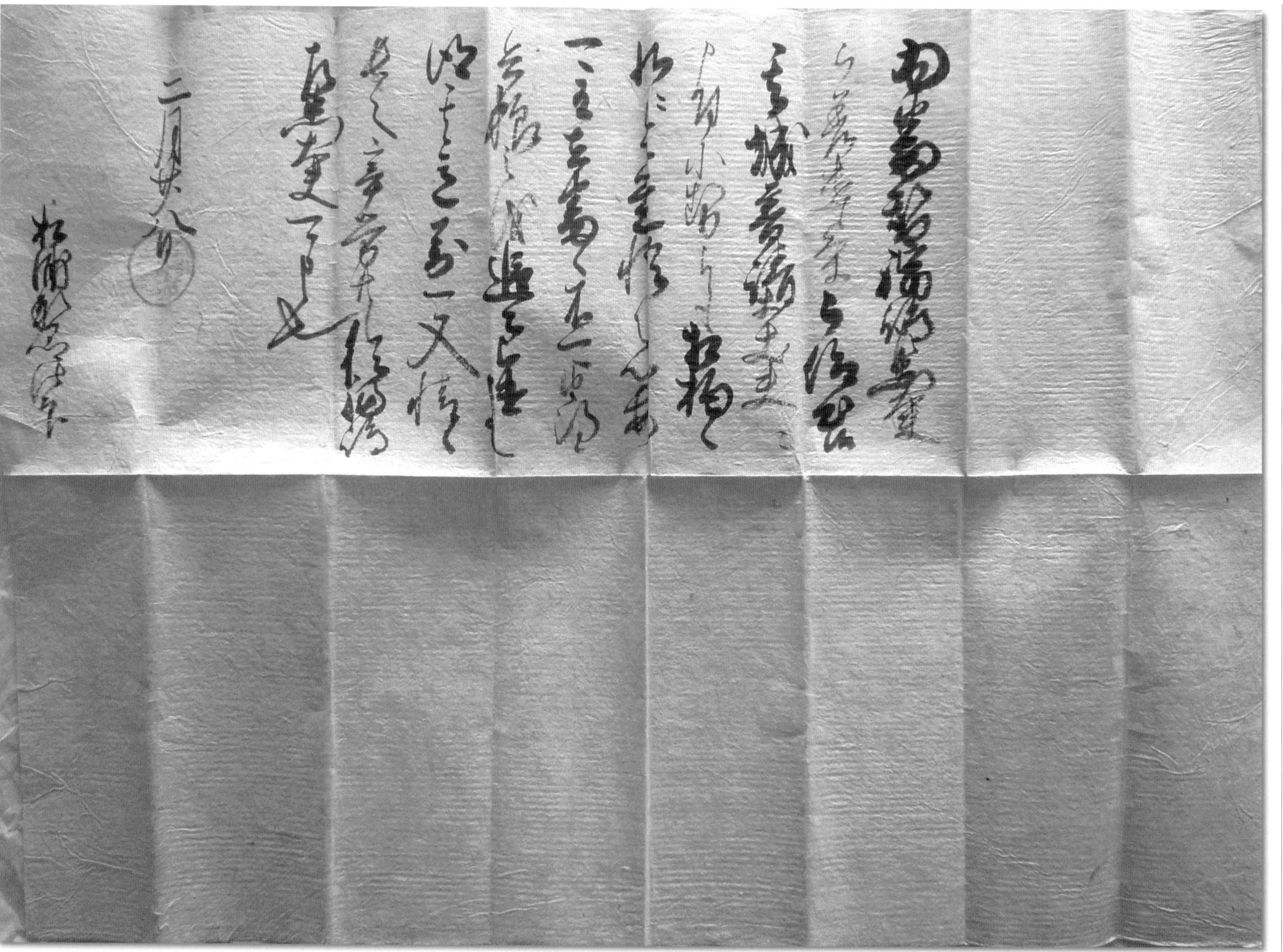

豊臣秀吉朱印状

114 (文禄三年)卯月十六日付け豊臣秀吉朱印状

山陽小野田市立厚狭図書館所蔵

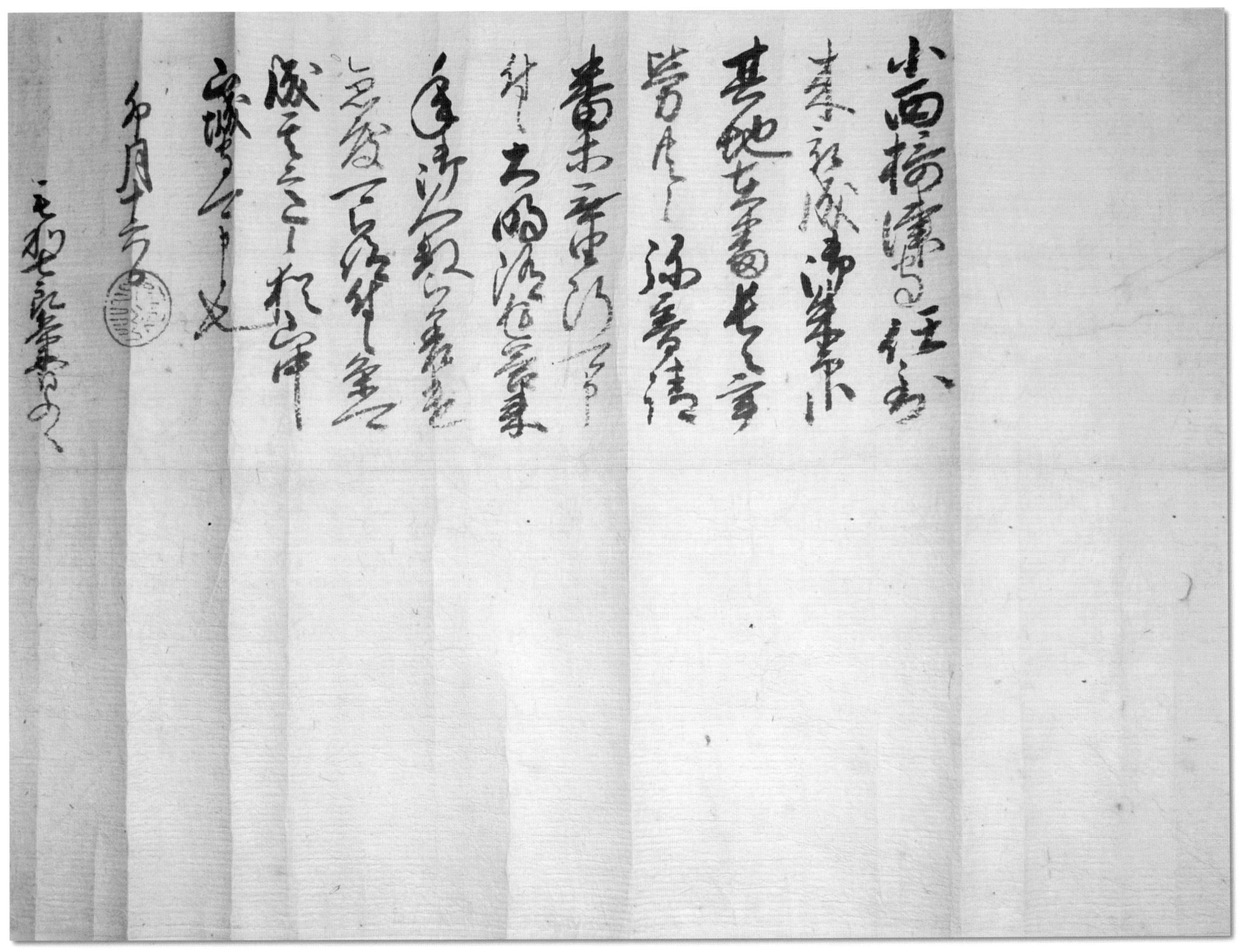

115 文禄三年七月十六日付け嶋津分国検地御掟条々

東京大学史料編纂所所蔵

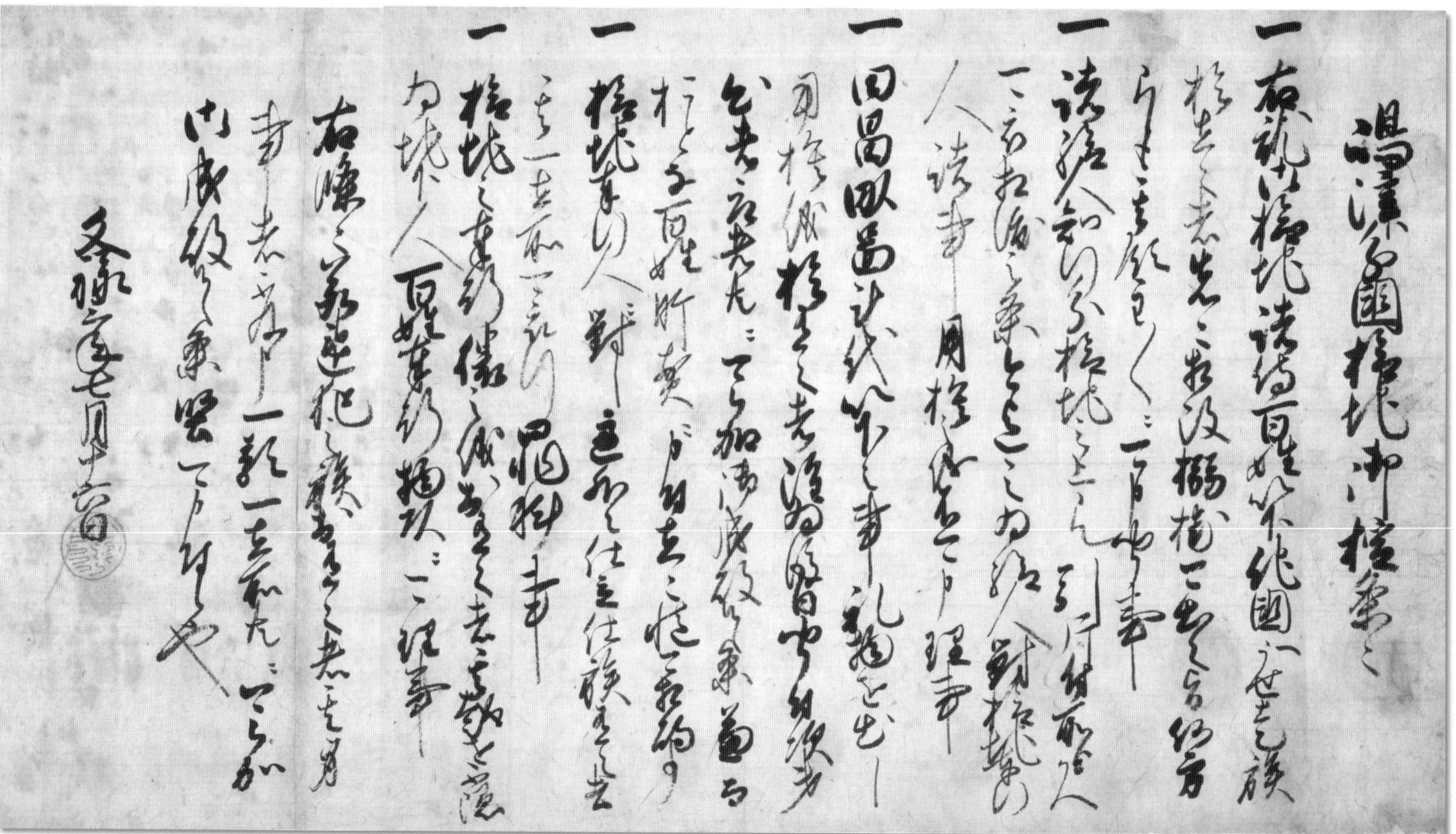

116 （文禄三年）八月二十三日付け豊臣秀吉朱印状

三溪園所蔵

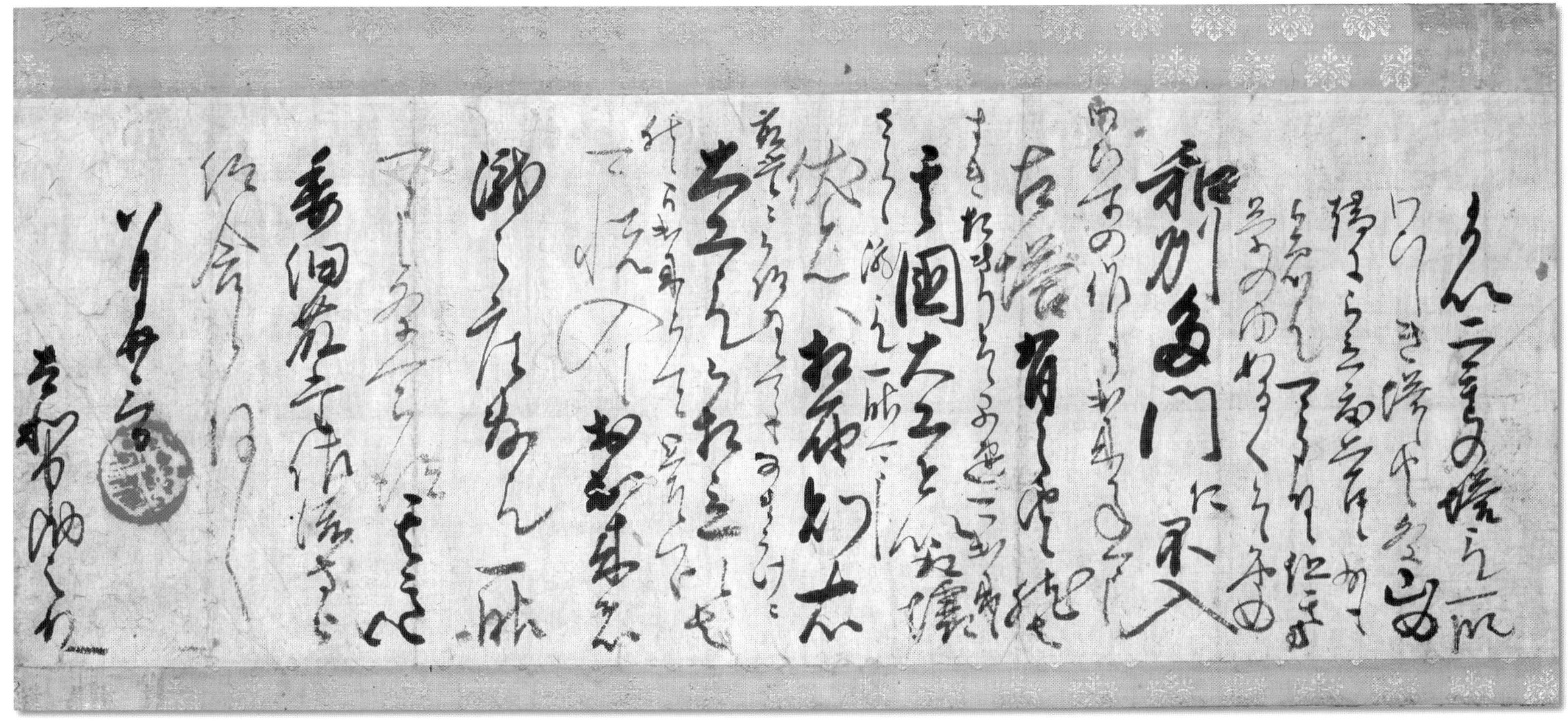

117 （文禄三年）九月十一日付け豊臣秀吉朱印状

東京大学史料編纂所所蔵

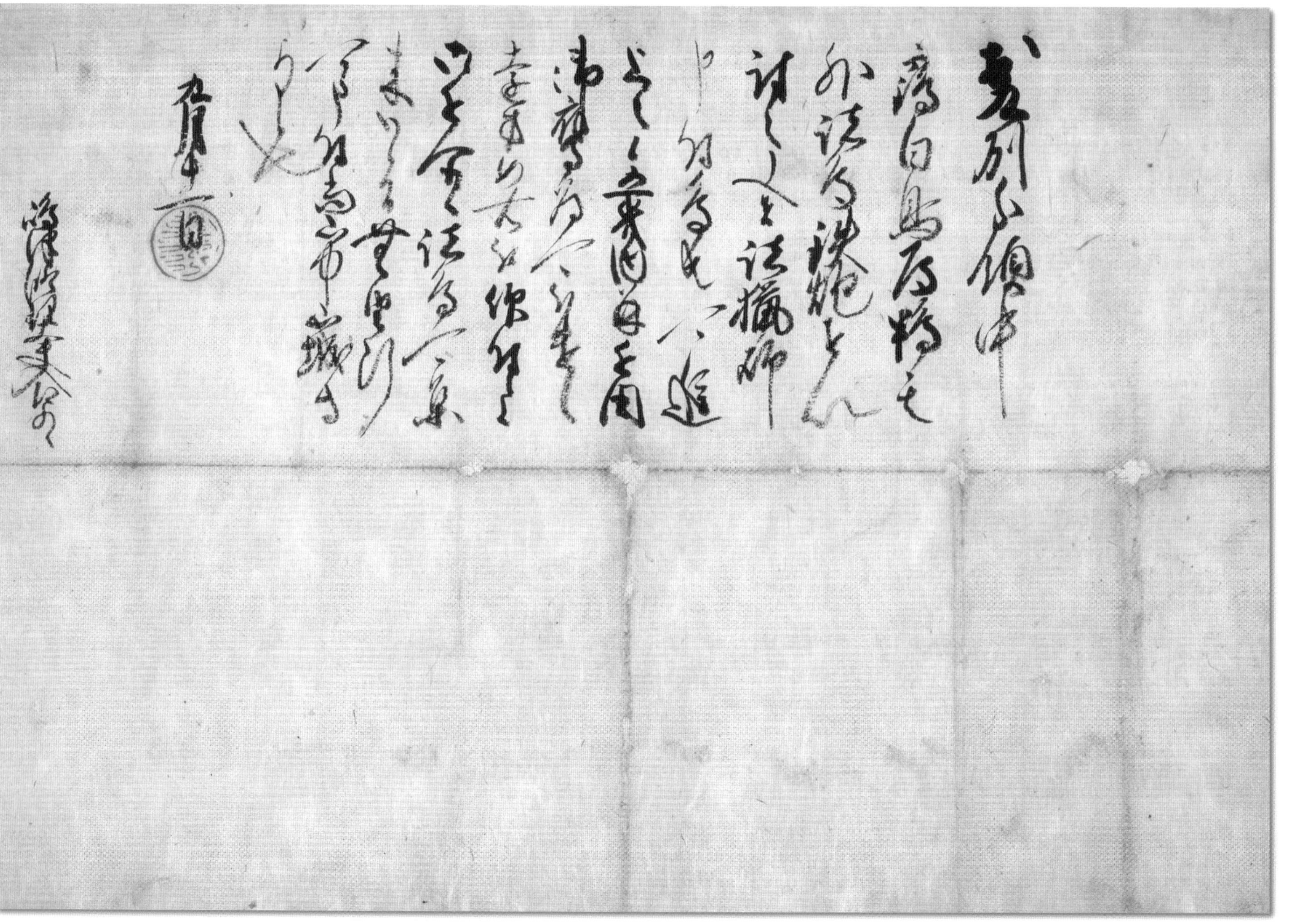

118 文禄三年九月二十一日付け知行方目録(豊臣秀吉朱印状)

関地蔵院所蔵

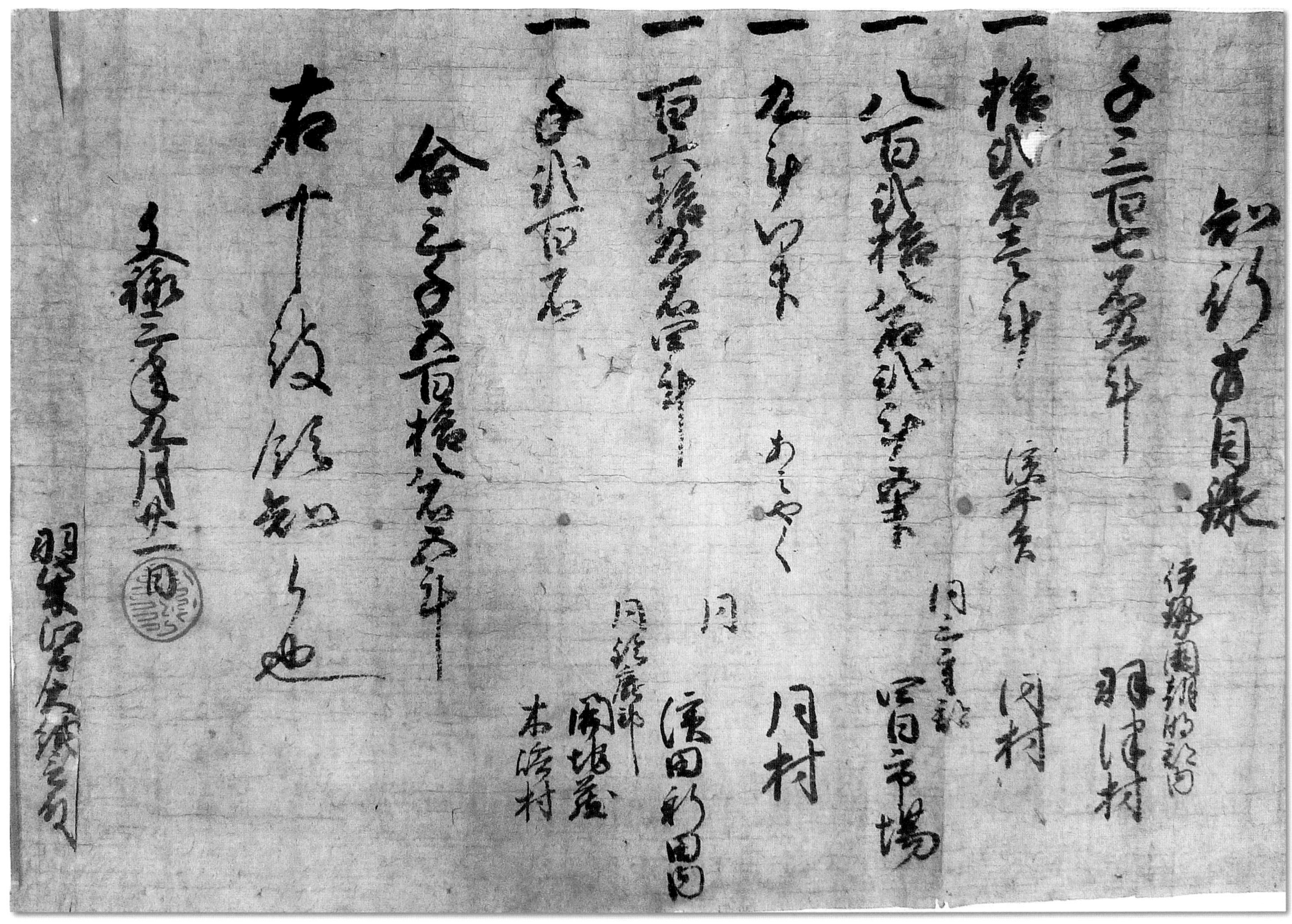

119 万暦二十三年正月二十一日付け明王贈豊太閤冊封文

大阪歴史博物館所蔵

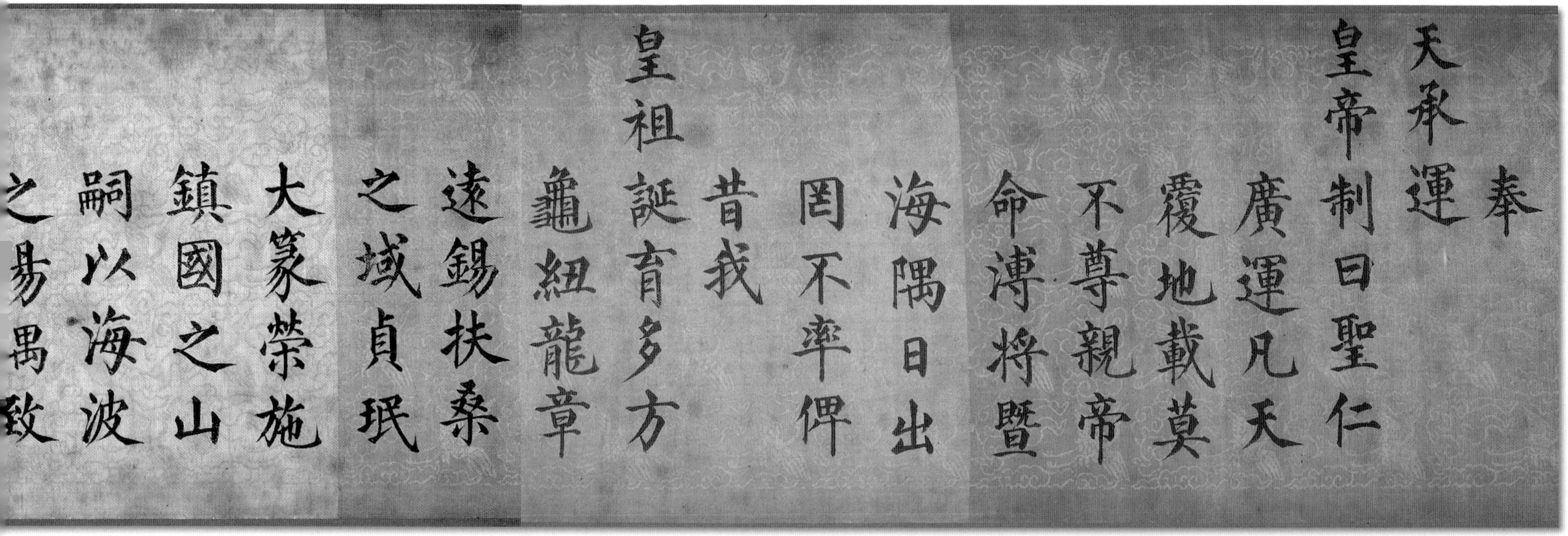

奉
天承運
皇帝制曰聖仁
廣運凡天
覆地載莫
不尊親帝
命溥將曁
海隅日出
罔不率俾
昔我
皇祖誕育多方
龜紐龍章
遠錫扶桑
之域貞珉
大篆榮施
鎮國之山
嗣以海波
之昜禺致

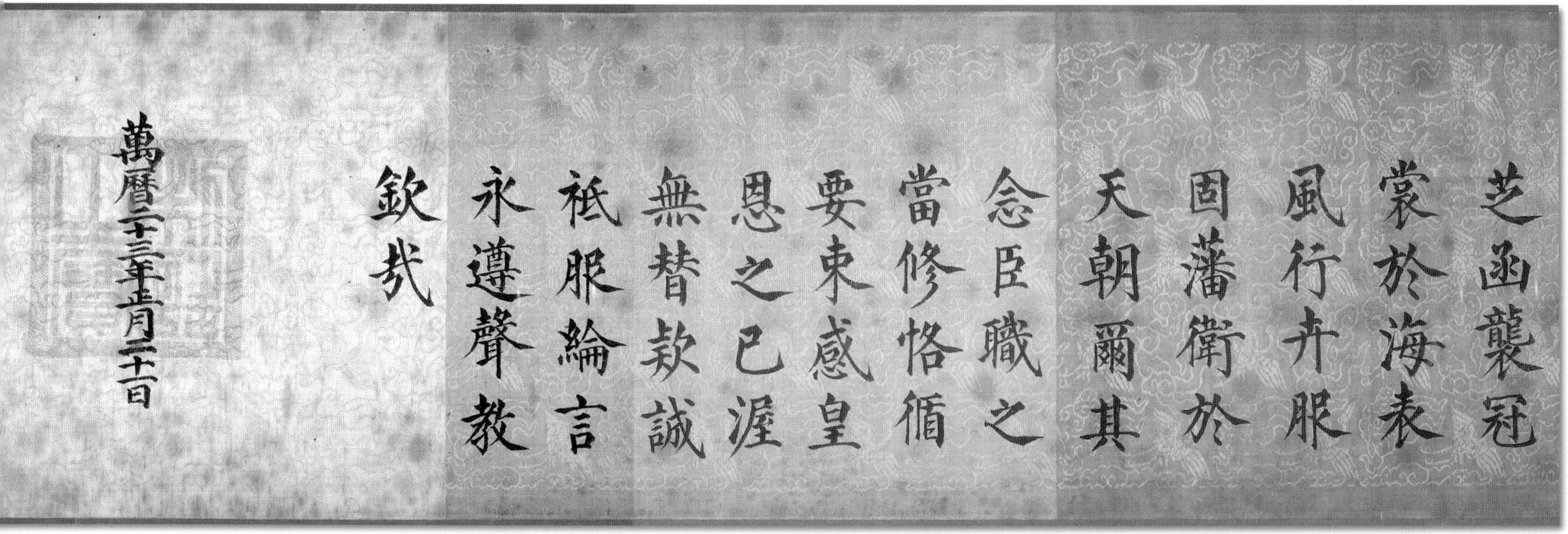

芝函襲冠
裳於海表
風行卉服
固藩衛於
天朝爾其
念臣職之
當修恪循
要束感皇
恩之已渥
無替款誠
祇服綸言
永遵聲教
欽哉
萬曆二十三年正月二十一日

明王贈豊太閤冊封文（1/2）

万暦23年(1594)

風占之隅
當茲盛際
宜纘彞章
咨爾豐臣
平秀吉崛
起海邦知
尊中國西
馳一介之
使欣慕来
同北叩萬
里之關懇
求内附情
既堅於恭
順恩可靳
於柔懐茲
特封爾為
日本國王
錫之誥命
於戲寵貴

120 (文禄四年)正月十六日付け豊臣秀吉朱印状

立花家史料館所蔵

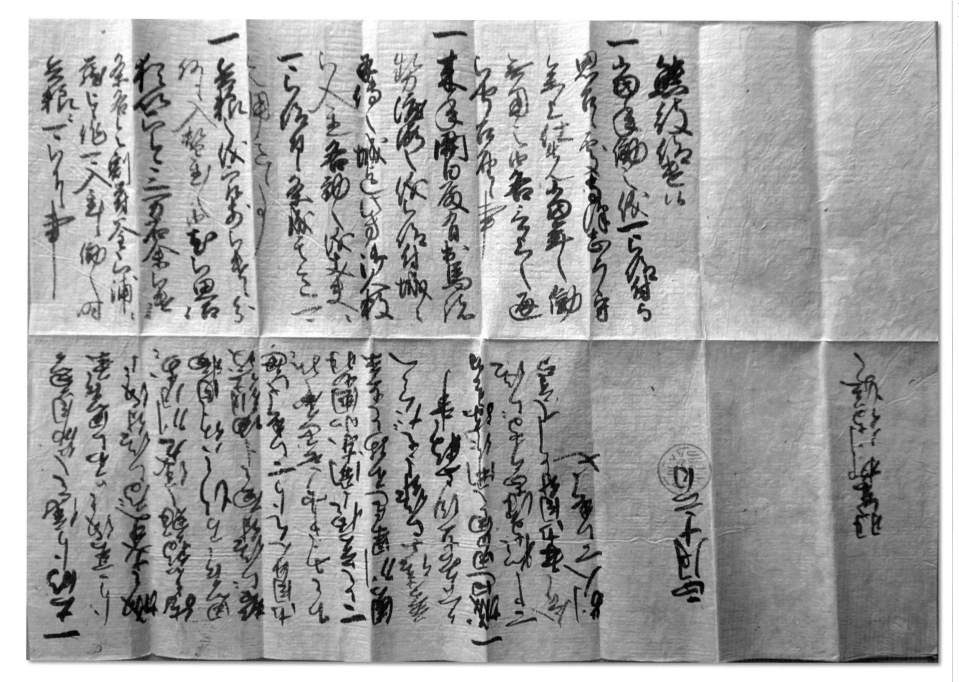

121 （文禄四年）二月九日付け豊臣秀吉朱印状

大阪歴史博物館所蔵

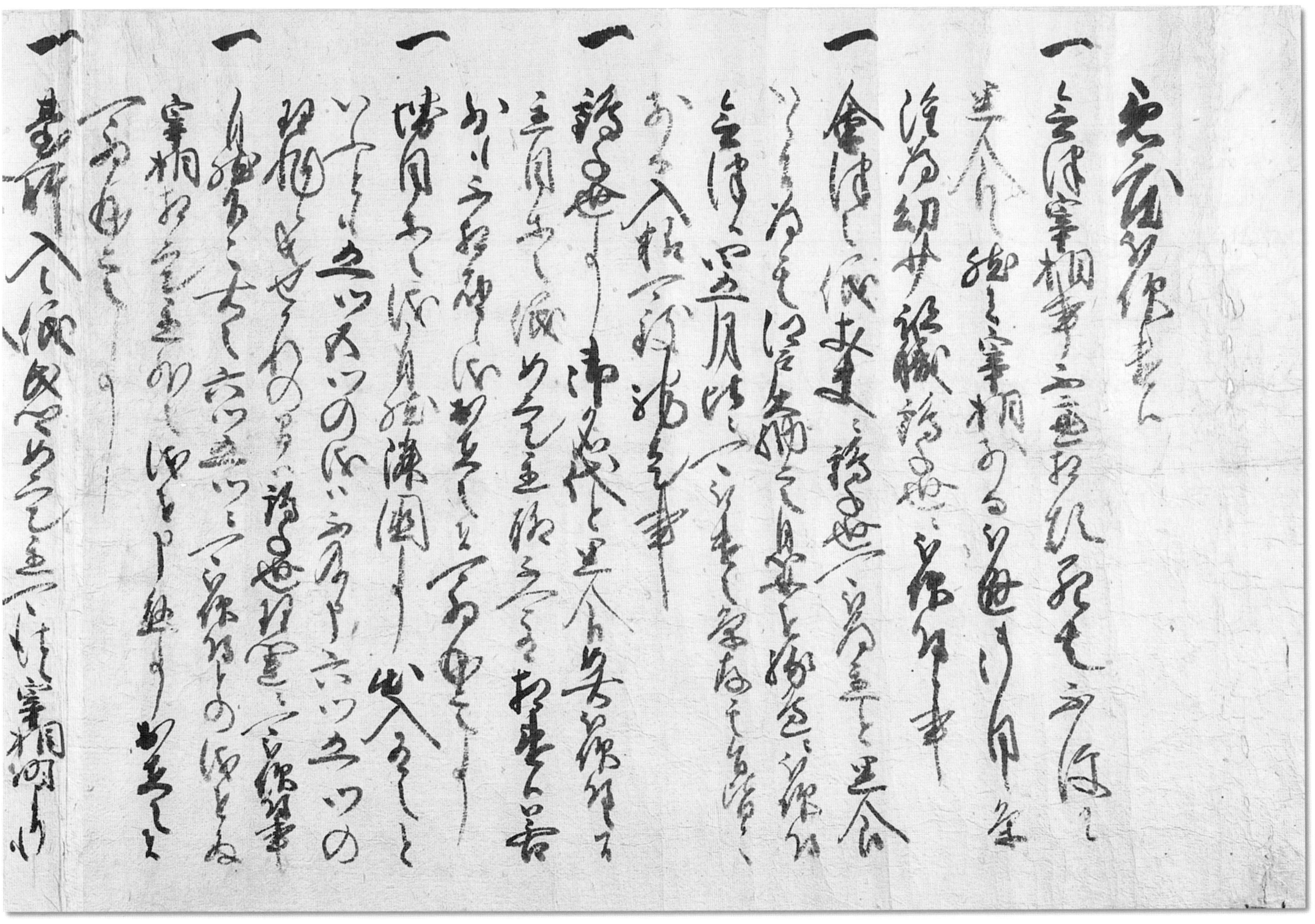

豊臣秀吉朱印状（1/2）

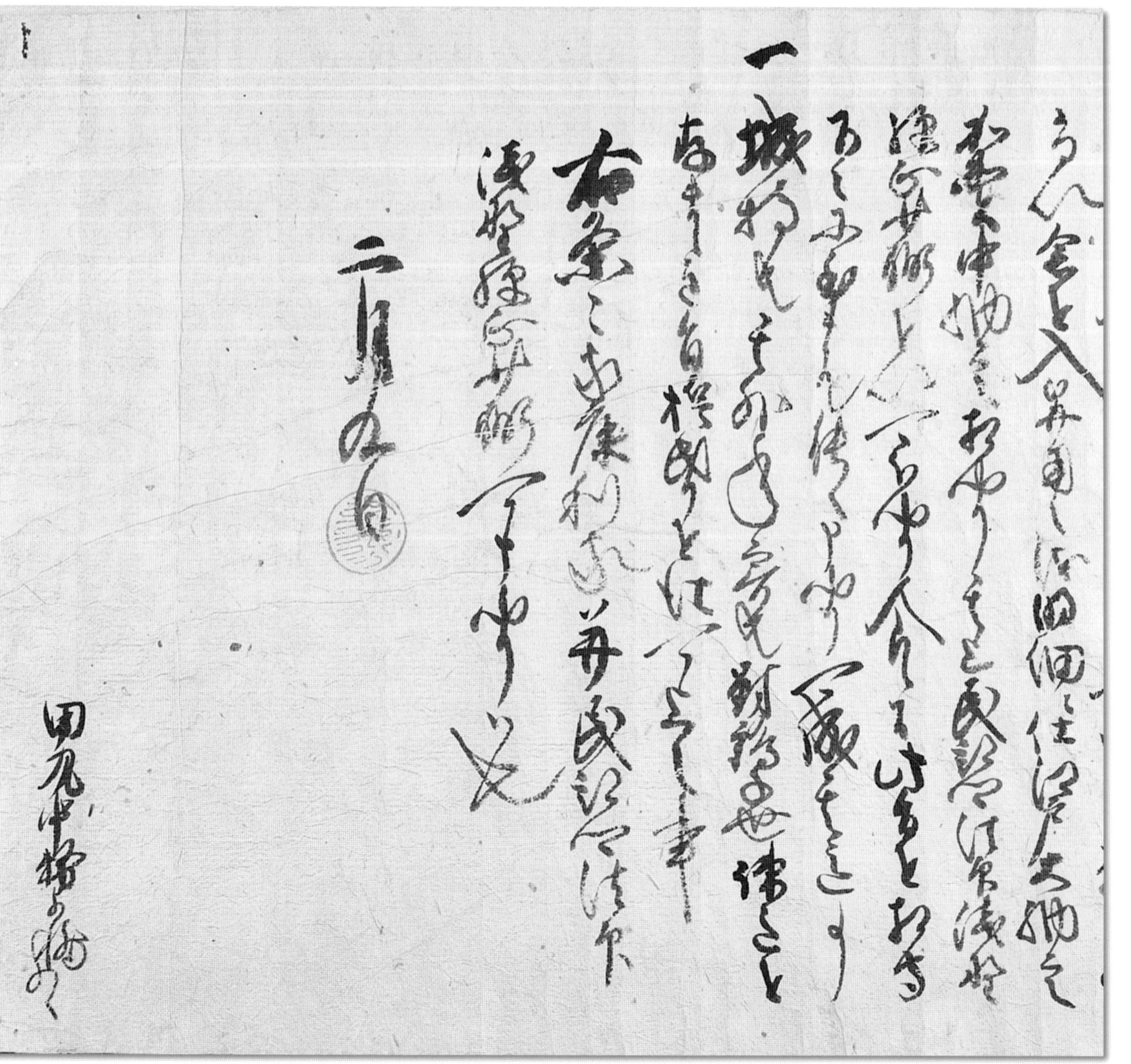

豊臣秀吉朱印状（2/2）

122 (文禄四年)七月十日付け豊臣秀吉朱印状

立花家史料館所蔵

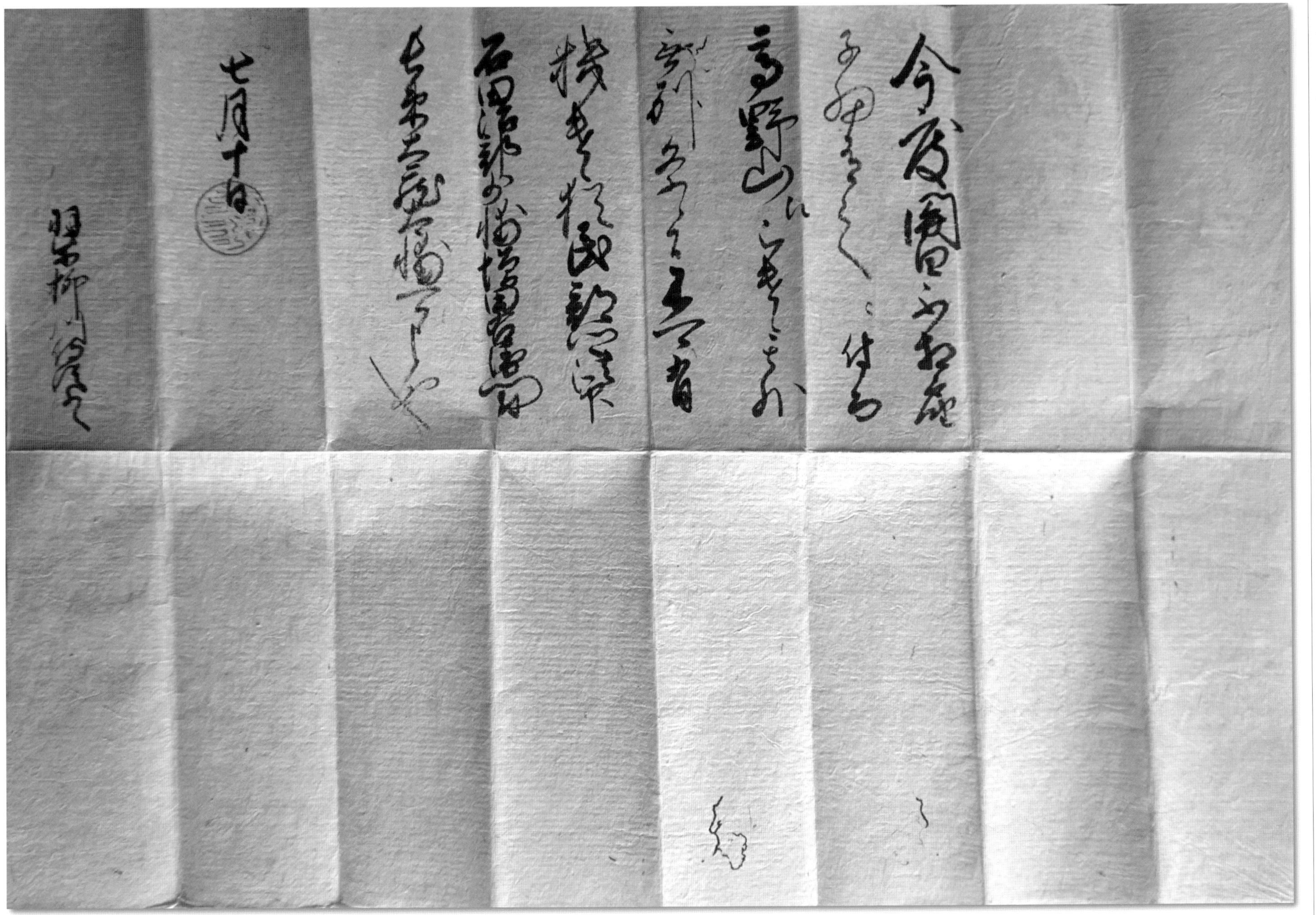

123 文禄四年八月十七日付け豊臣秀吉朱印状

福岡洋介氏所蔵

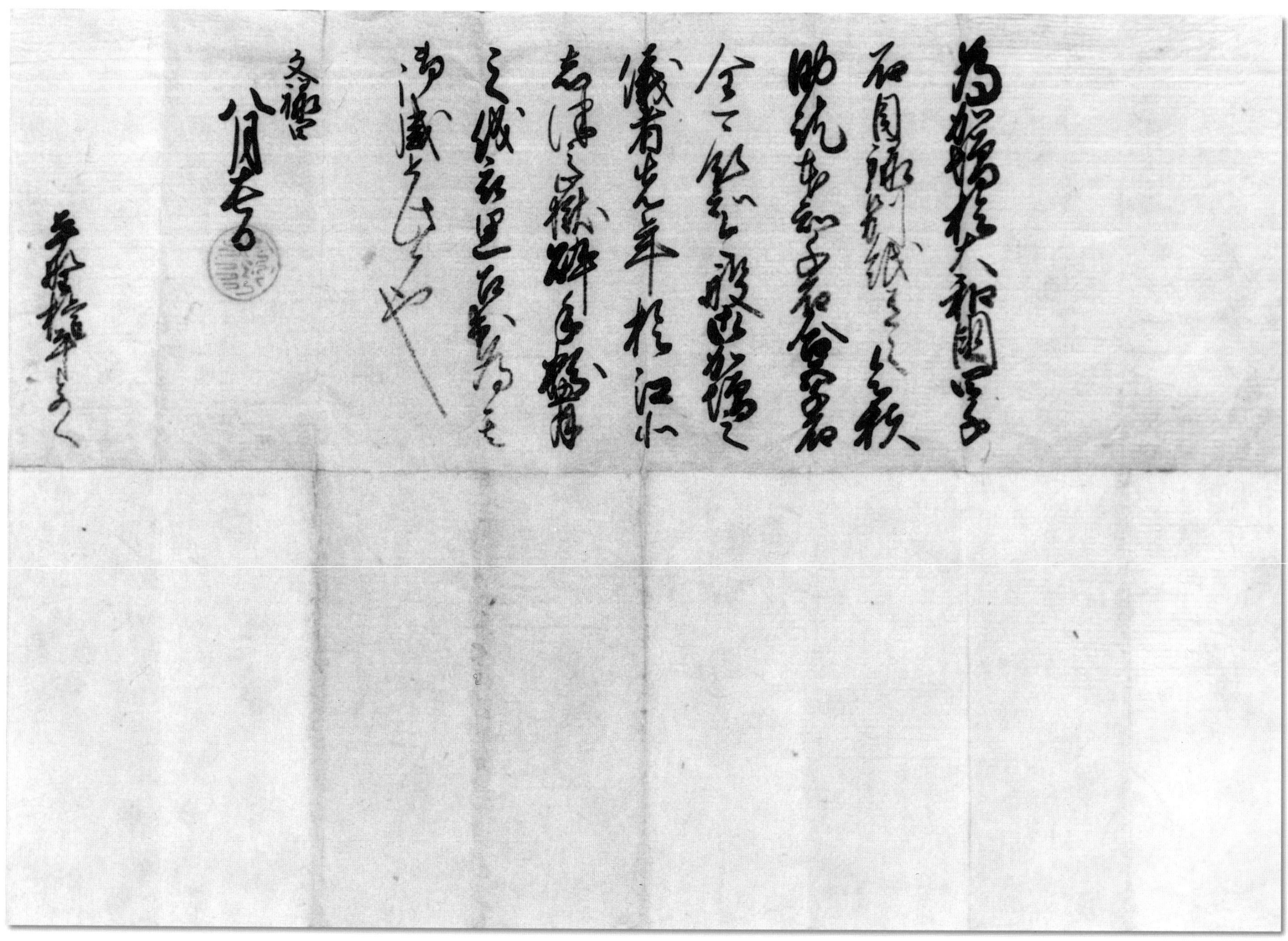

124

文禄四年八月二十四日付け豊臣秀吉御掟覚

仙台市博物館所蔵

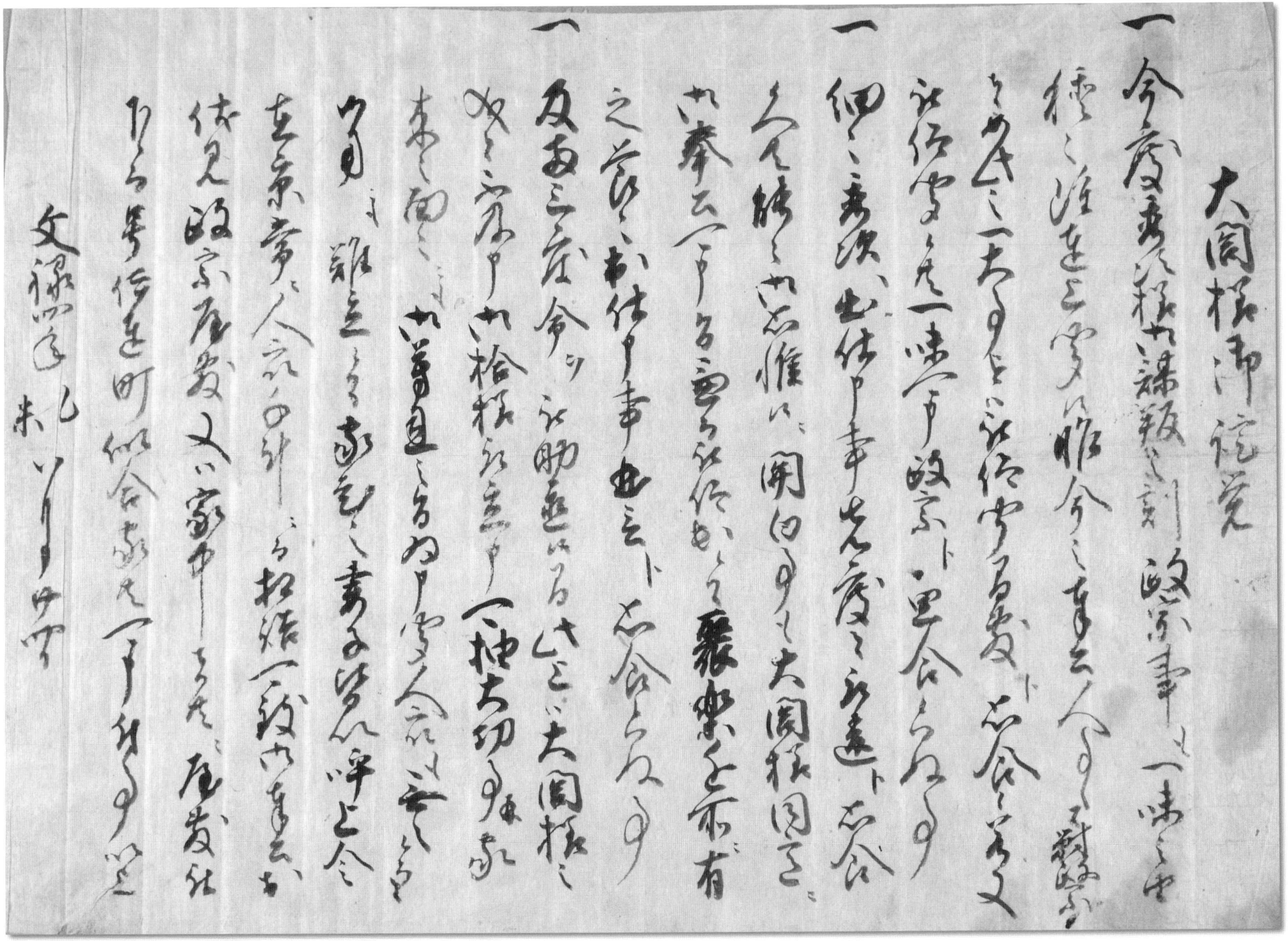

125 慶長二年二月二十一日付け条々（豊臣秀吉朱印状）

東京大学史料編纂所所蔵

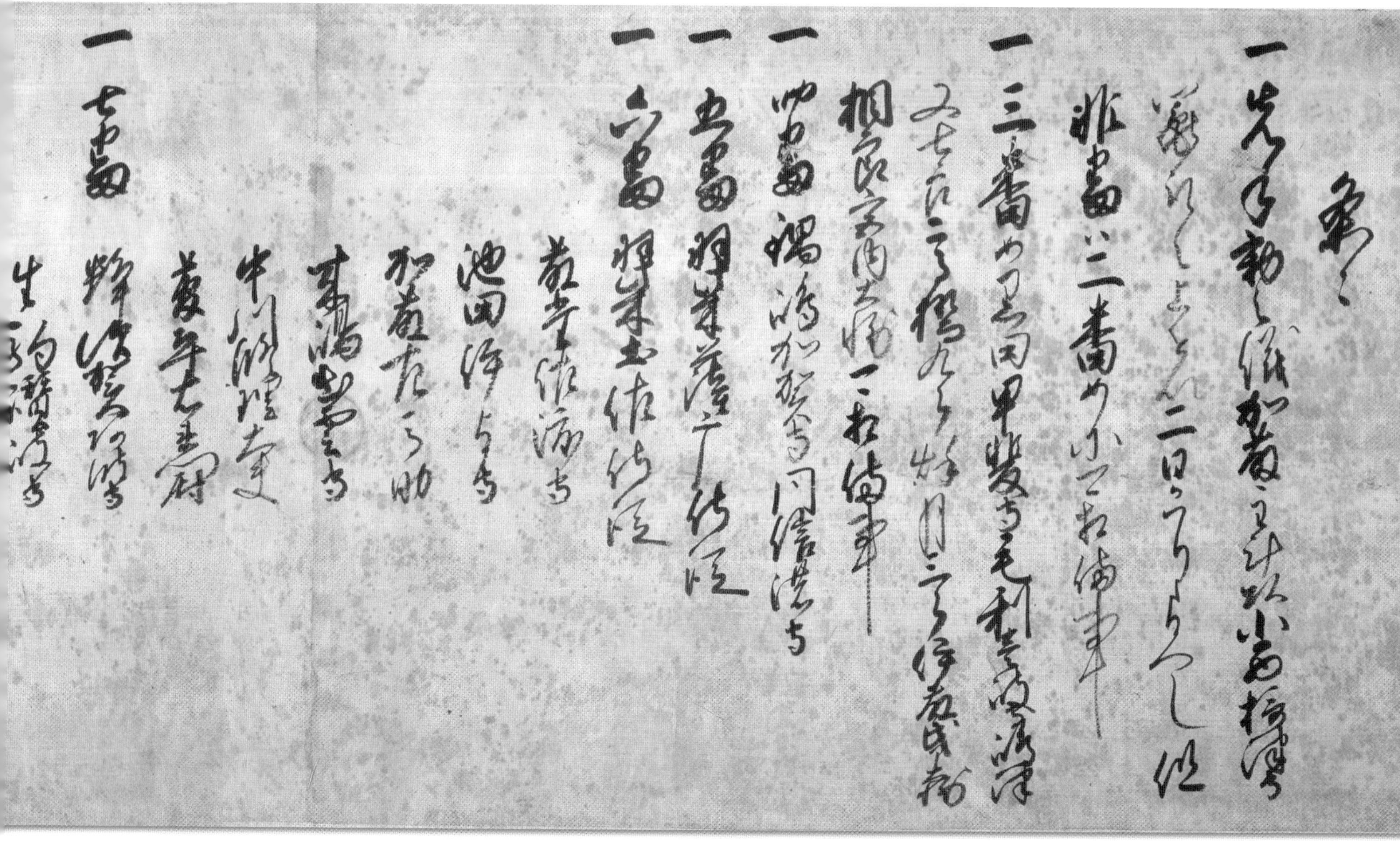

条々（豊臣秀吉朱印状）(1/3)

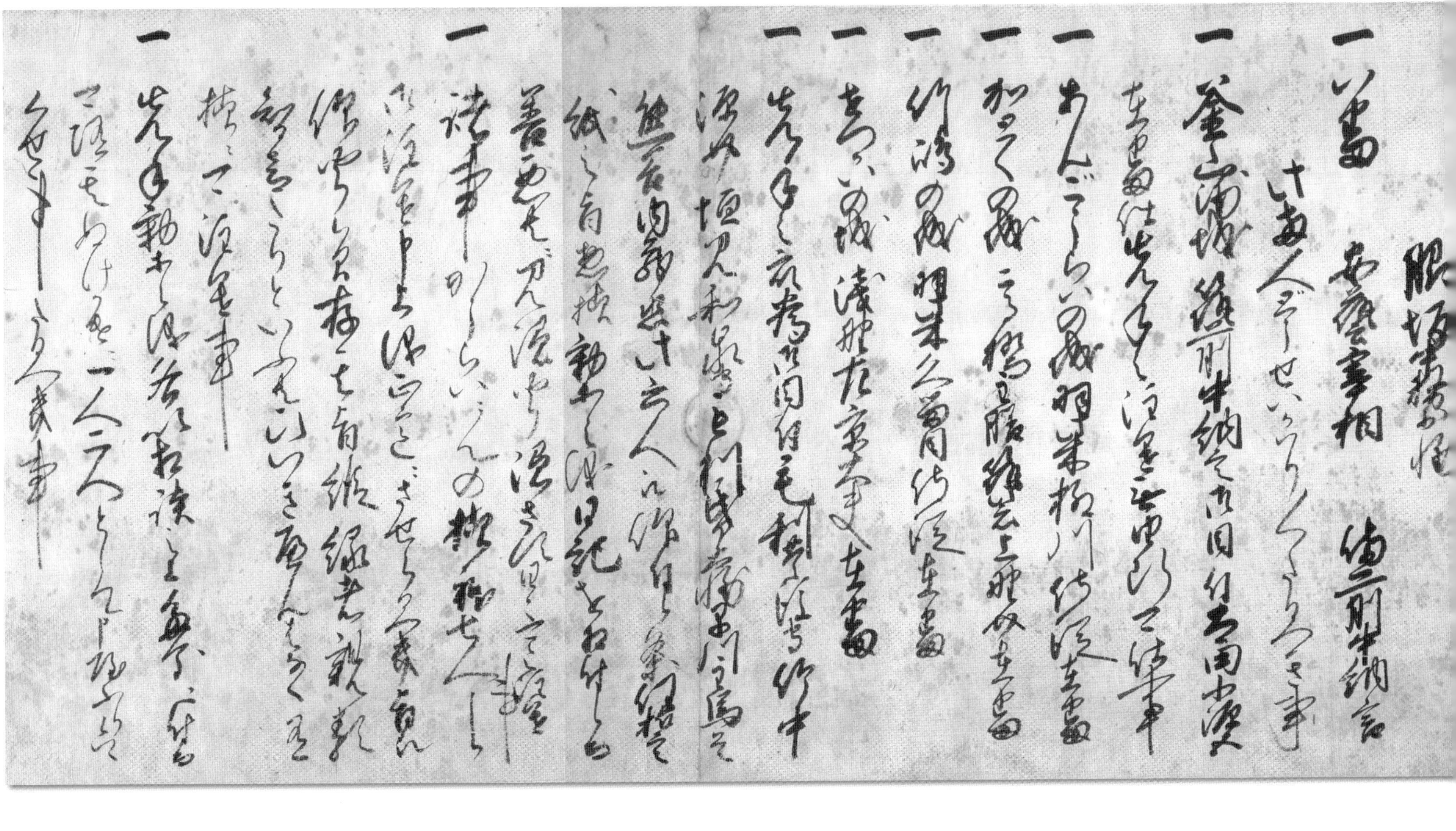

条々（豊臣秀吉朱印状）(2/3)

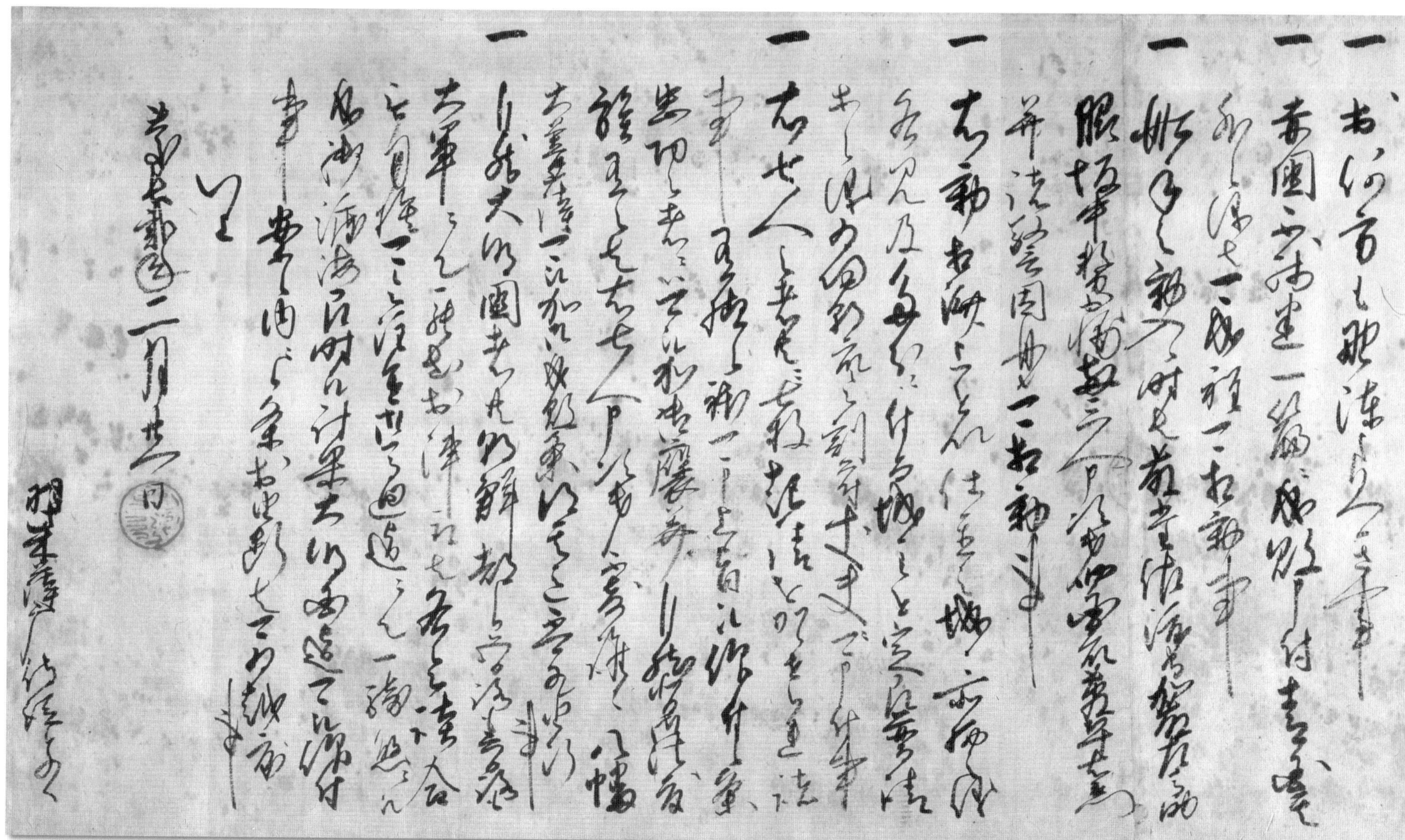

条々（豊臣秀吉朱印状）(3/3)

126 慶長二年三月八日付け定（豊臣秀吉朱印状写）

醍醐寺所蔵

127 （慶長二年カ）五月三日付け豊臣秀吉朱印状

早稲田大学図書館所蔵

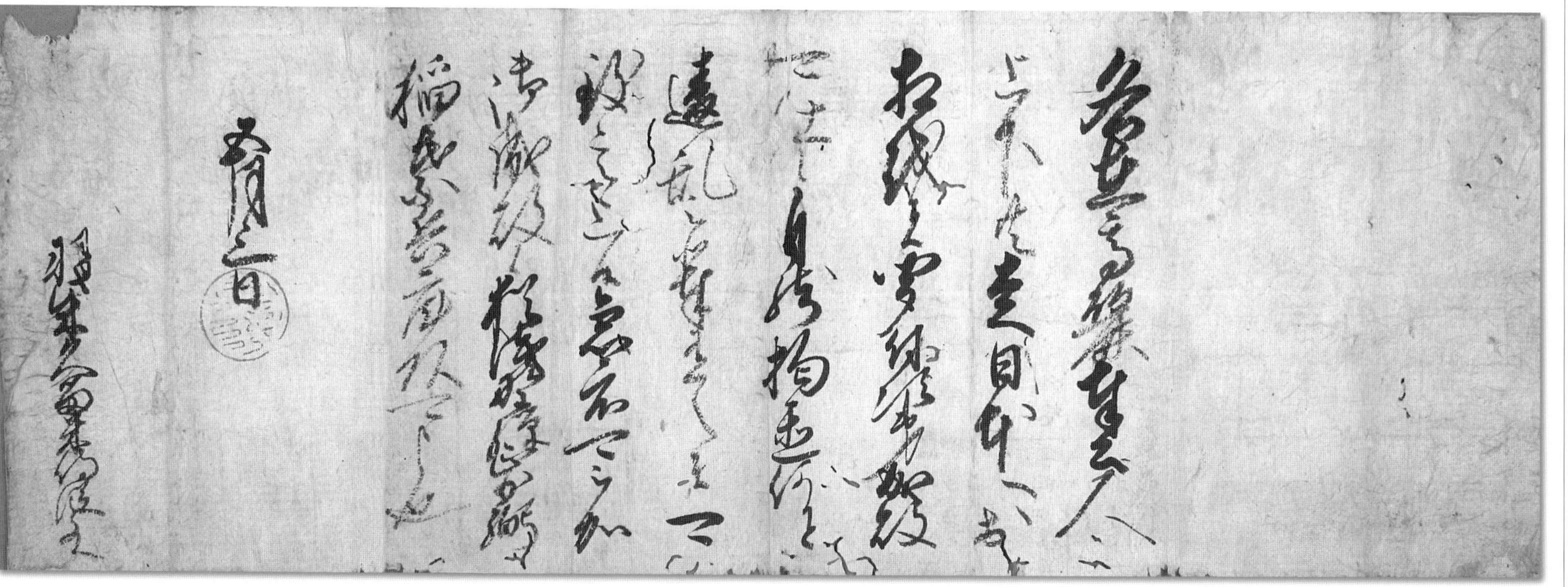

128 (慶長二年)六月八日付け豊臣秀吉朱印状

佐賀県立名護屋城博物館所蔵

129 慶長二年六月十五日付け豊臣秀吉朱印状

甲斐善光寺所蔵

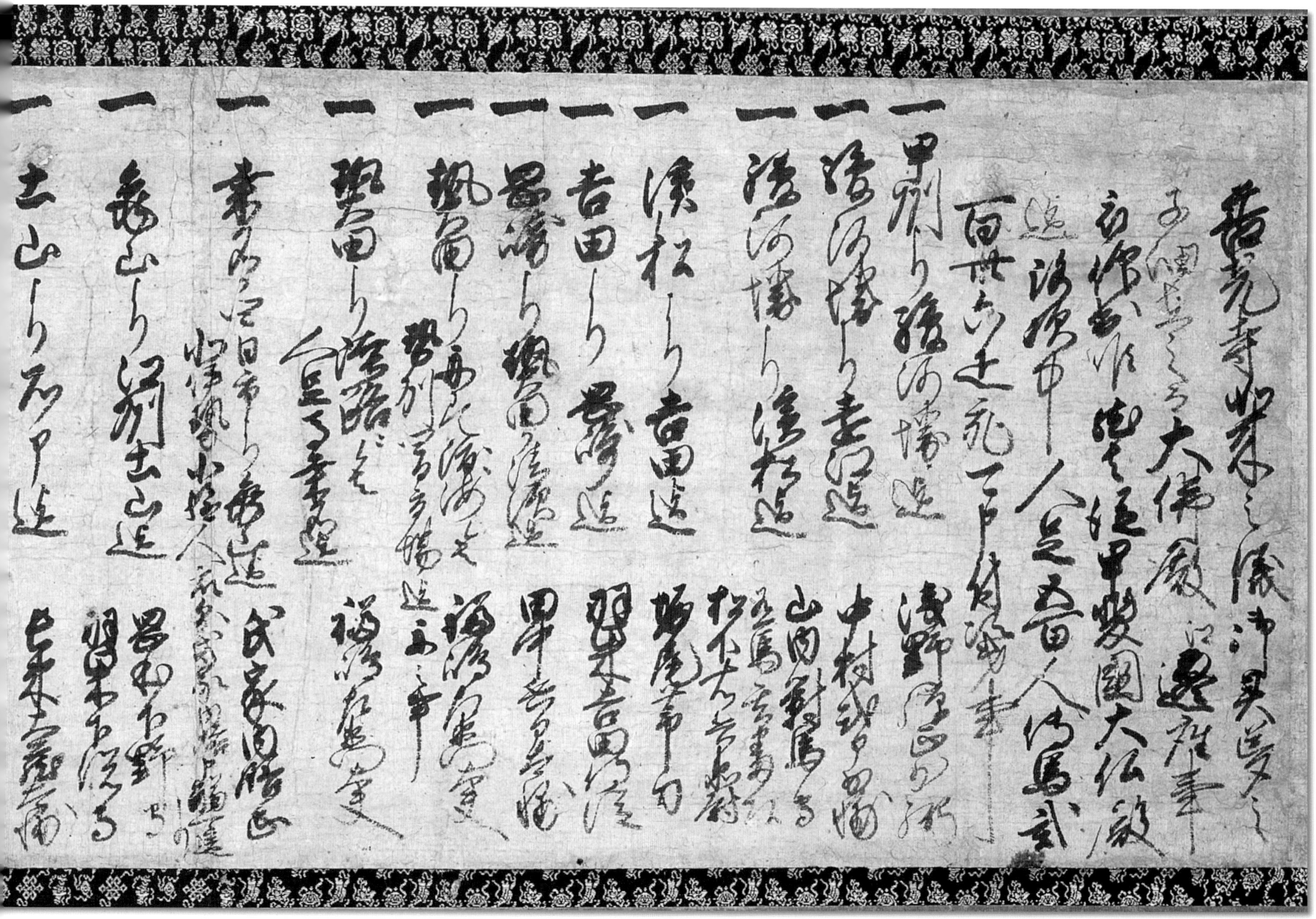

豊臣秀吉朱印状（1/2）

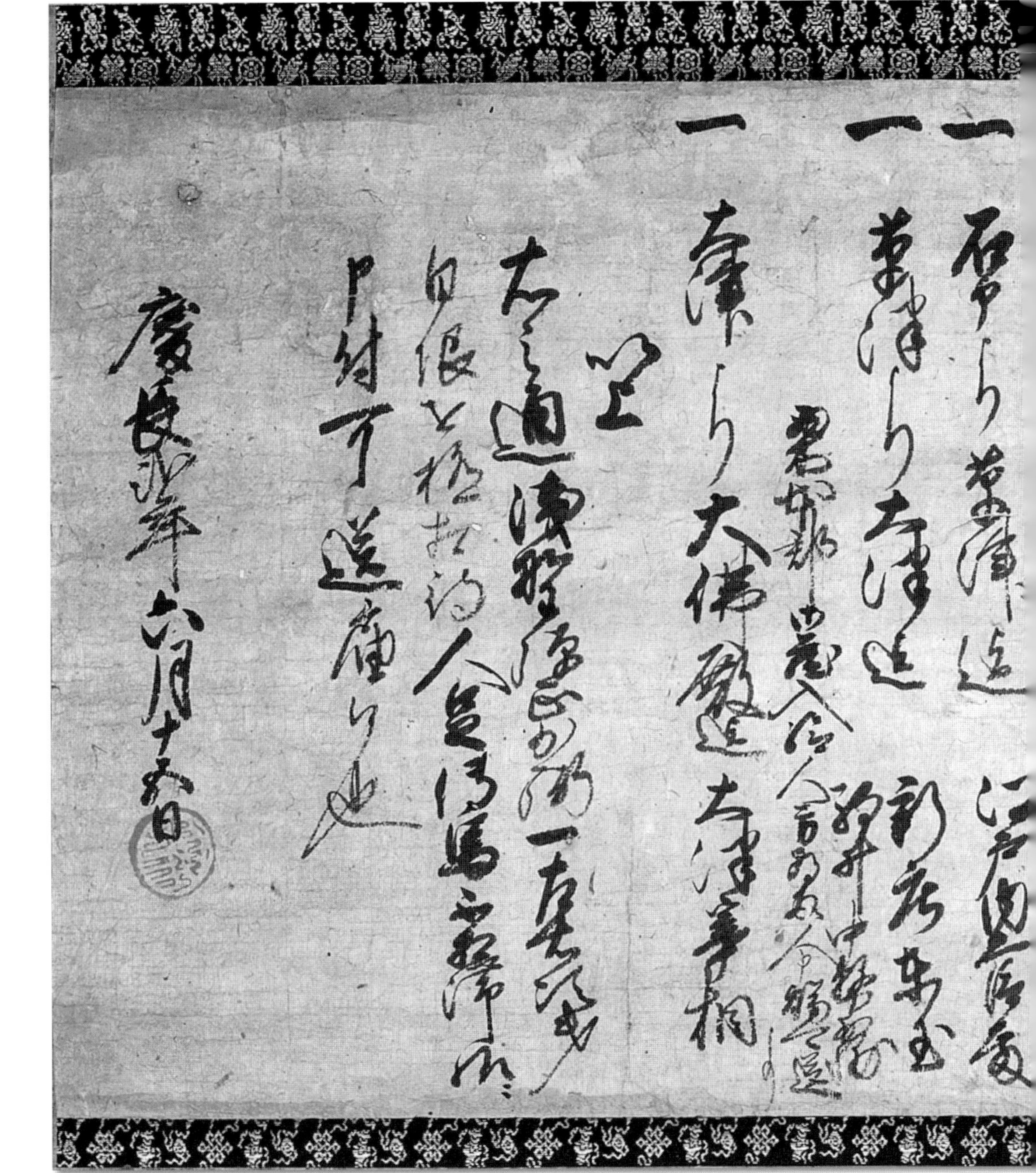

豊臣秀吉朱印状（2/2）

130 (慶長二年)七月朔日付け豊臣秀吉朱印状

個人所蔵

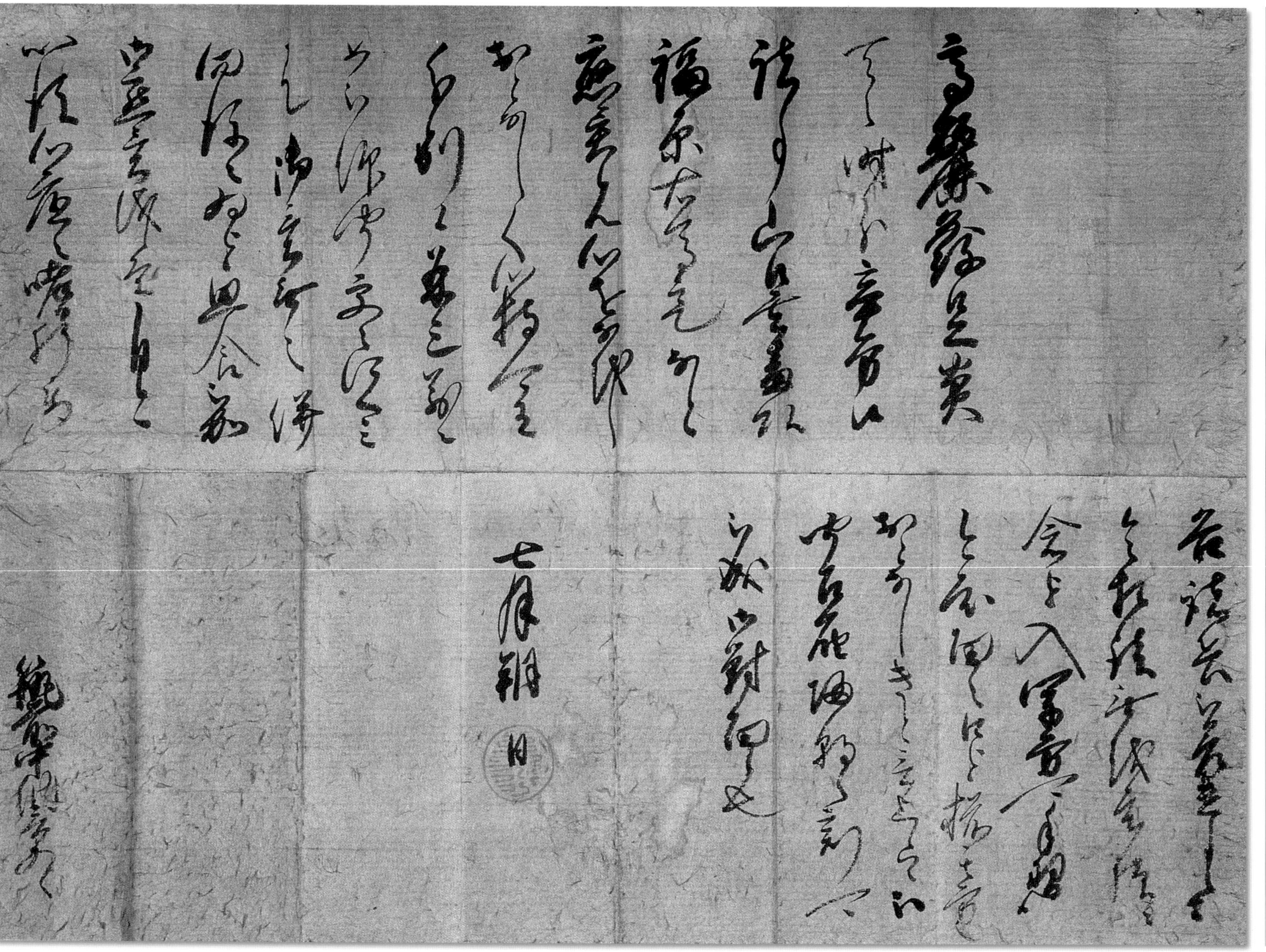

131 (慶長二年)八月十日付け豊臣秀吉朱印状

東京大学史料編纂所所蔵

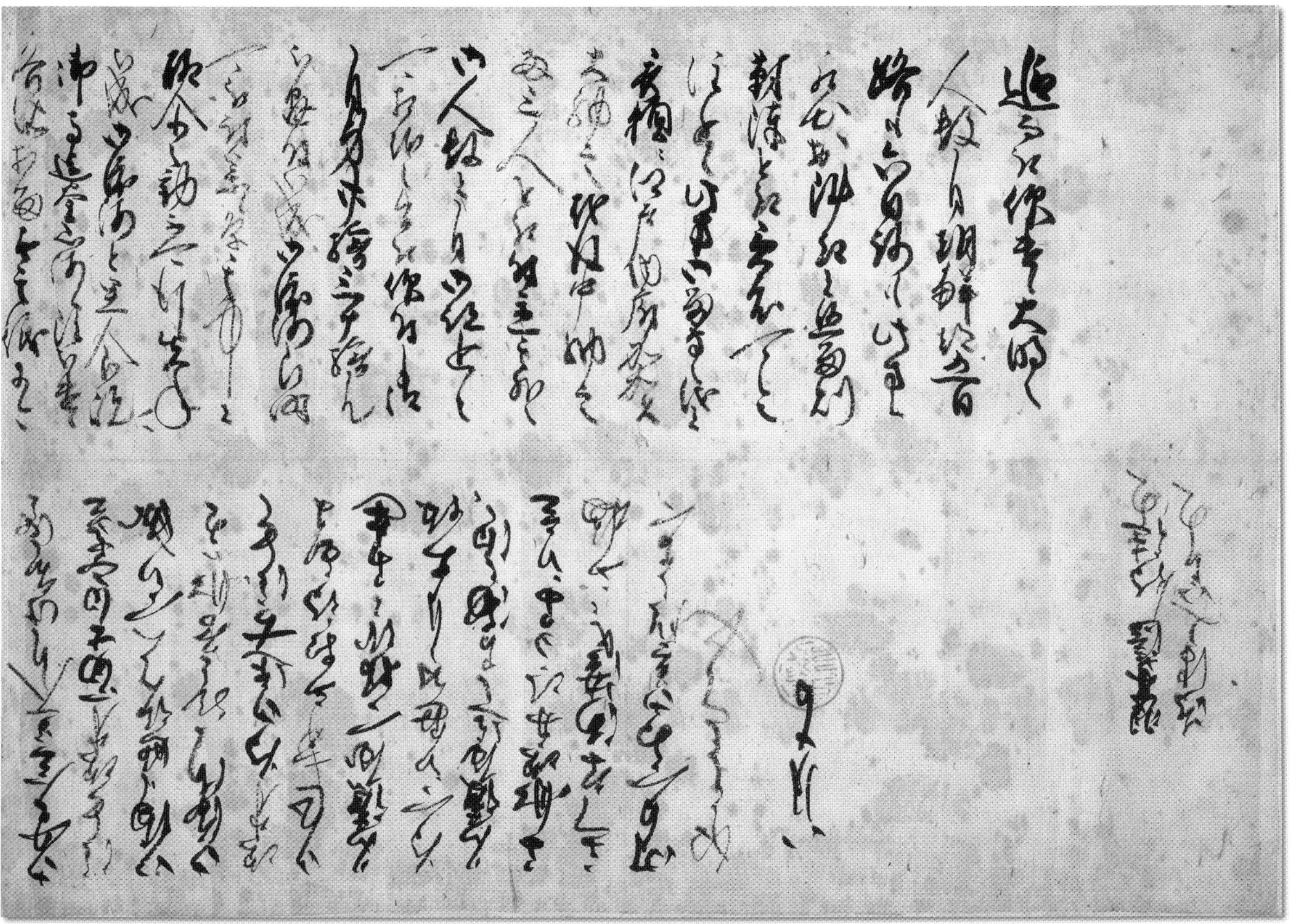

132 (慶長二年)十二月二日付け豊臣秀吉自筆書状

個人所蔵

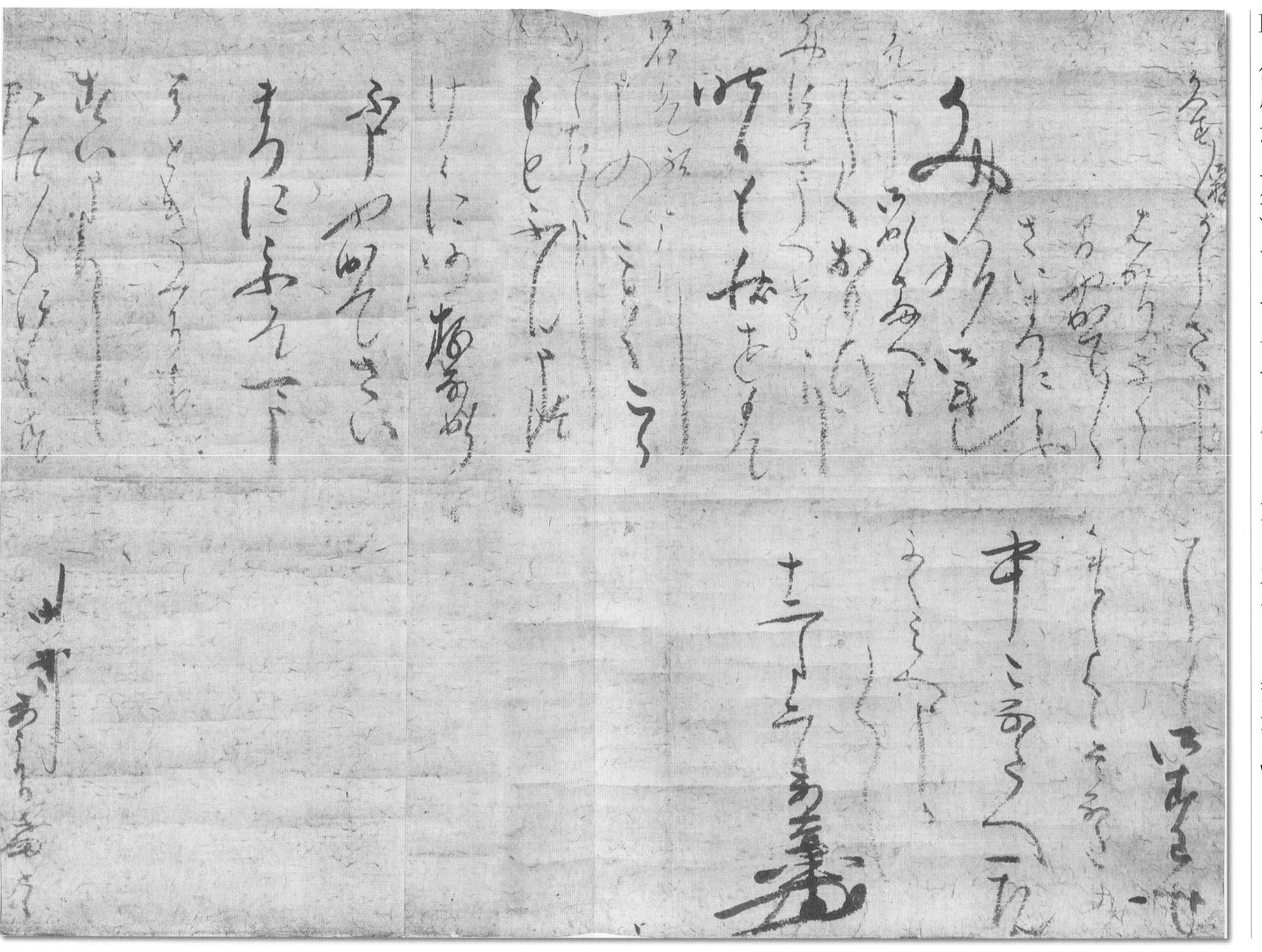

133 （慶長三年）正月十日付け豊臣秀吉朱印状

米沢市上杉博物館所蔵

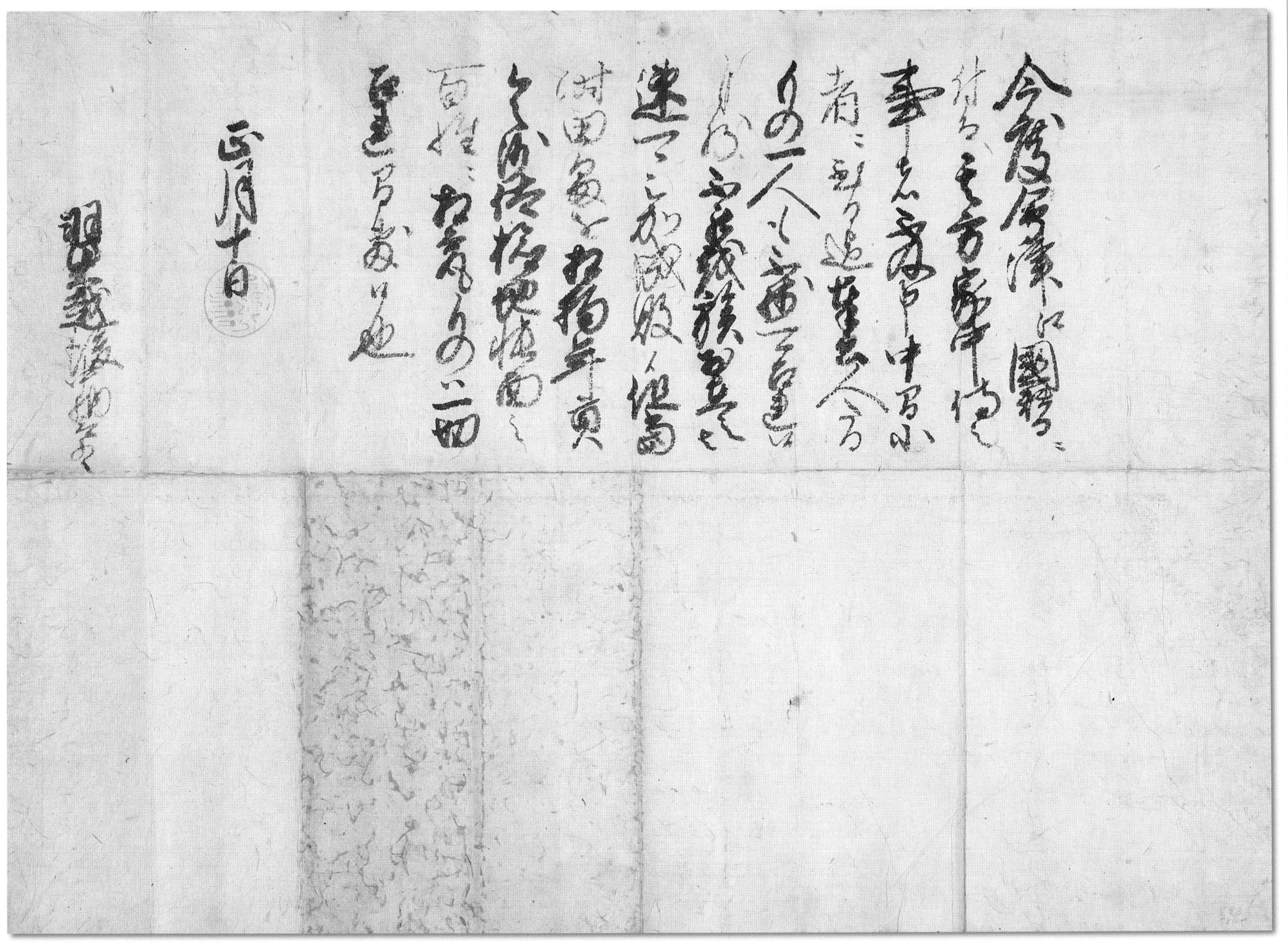

134 (慶長三年)正月十七日付け豊臣秀吉朱印状

松浦史料博物館所蔵

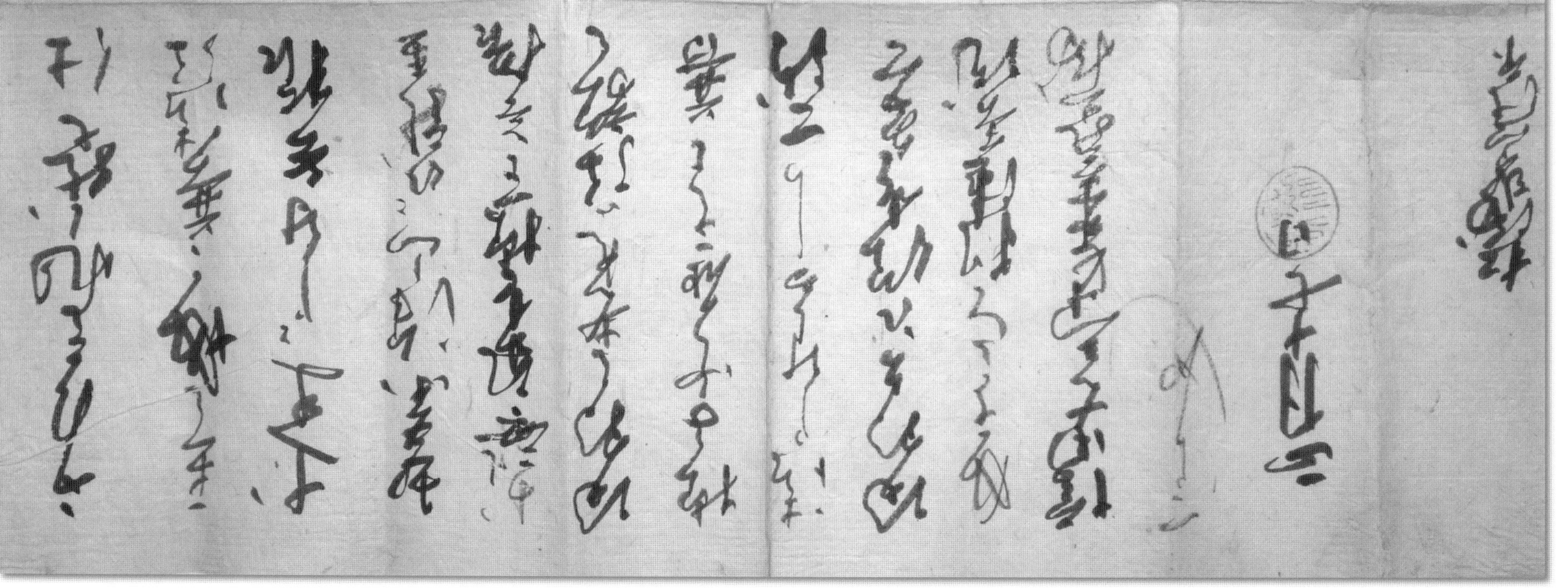

135 (慶長三年)三月十八日付け豊臣秀吉朱印状

名古屋市博物館所蔵

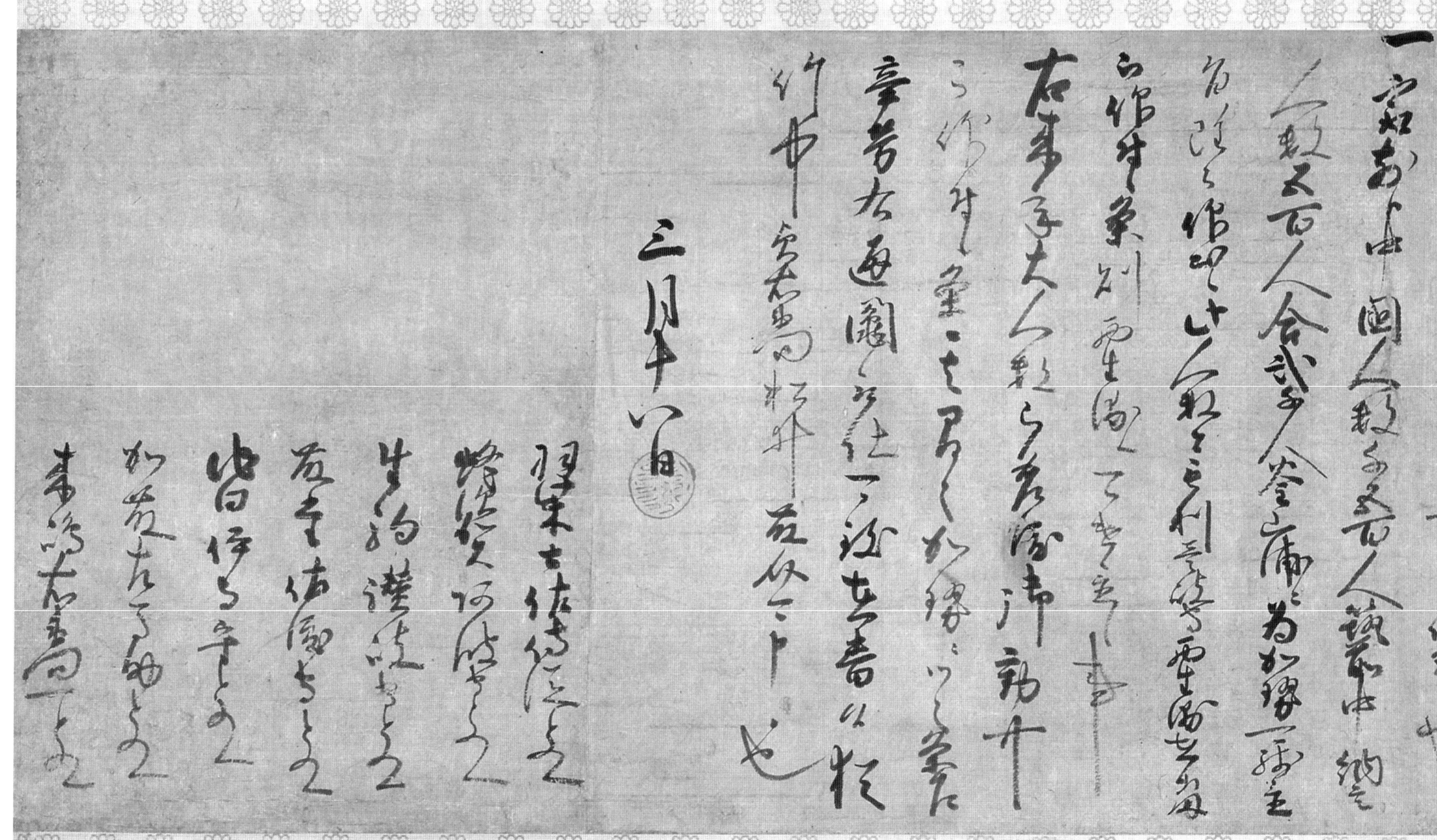

豊臣秀吉朱印状（2/2）

136 (慶長三年五月)二十日付け豊臣秀吉自筆書状

大阪城天守閣所蔵

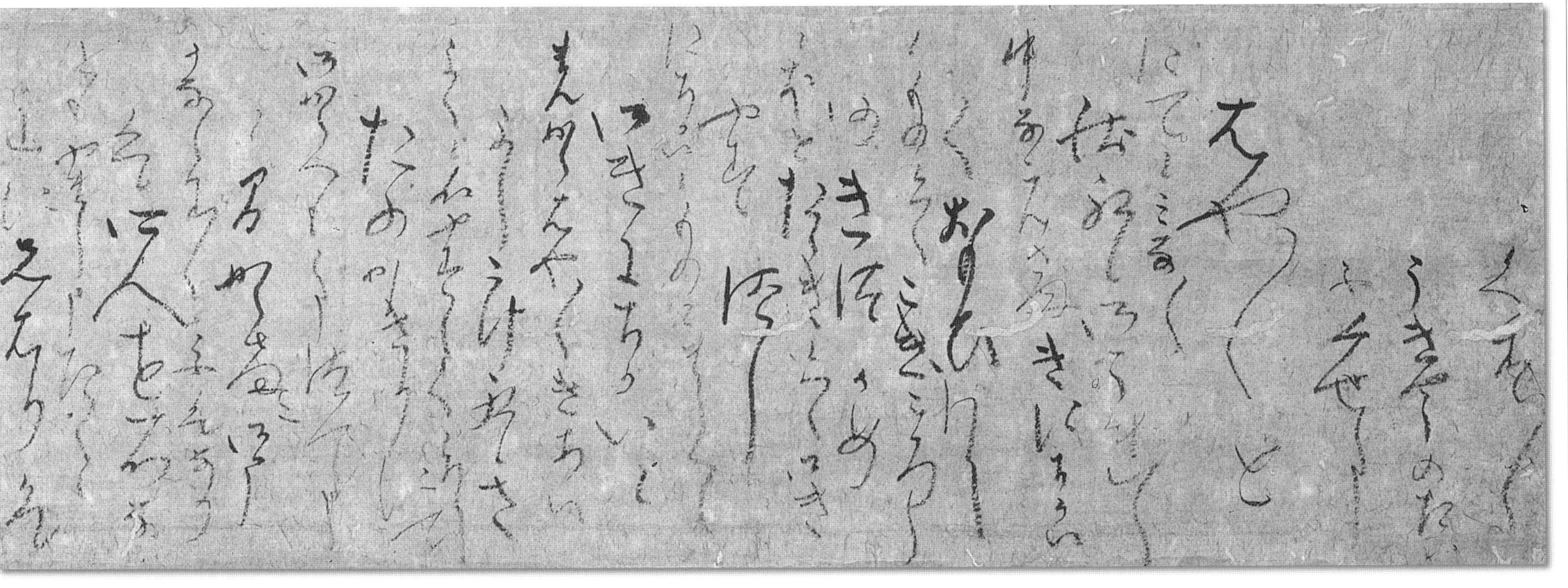

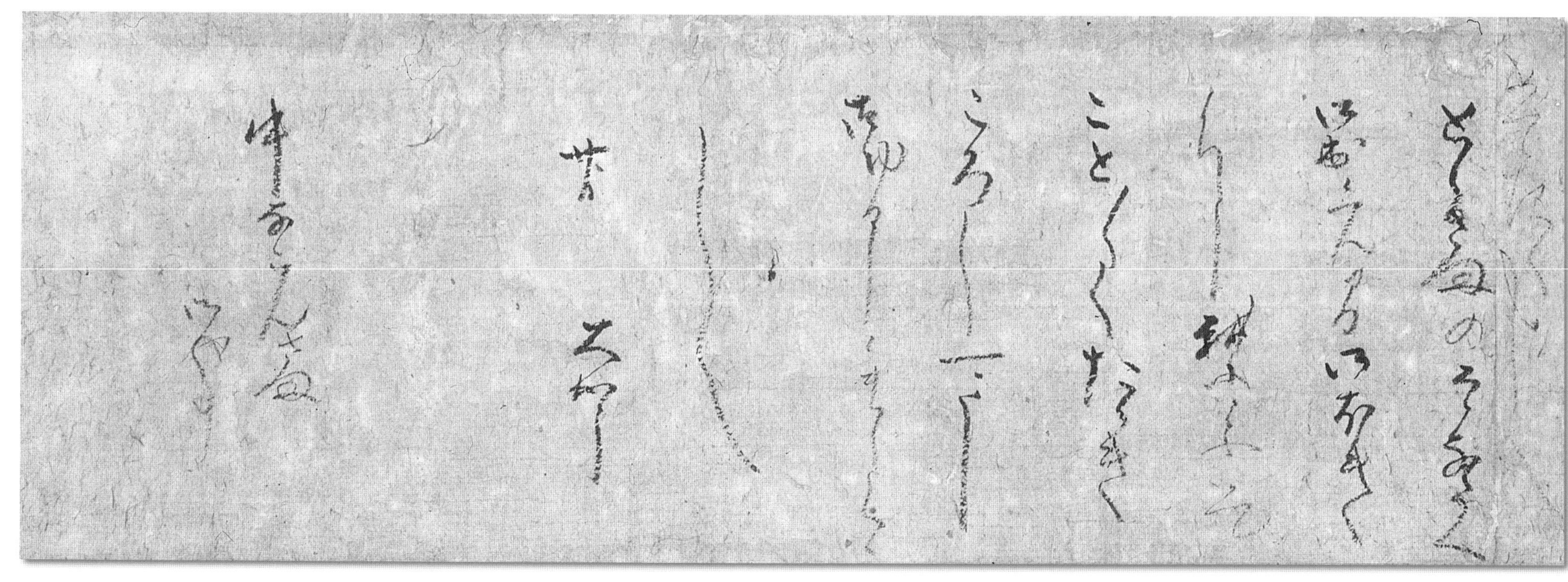

137 （慶長三年）八月五日付け豊臣秀吉遺言覚書案

早稲田大学図書館所蔵

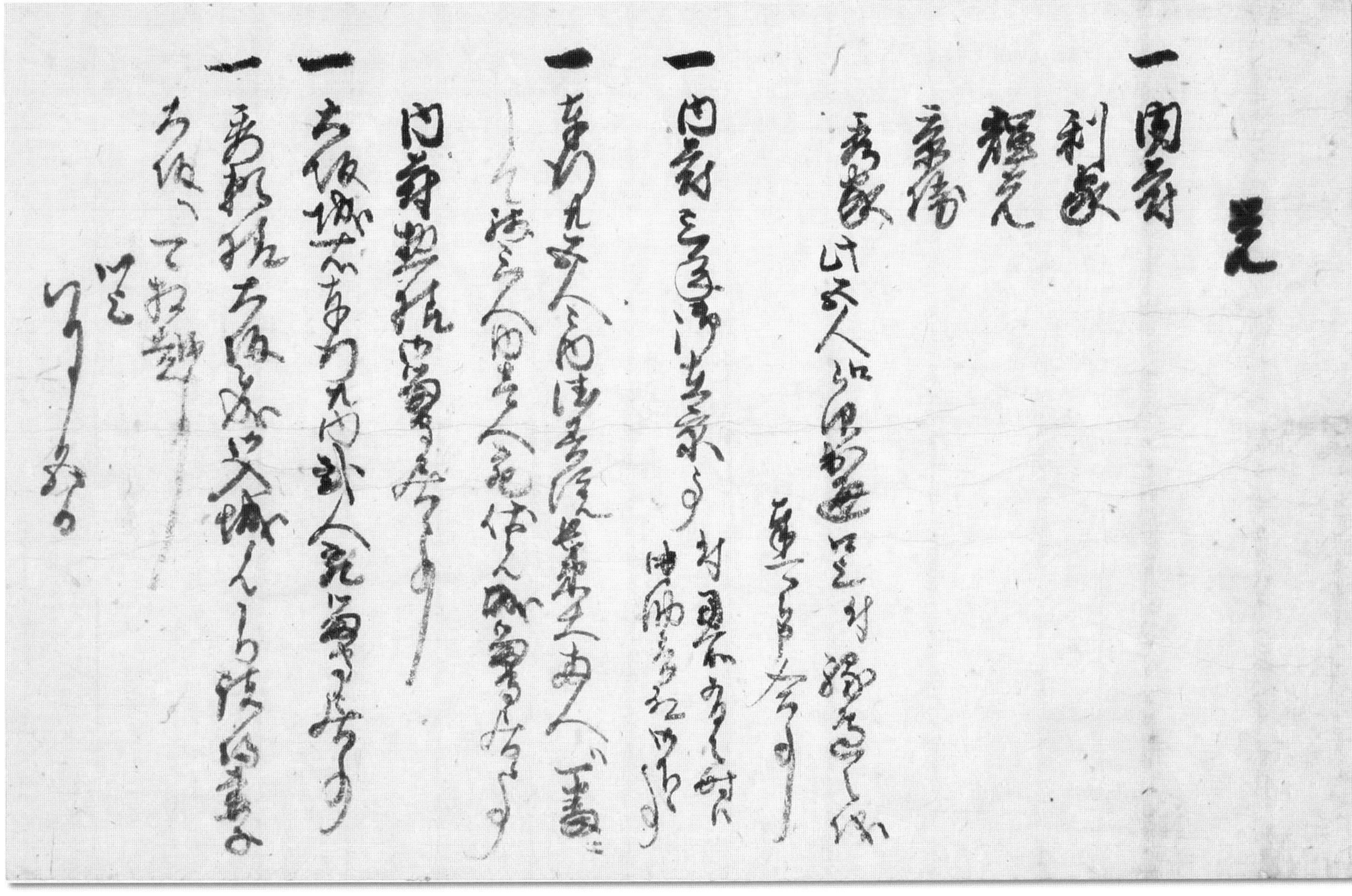

138 （慶長三年）八月五日付け豊臣秀吉遺言状写

毛利博物館所蔵

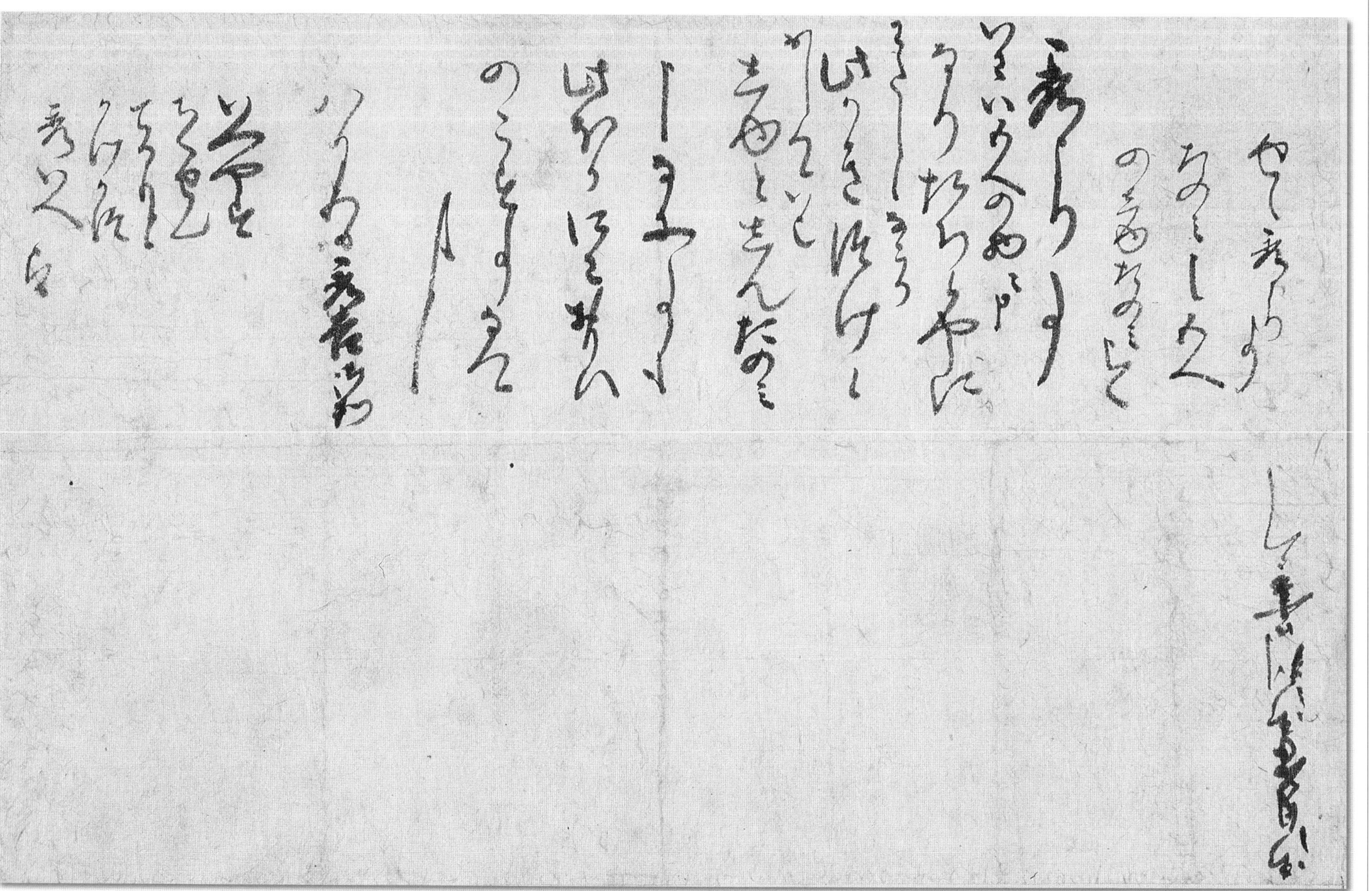

139 （慶長三年）豊臣秀吉自筆辞世和歌詠草

大阪城天守閣所蔵

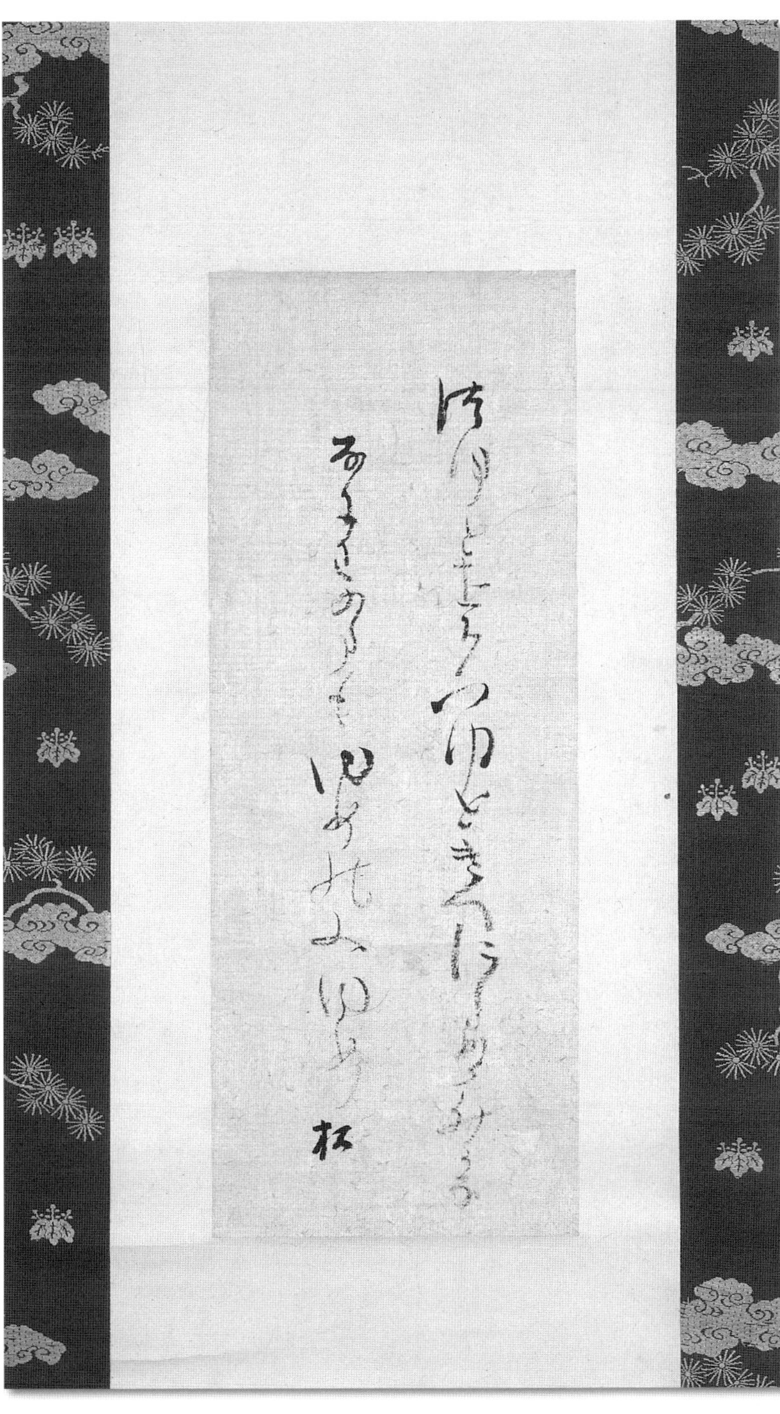

豊臣秀吉自筆辞世和歌詠草

140 慶長三年八月二十五日付け豊臣秀吉朱印状案

東京大学史料編纂所所蔵

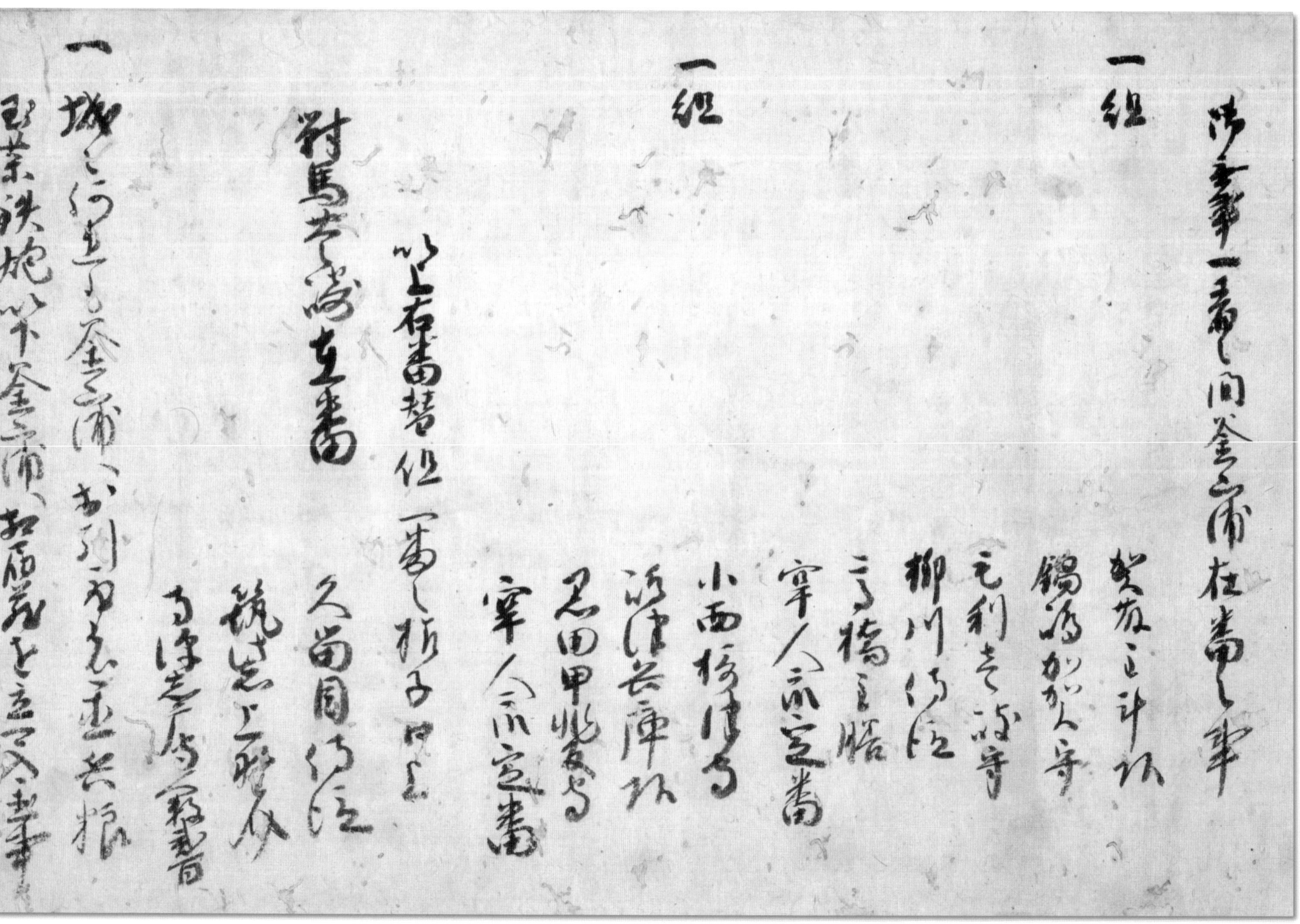

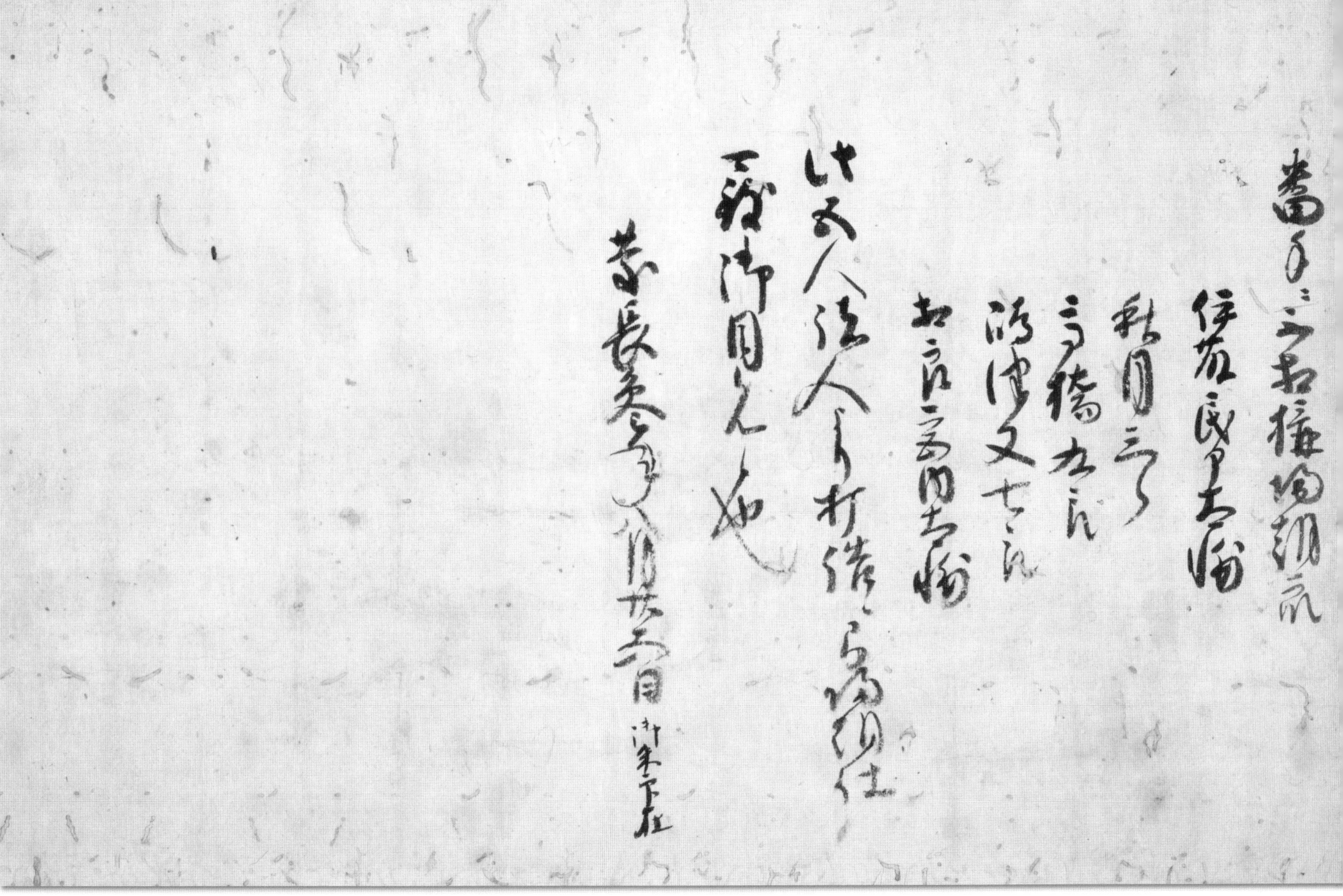

141 (慶長三年)八月二十五日付け豊臣秀吉朱印状

松浦史料博物館所蔵

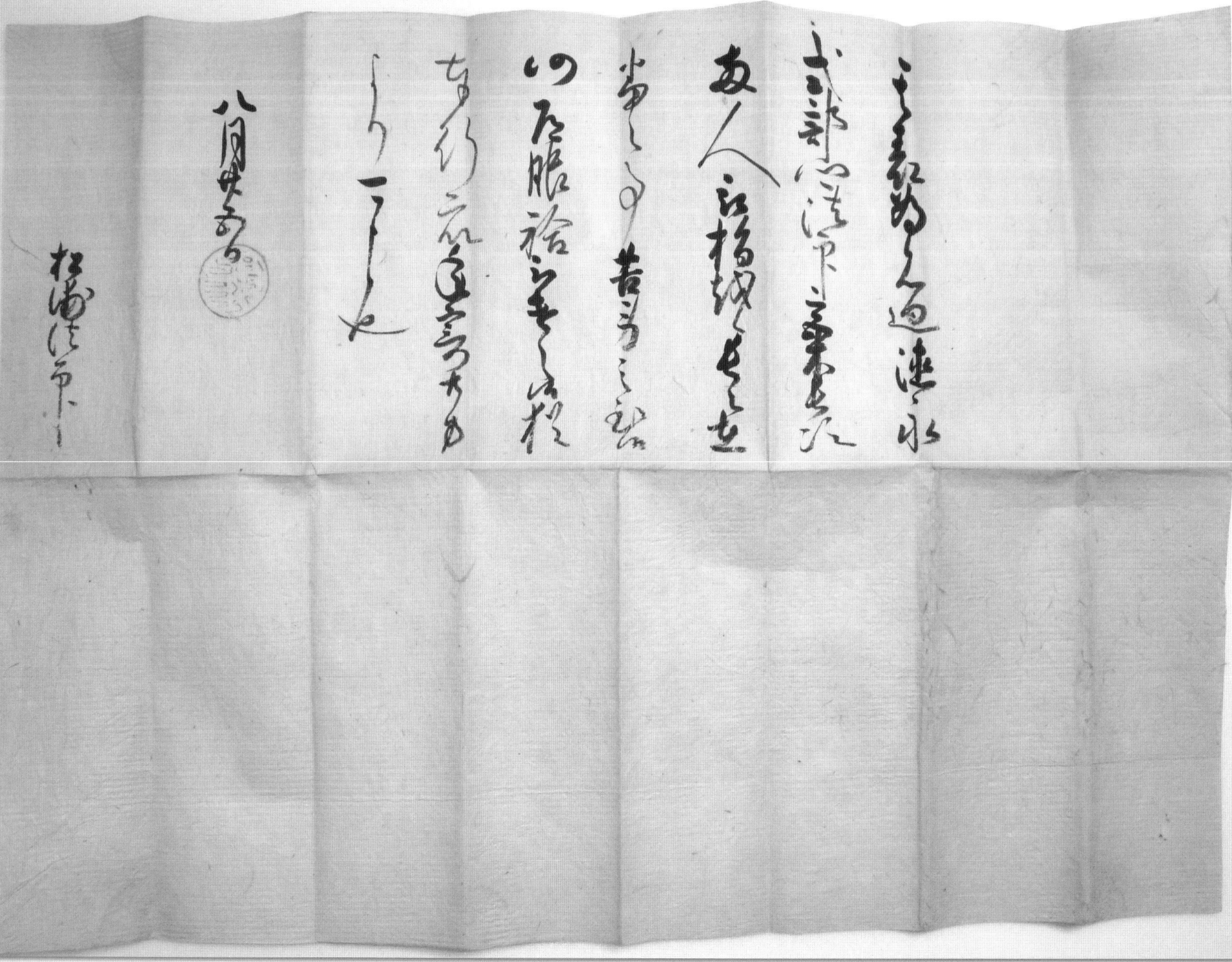

豊臣秀吉朱印状

142 慶長三年八月二十八日付け豊臣秀吉朱印状

大阪城天守閣所蔵

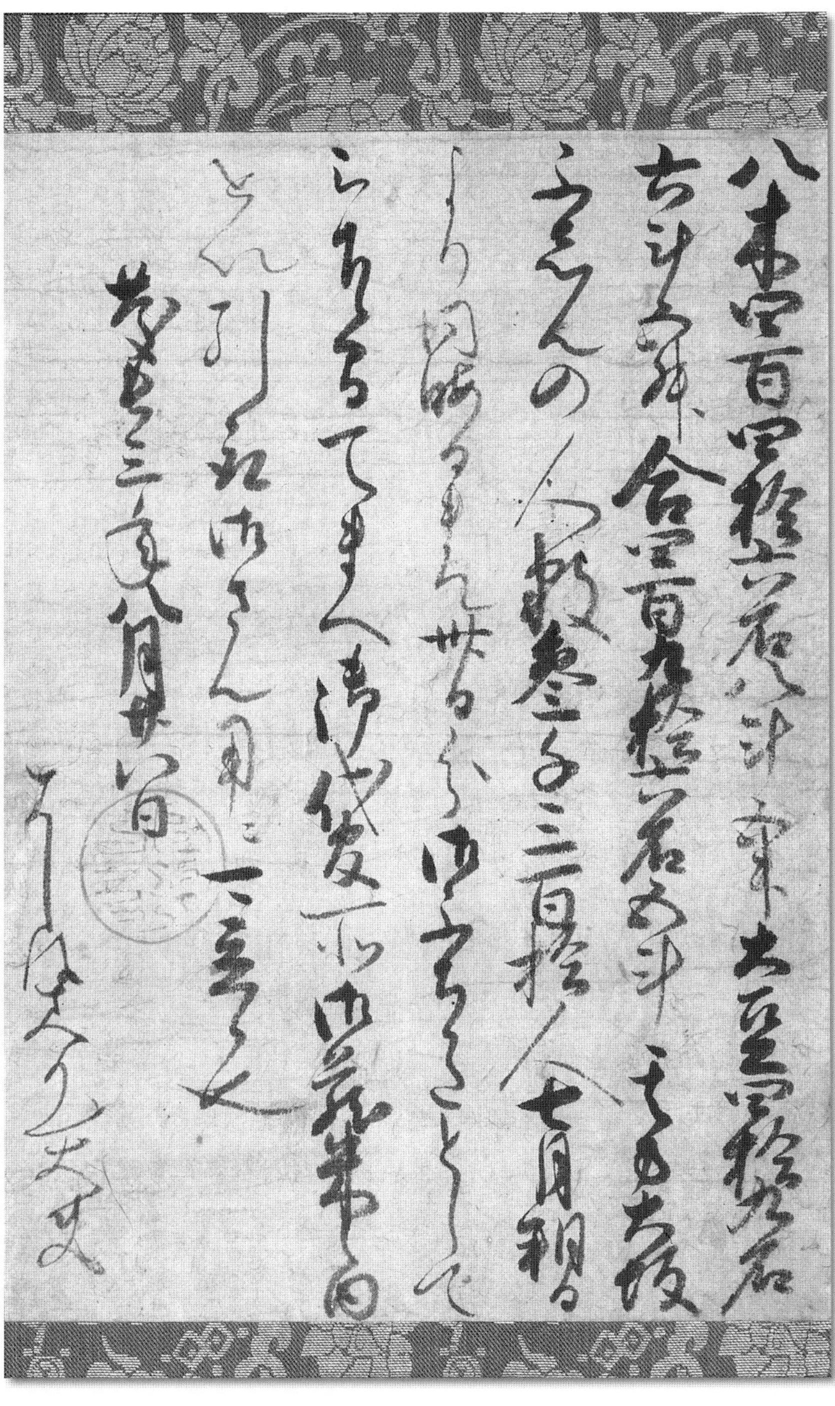

143 （年月日未詳）豊臣秀吉自筆書状

個人所蔵

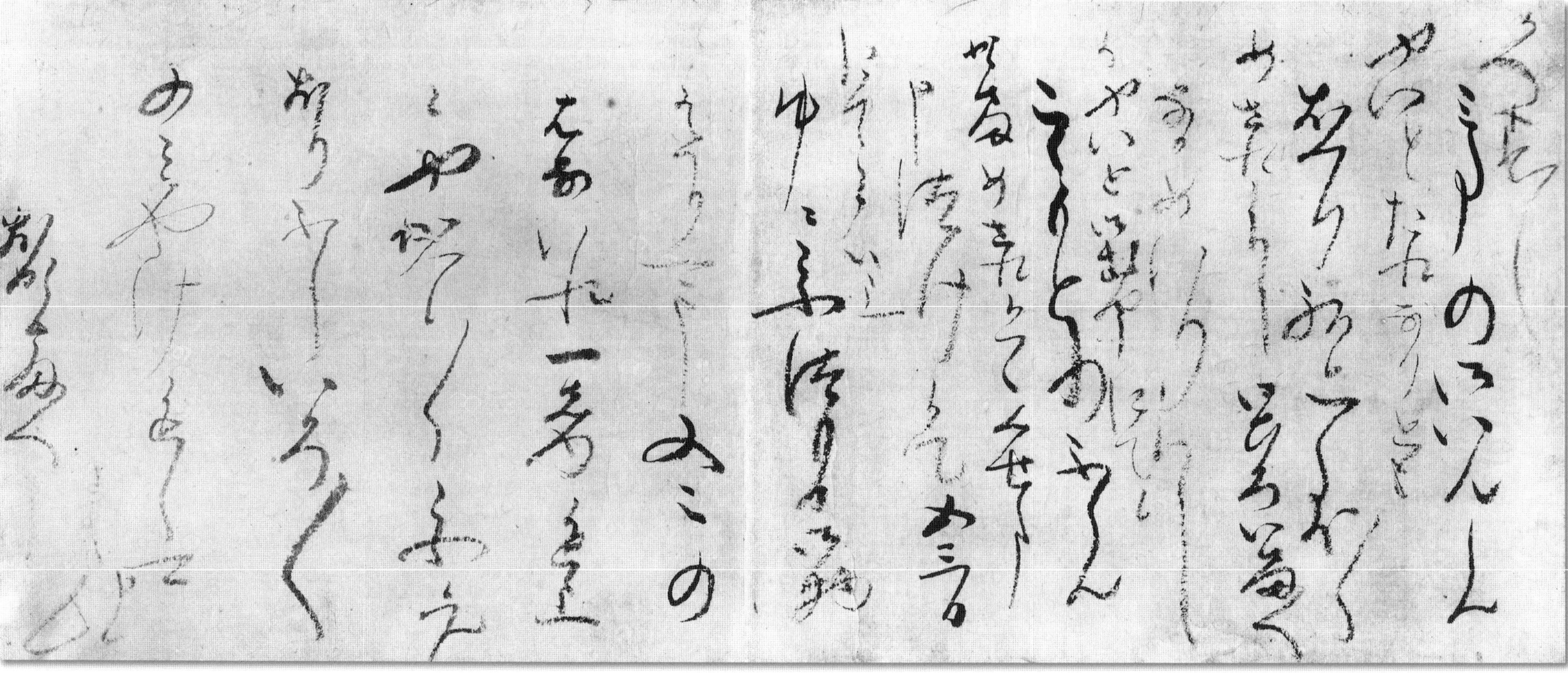

釈文・解説

全体解説

堀　新

本書には、豊臣（木下、羽柴）秀吉の生涯や重要政策がわかる秀吉発給文書の原文書を選び出して収録した。中には017（天正九年）九月二十八日付け羽柴秀吉判物や084（天正十八年）七月十六日付け豊臣秀吉朱印状（共に個人所蔵）のように、その存在は知られていたものの、専門書に写真が掲載されるのは本書が初めてと思われるものもある。しかし、原文書の所在不明や写真の使用困難などの理由で、当然選ぶべきでありながら収録できなかった文書や、影写本や写本を収録したものがある。本稿ではそれら未収録の文書内容にも触れつつ、秀吉文書の所在情報などを記して、「全体解説」としたい。

まず最初に、秀吉の姓（名字）について述べておく。周知のごとく、秀吉は木下→羽柴→豊臣と改姓する。秀吉が「羽柴」姓を名乗る初見は（元亀四年）七月二十日付け羽柴秀吉判物（「離宮八幡宮文書」）である。そこで、本書で付した史料名は、これ以前を「木下秀吉」、これ以降を「羽柴秀吉」とした。「豊臣」姓は後陽成天皇から賜姓されたものであり、天正十四年（一五八六）十二月の太政大臣任官時とされることが多い。しかし、本書047天正十三年九月九日付け豊臣改姓款状案以下の史料によって、関白任官（天正十三年七月）からほどなく秀吉が豊臣改姓を奏請し、九月九日に勅許されたことが判明する。本書に付した史料名は、これ以降を「豊臣秀吉」とした。「豊臣」は源平藤橘と同じく本姓であり、秀吉の名字は終生「羽柴」であったとする説もあるが、平清盛や源頼朝に名字がないことと同じく、秀吉には本姓のみで名字がなかったと考え、「豊臣秀吉」としたのである。

秀吉は、永禄元年（一五五八）九月に織田信長に仕えたとされるが、永禄十一年の織田信長上洛以前については、『太閤記』などの軍記物語しか頼るべき史料がなく、確かなことはわからない。ただし、（天正十五年）四月九日付け豊臣秀吉朱印状（「赤木文明堂文書」）の中で「松下加兵衛（之綱）事、先年御牢人時、御忠節仁（入）ニ候」と述べられており、信長以前に松下之綱に仕えていたことは間違いないと思われる。

最古の秀吉文書は、永禄八年十一月二日付け木下秀吉判物（「坪内文書」）である。本文書は、「木下藤吉郎秀吉」の署名に花押を据えて、美濃国松倉（岐阜県高山市）城主の坪内利定に六百二十二貫文を宛行ったものである。この段階で、秀吉が尾張・美濃国境付近に所領を持ち、織田家中においてある程度の地位を確立していることが判明する貴重な内容である。しかし、「坪内文書」は明治二十六年（一八九三）に東京帝国大学が影写本（原文書の上に薄く透けた紙を重ねて字形を忠実に模写したもの）を作成したのち、いつしか原文書の所在は不明となってしまっている。そのため、本書では所在の確認できる最古の秀吉文書である001（永禄十年）六月十日付け木下秀吉ほか四名連署状（名古屋市秀吉清正記念館所蔵）を収録した。

本書において秀吉文書の写真を通覧する際、まず注目していただきたいのは秀吉の花押である。これは、「秀吉」の反切である「悉」をデザイン化したもので、大きく二つの形態に分類できる。001および002（永禄十二年）卯月十六日付け木下秀吉ほか三名連署状（慶應義塾図書館所蔵）と、003（永禄十三年）三月十八日付け木下秀吉副状（九州国立博物館保管）以下の花押型を比較していただきたい。001・002では、花押の基底部分が途切れ途切れであるが、003以下は一本の線で繋がっている。こうした変化の初見が003であり、その形態は終生変わらない。但し、徐々に花押の線が太く力強くなり、そのサイズも大きくなっていく。特に天正十年（一五八二）の本能寺の変と山崎の戦い以降にその傾向が顕著となるようである。これは秀吉の地位上昇に伴う変化であり、写真か原文書を見ないと気づくことはできない。読者は是非とも順を追って文書写真を熟覧し、この変化を確認していただきたい。

秀吉は天正十三年七月に関白に任官し、この頃から署名に花押を据えず、朱印を多用するようになる。糸印は日明貿易などで生糸を輸入した際に使用されたものであり、秀吉はこれを模した印を使用したとされるが、詳細は不明である。なお朱印使用の初見は（天正十二年）八月二十一日付け羽柴秀吉朱印状（「望月文書」）であるが、本書収録文書では040（天正十三年）卯月九日付け羽柴秀吉朱印状（東京国立博物館所蔵）が最初である。

花押と朱印を同時に使用していた頃は、宛所によってこれを使い分けていた。五摂家や有力大名には花押を据え、その他には朱印を用いたのである。文禄四年（一五九五）十月二日付け知行宛行状（「九条家文書」）では、前関白九条兼孝にすら朱印を使用しているが、045（天正十三年）閏八月五日付け羽柴秀吉朱印状（宮内庁書陵部所蔵）では、端書に「目を患ったので花押が書けず、朱印を捺してあるが不審に思わないでいただきたい」と断わらざるをえなかったのである。

そして、天正十八年に小田原北条氏を滅ぼし、天下統一を達成した頃から、ほとんど花押を使用しなくなる。本書収録文書では、132（慶長二年）十二月二日付け豊臣秀吉自筆書状（個人所蔵）、138（慶長三年）八月五日付け豊臣秀吉遺言状写（毛利博物館所蔵）のみである。132は秀頼宛て、138は五大老宛ての遺言状（本文書は写しではあるが、署名に「御判」とあることから、原文書には花押が据えられていたと推定される）というように、ごく限られた場合にのみ花押が使用されたに過ぎない。

続いて、文書の内容を中心に述べよう。信長家臣の時代には、秀吉は信長の副状を発給する一方、近江国長浜城主として長浜の城下町建設に関わる指示を下したり、中国攻めの戦況を知らせて協力を要請している。その中で注目されるのは、（天正五年）十二月五日付け羽柴秀吉判物（「下郷共済会所蔵文書」）であろう。播磨国上月（七条）城攻略の二日後に記されただけに、生々しい記述がある。秀吉は上月城の「水之手」を抑えて鹿垣を三重に結い巡らし、城兵の「侘言」を聞き入れず、ことごとく首を刎ねた。そして今後の敵方への見せしめとして、「女子共（供）二百余人、備作播州三ヶ国之堺（境）目ニ、子とも（供）をハくし（串）にさし（刺）、女をハはた物（磔）にかけ、ならへ（並）置」いたのである。なお、029（天正十一年）五月十五日付け羽柴秀吉書状（毛利博物館所蔵）第十四条では「秀吉人を切ぬき候事きらい（嫌）申候」、038（天正十二年）九月二十三日付け羽柴秀吉条書写（金沢市立玉川図書館所蔵）第三条では「人をきり（斬）候事、秀吉きらひ（嫌）にて候」と言っているが、これがいかに空々しい言葉かわかるであろう。

生前の信長との思い出や備中高松城の水攻め、山崎の戦いなどを、秀吉らしい語り口で述べたのが028天正十年十月十八日付け羽柴秀吉書状写（滋賀県立安土城考古博物館所蔵）である。本文書は『大日本史料』第十一編之二に「金井文書」として収録されたものとほぼ同文であり、信長の死後、織田信孝・柴田勝家との対立を深めていく状況下で書かれている。本文書の原本は伝来しておらず、一紙物ではほかに『浅野家文書』と宮内庁書陵部「谷森本」に写しがあるのみである。そこで、写しではあるが、内容の興味深さを鑑みて収録した。第七条ほかで「上様（信長）」の上を一文字分空けて記しているが、これを闕字といい、信長に対する敬意を示す書札礼である、信長の死からわずか数ヶ月後に記された書状であればこその記載であるが、028文書は原文書の体裁をほぼ忠実に写したことがうかがえ、原文書とほぼ同等に近い評価を与えて良かろう。全二十五ヶ条の長文ではあるが、信長が「筑前（秀吉）かひたい（額）をなで（撫）させられ、侍程之者ハ筑前にあやかり度被存候と被　仰出候」（第八条）とあるなど、信長のセリフを彷彿とさせる箇所もあり、是非とも全文を通して読んで、秀吉の語り口を堪能していただきたい。

049（天正十三年）十月二日付け豊臣秀吉判物（東京大学史料編纂所所蔵）は、島津義久に大友氏との「鉾楯」（合戦）を停止することを命じたものであり、秀吉の惣無事令の一環である九州停戦令である。「令」とはいうものの、近代国家の法令とは異なり、むしろ「原則」「政策」と表現すべきものではある。「惣無事」とは、戦国期から東国において使用されていた用語であり、天正十年の武田氏滅亡後は、織田政権による「東国御一統」がほぼ達成されていた。秀吉はそれを踏まえて東国に「惣無事」政策を展開したのである。本文書では天皇の意思を奉じることが強調されているが、諸大名に停戦を強制した最大要因は、秀吉の圧倒的な軍事力であった。東国へ出された関東惣無事令では、天皇の意思が明記されていないものが大半であることが、これを裏づけている。

069（天正十五年）十二月三日付け豊臣秀吉判物（『東北遺物展覧会記念帖』所収）は「関東惣無事」を徳川家康に命じたもので、注目を集めてきた。本文書は『伊達家文書』の一通であり、『大日本古文書　家わけ第三伊達家文書』（東京大学出版会）九八六号文書として収録されている。しかし、現在は所在不明のため、『東北遺物展覧会記念帖』（一九二八年）に「伊達伯爵家殿（蔵）」として掲載されている写真を使用した。戦前の刊行物であるため鮮明な写真とは言い難いが、あえて採録した。

なお、『伊達家文書』は昭和二十六年（一九五一）に仙台市へ寄贈され、現在は仙台市博物館が所蔵している。但し、『大日本古文書　家わけ第三伊達家文書』所収文書すべてではない。現在は、『大日本古文書』整理番号の六七〇番代～九六〇番代を中心に天理大学附属天理図書館が所蔵し、六六〇号文書（おね宛て豊臣秀吉書状）は五島美術館大東急記念文庫が所蔵している。そして九八〇番代～九九〇番代は所在不明であり、本文書もその一つである。

093（天正二十年）二月二十七日付け豊臣秀吉朱印状（堺市博物館所蔵）以降、本書収録の秀吉文書の大半は、いわゆる文禄・慶長の役（壬辰戦争、朝鮮出兵）に関するものである。これは本書の採録方針が偏っているのではなく、壬辰戦争が豊臣政権の最重要課題であり、その命運を握っていたことを意味する。046（天正十三年）九月三日付け羽柴秀吉朱印状（三溪園所蔵）で「唐入り」を宣言するが、その表現から明らかなように、秀吉の目標は朝鮮半島ではなく大陸侵攻であった。063（天正十五年）五月二十八日付け豊臣秀吉朱印状（国立国会図書館所蔵）では九州を「五畿内同前」とし、博多を「従大唐、南蛮・高麗国之船付」として軍事拠点化した。こうして準備を進めたのち、天正二十年四月に「唐入り」を開始するが、098天正二十年六月三日付け豊臣秀吉朱印状（毛利博物館所蔵）の中で「大明国を誅伐することは、山が卵を押し潰すようなもの」「天竺と南蛮も同じだ」と述べているように、秀吉は当初「唐入り」ひいては東南アジア・南アジア侵攻を安易に考えていた。

緒戦の勝利から一転、戦況が膠着化し、小西行長（ゆきなが）によって講和交渉が進むが、109（文禄二年）五月二十二日付け豊臣秀吉自筆書状（佐賀県立名護屋城博物館所蔵）で「大めいこく（明国）よりわび（侘）事」と述べているように、表面的には強気の姿勢を崩していない。この時に秀吉が示した講和条件は、朝鮮半島南四郡の割譲や勘合貿易の復活などであった（「大明日本和平条件」）。これは大唐から天竺・南蛮まで征服し、後陽成天皇と豊臣秀次（ひでつぐ）を北京へ移して、それぞれ大唐の天皇と関白に据えるという「三国国割構想」（天正二十年五月十八日付け豊臣秀吉朱印状、前田育徳会尊経閣文庫所蔵文書）からすれば大きく後退したものであったが、必ずしもアジア征服構想を放棄したのではない。外交交渉においては、現実に対応してカードを切るものであるが、それは本来の目標や願望を一時的に棚上げしたに過ぎず、路線変更や願望が変化したとは限らないからである。

講和交渉を経て、119万暦二十三年正月十一日付け明王贈豊太閤冊封（さくほう）文（大阪歴史博物館所蔵）にあるように、明の万暦帝（ばんれきてい）は秀吉を「日本国王」に冊封した。一般には、秀吉はこれに怒って講和が破綻したとされるが、それは誤りである。学界でも諸説あっていまだ定説はないが、明皇帝から下賜された冠服（かんぷく）を喜んで着たことと冊封を受け入れることは、秀吉の頭の中では結びついていなかったのではないだろうか。おそらく、朝鮮半島からの完全撤退要求が秀吉の妥協範囲を越えて、もはや妥協の余地はなく、そのため講和が破綻してしまったのであろう。

「唐入り」が泥沼化した中、秀吉は死期を迎える。137（慶長三年）八月五日付け豊臣秀吉遺言覚書案（早稲田大学図書館所蔵）および138（慶長三年）八月五日付け豊臣秀吉遺言状写（毛利博物館所蔵）にあるように、あとに残す秀頼のことだけが気がかりであった。そのため秀吉は、いわゆる五大老に秀頼のことを託すのである。八月十八日に秀吉が死去するが、140慶長三年八月二十五日付け豊臣秀吉朱印状案（東京大学史料編纂所所蔵）にあるように、五大老はそれを隠して朝鮮半島からの撤兵を命じる。秀吉死後も、秀吉の定めた国制や法が機能しており、これを「豊臣体制」という。秀吉の死後、独裁者秀吉に代わって五大老が最高意思決定機関となり、その下で政策を実行する五奉行が置かれたが、五大老は形式的な決定権しか持たず、五奉行の傀儡的存在であった。すなわち「豊臣体制」は、最高法規である「太閤様御法度・御置目」を遵守し、現状凍結を基本方針として、秀頼の成長を待つための特殊な国制であった。これでは乱世に対応できるはずもない。五大老筆頭である家康は「太閤様御法度・御置目」に公然と背いて諸大名と婚姻関係を結び、「豊臣体制」解体と天下簒奪へと向かうのである。

本書は原文書の採録を基本としたために、編纂過程で原文書の所在確認に大変苦労した。前述した『伊達家文書』のように、本来はひとまとまりであった文書群が、時間の経過と共に分散・散逸する例は少なくない。最後に、本書編纂の過程で判明したことの一部を記し、原文書の所在情報の共有化を図りたい。

本書では003など『小早川家文書』を採録したが、現在は文化庁所蔵で、九州国立博物館が保管している。但し、『大日本古文書　家わけ第十一小早川家文書』の内「朝鮮御渡海人数附」という副題の付いた巻子は所在不明である。これらは『大日本古文書』整理番号の五〇一号文書～五一三号文書の十三通であり、その中には歴史教科書で使用される刀狩令も含まれている。

『鍋島家文書』は『佐賀県史料集成　古文書編第三』（一九五八年）に百四十三通収録され、現在は鍋島報效会徴古館が所蔵し、佐賀県立図書館鍋島家文庫に寄託されている。しかし、025（天正十年）七月十一日付け羽柴秀吉書状写（東京大学史料編纂所所蔵影写本）は同書に二号文書として収録されているが、現在は所在不明であるため、影写本を使用した。このほかにも、『鍋島家文書』の一部を大阪城天守閣や佐賀県立名護屋城博物館が所蔵している。また、同書未収録であるが、080（天正十八年）三月二十九日付け豊臣秀吉朱印状が早稲田大学図書館に所蔵されている。

『対馬藩宗家文書』は長崎県立対馬歴史民俗資料館が約八万点を所蔵するなど、七ヶ所に分散所蔵されている。その内、秀吉文書は大正十四年（一九二五）に武田勝蔵氏が『史学』誌上に三十四通を翻刻・紹介し、朝鮮史編修会編『朝鮮史料叢刊第十九　宗家朝鮮陣文書』（朝鮮総督府、一九三七年）が二十三通を影印付きで翻刻・紹介した。それらは韓国国史編纂委員会が所蔵しているとされ、その一部と思われる文書写真が知られている。但し、093（天正二十年）二月二十七日付け豊臣秀吉朱印状（堺市博物館所蔵）は、武田氏が紹介した文書の一つであり、『対馬藩宗家文書』所収秀吉文書は分散している可能性もある。また、名古屋市博物館は（年未詳）三月十日付けと、（年未詳）七月十六日付けのいずれも宗対馬守義智宛豊臣秀吉判物二通のほか、豊臣秀次朱印状二通を所蔵しているが、これらはいずれも前二書には未収録のものである。

『近江水口加藤文書』は、明治十七年（一八八四）から昭和七年（一九三二）に東京大学史料編纂所が影写本を作成し、古文書・帳簿・系図など二百四十一点を収録している。現在は甲賀市教育委員会が『水口藩加藤家文書』約一万四千点を所蔵しているが、豊臣関係では秀吉・秀頼の御内書二十二点を所蔵するのみである。『近江水口加藤文書』の一部は早稲田大学図書館が所蔵しており、刀狩令ほか四通の秀吉朱印状を所蔵している。また大阪城天守閣と佐賀県立名護屋城博物館も、『近江水口加藤文書』の一部を所蔵している。

（天正十四年）二月三十日付け真田昌幸宛て豊臣秀吉朱印状（「真田文書」）は、『信濃史料』第十六巻（一九六一年）に収録されている。これは東京大学史料編纂所所蔵影写本「真田文書」（請求番号3071.52-5）によると思われ、真田宝物館所蔵『真田家文書』とは別物である。本文書は、徳川家康が人質を「抛入」れ、秀吉次第に講和を懇望したとするなど興味深い内容であるが、原文書の所在不明のため採録を見送った。なお、真田宝物館所蔵『真田家文書』は、米山一政編『真田家文書』全三巻に収録されているが、この中にはもともと真田家に伝来したものだけではなく、江戸時代以降に旧家臣から差し上げられた文書なども含まれている。

このほかにも、「佐竹文書」のように千秋文庫にも秋田県公文書館にも原文書がなく、その所在が全く不明の文書群もあった。そのため本書では034（天正十二年）三月二十六日付け羽柴秀吉書状写（「佐竹文書」）を東京大学史料編纂所所蔵影写本から採録した。そういう意味で、影写本は原文書の不在を補うものとして貴重である。しかし、影写本だけで事足れりとすることは、現在の研究水準からすれば許されないであろう。今後も豊臣政権研究を進める一環として、原文書の所在調査を続ける必要がある。その中で今回探し当てられなかった文書群を「発見」したり、新たな秀吉文書を発見することもあるだろう。

また、113（文禄三年）二月二十八日付け豊臣秀吉朱印状（松浦史料博物館所蔵）・120（文禄四年）正月十六日付け豊臣秀吉朱印状（立花家史料館所蔵）・127（慶長二年ヵ）五月三日付け豊臣秀吉朱印状（早稲田大学図書館所蔵）は、従来の年代比定を改めている。その当否は今後の研究によって検証されるであろう。そうした研究の進展に、本書が少しでも貢献できれば望外の幸せである。

【参考文献】

甲賀市教育委員会事務局歴史文化財課編『水口藩加藤家文書調査報告書』（甲賀市教育委員会、二〇一〇年）

染谷光廣「木下秀吉文書についての補説」（『日本歴史』三〇〇、一九七三年）

曽根勇二『近世国家の形成と戦争体制』（校倉書房、二〇〇四年）

竹井英文『織豊政権と東国社会――「惣無事令」論を越えて』（吉川弘文館、二〇一二年）

武田勝蔵「伯爵宗家所蔵豊公文書と朝鮮陣」（『史学』四―三、一九二五年）

橋本政宣『近世公家社会の研究』（吉川弘文館、二〇〇二年）

播磨良紀「羽柴秀吉文書の年次比定について」（『織豊期研究』一六、二〇一四年）

福田千鶴『豊臣秀頼』（吉川弘文館、二〇一四年）

山本博文『幕藩制の成立と近世の国制』（校倉書房、一九九〇年）

山本博文「刀狩令に見る秀吉法令の特質」（山本博文・堀新・曽根勇二編『消された秀吉の真実』、柏書房、二〇一一年）

米山一政編『真田家文書』全三巻（長野市、一九八一～八三年）

『真田宝物館収蔵品目録　長野県宝真田家文書(4)』（松代文化施設等管理事務所、二〇〇七年）

001 (永禄十年)六月十日付け木下秀吉ほか四名連署状

【釈文】 写真は1頁

河野嶋之内
弐拾弐貫文・
伏屋与次右衛門分
四貫四百四十文・
一色之藤四郎引得
壱貫文・同新七引得
三貫文・伏屋十兵衛
分、合三拾貫文
渡申候、
木下藤吉郎
六月十日　秀吉(花押)
丹羽五郎左衛門
嶋田所助
秀順(花押)
村井民部丞
明院
佐々平太殿
兼松又四郎殿
まいる
人々御中

●解説

本状は、所在が確認できる秀吉発給文書の中では、最も古い文書である。無年号文書であるが、『岐阜県史』などでは永禄十年に比定されており、織田信長が上洛する以前の文書となる。内容は、佐々平太と兼松正吉へ三十貫文の知行を宛行ったものである。

秀吉と共に名が記されているのは、丹羽長秀・島田秀順(のち秀満)・村井貞勝・明院良政である。丹羽・島田・村井は奉行として、特に村井・島田は当時における奉行の中心と考えられている。明院良政は信長の右筆でもあり、奉行も務めている人物である。

また、本状には秀吉と島田のみが花押を据えている。これは何らかの事情により、丹羽・村井・明院は花押を据えなかったのであろう。しかし、秀吉と島田のみでも、本状は機能し得たとも考えられるのである。

秀吉が信長上洛後、京都の奉行の一人として活動していたことはよく知られている。本状からは、秀吉が上洛以前から織田家中において、村井などと並び、奉行の一員として働いていたことが知れるのである。

002 (永禄十二年)卯月十六日付け木下秀吉ほか三名連署状

【釈文】 写真は2・3頁

今度各御申之
通、卅六人之衆相
双而令披露処、
被対義統(武田)忠節之
上者、去永禄九年
十二月十五日任光録(義統)
御判形之旨、全
可有領知之由、朱
印被遣候、弥孫大(太)殿へ
可被抽忠節事、
簡(肝)要由候、恐々
謹言、
木下藤吉郎
卯月十六日　秀吉(花押)
丹羽五郎左衛門尉
長秀(花押)
中川八郎右衛門尉
重政(花押)
明智十兵衛尉
光秀(花押)
広野孫三郎殿
御宿所

●解説

本状は永禄十二年(一五六九)、若狭国広野氏に宛てて発給された、織田氏奉行人連署状である。また、本状と異なる宛所を持つ同内容の文書が、大阪青山短期大学と小浜市の神明神社にある。

内容は、「今度おのおのが申し出られた通り、三十六人の者について、並べて織田信長へ披露したところ、武田義統に対して忠節が明白であるので、永禄九年十二月十五日付けの「光録」(大膳大夫の唐名・武田義統）の判形の旨趣に従い、知行を全うすべき旨の信長朱印が遣わされた。いよいよ孫犬（武田元明）へ忠節を励むことが肝要である」ということを述べている。

発給者の丹羽長秀・中川重政・明智光秀は、信長上洛当初の京都支配を担っていた奉行人である。秀吉も、彼らと並んで奉行として京都の施政に関与しており、本状も織田奉行人としての秀吉らの活動が見られる文書といえよう。

若狭の面々が信長に安堵を求めた理由は、若狭の政治状況による。武田義統が永禄十年に病歿したのち、武田元明が家督を相続する。しかし、翌十一年、若狭に侵攻した越前朝倉氏により、元明は越前へ連れて行かれた。元明が若狭に戻るのは、朝倉氏が滅亡した天正元年（一五七三）以降と考えられている。こうした当主不在の状況が、信長によって知行安堵が成された背景にあろう。そして、信長の意を受けて、秀吉ら奉行人が連署状を発給したのである。秀吉ら奉行人による若狭への関与がどの程度あったのか、その全容は史料上からはわからない。しかし、永禄十二年段階で、信長と織田奉行人の文書が若狭に発給された事実は、当時の中央の政治状況、すなわち、将軍足利義昭と信長の関係を見る上でも、興味深い事例となろう。

なお、本状中に出てくる信長朱印と考えられる文書も残存が確認されている。

003 （永禄十三年）三月十八日付け木下秀吉副状

【釈文】写真は4・5頁

今度信長江、従元就為
御使、永興寺御上国候、
拙子可申次之由候間、執申候、信長
別而入魂被申候条、弥向後
無御隔心可被仰談事、肝
要候、我等事、乍若輩、
相応之儀示預、不可有疎意候、
仍雖無見立候、馬一疋飛漕毛
令進覧候、自今以後、別而可
得御意表事候、猶如閑斎・
柳澤新右衛門尉（元政）可被申候、恐惶
謹言、
三月十八日　秀吉（花押）
小早川左衛門佐（隆景）殿
人々御中

●**解説**

永禄十三年（一五七〇）、秀吉は毛利家に対する「申次」を織田信長から命じられた。そのことを示すのが本状である。

永禄十一年九月に足利義昭が上洛し、征夷大将軍に就任する。義昭に協力した信長は、義昭の信頼を得、幕府の政策に関与していくようになる。その政策の一つとして、大名間の和平調停があった。永禄十二年以降、本格的にこの政策が推進されるようになり、信長もその頃より、毛利方との交渉を行うようになる。そして、その窓口として、当時京都近郊の奉行職を務めていた秀吉が任命されたのである。

信長からの音信を受けた毛利元就が、その返事を述べるために使者の永興寺周端を上洛させた。その時、秀吉は申し次ぐよう信長から命じられる。信長の懇意を伝え、若輩ではあるが、以後は自分が取次を務めるとし、馬を一匹小早川隆景（元就三男）へ贈ったことを記している。

本状と同日付けの小早川隆景宛て信長書状が「小早川家文書」に確認でき、信長は隆景に対して毛利方の窓口となることを望んでいる。本状は、その信長書状の副状といえる。

また、使者として名が記されている如閑斎は、前年の冬にも信長の使者として毛利の許へ遣わされている。もう一人の柳澤元政は、義昭側の使者として幕府・毛利間で動いていた人物である。柳澤の名が記されていることからも、当時の信長の外交に、義昭の意も少なからず働いていたことを示しているといえよう。

004 （元亀元年）六月四日付け木下秀吉書状

【釈文】写真は6頁

尚以、最前ニも
委細申入候御用之
事、何もく

御調候て可給候、
頼入候、飯米大坂ニ置候、
竹□松御談合候て、□□以
後も御調法候て可給候、
下国已来不申入候、
所存之外候、仍江北へ
行之儀、取出三ヶ所候、
先の取出ニハ、拙者
人数三千加可
在之由候、氏家与
伊賀一城、稲葉与
水野下野守一取
出可被置之由候、就其
火急之用ニ候、
於其方てつはう薬
いかにもよく候を
三十きん程、并ゑん
せう三十きん御
調候て可給候、別而御
馳走頼入候、
江北へ於行者、
即時通路已下
可明候間、可御心安候、
於此方御用等
蒙仰、聊不可
如在候、旁自
是可申入候間、
不能巨細候、恐々
謹言、
六月四日　秀吉（花押）
木下藤吉郎
秀吉
昨夢□（斎）床下

●解説

木下秀吉が、堺（大阪府堺市）の商人で、茶人としても知られる「昨夢斎」こと今井宗久に宛てた書状である。宗久は永禄十一年（一五六八）九月、信長が上洛したのち、織田信長と接近していた。

信長は、永禄十三年（元亀元年、一五七〇）朝倉義景を攻めるため若狭（福井県）を経て越前に進出した。ところが妹婿にあたる近江北部（江北）の浅井長政が離反したことにより、越前金ヶ崎（福井県敦賀市）から京に急ぎ退いた。この際、秀吉は信長勢の殿として、敵の追撃をかわしながら撤退することに成功した。これは、のちに「金ヶ崎の退き口」として知られることになる。

撤退に成功したあと、本状を発した当時の秀吉は、信長の命により、浅井勢への押さえ、近江の路次の守りとして再び江北に進出していた。本状の中で、秀吉はまず江北に配置されてからの無音を侘び、自らの置かれた状況について、信長が同地に三ヶ所の「取出」（砦）を設けており、一ヶ所には秀吉が兵三千をもって配置されることになり、別の一ヶ所には氏家直元（卜全）と伊賀（安藤）守就、もう一ヶ所は稲葉良通と水野信元が配置されていると記している。

商人としての宗久の生業は納屋業（倉庫業兼金融業）だが、火薬・鉄砲の生産にも関与しており、納屋宗久・薬屋宗久とも呼ばれていた。その宗久に秀吉は、火急の用として、鉄砲（火縄銃）を撃つのに必要な良質の火薬三十斤（一斤＝六百グラムに換算して約十八キログラム）と、焔硝三十斤の調達を依頼し、必要とするそれらの品の入手方について尽力を乞うている。また、堺から江北への運搬については、迅速に運搬することが可能なように道を開けさせ、通行を保証するので安心するようにとも記している。

浅井・朝倉連合軍と江北に進出した信長・徳川家康の連合軍が姉川の河川敷（滋賀県長浜市野村・三田村）において刃を交えるのは、同月二十八日のことである。

005（天正元年）九月七日付け羽柴秀吉書状

【釈文】写真は7頁

「（包紙ウハ書）
羽柴藤吉郎
謹上毛利殿　人々御中　秀吉」

就（足利義昭）公方様御入洛之
儀、（織田）信長江御諷諫之通、
則申試候処、同心被申候、
然上者、上（上野中務少輔秀政）中・牧（真木島玄蕃頭昭光）玄儀、
不可有異儀候、柳（柳沢新右衛門尉元政）新御使者
取添被差上、御調尤候、
此方之儀者、拙者可致馳走候、

尚従日上(日乗)可被相達候、
恐惶敬白、

九月七日　秀吉(花押)

謹上　毛利(輝元)殿
人々御中

●**解説**

本状は天正元年(一五七三)、将軍足利義昭の処遇をめぐって、織田と毛利間での交渉の際に発給された書状の内の一通である。

天正元年七月、信長によって京都を追放された義昭は毛利へ支援を求めた。しかし、織田との友好関係を維持したい毛利側は、義昭の下向の意を容れなかった。そして、義昭が帰洛できるよう、織田との交渉を開始するのである。その折に秀吉は織田側の窓口として、毛利との折衝にあたっていた。

文書の内容は、信長が義昭の帰洛に同意したことを伝え、上野秀政と真木島昭光の身上については宥免するとしている。さらに義昭側の使者である柳澤元政に毛利の使者を添えて、交渉を成立させるのがよいとし、織田側については秀吉が取りなすことを伝えている。詳しくは使者として毛利の許へ赴いた日乗が口上を述べるとする。

こうした織田・毛利間の交渉があり、信長は義昭の帰洛に同意し、毛利側も信長の同意を受けて、義昭に帰洛を促した。しかし、当の義昭本人がこれを拒否し、当時滞在していた河内国若江から和泉国堺に、その後、紀伊国由良へと居所を移すのである。

結果的に、義昭は京都に戻らなかったが、毛利側は義昭の帰洛が「都鄙安泰之基」と述べており(「別本士林証文」)、永禄十一年(一五六八)以来、義昭・信長によって維持されてきた畿内の平和を崩さないためにも、こういった交渉が持たれたのであろう。

006　天正元年極月吉日付け羽柴秀吉判物写

【釈文】写真は8頁

為扶助弐百石令
支配候、於末代不
可有相違候、猶依
忠節可申談候、仍
如件、

天正元　羽柴藤吉郎
極月吉日　秀吉(花押)

真野左近(助宗)殿
御宿所

●**解説**

天正元年(一五七三)極月(十二月)、羽柴秀吉が真野左近(助宗)という家臣に、二百石の知行を宛行った文書の写し(知行宛行状)である。秀吉は、宛行った知行地の支配を末代に至るまで相違なしと保証した上で、今後の忠節次第ではさらに知行の加増につき申し談ずると述べている。

同じ「極月吉日」付けで、秀吉は浅野弥兵衛尉(長吉)に百二十石、樋口源四郎(武幸)に百石の知行を宛行う旨の宛行状を発給している(『浅野家文書』『阿波国古文書』)。

秀吉は、この年八月、近江小谷城(滋賀県長浜市)攻めにおいて浅井久政・長政父子が自害したのち、信長から「江北浅井跡一職」を委ねる旨の朱印状を与えられた(『信長公記』六)。「一職」とは本来遺領や遺産のことであるが、そこから転じて、戦国・近世初期に、武家領主による地域の一円を知行し支配する権限のことを「一職支配」と呼ぶ。秀吉は信長から、近江北部、これまで浅井家が支配してきた地域で、それに代わる支配権を与えられたのであった。

一職支配には、与えられた地で知行を宛行い、その給人を軍事的に指揮する権限も含まれる。したがって、このような知行宛行状が残されていることは、秀吉が支配を任された地において、早速その家臣に対する知行宛行の権限を行使した証しといえる。

秀吉が江北を領有してから、天正十年(一五八二)に本能寺の変が発生するまでの間、家臣に発給したはずの知行宛行状で、江北地域、さらにはのちに領有することになる播磨領内分とも、残存しているものはわずかな数しかなく、江北分では九通を数えるのみとされる(『長浜市史』第二巻)。しかし、この中に浅野・真野・樋口宛てのものは含まれていない。

007 (天正四年)正月十九日付け羽柴秀吉書状

【釈文】写真は9頁

右大将(織田信長)殿江為御祝儀、
早速御使僧、殊
御太刀一腰、御馬一疋
御進上、御祝着之由、即
被成御返書候、右之趣、
右馬頭(毛利輝元)殿江も以別帋
雖可申入候、無別条之間、
可然之様御伝達所仰候、
委曲御使僧申渡候之間、
不能詳候、恐々謹言、
正月十九日　秀吉(花押)
小早川左衛門佐(隆景)殿
御返報

(折封ウハ書)
「　羽柴筑前守
小早川左衛門佐殿　秀吉
御返報　」

●解説

天正三年(一五七五)十一月、織田信長は権大納言兼右近衛大将へ任じられる。『公卿補任』には、前年の天正二年に参議に任じられたことが記されているが、これは遡及されたものであることが明らかにされており、この大納言任官をもって、信長は公卿になった。また、この任官をもって信長は権大納言兼左近衛中将である足利義昭を官制上でも凌駕したことになる。

本状は、この信長の右大将任官の祝儀を述べた毛利方への、秀吉による返書である。右大将への任官への祝儀ということから、本状は天正四年に比定される。信長への祝儀として、毛利方から太刀と馬の進上を受け、信長はすぐに返書をしたため。毛利輝元へも同様のことを別紙にて申し伝えたが、小早川隆景へも披露を頼んだものである。

また、本状は秀吉が「筑前守」の呼称を用いて発給した初期の文書でもある。秀吉が「筑前守」の呼称を名乗り始めるのは、天正三年からであり、発給文書の初見は天正三年七月二十六日から認められる。

毛利と織田との間で交渉が持たれるのは、本状が発給された天正四年までとなる。この年の二月、京都を追放された足利義昭が備後国鞆の浦に動座したことによって、両者の対立は決定的となる。以後、秀吉は中国方面担当として、毛利との戦いに突入していく。

008 天正五年正月付け蒔絵鞍注文

【釈文】写真は10頁

天正五年
正月中ニ　秀吉(花押)

●解説

本状は、秀吉が使ったとされる鞍に記された墨書であり、秀吉の花押も付けられている。鞍と鐙がセットになっており、その文様も含め「芦穂蒔絵鞍・鐙 附紙本鞍下図」とも称される。

鞍橋は全体的に薄く、軽快な印象を受ける名品である。なお「天正五年(一五七七) 正月中ニ」の墨書に加え、居木裏の右に「花押」、左に「文安二(一四四六)九月日」の銘文がある。古い鞍橋を用いて、秀吉は新たに下絵を描かせたものと思われる。しかも、この下絵は狩野永徳の手によるものとされる。大胆なデザインと金銀を多用した豪華な装飾が特徴である。

製作年代の「天正五年正月」とは、秀吉が前年に居城の近江長浜城(滋賀県長浜市)から上洛し、さらに織田信長の命を受け、黒田勘兵衛(孝高)などを介して、播磨平定に乗り出した頃である。さらに、その後の中国攻めに用いたものかも知れない。

009 天正五年六月五日付け羽柴秀吉判物

【釈文】写真は11頁

てんしゆてつたいの
衆
七十五人　い七
十人　ひらうきやう
廿人　くわしゆり
廿人　やひやう
十人　たけてん助

十人　小出甚左衛門
十人　い藤太郎左衛門
五人　ふるひせん
五人　まつ市三
二人　かさう
十弐人　いしもくひようへ
十壱人　あさの弥ひやうへ
廿五人　弥七郎
五人　下しん
三人　かけ五郎ゑもん
　合弐百廿一人
右の衆して、三はんニ
わり候て、まいにち
のてつたいあるへく候、
しせんかゝし候ハゝ、
御とゝきあるましく候、

ちくせん
天正五　六月五日　秀吉(花押)

●解説

本状は、秀吉が配下に命じて、築城普請に尽力するよう指示したものである。秀吉の主君織田信長は、天正四年(一五七六)正月から丹羽長秀を普請惣奉行に任命して、琵琶湖に面する安土山に新たな拠点造りを開始した。それが有名な安土城(滋賀県近江八幡市)である。

安土城は全山を総石垣造りとする本格的軍事要塞であるが、それだけにとどまらず、城内すべての建築物に金箔瓦を葺き、さらにその内部も、狩野永徳をはじめ、当代一流の絵画師や彫刻家によって絢爛豪華な意匠が散りばめられていた。

さて本状に見る通り、この安土城普請には秀吉も奉行の一人として加わっており、中でも「てんしゆてつたいの衆」と文中にあることから、安土城天守閣の建設を任されていたことがわかる。秀吉は配下十四名に、工職人計二百二十一名をそれぞれ割り振り、さらに三班交代制で毎日普請を勤めること、もし欠員が出るようなら届出を行うよう指示している。仮名文字が多く、人物名のわからない者も多いが、天正五年当時の秀吉の家臣が具体的にわかる点で貴重な史料といえよう。

なお、秀吉が担当した安土城天守閣については、天正十年には焼亡しており、いかなる構造を持つものであったのかは詳細不明で、現在でも研究者間で議論が続いている状況にある。近年では安土城天守閣は、天守台石垣を越えて大きく張り出した構造(掛け造り)をとっていたとする見解が発表され、話題を呼んだ。

010 (天正五年)七月二十三日付け羽柴秀吉自筆書状

【釈文】写真は12頁

なをく、其方と
我ら間から(柄)のき(儀)ハ、よ
そより人とさけ
すミもあるましく
候間、なに事をも、それへ
まかせ申候ても、よそより
のひたちあるましくと、人も
はやミおよ(見及)ひ候と存候、
我らにく(憎)ミ申物ハ、其方
まてにくミ申事あるへく候、
其心へ候て、やうしん(用心)と
あるへく候、さいくハねん(懇)ころニ
わもされす候間、ついてを
もて、ね(ん脱ヵ)ころニ可申入候、此文ミ
ゑもすましく候間、さけす
ミにて御よミあるへく候、以上、
内々の御状うけ給候、
いまニはしめさる
と申なから、御懇之
たん、せひ(是非)にをよ(及)
はす候、其方の
きハ、我らおとゝ(弟)の
小一郎(羽柴秀長)めとうせん(同前)
に心やすく存候
間、なに事を
ミなく申とも、
其方ちきたん(直談)の
もて、せうし(諸事)御さ
はきあるへく候、
此くに(国)ニおいてハ、

せしよから（世上柄）ハ御両（取分）
人の御ちそう（馳走）の
やうに申なし候
まゝ、其方も御ゆ
たん候てハ、いかゝに候
間、御たいくつ（退屈）
なく、せし御心かけ候て、
御ちさうあるへく候、
御状のおもて、一くく心
ゑ存候、かしく、
七月廿三日
「（切封墨引）　より
小□□ん（黒田孝高）　ちくせん
まいる　御返事　」

●**解説**

天正五年（一五七七）、織田信長の命により、秀吉は中国攻略に着手する。まず、播磨一国の平定のために、播磨国姫路城主である小寺職隆・孝高父子に協力を求めた。そうした状況下に発給されたのが本状である。

本状は「小くわん」、すなわち小寺官兵衛尉孝高（黒田孝高）に対して、秀吉が書いた自筆の書状とされている。内容は、小寺側の書状を受け取ったことを受けて、その対応を喜ぶとともに、孝高のことを秀吉の弟羽柴秀長と同じように心やすく思っており、他人が何事を申しても、孝高との直談にて諸事を進めるとしている。そして、職隆と孝高を頼りにしていると述べ、尽力を求めた。さらに「尚々」以下で、秀吉は孝高との関係を、すでに他人の間柄ではなく、何事を任せても非難はないと人も見及んでいるとする。秀吉を憎む者は、孝高をも憎むとし、それを心得るよう、用心を促している。

本状は「御状」に始まり、丁寧な言葉が多く使われており、秀吉が中国攻略にあたって、孝高との関係を重要視していたことをうかがわせる文書である。この書状を発給したのち、同年十月に秀吉は京都を出陣し、姫路城に入城する。この時、秀吉は孝高の息松千代（のちの長政）と別所重宗（播磨三木城主・別所長治の叔父）の娘とが縁談を結び、両人が秀吉に尽力するよう求める書状も発給している（『黒田家文書』）。

011（天正七年）十二月二十五日付け羽柴秀吉判物写

【釈文】　写真は13頁

尚以、のき口主・寄親ゟ
先へ罷のき候事、悪と
被存候者、此返事可被仕候、
但、善事と存之［　］、返歌
仕ましく候、
おくひやう者のき口いそく雪の上、
きへはてなんも人のありさま
つはものを千代にふるまて残置、
後のたからとなすハ此御代
此歌之返歌、早々
よミ候て可被相越候、
主と不成候者、人を
憑候ても、急度可
被申越候、於由断者
其曲有間敷候也、
筑前守
十二月廿五日　秀吉（花押）
明石与四郎（則実）殿

●**解説**

本状は、秀吉が「明石与四郎」に宛てて、自作の狂歌を載せた大変珍しい判物の写しである。宛所の「明石与四郎」は、実名を則実といい、もとは播磨国の土豪で、秀吉の中国侵攻に際して臣従した武士である。まずは、この狂歌二首の内容を意訳してみると、

〈狂歌①〉臆病者が退却に勤しんでいる。あの者は雪が消え行くように人としてなすべき道を見失ってしまったのだろう。

〈狂歌②〉部下を残したまま自分だけ逃げおおせた者が、後世に名を残すのが最近の流行なのだろう。

となる。いずれの歌も、戦場から逃げ出した与四郎を皮肉り強く非難しているさまが見て取れる。

天正七年（一五七九）当時、秀吉は主君織田信長の命令で、播磨三木城（兵庫県三木市）を攻勢中だった。与四郎は、おそらくこの戦闘で、戦場から逃亡すると

いう失態を犯したのだろう。

狂歌二首に続く本文がさらに強烈で、「この歌の返歌を早々に詠んで私の許に遣わしてください。もしも自分で持っていく自信がないのならば、ほかの人を使っても構わないので必ず必ず返歌を寄越してください。もしも油断をして、返歌を送ることを忘れるなんてことはありえません。なお、主人や寄親よりも先に退却することを貴方様が悪いと御思いならば、これに返歌してください。もしも善いことだと判断したならば返歌はしなくて結構です」とある。

わざわざ敬語を用いて文章を書いているところに、秀吉の怒りのほどが一層強く感じ取れて恐ろしい。この書状を受け取った与四郎は、あまりの恐怖におののき青ざめたことは疑いないだろう。このの ち、与四郎が返歌したかどうかは定かではないが、その後も生存が確認できるので、ひとまず斬首は免れたようである。

012 （天正八年ヵ）正月十日付け羽柴秀吉・千宗易連署状写

【釈文】写真は14頁

追申候、森三右衛門尉方大
壺儀、貴所、御存分
尤ニ候、以上、
いとちや碗（井戸茶碗）、一段見事ニ
存候、弁、釜も見へ候、珍
敷候、右之両種、桑原
次右衛門尉（貞也）に被遣候、方々、
秀吉も、被成御祝着候、
さりとてハ、御めきゝ（目利き）
きとくに（奇特）存候、恐々敬白
抛筌斎
正月十日　宗易（花押）
秀吉　花押
木下助兵衛尉（秀定）殿
御宿所

● **解説**

本状は、秀吉と信長の茶頭として仕えた千宗易（利休）が連署した書状の写しであり、ある井戸茶碗と茶釜について、両名がそれを賞賛しつつ、木下秀定の目利きの確かさを認めたものである。

秀吉が信長から茶の湯を許可されたのは、天正六年（一五七八）の播磨平定後とされる（028の第七条を参照）。また、秀吉が宗易と茶会で最初に関係を持つのは、天正九年六月の姫路城での朝会との説がある。本状で話題となった「井戸茶碗」が茶会で用いられるのは、天正六年の茶会が文献上の初見ともされる（いずれも『津田宗及茶湯日記』）。このように考えると、本状が記されたのは、天正八年頃かと推察される。

「抛筌斎」とは、のちに「利休」を用いるまで使用した宗易の斎号であり、魚を捕える竹製の漁具である筌を投げ捨てる意である。三十代から四十代に入った頃に用いられた号であり、五十代の天正八年頃としてもそれほど不自然なことではない。著名な「利休」を称するようになるのは、天正十三年、秀吉の関白就任の返礼として開催された禁中茶会の時からである。町人である宗易が参内するにあたり、正親町天皇から宗易に「利休」の号が授けられたとされる。

宛所の木下秀定は、秀吉の縁戚筋にあたる人物で、信長の老臣と推察される。「井戸茶碗」とは、当時名品と評された「高麗茶碗」の一つである。日常的な茶器として用いられたが、宗易の好む「侘び・寂び」に通ずるものとして珍重された。「井戸のように深い」形状もあり、この名で称されるようになったとの説がある。

いずれにせよ、天正十年六月の本能寺の変以降、秀吉と宗易の関係は急速に深いものとなるが、本状はそれ以前の両者の関係を示す数少ない文書なのである。

013 （天正八年）正月十四日付け羽柴秀吉書状

【釈文】写真は15頁

猶々、此表之事、
御気遣有間敷候、
其地働之様子相
聞候、委細一書ニ
被仕、追而可被申越候、
以上、

改年之慶喜、追日
不可有休期候、
一、此表之儀、去六日、三木
従城内三十間計南、
宮山之城乗取、惣町中
押破、数多討捕敵候、や
くら七ツ取申候て、其まゝ
十間十五間ニ取詰、
惣廻塀・柵四重五重
申付候事
一、同八日夜、芸州・雑賀
之者相拘申候浜際ニ候
魚住与申城、此表郷音
を以、こほれ落申候処ニ、
此方者懸合、数多討捕申候事
一、同十日夜、しかた(志方)の城幷
御着之城、明退申候処、彼
近所ニ置候神吉・そね(曽根)・
姫路者共、追付、数人
討捕申候、依夜中、悉
不討捨候事
一、同十一日午刻ニ、三木本城
と堀一重ニ候鷺山と申
構乗崩、幷別所彦進
城・同山城守居城乗破、
是又数多討捕候、山城
構へハ小一郎(羽柴長秀)入置申候、同
彦進城鷹之尾と申ニ、
我等令入城候事
一、別所小三郎丸一个所へ責(攻)
寄申候間、落居不可有
幾程候間、可被心安候歟、
追々可申承候、恐々謹言

羽藤

正月十四日　秀吉(花押)

(ウハ書)
「赤佐左衛門尉殿」

●解説

本状は、播磨三木城(兵庫県三木市)攻めに関する書状である。なお、宛所の「赤佐左衛門尉」については不詳。

三木城の城主は別所長治である。別所氏は播磨国守護赤松氏の庶家とされる。長治の高祖父(あるいは曾祖父)則治が東播磨守護代となり、播磨国最大級の国人領主に成長した。その後、長治の祖父村治の代から、三好氏与党として活動していたが、永禄十一年(一五六八)の足利義昭将軍就任以降、義昭・織田信長与党に転じた。

ところが、天正六年(一五七八)三月、長治は織田氏から離反する。三月十九日付け吉川元春宛て義昭御内書(『吉川家文書』)に「今度三木以下引き付け味方の間」とあり、長治離反の背後には、信長によって京から追放され、毛利氏を頼り、備後国鞆の浦へ下向していた義昭の調略があったと考えられる。

これ以降、秀吉勢を主力として、三木城の攻撃が展開されたが、天正六年十月の荒木村重(摂津国)、小寺政職(播磨国)らの織田氏からの離反や、毛利氏の支援などによって、三木城の攻略は容易に進展しなかった。しかし、天正七年に備前の宇喜多氏(八月頃)、伯耆の南条氏(九月頃)が毛利氏から離反して織田氏に従うと、毛利氏から摂津・播磨方面への支援は困難となり、同年十一月には村重の居城有岡城が落城して、別所氏は孤立していった。

秀吉は三木城を包囲して(「惣廻塀・柵四重五重申付候」)、兵糧攻めにするとともに、周囲の宮山要害、魚住城、志方城、御着城、鷺山構(「鷺山と申構」)、鷹尾山城(「別所彦進(友之)城」)、新城(「同山城守(別所賀相)居城」)を攻略して、長治の籠もる本丸(「別所小三郎丸」)を孤立させた。秀吉の「落居不可有幾程」という認識の通り、天正八年一月十七日、三木城は落城して三木合戦は終結した。

014 (天正八年)七月二十四日付け羽柴秀吉書状

【釈文】写真は16頁

昨晩三木迄
下着候、両日にて
其地へ可相越候、
普請抔則可申付候
条、内々可有其用意候、
各へも其分可被申候、
恐々謹言、

藤吉郎
七月廿四日　秀吉(花押)
黒官兵
進之候、

●解説

本状は、黒田官兵衛に宛てた指示書で、内容を意訳すれば『「三木」を出立し、二日以内にそちらに赴く予定である。到着後、城普請に着手するので、先に準備をしておくように』となる。年号が付されていないが、宛所に「黒官兵」とあり、官兵衛は天正七年(一五七九)十一月以降に黒田姓を称していることが確認できるので、本状は天正七年十一月以降に書かれたものであることがわかる。

当該期の秀吉の居所と行動を追ってみると、秀吉は天正八年正月に、別所長治が籠城する播磨三木城を、いわゆる「干殺し」と称される兵糧攻めで落城させている。文中の「三木」はこの三木城を指すのであろう。

その後、秀吉は播磨領内の支城を破却するなどの戦後処理を推し進めながら姫路へと入部し、同年十月には自ら陣頭指揮に立って城と城下町の整備に注力していたことが史料上確認できる。この点を踏まえれば、本状は天正八年に書かれたものであり、姫路城普請の準備を命じるものであることが判明する。

秀吉期の姫路城については不明な点が多いが、近年の考古学調査によって、石垣造りで本丸頂上には三層の天守閣が立つ本格的な拠点であったことが明らかにされている。

015 天正八年十月二十八日付け羽柴秀吉制札

【釈文】写真は17頁

条々　龍野町
一、当龍野町市日之事、如先規可罷立事、
一、市之日、諸商人ゑらむへからさる事、
一、同諸公事役、不可在之事、
以上、
天正八年十月廿八日　藤吉郎(花押)

●解説

本状は、秀吉が播磨国龍野町(兵庫県たつの市)に下した制札である。秀吉は、天正八年(一五八〇)に新たな中国攻めの拠点として姫路城の改修にあたった。この時、城の改修と同時に姫路城下の整備にも着手しており、その開始にあたって出されたのが右制札である。残念ながら制札の原本は戦災で焼失しており、現在は拓本でしか残らない。

制札内容を見てみると、第一条では市日(定期的に市を開く日)については従来通りとすること、第二条では市日にはいかなる商人も商売が可能であること、第三条では諸公事役を免許することを掲げており、この三ヶ条の制札が、いわゆる楽市を目指したものであることがうかがえる。

この中で注目したいのは第一条である。「市日之事、如先規」の文言から、秀吉が姫路入城を果たす以前から市場が存在していたこと、さらに秀吉は市場の存在をそのまま追認していたことがわかる。ここで龍野町の位置について確認しておくと、船場川を挟んで姫路城下の西側に所在し、城下町中心部からはやや離れた場所にある。龍野は山陽街道に面した交通の利便性がよい土地だったため、往時には相当数の町屋が存在していたものと想定される。実のところ秀吉は、龍野町以外にも「惣社」や「野里」といった姫路城からやや離れた市場にもそれぞれ制札を出し、従来の特権を安堵していたことが確認できる。

以上、これら制札の存在から、当時の秀吉は城下町建設にあたって、旧来の町場の住民と妥協しながら、城下整備を進めていったことがわかる。その結果、秀吉による姫路城下は町屋が散在する不十分な出来であり、本当の意味で城下町が完成をみるのは慶長五年(一六〇〇)から姫路を領有する池田輝政期にまで持ち越されることになった。

後年、大坂の城下町整備にあたって、いかなる権門勢家であっても強権的に立ち退き(集住)を命じたのとは全く対照的で、この制札は過渡期における秀吉権力の一端がうかがえて興味深い。

016 天正九年正月十一日付け羽柴秀吉判物

【釈文】 写真は17頁

こめ(米)三百石小一郎かた(方)へ
ひやうろ(兵糧)ニわたし(渡し)可申候、
天正九正月十一日　秀吉(花押)
七郎さいもん(七郎左衛門)

●解説

本状は、天正九年(一五八一)正月十一日付けで、秀吉が「七郎さいもん」に宛て、兵糧米三百石を「小一郎かた」に引き渡すよう命じた文書(切手)である。本状は昭和十三年(一九三八)に刊行された『豊太閤真蹟集』においても、秀吉自筆として紹介されている。

宛所の「七郎さいもん」とは、七郎左衛門尉を名乗った杉原家次のことである。家次は秀吉の正室寧子(表記は寧子の親族にあたる「備中足守木下家譜」に拠った)の伯父にあたり、元亀元年(一五七〇)に秀吉に仕え、その家老となり、秀吉の中国進出後は播磨三木城(兵庫県三木市)主となった人物である(『寛永諸家系図伝』)。

一方、兵糧米を引き渡す相手として指定された「小一郎」とは、秀吉の異父弟木下長秀(のちの羽柴秀長)である。長秀は兄同様に信長へ仕え、天正二年の伊勢長島攻めでは先陣として「木下小一郎」の名が見える(『信長公記』)。また、同五年からの中国攻めでは兄秀吉を助けて活躍した。

中でも本状が発給された前年、天正八年の但馬(兵庫県北部)平定については、『信長公記』に「筑前舎弟木下小一郎ニ人数差加、但馬国へ乱入、即時無滞申付、木下小一郎は小田垣居城に拵、手之者共見計、所々ニ入置」と記されている。

「小田垣」とは、但馬の国人太田垣輝延のことで、初めは但馬守護の山名家に仕えていたが、秀吉による中国攻めで但馬が信長の支配下に入った際には織田方に付き、その後、毛利方で但馬に侵攻した吉川元春と通じた人物である。「小田垣居城に拵」というのは、太田垣がこの時の但馬平定戦で敗れ、没落したあとに、長秀が太田垣の居城であった竹田城(兵庫県朝来市)を居城として修築したと解することができる。

すなわち、兄秀吉の指揮下、但馬に侵攻した長秀は、同地を短期間で平定し、同所の支配を行うために、竹田城をその居城として修築、配下の者を但馬各所へ配置し、支配を行う体制を整えたというのである。

017 (天正九年)九月二十八日付け羽柴秀吉判物

【釈文】 写真は18頁

其方事、畳刺為
天下一、上様御
大工被仰付、諸公事
御免許之儀、任
御朱印之旨尤候、若
誰々何角在之儀候共、
可相理候也、
九月廿八日 秀吉(花押)
筑前守
石見

●解説

本状は、秀吉が織田信長の奉行だった頃に、「石見」に下した判物である。ここには、「そなたは天下一の畳刺として上様(信長)の大工を仰せ付けられたので、上様の朱印状に書かれている通り、諸公事免除とする。もしも誰かが文句を言ってきたならば、断りを入れればよい」と書かれている。

宛名の「石見」は、『伊阿弥家系図』に基づけば、伊阿弥家九代目の当主宗珍が該当する。伊阿弥家は代々畳刺を営んでおり、信長以前に足利将軍家からも畳刺を家職として公認されていた。しかし応仁の乱後、室町幕府が衰退を極めると、それまで将軍家の庇護下にあった伊阿弥家も困窮し、ついには家職を離れてしまう。その後、宗珍の代になって織田家へ仕官したことにより、ようやく再興が叶ったのである。

畳刺に限らず、釜師や鑑職人など腕の立つ工職人に対し、信長は「天下一」の称号を授けている。信長の意図するところは、技能のある者を選りすぐり「天下一」であると奨励することで、各人の矜持を煽り、職務へと邁進させることを目論んだのだろう。

秀吉もまた、この施策を継承した上で、人物に限らず道具や器物に至るまで「天下一」号を授けている。

018 (天正九年)十月二十日付け羽柴秀吉書状

【釈文】写真は19頁

　尚以其表ニ一日陣
　をもかけ間敷と
　存候、とかく当陣
　果候てハ被引退
　間敷と、取にけかまへ
　たるへきと存候、返々
　其元気遣も二、三日
　中たるへく候間、得其意、
　城を不出ニ可被居候、
　不審なるものハ城中へ
　　被入ましく候、
御折帋披見候、
仍吉川事、当陣
可相果付而、羽衣石
表を引取ため、
橋津へ令陣替と
推量候、自然其
表へ一日手遣ニハ
相動、それをしほニ
可引取候、若其元ニ
一日も於陣取者、其方
城ニ火をも付候ハんなと、、
調略在之物ニ候間、
其用心候て、城ニ堅
可被居事専一候、
何も家中不可有
由断候、恐々謹言
　　　　羽筑
十月廿日　秀吉(花押)
　亀新十
　　　御返報

●**解説**

本状は、因幡鳥取城攻めに関する書状である。宛所の「亀新十」は亀井兹矩。兹矩は出雲国湯之庄を本拠とする国人領主湯氏の出身で、尼子氏の重臣亀井秀綱の娘と婚姻して亀井姓を名乗ったとされる。尼子氏の没落後、相婿とされる山中幸盛と共に尼子氏再興活動を行ったが、幸盛らが籠城した播磨上月城の落城(天正六年〈一五七八〉)後、秀吉家臣団に編入された。

本状中の「羽衣石」は、伯耆の国人領主南条氏の居城である。南条氏は毛利氏に従属していたが、天正七年九月、織田氏に通じて毛利氏から離反した。これを機に、秀吉は但馬・因幡国へ侵攻して、毛利氏領国とのルートを分断されて孤立した親毛利氏勢力を攻撃した。因幡国においては、天正八年五月、若桜鬼ヶ城(鳥取県若桜町)、私部城(鳥取県八頭町)、鹿野城(鳥取市)などを攻略して、鳥取城に迫ったため、同年六月、鳥取城主の山名豊国(因幡国守護家)は降伏した。その後、秀吉は姫路へ引き揚げ、兹矩は鹿野城の城番となった。

ところが同年八月、毛利勢(主力は吉川元春)が南条氏攻撃に転じると、豊国の家臣の一部(中村春続、森下道誉ら)は毛利氏に通じて、豊国を追放した。そこで、毛利氏は石見吉川家の吉川経家を鳥取城番として派遣することとし、経家は天正九年三月に鳥取城へ入城した。

これに対して、秀吉は同年六月に出陣して、七月には鳥取城を包囲した。前年からの戦闘などによる田畠荒廃の結果、因幡国内は不作に見舞われており、鳥取城内の兵糧は不足気味であった。一方、毛利氏からの兵糧の補給や援軍は、秀吉勢による交通・輸送路遮断によって困難となり、鳥取城は「干や渇し殺し」状態に陥った。本状中に「其元気遣も二、三日中たるへく候」とあるように、十月二十日には落城間近と認識されており、実際に五日後の二十五日、経家は自刃して鳥取城は落城、秀吉は因幡国を制圧している。

019 天正十年三月九日付け羽柴秀吉判物

【釈文】写真は20頁

為合力知行
百石之事、以
播州之内遣候、

全可有領知者也、
天正拾　羽柴筑前守
三月九日　　秀吉（花押）
観世彦右衛門（宗拶）入道

●**解説**

本状は、観世宗拶が、秀吉から播磨国内で百石の知行を宛行われたものである。本状が収められている「観世新九郎家文庫文書」とは、小鼓観世家伝来文書の総称である。

室町時代における能楽の大成者である観阿弥・世阿弥に始まる観世流の内、弟子観世信光の孫観世彦右衛門豊次（宗拶）と、その師である宮増弥左衛門親賢によって、十六世紀中頃に創始された家が観世新九郎家である。代々室町幕府に仕え、宗拶も観世大夫宗節（元忠）と共に、京都における活動が確認できる。宗節・宗拶は永禄十一年（一五六八）、足利義昭が征夷大将軍となった直後に催された能楽にも名を連ねている（『信長公記』）。

「観世新九郎家文庫文書」に残存している文書を見ると、永禄十一年十月に、宗拶は幕府と織田信長によって、山城国西岡の最福寺の知行を宛行われている。この時の幕府奉行人奉書には、年貢などについて「如先々」とあり、義昭以前から幕府によって知行安堵がなされていることがわかる。さらに天正年間に入ると、宗拶は摂津国鳥養郷（大阪府摂津市）の一部を、信長の家臣荒木村重より宛行われている。また、同時期に観世元頼（宗節の子）にも、幕府・信長から知行安堵がなされている。

秀吉は天正五年（一五七七）以降、中国方面における軍事担当者として、播磨へ侵攻している。天正八年、三木城主別所長治の謀反を鎮めたことによって播磨平定がなされ、姫路城を拠点として、秀吉による播磨支配が本格化する。本状も、その中に位置づけられる文書である。

020　（天正十年）卯月十九日付け羽柴秀吉書状

【釈文】写真は21頁

今度其嶋之
儀申談候之処、
両嶋内々御意趣
候哉、相違之段
不及是非候、然者
私之被申分者
不入儀候間、貴所
御分別を以、此
節御忠儀肝
要候、於様躰者
国分寺へ申渡候、
恐々謹言、
　　羽筑
卯月十九日　秀吉（花押）
村上大和守（武吉）殿
　　御宿所

●**解説**

本状は、天正十年（一五八二）に秀吉から能島村上氏の武吉に宛てて発給された書状である。

天正十年四月、秀吉は備中国の毛利方の城を攻め、四月十九日段階では、宮路山城や冠山城（ともに岡山市）などを包囲している。それと平行し、秀吉は能島・来島・因島各村上氏への調略を本格的に行うようになる。この中で、来島が秀吉の誘いに応じて織田に付き、能島・因島は毛利方に味方したとされている。しかし、天正十年の村上氏の動向は複雑だった。本状も、その一端を示すものである。

内容は、秀吉と能島とは申し談じてきたが、両島（能島と来島）の考えに相違があることは仕方のないことである。ただこの際、私事の申分は差し置き、分別をもって忠節を果たすことが肝要である。詳しくは国分寺へ申し渡した、といったものである。

こうしたことから、能島は毛利氏に付いたとも考えられるが、四月十一日付けの毛利家臣・乃美宗勝の起請文には能島が来島に同意したと記されており、一概に敵味方を分けられる状況ではなかったことがうかがえる。また、能島では武吉・元吉父子間でも織田・毛利どちらに味方するかで、お家騒動があったことが明らかにされている。

本状は、こういった瀬戸内海の政治状況を示す文書であると共に、秀吉が信長を「公儀」として、秀吉の毛利攻めが天下のための戦いであることを示す文書としても、注目されるものである。

021 （天正十年）卯月二十三日付け羽柴秀吉書状

【釈文】 写真は22頁

尚以、此表儀、中少路
又右衛門見聞候条、
不委候、猶追々可
申承候、
当陣為御見廻、
預御使札、殊給
一重被懸御意候、
寔遠路寄思
食、御音信祝着
不浅候、
一、如仰、東国儀、平均
被仰付候事、目出
度存候、我等式満足
不過之候、今度清秀
御供御辛労難申
尽候、定而近日可為
御帰国候条、其節
可申参与所希候事、
一、此表事、備中之内
敵城数ヶ所在之
中をわり入、令陣取、
当日ニ敵城二ッ取巻、
丈夫ニ覚悟候て、去年
鳥取之ことく、堀屏
柵以下堅申付候事、
一、小早川事、当陣取と
一里斗之間、幸山与申
城ニ在之条、後巻行、
及一戦可相果与待請
候処、至今日、無其儀候間、
此上者、右両城へしよりを（仕寄）
申付、水手相留、一人も
不洩可責殺（攻）調儀候、於
時宜者、可御心易候、恐々
謹言、

羽筑
卯月廿三日　秀吉（花押）
中川長鶴陣
御返報

●解説

本状は天正十年（一五八二）四月の、備中高松城（岡山市北区）水攻め直前の状況を示す書状である。宛所の「中川長鶴」とは、本状中に「清秀御供御辛労」とある織田氏家臣中川清秀の嫡子で、のちの中川秀政のことである。

内容について、第二条の「敵城二ツ」とは、高松城の西北方向に位置する宮路山城と冠山城（ともに岡山市）を指す。秀吉勢は四月十三日に今保川を渡河して布陣、両城を包囲（「取巻」）した。同月十九日付け村上元吉宛て秀吉書状（「村上家文書」）には「かわやか城・すくも塚両城取巻」とあり、「かわやか」は宮路山城に比定されるが、「すくも塚」については、冠山城の南方向に位置するすくも山に比定する説もある（岡山市教育委員会『すくも山遺跡』一九九八年）。しかし、五月六日付け亀井兹矩宛て秀吉書状（「石見亀井家文書」）に「すくも塚の城去月廿五日に責崩し」とある一方で、毛利方が二十七日には「冠山城不慮の落去」と認識している（『黄薇古簡集』）ことから、支城であるすくも山を含む冠山城全域を、秀吉が「すくも塚」と呼称していたと考えられる。

本状にも見られる秀吉勢の厳しい攻撃（第三条の「水手相留、一人も不洩可責殺」）によって、冠山城は四月二十五日、宮路山城は五月二日に落城した（「石見亀井家文書」）。

第三条の「小早川」は、毛利氏重臣の小早川隆景のこと。秀吉勢の攻勢に対して、毛利勢は幸山城（岡山県総社市）に布陣したが、決戦を望む秀吉の意気込み（「及一戦可相果与待請」）に対して、毛利勢は消極的な姿勢に終始した。このような消極策は、高松城が水攻めされたあとも変わらず、結局、本能寺の変の情報を得た秀吉からの申し入れにより、毛利輝元は停戦を受諾したのである。

なぜ、毛利氏は消極的だったのか。秀吉は二月の高畠水軍（備前国児島を拠点）に加え、四月の来島村上氏と塩飽衆の調略成功によって備讃海峡の制海権をほぼ掌握していた。その結果、毛利勢は物資輸送手段に窮しており、戦闘を継続できる状況になかったと推測されるのである。

022 (天正十年)六月五日付け羽柴秀吉書状

【釈文】 写真は23頁

尚々、の(備前津高郡野殿)殿迄打入
候之処、御状披見申候、
今日成次第、ぬま(備前国上道郡沼)迄
通申候、古左(古田左助重然)へも同前候、
自是可申与存刻、
預示、快然候、仍只今、
京より罷下候者慥
申候、上様(織田信長)幷殿(織田信忠)様
何も無御別儀、御きり
ぬけなされ候、ぜゝ(膳所)か
崎へ御のき(退)なされ候内ニ、
福平左(福富秀勝)三度つき
あい、無比類動候て、
無何事之由、先以
目出度存候、我等も
成次第、帰城候条、
猶追々可申承候、其元之
儀、無由断御才覚
専一候、恐々謹言、
羽筑
六月五日　秀吉(花押)
中瀬兵(中川清秀)
御返報

●**解説**

天正十年(一五八二)六月二日、織田信長は明智光秀の謀反により、京都本能寺において生涯を終えた。時に秀吉は、毛利攻めの最中であり、備中高松城(岡山市北区)を攻めていた。秀吉が変報を聞いたのは、三日夜から四日未明のことである。そして、秀吉は中国大返しを敢行し、山崎の戦いにて明智光秀を破る。その真っ只中で発給されたのが本状である。

内容を見ると、秀吉から中川清秀へ使者を遣わそうとしていたところに、清秀から使者が来たことを謝し、京都からの使者が確かに申したこととして、織田信長・信忠父子は無事であり、近江国膳所(滋賀県大津市)に退いたとしている。さらに、福富秀勝が抜群の働きをしたことで何事もなかったとし、めでたいことだと述べている。秀吉も城に戻ることを伝え、中川方へも油断無きよう求めている。「尚々」以下では、秀吉の居所を記しており、備前国野殿(岡山市北区)で書状を見、今日中に備前国沼(岡山市東区)まで行軍するとしている。

本状は、本能寺の変の三日後に発給された書状となるわけだが、本状からは中川清秀が正確な情報を摑んでいなかったことがうかがえる。そして、情勢を尋ねてきた中川に対して秀吉は、文書の通り、信長・信忠が生きているという虚報を伝えたわけである。

また、この六月五日というのは、大坂に在った信長三男・信孝と丹羽長秀らが、明智光秀の女婿・織田信澄を襲撃した日であり、ほかの織田氏重臣には変報が伝わっていない。それゆえ本状は、いかに秀吉の行動が早かったかを知ることのできる文書であるといえる。

023 (天正十年)六月十三日付け羽柴秀吉・丹羽長秀連署状

【釈文】 写真は24頁

急度令申候、仍今日
三七(織田信孝)様川を被成御
越、高槻面御陣取之
儀候、明日者西岡表へ
可有御陣替候之条、
被得其意、其方人数
山城へ御出候て、川切江
御救援尤候、則従
三七様被成　御書候、
不可有御由断候、恐々
謹言、
羽藤
六月十三日　秀吉(花押)
惟五郎左
長秀(花押)
筒順(筒井順慶)
御尊報

●解説

天正十年（一五八二）六月、主君織田信長が本能寺において明智光秀に討たれた報せを受けた秀吉は、毛利氏との講和を成立させ、中国大返しを敢行し、上方へ戻った。そして、大坂方面にいた織田（神戸）信孝や丹羽長秀と合流し、山崎の地で光秀と対峙することになる。その時に発給されたのが本状である。

内容は、信孝が淀川を越えて高槻（大阪府高槻市）へ陣を構え、明日には山城国西岡に陣替えを行うことが決定し、筒井順慶には山城へ軍勢を出し、川切（渡河のことヵ）の救援をするように求めている。また信孝からも書状が発給されることを伝え、油断なきよう求めている。

秀吉と丹羽長秀の連署による本状は、形式的に見れば、信孝書状の副状を織田氏宿老である両者が発給したものである。なお、この時に発給された信孝書状は、現存が確認できない。

本状が発給された六月十三日は、山崎の戦いがあった日である。秀吉はこの日、信孝・長秀らをはじめとして、中川清秀・高山右近らと合流。本状を発給したのち、山城方面へと軍勢を進め、山崎において明智光秀の軍勢と戦い、これを破ることとなる。

本状からは、対光秀との戦いは信孝を総大将としている様がうかがえる。また、同時期の信孝の発給文書を見ると、禁制を特に山城国に多く発給しており、天正十年六月段階で京都や畿内を治めているのは「織田家」、と周辺から認識されていたのである。

024 天正十年六月二十七日付け羽柴秀吉ほか三名連署状

【釈文】写真は25頁

南部佐久間分内
を以壱万石、全可
有御知行状、如件、
天正十　羽柴筑前守
　六月廿七日 秀吉（花押）
　　　惟住五郎左衛門尉
　　　　長秀（花押）
　　　池田勝三郎
　　　　恒興（花押）
　　　柴田修理亮
　　　　勝家（花押）
　蒲生忠三郎（氏郷）殿

●解説

天正十年（一五八二）六月二日、織田信長が明智光秀によって本能寺で討たれ、その光秀も秀吉との山崎の戦いに敗れた。本能寺の変により、信長と織田家の家督であった信忠が落命したため、六月二十七日、秀吉、柴田勝家、丹羽長秀、池田恒興らは合議によって、家督継承者や知行の再配分を定めた。いわゆる清須会議である。

この清須会議によって、以後の織田家は信忠嫡男の三法師（のちの織田秀信）を家督とし、それを秀吉・勝家・長秀・恒興の四宿老に、信長二男の信雄と、三男の信孝および徳川家康が加わって補佐することが決定した（「織田体制」）。

清須会議を経て、四宿老によって発給されたのが本状である。内容は、蒲生忠三郎（氏郷）に対して一万石の知行を宛行ったものとなる。この時、宿老四名の連署によって知行を宛行われたのは、蒲生氏郷のほかに、堀秀政、高山右近などが確認できる。なお、この時期に発給された宿老連署の文書は数通確認できるが、署名順は定まっていない。

さて、こうして信長亡きあとの織田家は再出発したわけだが、同年十月には織田家の家督は信雄に代わる。その原因は、三法師を支えるはずの存在だった勝家と信孝の謀反にあった。すなわち、賤ヶ岳の戦いへと続く、秀吉と勝家との対立により、早くも「織田体制」は崩壊の兆しを見せ始める。

025 （天正十年）七月十一日付け羽柴秀吉書状写

【釈文】写真は26頁

（包紙ウハ書）
「（墨引）　羽柴筑前守
　鍋嶋飛騨守殿　秀吉
　　　　御返報　」

如仰、去年之比預示候、
就其、唯今両人被相越、
書中幷口上之趣承
届候、随而今度於備中表、

敵城数ヶ所責(攻)崩、毛利
陣中へ切懸可討果刻、
京都不慮ニ付而、毛利相
抱候国五ヶ国、此方へ可相
渡与連々懇望之筋目
を以、令和睦、馬を納、則
京都へ切上、及一戦、即時ニ
切崩、三千余打捕、則明
智一類共、不残首を刎、
其身之事、はた物ニ懸
置候、然間、御国々如前々
静謐ニ申付、一昨日九日令
上洛、近日至播州姫路
可帰城候、就中、任被仰越
旨申通上者、別而不可有
疎意候、将又南蛮帽
子送給候、祝着之至候、
猶期後音之時候、恐々
謹言、

七月十一日　秀吉(花押)

鍋嶋(信生)飛驒守殿

御返報

●**解説**

本状は、天正十年(一五八二)に、秀吉が龍造寺隆信の家臣鍋島信生(のちの直茂)からの音信に応えて発給した書状の写しで、天正十年前半における秀吉の動向を伝えたものである。

鍋島からの書状と使者の口上を承ったとし、毛利攻めの中途において、京都で不慮の事態(本能寺の変)が起きた。そこで、毛利領国の内五ヶ国を織田方へ譲渡することを条件として毛利が和睦を求めていたので、和睦を成立させて軍を退き、すぐに京へ向かって明智を討ち取り、「御国々」(織田領国)を以前の如く静謐にしたとする。一昨日に上洛し、近日中には姫路へ戻ることを伝え、鍋島(龍造寺)側の希望通り、疎略なく交流を持つこととしている。最後に南蛮の帽子を贈ってもらったことに礼を述べている。

さて、本状では明智一族の首を刎ね、光秀を磔にしたと大袈裟に伝えているが、重要なのは織田領国が静謐になったとしていることだろう。秀吉の毛利攻めが本格化していく中で、龍造寺側は鍋島信生を窓口として、織田との交渉を開始した。現に天正八年以降、信長は島津・大友に対しては和睦の上で、毛利攻めに協力するよう求めるなど、九州への働きかけを強めている。こうした状況下で、龍造寺が中央との交渉を持とうとしたことは十分考えられよう。それゆえに、秀吉は以前のように静謐となったこと、自分が近日中に姫路へ戻ることなどを報じているのだろう。

こののち、賤ヶ岳の戦いなどの中央政情の不安定化を受けて、龍造寺は毛利との提携を深めていく。秀吉に臣従したのは天正十五年、秀吉の九州攻めの時である。

026 天正十年七月十一日付け羽柴秀吉血判起請文

【釈文】　写真は27頁

敬白起請文前書之事

一、今度信長不慮ニ付而、無比類御覚悟持頼敷存候条、別而入魂申上者、表裏無抜公事御身上見放申間敷事、
一、存寄儀不残心底、御為能様ニ異見可申事、
一、自然中意之族在之者、互以直談可相済事、

右条々、若偽於在之者、
梵天・帝釈・四大天王、惣日本
国中大小神祇、八幡大菩薩・天満
大自在天神、殊愛宕・白山・氏神
御罰深重可罷蒙者也、仍起請
文如件、

羽柴筑前守
天正十年七月十一日　秀吉(血判花押)
長岡兵部大輔(藤孝・幽斎)殿
長岡与一郎(忠興)殿

●**解説**

本状は、現存する唯一の秀吉血判起請文となる。起請文とは、簡単にいえば文書の発給者と受給者の間での取り決めについて、神仏に誓って遵守し、も

し違背した場合には神仏の罰を受けることを誓約した文書である。さらに、署判の花押部分に血を垂らした(拇印を押すわけではない)ものを血判起請文と呼ぶ。血判を据えることで、誓約をより強い効力を有するものとしていた。

その血判起請文で、秀吉が長岡藤孝(細川幽斎)・忠興父子に誓った条目は以下の通りである。

一、信長の死後、比類無き覚悟を示した藤孝に対して頼もしく思い、入魂な関係であるので、今後も表裏無く、藤孝父子の身上を見放つことはしないこと。

一、思うことは残らず藤孝のために良きように、意見すること。

一、藤孝のほうで気に留めている者については、直談にて済ますこと。

そして、これらのことに偽りがあれば、梵天・帝釈・四大天王以下、記してある神仏の御罰を蒙るとして、誓約している。起請文の神文(神仏の名を記した部分)は、午玉宝印という料紙を裏返して書かれている。こうしたことから、起請文を書く行為は、「宝印を翻し」と表記されることもある。ここで使用されている午玉宝印は、熊野神社本宮のものである。

さて、本状は本能寺の変の約一ヶ月後に発給されている。変に際して藤孝父子は、忠興の妻・玉(ガラシャ)の父だった明智光秀に与しなかった。そうした藤孝の行動があり、かつ秀吉も藤孝と良好な関係であったために、血判起請文を発給したのであろう。

027 (天正十年)七月十七日付け羽柴秀吉書状

【釈文】写真は28頁

為　大相国(織田信長)吊(印)、御使僧

被差上、青銅万疋

贈被懸御意候、誠被入

御念示預候段、難申謝候、

然而就幾内要候、御使

僧如被及見候、於山崎我等

普請申付候故、吊(印)之儀、

先令延引候間、彼仏事

執行候刻、可蒙仰候条、

御使僧へ申渡候、恐惶謹言、

七月十七日　秀吉(花押)

毛利右馬頭(輝元)殿

人々御中

●解説

天正十年(一五八二)七月、本能寺の変で落命した織田信長の葬儀のため、毛利輝元は秀吉へ使者を遣わした。その返書が本状である。

秀吉は、信長の弔いのために輝元から青銅万疋(銭百貫)が贈られたことに対して、謝意を述べている。しかし、畿内の要である山城国山崎(京都府大山崎町)の地に築城のための普請を行っているため、信長の葬儀が延引していることを伝えて、仏事を執り行う際には仰せを蒙るとする。

本能寺の変後、織田家は清須会議によって信長嫡孫の三法師(のちの織田秀信)を家督として、それを秀吉・柴田勝家・丹羽長秀・池田恒興らが補佐する体制(「織田体制」)となった。秀吉は、天正十年七月段階では、織田家の一宿老にすぎないため、大名である毛利輝元宛ての本状は、丁寧な書式で書かれている。書止文言「恐惶謹言」を見ても、厚礼の文書といえよう。

さて、本状に見られる山崎の普請に対して、柴田勝家や織田信孝(信長三男)は反発の態度を示している(「南行雑録」)。こうした織田家の内部対立もあり、信長の葬儀は同年十月まで延引される。

さらに、葬儀の参列者は秀吉、羽柴秀勝(信長五男)、長岡藤孝、池田恒興の二男池田輝政、丹羽長秀の名代青山宗勝などであり、織田信雄(信長二男)と信孝、柴田勝家などは参列していない。本状は、こうした織田家の崩壊過程の一端を示す史料ともいえるのである。

028 天正十年十月十八日付け羽柴秀吉書状写

【釈文】写真は29～36頁

先度者、預御書、謹而拝見仕候、柴田(勝家)我等□□(間柄)

なにと哉らん被及　聞召、可被成御肝煎候由、

忝奉存上候、乍去、右相定候一書幷誓帋、血判筈、

相違仕候へ者、何たる儀も入申間敷と存候、

一、信孝様、三介(信雄)殿様御両人、其外家康誓帋幷

宿老共之一札已下、未来大事ニ存、我等方に
所持仕候事、
一、御兄弟様多御座候といへとも、別而前々より被
懸　御目候条、今以左様ニ可有御座と存
候へ者、我等程、被懸御目候もの、多出来候故、
跡へ被成無念に存候事、
一、信孝様、三介殿様御両人、御名代御争被成
付而、いつれを御名代に立置候ハんと、宿老共、
清須にて、令談合候処、信忠様御子（三法師）を
とり立申、宿老共として、守立可申与相定、
御兄弟様之儀伺候へ者、尤之由被　仰出候間、
四人之宿老共、かやうにも可有御座と存、御
誓帋をしるへに、清須より岐阜へ御供申、
信孝様若君様（三法師）預ヶ申候事、
一、日数幾程無御座候に、安土へ若君様を移シ
まいらせましき由、信孝様被　仰出候て、於今、
無其儀御座候事、
一、御両人様御兄弟様、御名代御争に而御座候
付而、御主に事を闕、迷惑仕候、於次（秀勝）も
如御存知、十五、六に御成候て、武者をも
被仕候間、御主に用候ても、人笑申ましきと
いへとも、我等育子ニ致候間、八幡大菩薩・
愛宕も御照覧、御主ニ用させ候事、誰々
申候とも在之ましきと、ふつつと存切候事、
一、何様賢人をさばき（捌）、為何儀も、信孝様之
事ハ不及申、御一類迄も御身躰成候ハぬを、
馳走申へきと存候、何事に而御座候哉、
御兄弟様、其外御宿老衆之御意を請申候儀、
迷惑に存候事、
一、如御存知、上様（信長）御存生之御時も、我等にハ
播州・但州を被下、其上北之郡（近江北郡）、於于今、無
不甲斐御座候へとも、西国之先懸を　上様
依被　仰付、播州に致在陣処、三木之
別所（長治）、企謀叛、筑前（秀吉）及迷惑候処、重而
荒木（村重）、摂州伊丹ニ在之、謀叛を仕候うへハ、
上へ通路を被切申といへとも、終別所刎首
申付而、上様重々預御褒美・御感状、
其上但州銀山・御茶湯道具被揃被下、
御茶湯御政道といへとも、我等をハ被免置、
茶湯を可仕候通被　仰出候事、於今生後
生難忘存候、誰哉之人歟ゆる（許）しものに
させらるへきと存候へ者、昼夜泪をうか（浮）へ、

御一類之御事をあた（仇）にも不存候事、
一、右之御褒美之儀ハ不及申、安土へ致伺公、
上様之懸御目候へハ、御座所江被召上、筑前か
ひたい（額）をなでさせられ、侍程之者ハ筑前にあや
かり度可存候と被　仰出候付而、猶励を出シ、
去年に而」
御座候哉、因州之内鳥取之城、為名城といへ共
取」
巻申、悉刎首、又因州一国之儀者不及申、伯耆
国中迄本意ニ存（仕候）候事、
一、明知（智）め構逆心、上様京都に御座候を夜討同前
ニ仕、御腹をめさせ、我等在京をも仕於在之者、
小者一撲（僕）に而成共、御座所へ走入、腹十文字に
切候者、本意之上に而御座候へとも、其刻備中
国へ罷立、かはや（河屋）の城、すくも（巣蜘）の城責（攻）崩、悉
刎首申候而、重而高松と申城ハ名城にて、三方
ハ」
ふけをかまへ、其上城広く、たけ立不申候付而、
力責に成不申、水責ニ可致と、筑前見及
申候て、右高松を取巻、堤をつか（築）せ、水はや土
居」
半分ニあがり、城悉迷惑仕候付而、西国悉催
シ」
毛利一簱後巻、五万計に而罷出、筑前弐、
三万に而とり巻候所江、五、六町ニ罷越、相陣
を構へ」
後巻可仕ニ、敵相定候事、
一、右之陣取、筑前不用、猶堅取巻申候へハ、城主（清水宗治）
腹を切可申与懇望申候へ者（ママ）、免不申候処、
六月二日ニ、於京都、上様御腹被為召候由、
同四日ニ注進御座候、筑前驚入存候といへとも、
御」
腹之御供をこそ不申候共、於此陣、任本意、
城主事ハ不及申、毛利切崩、刎首申候ハ明知め
退治之儀者、安御座候ハんと存切、六日迄致
逗留、城主之儀ハ不及申、悉刎首候事、
一、手前陣を明、毛利陣所へ取懸可切崩に
相定候処、毛利令懇望、国を五ッ筑前に
出シ、人質を両人迄相渡可申之由、申候へとも、
許容申ましきと相定候といへ共、明知（智）め打（討）
果し申度存候付而、毛利一書幷血判・人質両人
迄」

請取、同七日ニ、廿七里之所、一日一夜ニ播州
姫路へ打入申事、
一、人馬をも相休、切上リ申へきと存候処、信孝様
大坂に御座候を、明知め河内へ令乱入、はや大
坂を取巻、」
御腹をめさすへき由、八日酉之刻ニ、風之便に
注進候間、若信孝様御腹をめされてハ、何かも
不入儀と存、夜昼なしに十一日辰之刻計ニ、
尼崎迄令着陣、人数不相揃、討死仕候共、河(淀川)を
こし、後巻を可仕と相定候事、
一、同十二日ニ池田(恒興)を致同道、同中河瀬兵衛(中川清秀)、高山
右近令談合、山崎表へ馳上申候へハ、高山と瀬
兵へと」
御先を争候間、筑前申様ハ、高山申候も
無余儀候、手先之儀候間、一番合戦之所ニ、陣
所を」
かため、瀬兵衛と申談、合戦之陣所尤之由申候
て、」
両人ハ山崎へ之内ニ陣所を固させ、其次之者ハ
天神之馬場迄、我等もの取続、陣取せ、大坂へ
人を進上申候而、働可申といへとも、信孝様
を」
相待、富田に一夜、陣を相懸申事、
一、次之十二(ママ)日昼時分ニ、河を被為越候条、筑前
も御迎ニ馳向、懸御目候へハ御落涙、筑前も
ほへ(吠え)申候儀、無限候事、
一、十三日之晩に山崎に陣取申候、高山右近・瀬兵
衛・」
久太郎(堀秀政)手へ、明知め、段々の人数を取懸候処ニ
道筋へ高山右近・瀬兵衛・久太郎切崩候、南之手
ハ」
池田紀伊守(恒興)、我等ものに加藤作内(光泰)・木村隼人(重茲)・
中村孫平次(一氏)切崩候、山之手ハ小一郎(羽柴秀長)・前野将右(長泰)
衛門・」
木村勘右衛門・黒田官兵衛(孝高)・神子田半左衛門(正治)、其
外」
人数を以切崩候而、即勝龍寺を取巻候事、
一、則勝龍寺を取巻申候へハ、明知め夜落に北落候
所を悉刎首、或者河へ追入申儀ハ、我等
覚悟に而仕候歟、就其、明知め山科へ北候て、
藪之中へ北入、百姓に首をひろはれ申候事、
一、信孝様之致御先懸、御無念を止させられ候
事、我等覚悟にて候と存候歟、筑前不
罷上出候共、終ニハ信孝様、明知め首を刎させ
らるへき事ハ、案之内ニ可被思食候へ共、
はやく毛利をも物之数にもせす馳上り、
信孝様天下之誉をとらせられ候事ハ、筑前、
覚悟にて候間、何様にも御馳走あり、
かハゆがらせるへきと存候へハ、其御感も
無之、人なミに被　思食候儀、迷惑仕候事、
一、即江州致御供、山本之城を阿閉(貞次)
持申候へとも、先人数を申付而、一類刎首
其外悪逆人共首を切可申候へ共、令
降参候、人質出申に付而、尾(尾張)・濃(美濃)之御
成敗可有之と存計に命を助、長浜へ罷
通候事、
一、濃州表之城を構へ、悉御敵をなし、稲葉
山をは、既ニ斎藤玄蕃助(利光)相上候といへとも、
長」
浜へ罷越、我等稲葉山江可被相渡ニ被
窮候、其外之国衆人質、不残我等請取之
長浜へ召連罷向候間、一国之もの首を
助申事、
一、従其、尾州へ罷越、又候哉、悪逆人可致
成敗と申候処、我等、清須之城ニ居申候へハ、
国中之人質不残、三河・信濃境迄、出
申候間、不及是非、是又首を助申事、
一、右之骨を折申儀者、悉我等一人之覚
悟に相まかせ候といへとも、御国分を致シ、
御兄弟様御両人様へ先国を可致進上候と
存候而、宿老共と令談合、濃州之儀者、
岐阜之御城ニ久太郎、上せ置申候へ共、御国を
相そへ、一国之人質共、信孝様へ進上申事、
一、尾張国をハ清須之城ニ相添、一国之人質共、
三介殿様へあい渡候事、
一、御国々に相残知行方、御忠節之者共、
其外宿老共、久々召置候江州北之郡知行幷
長浜之城を、柴田誓帋を取、相渡候事、
一、坂本之城、我等取口ニ可仕由、各雖申候、坂も
とを」
持候へハ、天下をつゝミ、筑前天下之異見
をも申度候付而、志賀(近江国)之郡を抱候と人
も存候へハ、少之間も其おもはく迷惑ニ存候而、
賢人をさばき(捌)、五郎左衛門(丹羽長秀)ニ相渡申候事、

一、御仏事之儀、御両人様へも、従御次被申
上之由、被申候へとも、とかく御返事も無之、
又ハ」
宿老共御仏事之御沙汰も無之間、天下之
外聞、いかゝと存、小者一撲(僕)之ものを被召上、
国をも被下候而、人並(ナミ)を仕候事、御芳情、
須弥山ゟも重く奉存知候付而、不叶御仏事
をいたし候、御跡を被継候迄にてノ御仏事ニ
御座候者、筑前ハ御葬礼過候者、追腹
十文字ニ切候候ても、八幡大菩薩無限(根)候、此
由」
信孝様へ御披露頼入候、恐々謹言、
天正十年十月十八日　秀吉
斎藤玄蕃助(利堯)殿
岡本太郎右衛門(重政)殿

●**解説**

天正十年(一五八二)六月十三日の山崎の戦い後、信長の後継をめぐり、特に秀吉と柴田勝家・織田信孝(信長三男)との抗争が激しくなっていった。

まず、信孝が秀吉に対して、勝家との関係修復を斡旋する書状を出すのだが、本状はその返書にあたる。本状で秀吉は、信孝の老臣である斎藤利堯と岡本重政に対して、勝家との調停に感謝しつつも、自らには抗争する意思が全くないことを主張した。逆に信孝や勝家らが、清須会議の決定に違反していることを訴えている。

本状の第四条では、三法師(のちの織田秀信)を岐阜に留めて、安土城に戻さないことが咎められていることについて、その意思は全くないと弁明している。

逆に第五条で、もし信雄(信長二男)と信孝の双方が相続権を争うのであれば、我が子(養子)の秀勝も信長の子であり、年齢も十五、六歳と壮年に近く、戦場の経験もあるので、その資格はあることを主張している。

第六条では、自らが献身的に信孝らのために尽力したことは感謝もされず、逆に悪意を持たれたことを嘆きながら、第七条以降の後半部では信長の指令で毛利氏との戦いに尽力したことを論じ、本能寺の変後、自らは信長への恩義から、山崎の戦いで明智光秀を討ち、さらに美濃・尾張を無事に手に入れたことを主張している。しかも、このような尽力をしても、美濃は信孝に、信雄には尾張を献上したいとも述べて、自分には私欲がないことを訴えた。

さらに第二十三条や二十四条では、自らの所領であった近江も、長浜をはじめ、すべて勝家へ差し上げたいとも述べている。代わりに得た明智光秀の坂本城(滋賀県大津市)についても、天下に野望があるとの思惑は心外であり、これも辞退し、丹羽長秀へ譲ったとしている。そして最後の条文には、信孝らが信長の葬儀に参列しなかったことを咎め、自分は葬儀のあとに殉死する覚悟であったとも述べている。

まさに秀吉が、自らの立場を弁明するために記した書状なのである。

029 (天正十一年)五月十五日付け羽柴秀吉書状

【釈文】写真は37〜43頁

去五日御状、於江州坂本令
拝見候、
一、如仰、去月廿一日、柴田修理亮(勝家)
四ケ国之人数有儘召連、三七殿(織田信孝)
引入、瀧川(一益)令一味、武篇を仕懸候
事、
一、各懸合戦候を、筑前守(秀吉)面白
存、先手之備をハ、弐万計
濃州岐阜口へ相向、瀧川をも
二万計にて取巻候事、
一、柴田修理亮罷出候処へハ、秀吉
馬廻計にて、敵三万余御座候
処へ、三手ニ分切懸候、柴田儀ハ、
於当方せかれの時よりも度々
武篇を仕候者付而、三度まで
鑓を合、度々戦驚目候、自
卯剋未剋迄切合依在之、
互下ニ居敷、休息候て、勝負
不相着候事、
一、秀吉見合候而、小性共計にて
柴田旗本へ切懸、即時衝崩、
五千余討殺候之処ニ、惣人数ハ
木目之弓手馬手栄中へ
逃入候事、
一、廿二日、越州(越前国)府中へ取懸、諸城

雖相拘候、乗崩、刎首候へ者、
相残城悉退散仕候事、
一、柴田越州北庄居城事、数年
相拵、三千計留守者居申候処へ、
修理亮馬百騎計にて逃入候
事、
一、廿三日、不息継（いきをつがず）追懸、惣構（そうがまえを）乗
破、則城中之廻拾間拾五間ニ
陣捕申候事、
一、柴田息をつかせてハ、手間も入
可申候かと秀吉存、日本之治此時
候之条、兵共を討死させ候ても、
筑前不覚にて有間敷と、
ふつつと思切、廿四日の寅剋ニ
本城へ取懸、午剋ニ本城へ
乗入、悉刎首候事、
一、城中ニ石蔵を高築、天主を
九重ニ上候之処へ、柴田弐百計
にて相拘候、城中挟候之条、惣人
数入こミ候へハ、互共道具ニ
手負、死人依在之、惣人数之
中にて兵を撰出、天主ゆへ、
うち物計にて切入せ候へハ、修理も
日比武篇を仕付たる武士にて
条（候間）、七度まて切而出候といへとも、
相禦事（あいふせぐこと）不叶、天守之九重目の
上へ罷上、惣人数ニ懸詞、修理か
腹の切様見申て後学ニ仕候へと
申付而、心もある侍ハ涙をこ
ほし、鎧の袖をふたし候ニ依て、
東西ひつそと静候へハ、修理
妻子共其外一類刺殺八十
余、不身替者腹切、申剋ニ
相果候事、
一、廿五日賀州へ出馬、諸城雖相
踏候、筑前守太刀風ニ驚、草
木までも相靡躰（あいなびくてい）にて候之付而、
越中境目金澤と申城ニ
立馬、国々置目等申付候内ニ、
越後長尾出人質、筑前次第
令覚悟候之条、令赦免、去七日ニ
安土まて打入申候事、
一、三七殿儀者、信雄被出御馬、
是又岐阜城被攻崩、三七殿
儀者不及申、悉被刎首候事、
一、瀧川儀者、勢州内長嶋と申所ニ
数年有付候足軽共ニ取巻
候之間、是又可被刎首儀、日数
不可有幾程事、
一、明隙候間、筑前守ハ江州坂本ニ
在之、此中忠節仕候者ニ者国
郡を遣、安堵之思を作候事、
一、此日比どうだまりぶしやう者ハ
成敗可仕儀ニ候へ共、秀吉人を
切ぬき申候事きらい申候付而、助
命、先々国にて替地を遣、何之
御国をも念をやり申付候事、
一、来月中旬ニ者、国分知行分も
相済可申候間、此中諸侍骨を折
候之間、七月卅日間ハ相休可申候事、
一、惣人数徒ニ可置儀も不入事（いらざること）候て、
其御国端へ罷越、境目之儀をも
相立、連々無御等閑験をも相見
可申候条、能々有御分別、秀吉
腹を不立様ニ御覚悟尤候事、
一、東国者氏政、北国ハ景勝まて、
筑前任覚悟候、毛利右馬頭殿
秀吉存分次第ニ被成御覚悟候へハ、
日本治、頼朝以来これにハ争（いかで）か
可増候哉、能々御異見専用候、
七月前ニ御存分於在之者、
不被置御心、可被仰越候、八幡
大菩薩、秀吉存分候者、弥互
可申承候事、
一、右ノ趣、一々輝元へ被仰入尤存候、
尚御両使口上ニ申渡候、恐々謹言、

五月十五日　　秀吉（花押）

小早川左衛門佐（隆景）殿
御返報

●解説

本状は天正十一年（一五八三）五月、秀吉が小早川隆（こばやかわたか）

景へ、織田信孝(信長三男)・柴田勝家・滝川一益らとの戦いの様子を報じた書状である。

天正十年十二月、秀吉は柴田方の長浜城(滋賀県長浜市)に攻撃を仕掛け、同月中には岐阜の信孝をも降伏させている。翌十一年一月には、伊勢の一益を攻撃せんがために伊勢へ出兵する。こうした秀吉の動きを受けて、勝家は二月末に越前国北庄(福井市)を出陣、雪を掻き分け、三月半ばには近江国柳ヶ瀬(長浜市)に陣を構えた。勝家の着陣は、『兼見卿記』によれば三月十二日である。四月二十日に柴田方の佐久間盛政らが、秀吉方の中川清秀らを討ち取る。秀吉は同日中に、大垣において中川敗死の報に接すると、兵を柳ヶ瀬に向けた。そして翌二十一日、秀吉軍と勝家軍が衝突。その日の内に、秀吉方へ軍配は上がった。ここまでの様子が、第一条から第四条に書かれている。

翌二十二日、秀吉は越前府中(福井県越前市)に至り、敵の首を刎ねたとする(第五条)。なお、この日に前田利家は秀吉に降っている。

第六条から第九条にかけては、勝家の最期の様子が書かれている。これによれば、勝家の最期は、北庄城の九重の天主の上より、「勝家の切腹の様をみて後学のためにせよ」と秀吉軍へ言葉を掛け、切腹して果てた。ここで注目すべきは、第八条にある「日本之治、此時候之条」であろう。賤ヶ岳の戦い段階で、秀吉はまだ織田家の重臣として行動をしていた。そういった状況下において、「日本之治」と記していることは、実際の立場とは違った秀吉の意識の現れともいえるのではなかろうか。

次いで第十条で、二十五日に加賀金沢へ入り、勝家旧領の処分をした(実際は二十七日)。さらに越後の上杉氏が人質を出し、臣従してきたとも伝えている。しかし、この段階では、上杉景勝は秀吉へ人質は出していないと考えられている。

以後の条では、信孝・一益に対する処罰や論功行賞のことなどを記している。第十七条では、関東の北条氏政、北国の上杉景勝が秀吉に従ったとして、毛利輝元の臣従をも小早川隆景を通じて促している。輝元が秀吉の存分次第と覚悟すれば、日本の治は源頼朝以来のものになるであろうと。

天正十年、賤ヶ岳の戦いの前において、秀吉は明確に織田家重臣としての立場をとっていた、しかし、天正十一年になると、本状のような変化が見られるわけである。すなわち、秀吉の意識が、織田家ではなく自身での政権構築に動き出している時の文書といえよう。なお、本状の内容には宣伝文句じみたところもあり、全部を信用できるものではないが、戦場での詳細な状況を伝えているものとしては、もちろん興味深い文書である。

030 天正十一年六月五日付け羽柴秀吉判物

【釈文】 写真は44頁

今度三七殿(織田信孝)依謀叛
濃州大柿(垣)令居陣処、
柴田修理亮(勝家)至柳瀬表
罷出候条、為可及一戦、
一騎懸馳向候之処、
心懸深付而早懸付、
秀吉於眼前合一番
鑓、其動無比類候、為其
褒美三千石宛行訖、
弥向後奉公之依忠勤
可遣領知者也、仍如件、
天正十一
六月五日　秀吉(花押)
脇坂甚内(安治)殿

●解説

本状は、天正十一年(一五八三)四月に秀吉と柴田勝家による賤ヶ岳の戦いにおける功名を賞し、知行を宛行った旨を伝える判物である。宛所は脇坂安治、すなわち「賤ヶ岳の七本槍」の一人である。

賤ヶ岳の戦いにおいて、秀吉から、このような一番槍を賞されて知行宛行を受けた者は、福島正則・加藤清正・加藤嘉明・脇坂安治・平野長泰・片桐且元・糟屋武則・桜井佐吉・石河長松の九名である。この内、福島正則が三千五百石、ほかは三千石、石河長松は兄兵助が戦死したことによって千石を与えられている。

なぜ、九人が七人とされたかについて、高柳光寿氏の論考を参考にして、以下に述べていく。

寛永年間(一六二四~四四)に小瀬甫庵によって記さ

れた『太閤記』では、桜井佐吉と石河兵助の二名が省かれ、すでに七本槍とされている。『川角太閤記』(川角三郎右衛門著、江戸初期)では、福島正則を七本槍の上に置き、桜井佐吉を数に入れている。『新撰豊臣実録』『村井重頼覚書』『長家聞書』『志士清談』などがこれに従っている。江戸中期の逸話集『明良洪範』では、正則の活躍の場がほかの面々とは違う場所となっている。このように、早い段階から人数については議論があったようである。

ところで、秀吉が小早川隆景へ賤ヶ岳の戦いの戦況を報じた書状(029参照)には「小性共計にて柴田旗本へ切懸、即時衝崩」と記されており、秀吉近習による活躍を伝えている。そして、より詳しい活躍が記されているのが本状であり、近習たちのめざましい活躍があったことは間違いなかろう。

031 (天正十一年)十二月十四日付け羽柴秀吉書状

【釈文】写真は45頁

尚以、材木船事、
今まて令由断段(油断)
曲事候、早々申付、
船相越候て材木
可召寄候、

従姫路取寄候
家材木船事、
其方手前不相
越候、由断沙汰限候、
早々申付可相届候、
将亦先度ハ馬屋
かすかい(鎹)不相越由、
如何候哉、是又急度
可相届候、恐々謹言、

筑前守
十二月十四日 秀吉(花押)
小西弥九郎(行長)殿

●解説

本状は、秀吉が姫路から取り寄せた材木と鎹がまだ届いていないことから、責任者の小西行長を叱責し、輸送を督促した書状である。

年次は、秀吉が筑前守を名乗っていること、大坂城の第一期工事が天正十一年(一五八三)九月に始まることから、天正十一年と推測されている。

大坂城は、天正十一年十一月には天主土台までできているのに、十二月になっても住居や馬屋の資材が来ないので、普請進行に差し支える。秀吉は「由断沙汰限」と厳しい語調である。

小西行長は、永禄元年(一五五八)に京で生まれた。その父・立佐は、京の最古参キリシタンの一人だったのでイエズス会に信頼され、宣教師の使者として信長など権力者に接近する機会があった。それで、天正八年前後から立佐・行長父子は秀吉麾下として活動を始める。行長は播磨の室、小豆島、塩飽諸島を支配した。

天正十三年まで数年にわたる四国攻めの期間、瀬戸内の秀吉制海圏において情報伝達・物資輸送、場合によっては水軍の一翼を担ったのが小西行長だった。

032 (天正十二年)三月九日付け羽柴秀吉書状写

【釈文】写真は46頁

玄蕃殿・長門事、
理不尽ニ三介殿ゟ
被切腹由申越候条、陣
触を申、早先手を
申付候条、十一日ニ関地蔵
近辺まて可相越候、
秀吉も十一日ニ此地を
打立候、五日・六日間ニ
堅固ニ可被相拘候、
八幡・愛宕被各々遂
本意候、無念被散候
様ニ可申付候、其城にて
忠節動仁可被付置候、
秀吉名々ニ随其て
褒美・知行等可進候、
尚重而路次まて可被
仰越候、早江州者共
十一日ニ越山候へと八幡大
菩薩申付候、非偽候、恐々

謹言、
三月九日 秀吉(花押)
弥太郎(津川)殿
神田殿
中村殿
御宿所

●**解説**

天正十二年(一五八四)三月六日(同日付け織田信雄書状、大阪城天守閣所蔵。『太閤記』では三日)、「三介殿」こと織田信雄は、長島城(三重県桑名市)において、その家臣である伊勢松ヶ島(三重県松坂市)城主の津川義冬(玄蕃)・尾張星崎(愛知県名古屋市南区)城主の岡田重孝(長門)・尾張苅安賀(愛知県一宮市)城主の浅井田宮丸を自害に追い込んだ(三月二十六日付け秀吉書状、「佐竹文書」)。

この事件の原因について、イエズス会の宣教師は、彼らは秀吉に人質を出しており、信雄は秀吉への「叛起」に彼らが賛同しないことを恐れ、饗宴の最中に首を切らせたと報告している(『十六・七世紀イエズス会日本報告集』)。また、小早川隆景の実弟で養子の秀包の家臣は、もともと津川や岡田は秀吉が信雄に付属させた者であると述べている(三月二十二日付け渡辺清忠書状、「野坂文書」)。当の信雄自身は、津川・岡田があまりにもほしいままに領内統治を行ったため(既出三月六日付け信雄書状)、あるいは天下をほしいままにする秀吉と通じたため(三月七日付け信雄書状、「香宗我部家伝証文」)と述べている。

一方の秀吉は、信雄が若輩であることを利用した徳川家康が虚言をもって騙し、殺害に至らしめたと述べている(既出三月二十六日付け秀吉書状)。いずれにせよ、秀吉への近さが彼らに矛先が向いた理由であろう。

三人を殺害した直後、信雄は松ヶ島・星崎・苅安賀に軍勢を送り城攻めに及んだ(「小牧御陣長湫御合戦記」)。津川の居城松ヶ島城は滝川雄利に攻囲されたが、義冬の子弥太郎や家臣の神田清右衛門・中村仁右衛門らが堅守し、寄せ付けなかった(「岩田氏覚書」)。本状は弥太郎・神田・中村の三人に送られたもので、津川・岡田切腹の報を受けた秀吉が早速陣触れを発したこと、先陣の軍勢が十一日には関地蔵(宝蔵寺、三重県関町)近辺まで赴くであろうこと、秀吉も十一日に自ら出陣するので、五、六日の間は持ちこたえて欲しいと述べ、城を固める忠義の者には秀吉から褒美・知行などを与えるとしている。

しかし、滝川勢やその援勢である木造長政勢に囲まれた松ヶ島城は落城、城兵は退散している(「岩田氏覚書」)。

033 (天正十三年)三月十七日付け羽柴秀吉書状

【釈文】 写真は47頁

わさと申候、いせ(伊勢)御せん(遷)宮の
事、すなハちおもひたち、
まつ五千くわん(貫)の分に、きかね(黄金)
二百五十枚、うはへ(上部貞永)にわたし、
やうたい(様躰)申ふくめ候てつかハし候、
よろつうはへとそのほう
たんかう(談合)候て、よきやうに
さた(沙汰)あるへく候、
なを〳〵くハしく
かさねて申へく候、
かしく、
三月十七日 ひて吉(花押)
(端書)
「 は柴ちくせん守
周養上人 ひて吉 」

●**解説**

天正十三年(一五八五)十月、伊勢神宮内宮と外宮は正遷宮を執り行った。内宮皇大神宮の正遷宮は寛正三年(一四六二)以来、実に百二十三年ぶりのことだった。一方、外宮豊受大神宮は永禄六年(一五六三)に正遷宮を行っているが、その前は永享六年(一四三四)であり、やはり百三十年ほどの空白期間がある。このように、伊勢神宮の正遷宮の執行が長期間行われなかったことの理由の一つとして、戦乱によって費用調達が困難であったことが挙げられる。

さて、本状は秀吉から伊勢の慶光院周養へ、伊勢神宮の遷宮のことについて申し送った書状である。内容は、銭五千貫の分として黄金二百五十枚を上部貞永へ渡し、秀吉の意を申し含めたので、周養に上部とよく話をし、沙汰をするように命じたものである。

秀吉が遷宮のために両宮へ渡した米銭はこれのみでなく、「外宮引付」には両宮へ金五百枚、米千石を渡したとある。

宛所の慶光院とは、伊勢にある尼寺である。代々上人号と紫衣が勅許されている。「慶光院」号は、天文二十年（一五五一）、後奈良天皇により与えられたと伝えられる。周養はその第四代院主にあたり、信長生前から伊勢神宮復興を目指して活動をしており、信長からも援助を受けている。

この天正年中の正遷宮に関しては、「天正年中記録」ほか、多くの史料が残存しており、詳細な様子を知ることができる。

034 (天正十二年)三月二十六日付け羽柴秀吉書状写

【釈文】写真は48・49頁

同前

近日者不申承候、仍今度家康構表
裏、信雄(織田)若輩仁を申掠、普(譜)代之
家老者両三人無謂、去六日於長嶋
被為切腹候条、不相届儀と存、則至
伊賀・伊勢差遣人数候処、佐久間
甚九郎(信栄)・中川勘右衛門・林与五郎・池尻
平左衛門・深井以下取出候処、先手者及
一戦、即時ニ切崩悉討捕、峯・神戸・
楠、其外城々或責(攻)果、或令赦免、一
国平均ニ申付候事、
一、伊賀国之事、是又平均ニ申付候事、
一、尾州表儀、池田紀伊守・森武蔵守相働、
去十三日犬山城其外数ヶ所責崩、
悉刎首、過半任存分候事、
一、去廿二日、至泉州面、根来寺・雑賀・玉木・
湯川其外一揆三万計ニ而取出候所、岸
和田先(在)番者切懸、首五千余討捕候、
以其競、敵城不残乗取、紀州面迄
存分申付隙明候事、
一、家康清須令居陳(陣)条、即出人数可
押詰処、大河数ヶ所有之而、多数依
難相越、舟を寄幷舟橋を懸申付而
遅々候、明日廿七日、秀吉越河、清須
近辺迄可押寄候、自然家康於執出
者、遂一戦可討果事案内候事、
一、家康表裏無是非候、然上者向後
如何様之儀候共、重而許容不可申候、
定貴辺へも、毎辺可為右之分候、
此時東州各被相談、御計策尤候事、
一、信州木曾(義昌)・越後景勝(上杉)、対此方無
二入魂候間、是又被仰合、可被及
御行事肝要候、委細此使者口上申
含候、恐惶謹言、
三月廿六日　秀吉 花押
佐竹殿(義重)
参人々御中

●解説

本状は、常陸国主である佐竹義重に宛てて、徳川家康と一戦（いわゆる小牧・長久手の戦い）を交えるに至った経緯と、その後の戦況を連絡する書状の写しである。

内容を意訳すれば、「今回、家康が謀略をめぐらし、若輩の織田信雄（信長二男）を騙して譜代の家老三～四名を切腹に追い込んだことは不届千万なことです。そこで信雄領の伊賀・伊勢に派兵し、瞬く間に峯・神戸・楠などの支城を攻め落とし、あるいは降伏させ、両国とも平定しました。尾張では池田恒興と森長可の働きにより、三月十三日に犬山城以下を攻め落としたことで、尾張もほとんど占領下に収めました。同二十二日には和泉国において、根来寺僧・雑賀衆以下三万ばかりの一揆が立ち上がったのですが、我が兵は五千余を討ち取り、紀州方面もまたほとんどを占領下に置くことができました。家康は尾張清洲に陣取っており、軍勢を出陣させようにも、周辺に大河が流れていてすぐには渡河できないに違いありません。そこで明日にはこちらから渡河し、家康と一戦を交えるつもりです。必ずや討ち果たして御覧にいれましょう。ほかにも信州の木曾義昌や越後の上杉景勝らは私と協力関係にあるので、万事相談して行動なさることが肝要です」となる。

地理的に見て、両者は縁遠い間柄にありそうだが、なぜ秀吉は義重を重要視したのであろうか。実は小牧・長久手の戦いが行われていたのと同時期、関東でも北条氏政・氏直と佐竹義重・宇都宮国綱による大きな合戦が展開していた。これを沼尻の戦いという。

秀吉の意図するところは、佐竹に助力して恩を売ることで、その後の関東に対する足掛かりにしようと画策していたのである。同じ理由から家康もまた、北条方と緊密な連絡を取っていた。

035 (天正十二年)卯月十一日付け羽柴秀吉書状

【釈文】写真は50・51頁

(懸紙)
「(墨引) ちくせんのかミ
大御ち　　ひて吉
まいる人々申給へ　」
こんとハせう入おやこのき、中〱申
ハかりも御さなく候、それさま御ちからおとし
御しうたんすいりやう申候、われ〱もこゝも
とへ」
まかりいて、てきあひ十ちやう十五ちやうにと
り」
あひ候うへにをいて、おやこの人ふりよのき、
われらちからおとし申候事、かすかきりも
御さなく候、
一、三さへもん殿、藤三郎との両人なに事なき事、
われら一人のなけきの中のよろこひとハ
この事にて御さ候、両人ハせめてとりたて
申候てこそ、せう入の御はうしをゝくり申へく
候」
と、まんそくつかまつり候事、
一、それさまとはう御さあるましきとそんし候て、
これ」
のミハかりあんし申候、せひともがを御いたし
候て、」
御なけきをやめられ、両人のこともたちのき
御きもをいられ候ハヽ、せう入おやこのとふら
いに」
もなり申へく候まゝ、せひともたのミ申候あい
た、」
御ねうはうしゆへもちからを御つけ候て給候へ
く候」
事、
一、しゆくらうしゆ、そのほかのこり候にんしゆ、
三さへもんとのにつけ申候やうにいたしたく候
あいた、」
その御かくこなされ、御しうたん御やめ
候て給候へく候事、
一、せう入をミさせられ候とおほしめし候て、ちく
せんを」
御らんし候へく候、なにやうにもちそう申
候、ものまいりをもさせられ候やうにいたしま
いらせ」
候ハんまゝ、物をもきこしめし、身をかんてう
になされ候て給候へく候事、
一、あさのやひやうへ申ふくめ、御ミまいにまいら
せ候、」
われらまいり候て申たく候へとも、たゝいまて
まへのきにて候あひた、さんし申さす候、こゝ
もと」
ひまをあけ、御ミまいにまいり、そのとき
せう入おやこの此あひた御ねんころのき
をも、せめて御物かたり申まいらせ候へく候、
なに」
はにつけてそれさま御心のうちすいりやう
申候て、御いとをしくそんしまいらせ候、かへ
す〱」
御ねうはうしゆへも、このよし申たく候、まこ
七郎」
まいらせ候、そこもとしたく〱さはき候ハんと
そんし、御しろの留すいにつかハしまいらせ候、
まこ七郎めもいのちをたすかり候も、せめて
三さおとゝいのためになわかゝりにて候と、
御うれしく思ひまいらせ候、くハしくいやひや
うへ」
申まいらせ候へく候、かしく、
卯月十一日　　ひて吉(花押)
大御ち
まいる人々申給へ

●**解説**

本状は、豊臣秀吉が養徳院に宛てた仮名の書状である。養徳院とは、織田家家臣の池田恒利(つねとし)の妻で、織田信長の乳母も務めた人物である。養徳院は夫の恒利を早くに亡くしたが、女手一つで嫡子恒興(つねおき)を育て上げた。恒興も養徳院の期待に応えて数々の軍功を挙げ、美濃国大垣城主の地位を得ている。その後

天正十年（一五八二）に本能寺の変で信長が横死すると、恒興は秀吉の旗下に属し、同十二年の小牧・長久手の戦いに参陣する。しかし同年四月九日に恒興は、尾張国長久手における徳川家康との戦いで不意をつかれ、あえなく戦死を遂げてしまう。この時、恒興に同道した嫡孫の元助もまた命を落とした。それから二日後にしたためられたのが本状である。

内容を意訳すれば、「今回恒興父子が戦死しましたことは私にとっても本当に残念です。貴方様がさぞ悲嘆に暮れてなさるかと思うと心配でなりません。どうかお気を強くしてください」となり、秀吉が養徳院の哀しみを慮り、哀悼の意を尽くしていることがわかる。当時秀吉は未だ戦陣にあったが、養徳院の胸中を思うと、居ても経ってもいられなかったのだろう。

また、本状には先に続けて、「三左衛門（恒興の二男で、のちの池田輝政）・藤三郎（三男で、のちの長吉）が無事でありましたことは不幸中の幸いです。今後は恒興への弔いと考えて、二人を取り立て厚く遇します」とも約束している。実際に秀吉は二人を重用し、とりわけ池田家を継いだ三左衛門には目を懸けたようで、同十八年には知行十五万石を与えた上で三河吉田城主に据えている。また養徳院自身にも別途八百石の知行が進上された。このように本状からは、秀吉の義理人情に厚い一面がうかがえる。

036 （天正十二年八月）小牧・長久手の戦い陣立書

【釈文】写真は52・53頁

筒井四郎
先手

筒井四郎
先手

伊藤掃部助

筒井四郎

山崎源太左衛門尉
池田孫次郎
多賀新左衛門尉

浅野弥兵衛尉
市柳市介

羽柴孫七郎殿

長谷川藤五郎

日根野備中守
日根野常陸守

羽柴左衛門督
長岡越中守

氏家右衛門尉
氏家源六
瀬田左馬允

木下半右衛門尉
徳永石見入道
小河孫一郎

牧村長兵衛尉
甲賀衆
蒲生飛騨守

伊藤半介
高田小五郎
谷兵介

藤川三蔵
石川小十郎
田中小十郎

八重葉左衛門尉
毛利河内守
拓殖与八
矢部善七
池田久左衛門尉
蜂屋五郎介
古田左介
松下加兵衛尉
滝川儀大夫
津田四郎左衛門尉
生駒市左衛門尉

宮木藤左衛門尉
舟越左衛門尉
木村弥一右衛門尉

多賀宗十郎
伊藤弥吉
野村内匠助
生駒源介
木下興右衛門尉

秀吉（花押）

馬廻

加藤孫六
加藤虎介
赤松弥三郎
池田藤三郎
河尻与四郎
賀須屋助右衛門尉
古田彦三郎
戸田三郎四郎

後備

津田小八郎
片桐助作
間島彦太郎
木下仙蔵
福嶋市兵衛尉
早川喜八郎
小野木清次
富田平右衛門尉
織田三郎殿

●解説

本状は、天正十二年（一五八四）における小牧・長久手の戦いに際して豊臣秀吉が作成した「陣立書」である。「陣立書」とは、作戦指令書というべきもので、そこには旗下の戦闘部隊の各兵力や陣形・配置を事細かく図示してある。なお、この種の文書は古代・中世においては認められず、小牧・長久手の戦い時に至って初めて成立・普及した。陣立書は戦局の変化に伴って書き改められる性質の文書であるため、小牧・長久手の戦いに限っても陣立書は複数伝来しており、ここでは大阪城天守閣所蔵の陣立書を紹介する。

本状を見てみると、先手として筒井四郎（定次）の名が見える。筒井は天正十二年八月十二日から十三日にかけて軍勢を率いて大和郡山城（奈良県大和郡山市）を出陣しているので、作成時期は同年八月十二日以降と推定できる。この頃の戦局は尾張北西部から美濃にかけて展開しており、おそらく秀吉は尾張楽田城（愛知県犬山市）において、この陣立書を構想したのであろう。また、筒井と共に先手を務める人物として、羽柴孫七郎（秀次）の名が見えるが、秀次は同年四月に長久手において大敗を喫しており、秀吉は甥に汚名返上をさせようと、あえて先手に配属したのであろうか。秀吉も自ら出馬することを計画していたようで、周囲を馬廻りで固めた上、加藤虎介（清正）・加藤孫六（嘉明）・福島市兵衛尉（正則）ら子飼いの武将を後備に配置するなど、万全の態勢で戦闘に臨んだことがわかる。

そのほかに注目すべきこととしては、織田三郎の名が見えることである。織田三郎は旧主信長の甥にあたり、それゆえ敬称の「殿」が付けられている。織田信雄（信長二男）を攻撃するにあたり、ほかの織田一族の者をあえて傘下に加えた背景には、秀吉の中に旧恩への裏切りという世間からの誹りを避けたい、あるいは、あからさまな下剋上を隠したい、とする心情があったことを示していよう。

037 （天正十二年）九月八日付け羽柴秀吉書状

【釈文】写真は54頁

四日御状今日到来、
令披見候、此表儀、所々
手堅依申付、敵方種々
有懇望候、三介殿御料人・
家康惣領子十一ニ成候を
被出、其上ニ家康舎弟
重而出、石川伯耆実子・
源五殿・三郎兵衛実子
出シ、尾張国迄にて雖
懇望候、不能許容候
処、色々越前守異見
被申候条、思安（案）半儀ニ候、
然者越州、廿日比ニ者
何之道ニも可為開陣候、
越中へ行儀、はや越
州与令談合相定候間、
佐々内蔵助山取以下
仕候とて、聊爾なる働
無用ニ候、うちば（内端）ニ被相
構、越前守被相越候を
可被待儀専用（要）候、自然不
被待付、越度候てハ、不可
有其曲候、猶使者へ
申渡候、恐々謹言、

筑前守

九月八日　秀吉（花押）

前又左

御返報

●解説

小牧・長久手の戦いは、尾張の一角における局地戦において、秀吉と織田信雄（信長二男）・徳川家康が争ったもののように思われがちだが、信雄が四国の長宗我部元親との連携を図ったり、また北陸でも秀吉方の前田利家と信雄・家康と連携した佐々成政との間で激しい争いが展開されたりする広域的な合戦だった。

本状は、それに関連するもので、秀吉が「前又左」こと加賀金沢の前田利家（又左衛門）に宛てたものである。まず尾張における信雄・家康との戦勢について、信雄・家康側が和議を「懇望」しており、信雄側からは「御料人」（息女のこと）と、信長の弟「源五殿」（織田長益）・信雄の家臣滝川雄利（三郎兵衛）の実子を、家康側からは家康の十一歳になる惣領息子（於義丸、のちの結城秀康）、家康の舎弟（久松定勝）、家康の重臣石川伯耆（数正）の子息を差し出し、信雄による尾張の支配を条件としたので、許容できなかったが、「越前守」こと丹羽長秀の意見によって思案半ばであること、また二十日頃に長秀は尾張から引き揚げ、越中に転戦することを談合したので、佐々勢が山中に陣などを構えようとも、軽率に開戦せず、長秀の来援を待つように、と述べている。

長秀は、秀吉に加勢すべく八月十九日に居城の越前北庄（福井市）を発して尾張に出兵したが（『多聞院日記』天正十二年八月二十八日条）、九月二十八日に尾張から戻った。佐々勢が仕掛けた末森城の戦いを凌いだ利家は、十月五日付けで上杉家の重臣直江兼続に書状を送り、長秀が近日中に利家の加勢として加賀へ出馬する旨を報じている（「保阪潤治氏所蔵文書」）。

実は、本状が記された段階では、家康の家臣松平家忠が日記に「無事の切れ候」と記しているように（『家忠日記』同年九月七日条）、和議は破談になっていた。その後、信雄については同年十一月、信雄と長益が実子を、また信雄の重臣が実子や母を人質とすること、信雄領の北伊勢四郡の割譲という条件で和議が整った。また家康についても、その際に信雄が「御外聞」に関わるとして家康について「侘言」を入れ、「懇望」した（十一月十三日付け秀吉朱印状、「伊木文書」）。家康は、十一月二十一日に浜松を訪れた秀吉の使者に対して和議を受け入れ、於義丸を秀吉の養子とし、於義丸、石川数正の子息勝千代、同じく重臣である本多重次の子仙千代が人質として送られた（『家忠日記』同年十二月十二日条、「静岡県士族本多家譜」）。

038 （天正十二年）九月二十三日付け羽柴秀吉条書写

【釈文】写真は55・56頁

一、此日比、秀吉甥子之令覚悟、人にも慮外之躰沙汰」

之限候、何れの者にもさし下、甥躰をみせ候ハても、」

為何者も秀吉甥と存、可崇候ニ覚悟持専用（要）候事、

一、是以後者、秀吉不致許容、如無之ニ可仕と存切候へとも、又ハ不便之心出来候之間、此一書を思出、書付」

候間、心もなをり、人にも人と被呼候ニおいてハ、進退之儀」

右之外より取上可申事、

一、今度木下助左衛門（祐久）、同勘解由（利匡）相付候処、両人なから」

あとに残討死不便ニ候、両人之もの殺候事、取分」

迷惑と可存処、其心ハ無之、一柳市助（末安）を以、池田監物」

とやらんをほしき由申候、縦秀吉誰やの者を預ヶ候共、」

今度被成御預候もの一人も不残、両人なから討死」

いたさせ、我者のこり候之間、又御預ヶ之儀、外聞迷」

惑之由、斟酌可申処、申させ候ものハ、中々不及申、取次候」

もの無分別の大たハけと存、既市助めを手打ニも」

いたし度と秀吉存、今迄言葉にも不出、腹中ニおりこみ候て加遠慮候、能々致分別、諸事にた

し」
なミ在之候て、秀吉甥之きれかと被呼候者、何
より以」
可為満足候間、右之守一書心持已下嗜尤候事、
一、覚悟もなをり候者、いつれの国成共可預奉行候、
只今之ことく無分別之うつけにて候者、命を
助遣候」
とも、秀吉甥子之沙汰候而、於秀吉非可失面目
儀」
候間、手討ニ可致候、人をきり候事、秀吉きら
ひにて候へ」
とも、其方を他国させ候へハ、はちの恥ニて候
之間、人手」
にハ懸申間敷候事、
一、此中ハ人にも不云、器用又ハこさかしく物をも
申付、」
武者をも可致と見及候者、御次(秀勝)ハ病者候之条、
秀」
吉代をも可作(為さ)致歟とも存候ニ、其方之様ニ覚
悟持」
仕候ハ、秀吉名字を不可残と、天道よりのはか
らひにて」
候かと不及是非、さとりを構候間、くやみも無
之候、」
右五ヶ条之通、是以後分別候て嗜於無之者、
八幡大菩薩人手ニハ懸申間敷候、委細善(宮部継潤)
浄房・蜂須賀彦右衛門尉(正勝)両人ニ申含遣候間、
せかれ」
にて候共、其心得専用候、
已上、
九月廿三日　　秀吉(花押影)

●解説

天正十二年(一五八四)に秀吉は、天下の覇権をめぐって徳川家康と激しい戦火を交えた。いわゆる小牧・長久手の戦いである。この時、甥の秀次もまた従軍していた。

同年四月六日に秀次は、家康の裏を掻き、その本拠地三河を叩こうと総勢一万六千を率いて進撃する。しかし、長久手において家康からの手痛い反撃を受け、秀次は見苦しく敗走してしまう。この時、秀吉は若輩の秀次を見兼ねて、森長可や池田恒興といった歴戦の勇士を補佐に付けていたのだが、両名とも討死していた。

この惨状に秀吉は怒り心頭で、秀次に対して厳しい叱責文を送り付けたのだが、それが本状である。叱責状の原本は伝わっていないが、写本が複数存在しており、ここではその中でも最も古体を残している「松雲公採集遺編類纂」所収のものを紹介する。

叱責状は全部で五ヶ条あり、まず第一条において(天下人たる)秀吉の甥であることを常に自覚して行動するよう促している。第二条では、今回ばかりは勘当するつもりであったが、哀れに思ってこの訓戒状を与えるだけで済ますとある。第三条では付人の木下祐久・利匡を無惨にも討死させただけにとどまらず、あまつさえ秀吉配下の池田監物まで所望するとは言語道断であるとする。第四条では、そなたの性根が改善されたならば、いずれどこかの国を預ける予定である。しかし、今後も反省せずにうつけ者のままで居るならば、世間体が大変悪い。自分は人を切るのは嫌いだが、場合によってはそなたを処断するのも仕方がない、と記している。第五条では、秀勝(信長四男で秀吉の養子)は病弱なので、代わりに、そなたの器用で小賢しいところを頼みとして、ゆくゆくは自分の名代をも任せようと思っていた。それなのに今のままでは秀吉の名を絶えさせることになってしまう、と記している。

最後に秀吉は、これら五ヶ条を宮部継潤と蜂須賀正勝の両人に申し含めたので、守れないようなら、今度はたとえ倅であっても必ず処断すると厳命している。

039 (天正十三年)三月二十五日付け羽柴秀吉書状

【釈文】写真は57頁

急度申候、去々年以来、
根来悪党、雑賀一揆
原相語、対秀吉、令慮
外条、為成敗、去廿一日出馬
候之処、自雑賀根来、
泉州岸和田表構城、
相防之処、押詰、則小山・
田中城両城、申刻責(攻)崩、

一人も不残、根来雑賀
奴原、依刎首候、明候城之事、
畠中・積善寺・千石
堀・岸・佐和(沢)・佐野、
以上六ヶ城、令退散候間、廿三日ニ
不継息、根来寺へ押懸候
処、山々ニ城を拵、雖相踏、
右ニ責殺、城ニおゐて、用ニも
立候者共、討殺候ニ付而、少も
不相抱北散候、即根来寺
不残令放火、廿四日ニ、雑賀
表へ取懸、土橋平直城、
先手之者共、取巻候処ニ、
夜落ニ行方不知罷成候、
此表依為多人数、手を分、
千石権兵衛尉(仙石秀久)・中村孫平次(一氏)・
小西弥九郎(行長)、其外人数、至
湯川館差遣候処、畠山
式部太輔(貞政)・村上六右衛門親子
三人・柏原父子・根来寺
法師蓮蔵院以下、数多
討果、畠山居城・戸(鳥)屋城
乗捕候、三日之内ニ、泉州・紀
州任存分候、然者、湯川
一城相抱候条、即取巻、秀吉
儀者、紀湊ニ拵城、国中
置目等為可申付、可令
逗留覚悟候、猶追々
可申候、謹言、

三月廿五日　秀吉(花押)

小早川左衛門佐(隆景)殿

●解説

本状は、秀吉による紀伊攻めに関する判物である。「去々年」とあり、天正十一年(一五八三)に秀吉が、紀伊の備えとして中村一氏を岸和田城(大阪府岸和田市)に配したところから文書が始まる。これに対して、紀伊の根来・雑賀衆は、和泉・紀伊に多くの支城を築いて対抗したとある。以後、和泉の岸和田勢(秀吉方)と紀州勢(根来・雑賀衆)の間では、小競り合いが頻発するようになった。

根来・雑賀衆は、紀伊有田の畠山貞政を盟主とし、紀南の湯川氏などの支援も受けた。さらに同年七月、本願寺顕如は、紀伊の鷺ノ森(和歌山市)から和泉の貝塚(大阪府貝塚市)に拠点を移すなど、天正十一年の秋頃から紀州勢の動きが活発になった。

さらに天正十二年の小牧・長久手の戦いでは、根来・雑賀衆は、徳川家康・織田信雄(信長二男)と結びつつ、秀吉の背後をうかがう動きも見せた。そのため秀吉は、天正十二年十一月、家康・信雄との講和交渉を済ませると、翌十三年二月、毛利氏重臣の小早川隆景に三月二十一日の紀伊出兵を報じて、毛利氏分国中のすべての警固船を和泉岸和田の海上に集結させた。安芸国の一向宗門徒との分断にも配慮した指示である。

以上のような経緯があり、天正十三年三月二十一日、ついに秀吉は大坂を出陣し、紀伊侵攻が開始されたのである。秀吉の軍勢は、まず河内の小山・田中の支城を攻略し、そこから和泉の畠中・積善寺・千石堀・岸・沢(以上、大阪府貝塚市)・佐野(大阪府泉佐野市)の諸城を落とし、三月二十三日、すぐさま根来寺(和歌山県岩出市)を攻撃した。一方、根来寺の僧徒らも、嶮岨な山々に砦を構え、頑強に抵抗したが、秀吉の軍勢はこれを撃破し、全堂に火を放った。

本状によると、翌三月二十四日、秀吉勢は、雑賀の地へ赴き、一揆の指導者である土橋平之丞の居城を、先手の軍勢が包囲した、しかし平之丞は夜逃げして、行方知れずとなった。その後、仙石秀久・中村一氏らの武将が湯川の館へ向かい、畠山貞政・村上六右衛門などを討ち果たし、貞政の鳥屋城(和歌山県有田市)までも占領したとある。

なお、本状の末尾では、わずか三日間で、和泉・紀伊の両国を平定したとあるが、根来・雑賀衆の背後には、さらに高野山の勢力もあったため、その後は高野山への攻撃となった。

040 (天正十三年)卯月九日付け羽柴秀吉朱印状

【釈文】写真は58頁

惟住越前守(丹羽長秀)
所労、于今不然候

付而、其方之儀申
上候間、乍造作、来
十二、三日比下向尤候、
永々煩之間、定
可為斟酌候へ共、
下向専用候、(要)尚委細
蜂出(蜂屋頼隆)可被申候、謹言、
卯月九日　秀吉(朱印)
竹田法印(定加)

●**解説**

天正十三年(一五八五)四月十六日、丹羽長秀は越前国北庄(福井市)において死去した。吉田兼見の日記『兼見卿記』天正十三年四月一日条には、長秀の病について「近日殊更煩也」と書かれ、また本状にも「永々煩之間」とあるので、急な病ではなかったようである。

長秀は織田家の重臣として、信長に仕えていた。天正十年、信長が本能寺の変で横死したあとは、秀吉と共に明智光秀を討ち、清須会議にも列席している。会議ののち、長秀は近江坂本城(滋賀県大津市)に入城。「織田体制」の宿老として、信長嫡孫の三法師(のちの織田秀信)を補佐する立場となる。

天正十一年、秀吉と柴田勝家が対立した際には、秀吉に味方して若狭へ出陣し、越前・近江・若狭の国境にて軍事活動を展開している。賤ヶ岳の戦いで勝家が敗れたあと、長秀には越前および南加賀の支配が委ねられたようである。

天正十二年、秀吉と織田信雄(信長二男)・徳川家康が対立した際にも、長秀は秀吉に味方している。

信長の死後において、秀吉と長秀は良好な関係を維持していた。秀吉は長秀の病が篤いとの報に接し、医師の竹田定加に対して本状を送ったのである。

竹田定加は、当時天皇・皇族の治療も行うほどの医師の一人だった。秀吉からは、母の大政所や養子羽柴秀勝の治療を命じられており、信任が厚かったようである。

秀吉は、病の長秀に対して定加のことを伝え、長秀も定加の下向を望んだ。そこで秀吉は、越前へ下向するよう命じたのである。本状の三日後にも、秀吉は定加へ朱印状を送り、急ぎ下向するよう命じている。定加の下向が間に合ったかは定かではないが、本状は秀吉と長秀の関係が垣間見られる文書といえよう。

041 天正十三年卯月二十二日付け羽柴秀吉朱印状

【釈文】写真は59頁

一、今度至泉州表出馬、千石堀、其外諸城同時ニ責(攻)崩、「
悉刎首、則至根来・雑賀押寄処、一剋も不相踏、
北散段、無是非候、然者、両国至土民百姓者、
悉可刎首与」
思食候へ共、以寛宥儀、地百姓儀者依免置、至
其在々、」
如先々立帰候事、
一、太田村事、今度可抽忠節旨申上、無其詮、
剰、遠里・近郷徒者集置、往還成妨、或者荷物
奪取、或者人足等殺候事、言語道断次第候条、
後代為懲、太刀・刀ニ及す、男女翼類ニいたる
まて、一人も」
不残、水責(攻)ニて、可殺と思食、築堤、既一両日
内存命依相」
果、在々悪逆東梁(棟)奴原撰出、切首、相残平百
姓・其外、」
妻子已下可助命旨、歎候付而、秀吉あわれみを
なし、」
免置候事、
一、在々百姓等、自今以後、弓箭・鑓・鉄炮・腰刀等、
令停止訖、」
然上者、鋤・鍬等農具を嗜、可専耕作者也、仍
如件、」
天正十三年卯月廿二日(秀吉朱印)

●**解説**

本状は、紀伊雑賀一揆の鎮圧と、その後の刀狩りに関する朱印状である。

天正十三年(一五八五)三月末、秀吉は紀伊根来・雑賀の僧徒らを平定したが、その後も、この残党は、紀伊名草郡太田村(和歌山市)の砦に立て籠り、頑強に抵抗した。そこで秀吉は、水攻めの戦法でこれを鎮圧した。この結果、生き残った平百姓の命を助け、これを機会として、以後は百姓が武具を保持するこ

とを禁止し、農事耕作に専念することを命じたのである。

本状の第一条で、前述した秀吉の紀伊攻めの概要が述べられ、さらに第二条では太田村を水攻めにした状況が詳しく述べられている。そして、最後の条文には「在々の百姓らは、今より以後、弓箭・鑓・鉄砲・腰刀などを用いることを禁止する。この上は、鋤・鍬など農具を嗜み、耕作を専らにすべきである」とある。秀吉による刀狩りの初見ともいうべき、貴重な文書といえよう。

042 （天正十三年）六月十七日付け羽柴秀吉朱印状

【釈文】写真は60頁

将亦、秀吉相定候
背法度候者、縦
長曾(宗)我部首を捕候共、
可成敗候間、可成
其意候
態申遣候、諸勢
渡海候哉、再三如
申聞候、物をしミ
不仕、一手ニ令野陣、
所々見計、無越度
様ニ可申付候、其方
一左右次第、不移
時日、内府可出馬候、
成其意、路次中
道橋、同泊々要害
以下、権兵衛(仙石秀久)与相談
候て、見届普請可
被申付候、路次伝、
渡口、城之何と申所ニ
誰を置候哉、委書
付可申越候、何も其
表様子、切々可有
注進候、不可有油断候、
謹言、

六月十七日　秀吉(朱印)

中川藤兵衛尉(秀政)殿
高山右近亮(重友)殿

●解説

本状は、四国出兵に関する朱印状である。宛所の内、「中川藤兵衛尉」は中川秀政。父清秀が賤ヶ岳の戦いにおいて討死したため、天正十一年（一五八三）に家督を相続した。「長龗」（021参照）を改めて、この時は「藤兵衛尉」を名乗っている。「高山右近亮」はキリシタン大名として名高い高山重友。追而書き中の「長曾我部」は、土佐国を本拠とする長宗我部元親のことである。

秀吉と元親の対立は、天正十年に遡る。秀吉は、本能寺の変後、仙石秀久（本状中の「権兵衛」）を淡路国へ在国させて、分国化を進めていた。同年九月には、元親と対立する十河存保を支援するため、阿波国への渡海を企てた。しかし、十河方の勝端城（徳島県藍住町）の陥落や、秀吉と織田信孝（信長三男）・柴田勝家らの対立激化によって、秀吉勢の主力が東へ向かったため、大規模な軍事衝突には至らなかった。

天正十二年の小牧・長久手の戦いに際して、元親は織田信雄（信長二男）・徳川家康と同盟関係を結び、秀吉に対抗したが、同年末には秀吉と信雄・家康との講和が成立したため、秀吉の視線は再び西へ向かう。これに対して、元親からの講和を模索する動きがあったが（『小早川家文書』）、結局、秀吉は長宗我部氏討伐を決断した。この背景には、天正十三年初頭の秀吉との国境画定によって支配地域が縮小した毛利氏の意向もあったと考えられる。

天正十三年三月、元親と連携していた紀伊の雑賀一揆を攻撃して、同年四月、紀州平定を果たした秀吉は、五月八日付け玉置宛て朱印状（大阪城天守閣所蔵）において「来月三日、長曾(宗)我部成敗のため、四国に至り出馬候」と告げ、六月の出兵を宣言した。

本状中にも「内府可出馬」とあり、当時は内大臣であった秀吉自身の出兵が予定されているが、実際には、秀吉の体調不良などにより、弟秀長や甥秀次が兵を率いて出陣した。六月下旬に始まった戦闘は秀吉方の圧勝に終わり、元親は降伏、長宗我部氏の支配地域は土佐一国に縮小された。

043 天正十三年七月十五日付け羽柴秀吉判物

【釈文】写真は61頁

(端裏書)
「伏見殿(邦房)」

一、親王与准后座次之儀、可為各(隔)座、但、龍山(近衛)与伏見殿(邦房)者、不混自余之条、此両人者何時もならはれ候て可為各座事、

一、同法中之儀、総並之准后与親王間のことく可為各座事、

一、前関白与法中之准后可為各座之事、付法中之親王同前、

親王准后相論之事、古今無一決者歟、然今後於大徳寺遂糺明、或求職原官班両趣、或披双方之旧記悉令批判、右三ヶ条定置之者也、可為後代之亀鏡者哉、仍以此趣被成勅書、猶為治定之間、今令告触諸家諸門畢、弥可被守此法度者也、

天正十三年七月十五日

関白(花押)

●**解説**

天正十三年(一五八五)七月十一日、秀吉は関白となった。七月十三日、秀吉の関白任官を祝う宴において、座次をめぐって親王方(伏見宮邦房親王・青蓮院宮尊朝法親王・妙法院宮常胤法親王・梶井宮最胤法親王)と准后方(皇族・公卿・僧侶などで三后に準ずる待遇を受けた者の称号/前左大臣近衛前久・聖護院道澄・大覚寺尊信・三宝院義演)が争ったため、双方の出座がなくなるという事態が起こる。

そこで関白秀吉は、座次を定めるために、同月十五日に大徳寺総見院において、裁定を行った。秀吉は、親王方と准后方との問答を行ったが決し難く、摂家にも使者を遣わし、その上で判断を下した。なお、この相論に関する正親町天皇の意向も示されており、それは座の上下が明確にならないよう「隔座」にするというものだった。

秀吉が下した判断が記されたものが、本状である。内容は、第一条は、親王と准后の座次は各座(隔座)とする。但し、近衛龍山(前久)と伏見宮については、ほかとは区別し、両人は並び隔座とすること。第二条は、法親王と法中の准后も同様に同格とすること。第三条は、前関白と僧体の准后も同格とし、法親王も同様とすること。以上の三ヶ条が決定した。そして、この親王と准后との相論のことは、古今一決することがなかったが、このたび大徳寺において故実・旧記を検討の上、右の三ヶ条に定めた。これを「後代之亀鏡」とする。この趣は勅書によって定められ、諸家諸門に触れるので、法度を守るように、としたものである。

秀吉は関白に任官したことによって、親王や准后といった皇族の相論をも裁定するようになった。しかし、法度は勅書によって触れられている。秀吉と天皇の関係を見る上でも興味深い文書といえよう。

044 天正十三年七月十八日付け羽柴秀吉判物

【釈文】写真は62頁

今度、就近衛殿・二条殿関白職相論、秀吉天下依令異見、可拝任当職旨、雖及辞退、応叡慮御請申候、然者為助成以山城・丹波両国之内五百石進置之、目録別紙在之、全可有御領知者也、

天正十三
七月十八日　秀吉(花押)

鷹司殿

●**解説**

天正十三年(一五八五)二月、関白一条内基が辞任

し、二条昭実が関白に任官する。翌三月、秀吉が内大臣となる。この秀吉任槐に伴い、左大臣・右大臣・内大臣の転任が行われるが、これらの異動は残存史料により、齟齬・矛盾が生じることが指摘されている。

当事者の一人である近衛信輔（のちの信尹）の手による『三藐院記』の別記「羽柴秀吉関白宣下次第」に倣って整理すると、近衛信輔は内大臣より右大臣に、二条昭実が右大臣から左大臣となった。

次いで、前内大臣の菊亭晴季が右大臣になることを望んだため、近衛信輔が左大臣に転任した。また、秀吉もさらなる昇進を望んだ。本来であれば、昇進の順序として、内大臣の秀吉は右大臣に任槐するはずだった。ところが秀吉は、右大臣は信長の凶例があるとして、左大臣になることを申請した。これを受けて、左大臣信輔は、前左大臣として関白職に就くことを嫌い、関白二条昭実に関白職への任官を再三申し入れた。

しかし、この要請を昭実は「二条家において、一ヶ年の内に、関白を辞職した例はない」として、拒否するのである。埒が明かなくなったため、信輔は正親町天皇に奏上し、昭実は叔母である天皇の上﨟局を頼った。ここに、関白相論が起こったのである。

しかし、正親町天皇はこの相論を決着させることができなかった。そのため、時を前後して両者は秀吉に助力を求めたのである。その結果、秀吉が近衛前久（信輔父）の猶子となり、関白となることが奏請され、七月十一日、正親町天皇は秀吉を関白に任じたのである。

関白任官の条件の一つとして、秀吉は近衛家に千石、九条・二条・一条・鷹司の四家に五百石ずつの領知を与えることを約束していた。その約束が果たされたのが、本状である。

内容を見ると、秀吉は天皇に関白職となることを求められ、一度は辞退したが、叡慮に応じ、お受けしたと記されている。先述した経緯とは異なるが、関白職をめぐる相論から秀吉任官までの、秀吉政権の公式見解が本状といってよいだろう。

045 （天正十三年）閏八月五日付け羽柴秀吉朱印状

【釈文】写真は63頁

近日、目を相煩候条、
非直判、朱印ニ候、
不可有御不審候、以上、
為在陣御音信、
ゆかけ送給候、寔遠
路御使札、祝着至候、
一、此春儀、越中倶利
加羅峠ニ立馬、先勢
東ハ立山うは堂・つる
きの山之麓迄令放
火候処、木船・守山・増
山以下悉敗北付而、
蔵助令降参、信雄
相頼、外山之居城相
渡、当陣取へ走入候間、
命儀令赦免事、
一、外山へ寄馬、諸城物主
相付、国之置目等申付候事、
一、蔵助足弱以下大坂へ
差上、従外山令破却、
陣明候条、明日賀州
送納馬候、誠太刀も
刀も不入給候間、可御心
易候、頓令上洛、以
面可申入候、恐々謹言、

閏八月五日　秀吉（朱印）

九条殿

●解説

本状は、天正十三年（一五八五）八月以来、越中攻めのために在陣中の秀吉が、「九条殿」こと、摂家の九条兼孝に宛て、陣中への音信物として「ゆかけ」（弓を射る時に用いる革製の手袋、弓懸）を贈られたことに礼を述べ、佐々成政の降伏に至る戦況、外山（富山）において北国の知行割りを実施し、成政妻子を人質として大坂に差し出させ、成政の居城外山城の破却を命じたことなどを伝えた朱印状である。

これより先、織田信雄（信長二男）と徳川家康に同調していた成政は、天正十二年十一月に信雄が秀吉と講和した報を聞くと、これを不満とし、家康、次いで信雄の許に赴いた。抗戦、再挙を訴えた成政だったが、結局この働きかけは失敗に終わっている。

成政との睨み合いを続けていた前田利家は、越後の上杉景勝と連携しつつ（四月二日付け上杉景勝書状写、「歴代古案」十所収）、しばしば秀吉に出陣を促していた。秀吉は、七月十七日付け利家宛ての書状（「温故足徴」所収）で来月四日に越中表へ軍勢を出陣させる旨を報じた。

しかし、七月七日・八日頃には家康が仲介して成政赦免、高野山入りという風聞が立ち（『顕如上人貝塚御座所日記』）、また七月八日付けの千宗易書状（「松井文庫所蔵文書」）に拠れば、この段階で家康から重臣を人質として差し出すか、成政が越中を信雄に引き渡すか二つに一つの状況が設定されていたといい、同月二十一日時点では、成政は信雄を頼って越中を引き渡すつもりという話も伝わっていた（『貝塚天満移位記』）。

成政の降伏は、秀吉出陣前から予想され、また本状にある「誠太刀も刀も不入給」に近い状況にまで、外交交渉によってある程度の御膳立てが整えられてからの出陣だったといえよう。

秀吉は、二十日に加賀・越中国境の倶利伽羅峠に達し（『天正記』）、本状に見えるように、先勢は立山の中宮寺姥堂（富山県立山町）から剱岳山麓に放火、また木舟城・守山城（いずれも富山県高岡市）・増山城（富山県砺波市）を奪取した。成政は二十九日に剃髪し、秀吉に「御礼」を遂げて服属の意を示し、「身上御詫言」を申し入れた結果、風聞通りに信雄の仲介もあって助命され、越中内の一郡（新川郡）のみを与えられた（『貝塚天満移位記』『多聞院日記』ほか）。

046（天正十三年）九月三日付け羽柴秀吉朱印状

【釈文】写真は64～66頁

熊申遣候、

一、加藤作内事、五十石・三拾石廻之者を取上候て、過分ニ知行をとらせ、人をもたせ候条、我々

相果候かけあと迄も相忘間敷と思召候而、かなめの所大柿之城を預ヶおかせられ候事、

一、大柿事、肝心之所候条、城米又ハ何事も在之、自然東国辺へ人数を遣候時之兵粮之ためニ、蔵入七千石為代官、是も作内ニ預ヶ置候処、人を過分ニ相抱候間、右之台所入ニも給人可付旨申上候、言語道断次第、御分別之外ニ思召候事、

一、右之分ニ申上候上ハ、廿石宛の者を、五百石・千」石宛たひ〱ニかさねさせられ、唯今ハ大柿之かなめ之城ニ二万貫、城廻ニて被下、七千石之代官を被仰付候ハ、作内ためニハ、秀吉日本国事ハ不及申、唐国迄被仰付候心ニ候歟、人をハ知行たけ〱ニ扶持を可仕処、知行よりも人数を多相拘候之間、台所入ニも給人可付と申候ハ、親之中ニも子之中ニもおしつけたる申様、不可過之と、秀吉被思召候事、

一、台所入之知行ニさへ給人可付と申懸候間、となり之いなは知行・三左衛門知行、又ハ江州之知行も右之作内知行ニ入〱ミ候間、心のうちニハ、国之動乱も出来候へかし、右之人を知行よりおゝく抱候ものにとらせ度なとゝ可存儀ハ、安之内とさけすまさせられ候ものを、大事之かなめ之城ニおかせられ候ハん事、御分別なく候へ共、二万貫之知行をとらせ、ちか〱ニ大柿之城ニおかせられ候て、俄ニ右之分ニおかせられ間敷なとゝハ如何」之儀と国〱をあつけ、又ハ城を預ヶ候は、初而其身之とかをハ不存、頼すくなきと各存候へハ、如何と思召され、為其各ニ此一書を以御尋なされ候間、せいしを一ッ宛書候て、有様之存分以一書可申上候、其異見次第ニかのものを追払候歟、又ハ可立置候歟、両条ニ一ッ之異見ニ可付候事、

一、各分別一大事之儀ニて候条、右ニ如申候、令得心、せいしを相そへ、此返事まち入候也、

九月三日（秀吉朱印）

一柳市介(直末)とのへ

●解説

本状は、豊臣秀吉が「唐入り」(大陸出兵)について、初めて具体的に意思表示した文書として知られているものである。宛所は、黄母衣衆(秀吉を警護する親衛隊)の一柳直末である。

内容を意訳すれば、「加藤光泰(左内)は、かつては小身者であったのに、わざわざ要の大垣城(岐阜県大垣市)を預けたのは、それだけ期待をかけていたからである。加藤のためならば、日本国に留まらず唐国までも征服する覚悟だった。それにもかかわらず加藤は、身分不相応なほど多くの兵士を召し抱え、さらには蔵入地(秀吉の直轄地)も分け与えて欲しいなどと、ねだりがましい申し出までしてきたのは言語道断である。ついては、加藤の処分を行おうと思うが、その身柄について改易にすべきか否か、そなた(一柳)の意見を述べよ」となる。

本状が書かれた当時、秀吉は織田信雄(信長二男)・徳川家康と小牧・長久手の戦いを繰り広げていた。文中に登場する大垣城は、徳川勢と接する最前線に位置しており、だからこそその城将である加藤の慢心は、秀吉にとって許せるものではなかったのだろう。しかし、戦いの最中に突如改易処置を施せば、家中に動揺が広がってしまう。そこで秀吉は、加藤の罪状について、彼がどれほど間違っていたのか、一柳をはじめ諸将へ対して詳細を逐一通告し、また、たとえ形ばかりでも部下からの意見を徴することで、処分が公明正大に行われることを喧伝したのである。さらに本状は、「失態は即改易に繋がる」という警告をも含んでおり、受け取った諸将は皆一様に緊張したことだろう。

このように、本状は家臣団の綱紀粛正を意図して入念に作成されたものである。したがって、文中の「唐国迄」の文言も、単なる秀吉の妄言と捉えることはできない。おそらく秀吉は、「唐入り」という具体的な展望を明かすことで、家中に対し、より一層の奮起と統括を期待したのである。

047 天正十三年九月九日付け豊臣改姓款状案ほか二通

【釈文】写真は67・68頁

(1)(朱筆)「○関白秀吉改豊臣宣旨」
奉入
宣旨
関白内大臣藤原朝臣申
請改本姓藤原為豊臣事
仰依請
右 宣旨奉入、如件
九月九日 権大納言(柳原淳光)(花押)
大外記局(押小路師廉)

(2)(朱筆)「同」
請殊蒙 天恩、因准先例、以本姓藤原朝臣、
改 豊 臣 朝 臣 状
右、謹 考 旧 例、依有所思令改姓者、古今之
恒典、時之通規也、不遑羅縷、不足勝望、
請 天許、准諸旧貫、以藤原姓改豊
臣姓、仰以厚寵、俯以沐 恩、奇哉瑞哉、遠
耀唐堯・虞舜之徳化、近布延喜天暦
之聖政者、将仰 叡宸之無偏、知忠功之異
他矣、秀吉誠恐謹言、
天正十三年九月九日 関白内大臣藤原朝臣秀吉

(3)正二位行権大納言藤原朝臣
淳光宣奉 勅宣依請
同年同月九日掃部頭兼大外記造酒正助教中原(押小路)
朝臣師廉奉」

●解説

天正十三年(一五八五)、秀吉は関白となるにあたって、近衛前久(当時 龍山)の猶子となり、七月二十一日に関白宣下を受けた。その直後、九月に秀吉はさらに改姓を試みる。「源平藤橘」という古来からの四姓ではなく、新たな姓を立てることを企てた。そこで、有職故実に長けた今出川(菊亭)晴季に諮り、先

例などの調査の結果、選ばれた姓が「豊臣」である。そして、正親町天皇へ改姓の奏請がなされた。それが本状である。奏請段階の文書であるため、署判は「藤原朝臣秀吉」となっている。

この一連の経緯を示すのが本文書である。掲げた写真は三点の文書からなり、(1)上卿下知状、(2)豊臣改姓款状案、(3)外記宣旨である。手続き順序としては、まず藤原秀吉が豊臣改姓を奏請し、(2)、勅許される。続いて勅旨を上卿柳原淳光が外記押小路師廉に下知する(1)。これを受けて、最後に師廉が宣旨を出したのである(3)。これらは、いずれも九月九日付けであり、奏請から即日勅許となったことが判明する。

秀吉による改姓は勅許を得て、ここに豊臣家が創立された。こののち、秀吉は豊臣家による関白職を世襲する動きを見せ始める。そもそも、関白相論の際、秀吉の関白就任に近衛家が賛同する条件として、近衛信輔にいずれは関白職を与奪するというものがあった。しかし、豊臣家の創立によって、その約束が実現されるかが怪しくなった。秀吉は誠仁親王の六宮(のちの八条宮智仁親王)を猶子として、豊臣家の後継者とすると共に、関白職を譲ろうとしていた。

さらに、天正十七年五月、秀吉の嫡子鶴松が誕生。鶴松の死後は甥の秀次へと関白職が譲られ、豊臣家による関白職の相伝が行われるようになるのである。

048 (天正十三年)九月十八日付け豊臣秀吉朱印状

【釈文】写真は69頁

態令申候、諸国之
牛ニ役銭を相
懸、薄与云公
家執之由候、秀吉
聊不知事候、定而
可為謀判候、其
国郡在々所々にて
馳走人可在之
条、糺明被申付、
役銭取候者在之
者、公家にても、門跡
にても、何者成共、
一人も不残搦候て
可被相越候、為其
如此候也、
九月十八日(秀吉朱印)
毛利右馬頭殿(輝元)

●解説

本状は、牛への役銭賦課禁止に関する朱印状である。宛所は毛利輝元。ほぼ同内容の朱印状(同日付け)が、『小早川家文書』(小早川隆景宛て)と、『吉川家文書』(吉川元春の嫡子元長宛て)に伝存している。

牛への役銭を賦課していた「薄」とは、橘氏の嫡流とされた薄家の当主薄諸光(実父は『言継卿記』の筆者山科言継)。戦国期の薄家において、所領から得る収入は極めて限定的になっていた。一方で、所領以外からの収入として、「諸国牛公事」や「伊勢国射和白粉之公事」などが確認され、「牛公事」については山城・丹波国などにおいて当知行となっている(『言継卿記』永禄十二年〈一五六九〉三月三日条)。したがって、薄家の収入において、牛への役銭の占める割合は大きかったと推測される。

ところが秀吉は「日本国諸役」を収公し、公家に対して所領を安堵すると共に、家業(あるいは「朝役」と表記)への専念を命じた(『土御門文書』など)織田信長の政策を継承していた。本状よりもあとの文書であるが、天正十三年(一五八五)十一月二十一日付け久我敦通宛て秀吉判物(『久我家文書』)に「朝役専らにすべく」、天正十六年の聚楽第行幸の際の公家に対する知行宛行(陽明文庫所蔵など)に「その家道に相嗜まるべく」とあり、さらに、文禄四年(一五九五)の「御掟追加」にも「諸公家・諸門跡家々道に嗜まれ、公儀御奉公専らにすべき事」という規定が見られる。

織田政権・豊臣政権初期においては、家業への専念命令に反して、牛への役銭などの雑役収入を既得権益として維持している公家も少なくなかった。これに対して秀吉は、地下家の薄諸光を厳罰に処する(天正十三年十月五日に切腹)と共に、本状によって、公家・門跡が役銭を賦課した場合、例外なく処罰することを宣言した。徳川政権の「禁中并公家諸法度」に繋がる武家政権による朝廷統制強化の画期を、本状に見ることができる。

049 （天正十三年）十月二日付け豊臣秀吉判物

【釈文】写真は70頁

就　勅諚染筆候、仍関
東不残奥州果迄被任
倫(綸)命、天下静謐処、九州事
于今鉾楯儀、不可然候条、国郡境
目相論、互存分之儀被聞召届、
追而可被　仰出候、先敵味方共
双方可相止弓箭旨、　叡慮候、
可被得其意儀、尤候、自然不被
専此旨候者、急度可被成御成敗
候之間、此返答、各為ニ者一大事之
儀候、有分別可有言上候也、

拾月二日（秀吉花押）

嶋津修理大夫殿（義久）

●解説

九州では、天正十年（一五八二）頃から薩摩の島津氏が勢力を拡大しており、その圧力から逃れるために、豊後の大友氏は秀吉を頼っていた。本状は、そのような状況下で天正十三年に出された判物である。

ここで秀吉は、「関東・奥州に至るまで平和になったのに、九州でいまだに戦争が続いているのはよろしくない。領土争いは双方の言い分を聞いて、あとで裁定するから、まずは停戦せよ。もし従わなければ征伐する。どう答えるかはあなた方にとって重大事であるので、よく考えて返答するように」と書いている。つまり秀吉は、島津氏に対して停戦を命じ、応じれば大友氏らとの領国境の画定（国分）を行うが、従わなければ攻撃する、という方針を明確に打ち出したのである。同様の命令は大友氏に対しても出されているが、先述の状況からすれば、命令の目的が島津氏の脅威から大友氏を守ることにあったのは明らかだろう。なお、秀吉が関東・奥州を平定するのは天正十八年のことであるから、「関東・奥州に至るまで平和になった」というのは明らかな誇張であるが、このような大言は秀吉文書の一つの特徴である。

本状で特徴的なのは、「勅諚」「綸命」「叡慮」、すなわち天皇の意思を奉じる形で、秀吉が停戦命令を発していることである。これには、この年七月に彼が関白に就任したことが関係している。ただ、秀吉の停戦命令はほかにもいくつかあるが、それらには天皇の意思が明記されていないものが多く、停戦発令の根拠として、「叡慮」が絶対必要だったというわけでもないようである。そのため、本状に「叡慮」が出てくることをどのように評価するかは、近年の論点の一つとなっている（尾下成敏「九州停戦命令をめぐる政治過程」など）。

さて、本状を受け取った島津氏は、翌天正十四年正月に大坂へ使者を派遣している。ところが、そこで秀吉から提示された国分案は、勢力を拡げつつある島津氏にとって不利な内容であった。これにより、両者は決裂するに至るのである。

050 （天正十三年）十月二十日付け豊臣秀吉朱印状写

【釈文】写真は71頁

諸公家・門跡・五山
其外給人方知
行事、三分一可渡申候、
京廻知行当納
何も法印(前田玄以)相談、免
以下一所ニ可納置候、
就其桂川ゟ
東京廻帳分、先々
差急相極上可申候、
弥々不可有油断候、
委細者民部卿法印ニ
申聞候也、

十月廿日　朱印

民部卿法印(前田玄以)
松浦弥左衛門尉(重政)殿
大野与左衛門尉(光元)殿
一柳勘左衛門尉(直次)殿
山口次左衛門尉(宗長)殿

●解説

本状は、天正十三年(一五八五)の山城国検地に関わる朱印状の写しであり、公家の久我家に伝わったものである。

内容は、「公家や門跡・五山寺院などの所領については、三分の一を徴収対象とする。京都廻りの知行の収納に関しては、いずれも前田玄以に相談すること。免以下は一所に納め置くこと。そのためにも、桂川から東側の検地帳については急ぎ作成して提出しなければならない。決して油断するな。そのほか詳細は前田玄以に伝える」となる。

宛所の五名は検地奉行であり、彼ら奉行は、竿入れ(検地竿を使用した土地の測量)から検地帳の作成、給主に対する土地の引き渡しまでを一手に請け負った。また、文中に見えるように、五人の中でも前田玄以は、この検地に関して主体的な役割を果たしていたことがわかる。

秀吉は、これ以前の天正十年にも検地を実施していたが、京都は寺社権門による土地の領有が錯綜しており、踏み込んだ調査が大変難しい土地柄だった。かつ天正十年当時は、秀吉の権力が確立していなかったこともあり、指出(給主が土地の面積や収穫高を自己申告すること)に基づく不十分な検地しかできなかった。しかし、それから三年を経た今回の検地に関する秀吉の意気込みは相当なもので、数百人規模の人員を動員し、驚くべき速さで検地を強行した。どうせ今回も検地免除になるだろうと高を括っていた吉田兼見(吉田神社神主)は、実際に立ち入り調査が行われたことに衝撃を受けているほどである。

こうした過程を経て、公家・門跡・五山僧など山城国内に所領を持つ給主を、豊臣政権が一元的に管理する体制が成立した。

051 天正十三年十一月二十一日付け自筆掟

【釈文】写真は72頁

一、あしさすり候上、きいたか
（足）（擦）おもて（居高）

なるていをし候物ニおいてハ、ふくち

ふち十ないくわせ可申事、
（扶）

一、ゆとのうらへのともはん、か
（湯殿）（供番）（替）

わりたる可候事、

一、秀吉、おねゝニくちこたへ候ハヽ、いち
（口答え）（一）

にち一や、しはり可申事、
（日）（夜）（縛）

い上

天正十三年十一月廿一日　てんか

●解説

本状は、秀吉の寝所などに関わる取り決めである。よく理解できない点も多く、極めて個人的な内容の文書かと推測される。

特に第三条では、秀吉がおね(北政所)に「口答え」をした場合には、一日一夜縛り付けることが定められた。酒にでも酔った秀吉が、おねに上手く書かされたものであろうか。秀吉の人間性を知ることができる数少ない文書である。

052 (天正十三年)十一月二十二日付け豊臣秀吉判物

【釈文】写真は73頁

遠路差上使者、太刀

一腰、黄金三十両

幷縮三十端到来候、

懇意之至被悦思召候、

来春者為富士見物

可被成御動座之条、其節

具可被仰聞候、猶増田

右衛門尉可申候也、
（長盛）

十一月廿二日(秀吉花押)

里見左馬頭とのへ
（義頼）

●解説

本状は、秀吉が安房・上総(いずれも千葉県)の大名里見義頼に宛てた書状で、義頼が遠方から使者を派遣して太刀・黄金・縮(織物の一種。夏の服装に多く用いられる)を献じた懇意を謝す礼状である。

ここで注目すべきは、文書の後段、「来春者為富士見物」という文言である。この文言は、実は徳川家康と秀吉が対立していた天正十三年(一五八五)の夏頃から天正十四年五月にかけて、関東の諸領主に宛

てた秀吉書状に散見されるもので、家康の領国内にある富士山に掛けて、秀吉の東国出陣、家康攻撃を意味する文言である（藤木久志「東国惣無事令の初令」）。

『小田原合戦関係文書目録』などによれば、富士山見物に類する文言の見える関東諸領主宛ての書状は、管見において、写しも含めると以下に挙げる文書が確認される。

①六月十五日付け佐竹義重宛て（成簣堂文庫所蔵）
②六月十五日付け宇都宮国綱宛て（千秋文庫所蔵）
③六月十五日付け水谷勝俊宛て（「八代文書」）
④六月十八日付け佐竹義重宛て（「大縄文書」）
⑤八月一日付け太田三楽斎宛て（「潮田文書」）
⑥本状
⑦四月十九日付け佐竹義重宛て（『上杉家文書』）
⑧五月十三日付け太田三楽斎宛（専宗寺所蔵）

この内、①と④はほぼ同内容であり、④が原文書の写しである。日付の写し間違いなどが想定される。また、①から⑥までは天正十三年、⑦⑧が天正十四年のものに比定される。

一連の書状からは、秀吉が家康服属や東国情勢を睨みつつ、自らの権力拡大について宣伝臭の強い部分もある当初のものから、年が変わってから東国で領主間の領土拡張を私戦と見做して停止を促すと共に、領境紛争の裁定を下すという秀吉による東国「惣無事」の論理が確立されるさまを読み解くことができる。

義頼の跡を継いだ里見義康も、秀吉に使者を派遣して太刀・黄金を進上し、引き続き豊臣政権と交渉を保った（『千葉県史料』）。天正十八年の小田原攻めには義康も参陣し、豊臣政権に従属した。しかし、義康に安堵されたのは安房一国のみで、上総は所領に含まれなかった。里見家が上総の所領支配を認められなかった理由は不詳である。

里見家の所領から除かれた上総は、関東へ移封された家康の領国の一部となった。

053 （天正十四年）正月九日付け豊臣秀吉書状

【釈文】写真は74～76頁

従是可令啓之処、十一月
十三日之書状、正月七日到来、
於大坂披見候、
一、去年如申遣候、先勢当月
相ニ差遣之、二月十日比可
出馬候事、
一、四国・西国之人数、其外兵粮
以下之儀者、以船手申付候、
二月之末、三月之初比ニハ海
上自由ニ可在之候条、可
心安候事、
一、其方人数之儀者、定路次ニ
雪可在之候間、二月中旬
比ニハ信州江人馬之足立
可申候哉、雖不可有由（油）断候、
此時候条、其心懸尤候、国之
義者望之地を可令馳走候、
八幡大菩薩於関白偽
不知候条、其疑有間敷
候事、
一、信州・甲州・関東之儀、雖
不及申候、諸侍ニおとな儀
在之而、抜公事無之様ニ
被馳走尤候事、
一、信州其方之人数迄にてハ
無人ニ可在之候間、二万も
三万も此方之人数をも、
従木曾口可申付候条、其
方存分次第ニ被申談、可
被相動義、専用（要）存候事、
一、信州之内、先度従其方
被拘候一城、小笠原かたへ
押領之由候間、申付半候処、
重而其方江被執返之由候
条、不及是非候、今少之間、彼
境目辺之儀申事無之様ニ、
おとな儀肝要候事、
一、二月十日比ニハ尾州迄可
出馬候間、其方慥成使者
被相越、見せ可被申候、行
之様子をも可申遣候、謹言、

正月九日（秀吉花押）

上杉弾正少弼（景勝）殿

●解説

本状は、天正十四年（一五八六）初頭の徳川氏討伐計画に関する文書である。宛所の「上杉弾正少弼」は上杉景勝。景勝宛て秀吉文書の書札礼を見ると、本状は、署名が花押のみとなる初見（以前は実名＋花押）で、書止文言「謹言」の終見（以降は「候也」）である。

天正十三年七月の秀吉関白任官、同十四年六月の景勝上洛といった秀吉と景勝の関係変化を反映して、書札礼の薄礼化が進んでいった状況を示すものといえよう。

小牧・長久手の戦い後の天正十二年十一月、秀吉と織田信雄・徳川家康との講和が成立した。家康は次男於義丸（のちの結城秀康）を秀吉の許へ送ったものの、天正十三年二月に大坂へ赴いた信雄とは異なり、秀吉への従属を拒み続けた。信雄は、徳川氏家老からの人質提出を勧め（「久能山東照宮博物館所蔵文書」）、徳川氏重臣の石川数正（伯耆守）は、人質提出に向けて奔走した。しかし、同年十月、家康は人質提出を拒否して（『家忠日記』）、秀吉との対決姿勢を明確にした。このため、石川数正や信濃の小笠原貞慶は十一月、徳川氏家中から出奔している。

このような徳川氏家中の混乱に乗じて、秀吉は徳川氏討伐を決意した。天正十三年十一月十九日付け真田昌幸宛て直書（真田氏歴史館所蔵）に「この上は、人数を出し、家康儀、成敗申し付くべくに相極まり候、殿下御出馬の儀は……正月十五日以前ニ動座」とあり、出兵時期は翌年一月に予定されていた。

ところが、本状での出兵時期は二月初旬とされている。上杉勢の信州への出兵を要請し、その支援のため木曾口へ大軍（二〜三万）を派遣するという積極的な言動の一方で、出兵時期は延期されており、両者の対決回避が模索されていた可能性をうかがわせる。実際に、信雄の仲裁によって一月末に出兵は中止、同年四月前後に家康からの人質が提出され、家康は秀吉への従属の道を歩み始めるのである。

054 天正十四年正月十九日付け定（豊臣秀吉朱印状写）

【釈文】写真は77〜79頁

定

一、諸奉公人・侍事ハ申に不及、中間・小者・あらし（荒）子に至るまて、其主に暇を不乞出候儀、曲事候之間、相拘へからす、但まへ（前）の主に相届、慥合点有之ハ、不及是非事、

一、百姓、その在所に在之田畠あらすへからす、其給人、その在所へ相越、百姓と令相対、検見を遂、其毛のう（上）へ升つき（搗）をして、あり（有）米三分一、百姓に遣之、三分二未進なく、給人可取事、

一、自然、其年により、旱水損の田地あらハ、一段（反）に八木壱斗よりも内ハ農料に不可相（当脱ヵ）之条、百姓にそのまゝとらせ、翌年の毛をつけ候様に可申付之、壱斗より上は、右に相定ことく、三分一、三分二に可応（懸）事、

一、百姓、年貢をはゝみ（阻）、夫役以下不仕之、隣国・他郷へ相越へからす、もし隠置輩にをいては、其身事ハ不及申、其在所中、曲事たるへき事、

一、其国・その在所給人・百姓等、諸事不迷惑之様令分別、年貢をも全取候やうに可申付之、代官以下に不任、念を可入、次、対百姓等、若いはれ（謂）さる儀を申懸やからあらは、其給人可為曲事事、

一、升之儀、十合の斗升を以て、有様にはかり、以左右手、壱可打、うち米ハ壱石につゐて十合の以小升、可為二升、其外、一切役米有へからさる事、

一、其国々其在所、堤以下あらは、正月中農作に手間不入折から可加修理、但、其堤大破之時、給人、百姓不及了簡者、達 上聞、為 上可被仰付事、

一、小袖・御服之外ハ、絹うらたるへし、但、俄には不可成之条、ともうらの事、四月一日わたぬき（綿抜）たる間、其よりのち、絹うら（裏）たるへき事、

一、諸侍、しきれ（り脱ヵ）はく（履）事、一切停止也、御供之時は、足なか（半）たるへし、中間・こもの（小者）ハ、不断可為足半事、

一、はかま（袴）・たひ（足袋）に、うら（裏）付へからさる事、

一、中間・小者、革たび(足袋)はく(履)へからさる事、

右条々、若有違犯之輩者、可処罪科者也、

天正十四年正月十九日　御朱印

●解説

本状は天正十四年(一五八六)の、秀吉による農民および年貢徴収に関する法令の写しである。収穫高の三分の二を年貢として徴収する基準とし、百姓の土地緊縛・耕作強制が、秀吉の百姓支配の基準として明確にされた点が重要である。天正十九年、秀吉は身分法令(091参照)を出すが、これに先立って出されたのが本状である。

第一・二条は、武家奉公人の身分を明確にしつつ、百姓の土地緊縛を進める条項である。武家奉公人や侍以下、中間・小者・荒子までも、武士の主人を持つ者を「兵」とし、その一方で、主人を持たず、田畑を耕作する者を「百姓」とした。さらに、百姓の取り分を収穫高の「三分の一」とし、知行地内の年貢徴収のあり方を明らかにした。

第三・四条や第七条では、旱害・水害に対する領主の年貢徴収のあり方を示しながら、年貢徴収における升の使い方、堤の修理方法と普請も推奨した。このような領主による直接支配を目指し、第五・六条では、知行主による直接年貢徴収を奨励し、村請による支配の重要性を説いた。なお、第八条以下で、武家奉公人らの服装規則を記したのは、百姓身分との区別を明確にするためである。

天正十四年に入ると、秀吉は、前年の四国平定に続き、九州平定の準備を開始していた。そこで、従来の所領支配の経験に基づき、その家臣に対する統制と百姓支配について、本状のようなまとまった法令を初めて交付したのである。同年三月二十一日には、この十一ヶ条の「定」の内、百姓支配に関わる部分を抽出し、改めて再確認する意味で三ヶ条の「条々」も交付している。この「条々」は、秀吉子飼いの家臣に出されたものと思われる。彼らの中には、すでに大名に上昇した者もおり、天正十五年十月二十日、浅野長吉(長政)の領国では、これとほぼ同様な「定」「条々」が出されている。

055 (天正十四年)四月十日付け覚(豊臣秀吉朱印状)

【釈文】写真は80頁

覚

一、分国置目、此節可申付事、

一、簡要城堅固申付、其外下城事、

一、海陸役所停止事、

一、人数揃事、

一、蔵納申付、九州弓箭覚悟事、

一、豊前・肥前人質、可取堅事、

一、門司・麻生・宗像・山鹿城々へ、人数・兵粮可差籠事、

一、至九州通道可作之事、

一、一日路々々御座所城構事、

一、赤間関御蔵可立事、

一、筑前検使、安国寺(恵瓊)・黒田官兵衛(孝高)被仰付事、

一、高麗御渡海事、

一、大友与深重可申談事、

一、大仏殿材木事、

已上、

四月十日(秀吉朱印)

毛利右馬頭(輝元)殿

●解説

本状の第五条には、「九州弓箭覚悟事」、すなわち九州での戦争に備えておくように、とある。秀吉は、天正十三年(一五八五)十月に薩摩の島津氏に停戦を命じ、これに背いたとして、同十五年三月には自ら九州に向けて出陣している。したがって本状は、この間の天正十四年四月に出されたものと判断できる。

その内容は、九州への通り道にあたる中国地方の毛利輝元に対し、九州攻めに備えて種々の指示を与えたものとなっている。この頃、秀吉は島津氏に国分案(領国画定案)を提示し、七月になってもこれに応じないなら攻撃を開始する、と警告していた。裏を返せば、この頃はまだ期限までには時間があるはずである。ところが本状からは、秀吉が九州攻めの準備を着々と進めている様子がうかがえる。この直前の四月五日に、秀吉は島津氏の圧力に曝されている豊後の大友宗麟を引見しているが、そのことが本状

発給の一因となったのだろう。

本状の具体的な内容を見ていくと、秀吉は毛利氏が自前の軍勢・兵糧を用意しておくこと(第四条など)はもちろん、九州における味方拠点の支援・確保(第七条など)や、秀吉の進軍に備えた交通等の整備(第八条など)までも指示している。また、この時点で朝鮮侵略が話題になっている(第十二条)のも興味深く、この記述から、九州平定の延長線上に朝鮮侵略が位置づけられていたことがうかがえる。

一方で、重要度の低い城の破却(第二条)や海陸の関所の廃止(第三条)など、九州攻めのためというよりも、毛利領国の内政一般を規定することを目的とした命令も、同時に出されている。毛利氏にとって、この種の命令の受け入れは、秀吉への服従を明確にする行為といえる。ここから逆に秀吉の意図を推測するならば、彼は九州攻めを機に、毛利氏の服従をより確かなものにしようともしていたのである。

056 (天正十四年)卯月二十二日付け豊臣秀吉朱印状

【釈文】写真は81頁

三河へ祝言之事、
廿七日歟八日、九日之
内、天気次第大坂
を出候間、成其意
最前如申付候、泊之
儀、可用意候、人夫・
伝馬等事、前日
可召寄候也、

卯月廿二日(秀吉朱印)

一柳伊豆守(直末)とのへ

●解説

本状は天正十四年(一五八六)、秀吉の妹(異父妹ともいわれる)である朝日姫が、当時正室のいなかった徳川家康の許に輿入れすることが決定した。本状は、それに伴って姫本人と婚礼用具を、大坂から徳川領の三河へ運ぶための人夫・伝馬を用意するよう一柳直末に命じた朱印状である。

朝日姫は天文十二年(一五四三)に誕生し、本状が出された時は四十四歳。人間五十年といわれた当時にあっては高齢の部類に入る(一方、夫となる家康は一歳年下である)。実のところ、朝日姫は今回が初婚というわけではなく、長年連れ添った夫(佐治日向守、あるいは堀田甚兵衛、副田吉成など諸説ある)がいた。しかしながら、小牧・長久手の戦いの終結後、家康との提携を模索する秀吉の思惑により、朝日姫は急遽離縁にされてしまう。こうして家康の許へと嫁いでいった朝日姫だったが、その後の夫婦生活に思うところがあったのか、三年後の天正十七年に、母親の病気見舞いと称して上洛し、そのまま帰国することはなかった。

このように、戦国期の大名子女にとってみれば、婚姻はすべて政略結婚であり、自由恋愛など介在する余地はなかった。たとえそれが天下人たる秀吉の身内でも例外ではなく、本人が望まずとも秀吉の意のままに嫁いでいかねばならなかったのである。

057 (天正十四年)九月十日付け豊臣秀吉判物

【釈文】写真は82・83頁

立花左近将監(宗茂)対
両三人註進状幷首
註文、今日於淀到来、
披見候、高鳥居城へ
取懸、則時責(攻)崩、城
主初星野中務少輔(鎮胤)・
同民部少輔、其外随分之
者共数輩討捕之段、
無比類動、絶言悟(語)候、今
度味方城ニ三ヶ所
不慮之処、無異儀
相拘候儀さへ奇特ニ被
思召候処、如此之段、
誠九州之一物ニ候、為
褒美、新地一廉可
被仰付之条、立花
家中粉手候者共ニも
令支配、弥可相勇之
由、可申聞候、自是

以後、聊爾之行不可
仕之由、可相達事専一候
也、

九月十日(秀吉花押)

安国寺(恵瓊)
黒田勘解由(孝高)とのへ
宮木入道(宗賦)とのへ

●**解説**

天正十年(一五八二)頃から北進を続ける薩摩の島津氏は、天正十四年七月に筑前岩屋城(福岡県太宰府市)を攻め落したのち、大友氏の本拠・豊後に攻め込む態勢を整えるべく、一旦撤退した。この間隙を縫って、岩屋城で実父・高橋紹運を討たれていた立花宗茂が反撃に転じ、島津方の高鳥居城(福岡県須恵町)を攻撃、在城していた星野鎮胤兄弟を討ち取った。この宗茂の活躍の知らせを受けて出されたのが、本状である。

これによると、この頃は島津軍の攻勢により、秀吉に味方する城数ヶ所が陥落していたため、島津方の攻撃に持ち堪えるだけでも十分と、秀吉は考えていた。そうしたところ、宗茂の活躍があったので、秀吉はこれを、言葉で表せないほどの比類なき働きと称え、宗茂を「九州之一物」(九州における抜群の名将のような意)と激賞している。そして、宗茂には褒美として相応の所領を与えるので、家臣たちに配分してますます奮い立たせるように、但し軽率な軍事行動はしないように、と伝えさせている。この頃、秀吉は味方の軽挙をたびたび戒めており、自身が出陣する(翌年三月)までに、敗戦を喫することを恐れていたようである。しかし、この恐れは、十二月の豊後戸次川の敗戦で実現してしまう。

ちなみに秀吉は、別の文書において、宗茂による高鳥居攻略について、島津氏が九州九ヶ国を治めていることよりも名誉なことと揚言し、一方で星野兄弟を討たせてしまったことを「島津弓矢の面目を失」うと位置づけ、島津打倒にさしたる障害はなかろうと述べている(『黒田家文書』)。ここからも、秀吉が宗茂の働きを非常に高く評価していたことが読み取れる。加えて、島津氏が味方を討たせてしまったことが、かなり大きな失点と見られているのも興味深く、島津方だった領主たちが次々に離反していくこのあとの展開を予感させるようでもある。

なお本状は、宛所の一人である黒田孝高の子孫がもともと所持していたが、江戸時代初期に宗茂の跡継・忠茂が所望して、譲って貰ったものであるという(『薦野家譜』)。文書の伝わり方を考える上でも、本状は面白い事例であるといえよう。

058 (天正十四年)十一月四日付け豊臣秀吉判物

【釈文】写真は84・85頁

去月廿一日之書状、今月四日
加披見候、随而家康於無
上洛者、三川(河)境目ニ為用
心殿下被成御動座、北国衆
其外江州何も宰相ニ相
添、関東江可差遣旨相定
候之処ニ、家康上洛候て令
入魂、何様にも関白殿次第与
申候間、別而不残親疎、関
東之儀、家康と令談合、諸
事相任之由被仰出候間、被
得其意、可心易候、真田・
小笠原・木曾両三人儀も、
先度其方上洛之刻
如 申合 候、徳川所へ可返置
由被仰候、然者真田儀可討
果ニ相定候といへとも、其方
日比申 談られ候間、真田を
立置、知行不相違様ニ被仰
定、家康ニ可召出之由被仰
聞候、真田儀条々不届段、先
度被相越候時雖 被仰 聞 候、
其方為候間、真田儀被相止
御遣恨、右分ニ可被成御免
候之条、其方よりも真田かたへも
可被申聞候、委細増田右衛門尉(長盛)・
石田治部少輔(三成)・木村弥一右衛門尉(吉清)
可申候也、

十一月四日(秀吉花押)

上杉少将(景勝)とのへ

●**解説**

本状は、天正十四年(一五八六)十一月に、秀吉から「上杉少将」こと上杉景勝に宛てて、徳川家康との和睦に至る経緯と、景勝のとるべき対応について指示を与えた判物である。

天正十一年(一五八三)二月、景勝は秀吉と提携し、以降は天下統一を目指す秀吉の北国・東国・奥羽政策に協力、さらに同十四年六月の上洛と秀吉への臣従により、豊臣政権内で関東・奥羽政策を担う立場へと転換する。

しかし、徳川家康の上洛と秀吉への出仕臣従が、この情勢に変化をもたらす。同盟者である北条家への攻撃を回避する必要と、大政所(秀吉の母)の下向によって自らの面子が立った格好の家康は、九月二十六日に上洛を応諾、翌月二十五日に上洛、二十六日に大坂へ入り、夜には宿所の豊臣秀長邸で、翌日の公式な謁見を待ち兼ねた秀吉と対面、秀吉は家康の手を取り、奥座敷に入って自らの意を伝え、親密な会見だったという(『家忠日記』)。

本状によれば、「何様にも関白殿次第」という姿勢をとったという家康に、秀吉は、家康・景勝両者談合の上で、関東問題の取り扱いを委任した。また、天正十三年に家康から離反した信濃の真田昌幸・小笠原貞慶・木曾義昌の三者について、徳川家に帰参させる方針を示した。

真田昌幸は、前年、徳川軍との対陣の最中、秀吉の援助を求めたにもかかわらず、秀吉の要求する出仕と人質差出を拒否したため、秀吉は真田討伐を決定し、八月に家康の要望もあって真田攻撃が認められていた(「杉原謙氏所蔵文書」・『武徳編年集成』三十二)。これに対し昌幸は景勝を頼ったため、秀吉は、いわば景勝の顔を立てる形で真田家の存続を認め、従来の知行を認める形で家康の家臣たらしめ、また秀吉も遺恨を止め許すことにしたと述べ、その旨の真田への伝達を景勝に命じている。

本状から見ると、家康の豊臣政権従属が、秀吉の一方的な政治的勝利であるとは、とても見做すことができない。秀吉が、家康、景勝、さらには真田といった当事者たちがそれぞれに求めることに妥協し、顔を立てる形で、何とか漕ぎ着けることができたものだといえるだろう。

059 (天正十四年)十一月二十一日付け豊臣秀吉朱印状

【釈文】写真は86頁

其方事、家康

存分雖有之、於此方

直被仰聞候、殿下も

曲事雖思召候、此度之

儀者被相免候条、成

其意、早々可罷上候、

猶様子可被仰含候、

委細尾藤左衛門尉(知宣)可申候也、

十一月廿一日(秀吉朱印)

真田安房守とのへ

●**解説**

本状は、天正十四年(一五八六)の、真田昌幸上洛に関する朱印状である。

もともと昌幸は武田氏に従っていたが、天正十年三月の武田氏滅亡後、織田氏(滝川一益)、同年六月の本能寺の変後には、上杉氏、さらに北条氏、同年九月からは徳川氏と、たびたび従属先を変えていった。

徳川氏従属後の昌幸は、上野国沼田地域を奪回していたが、同年十月に北条・徳川同盟が成立した結果、上野国は北条氏領とされたため、北条氏による沼田地域への圧迫が強まった。家康は同盟の条件に従い、沼田地域の北条氏への明け渡しを昌幸に命じたが(「紀伊国古文書」)、昌幸は抵抗を続け、天正十三年七月、上杉氏に従属して家康から離反した。

真田氏の離反に対して、徳川氏による上田城攻め、北条氏による沼田攻めが行われたが失敗に終わる。一方で、昌幸は上杉氏を通じて秀吉への接近を図った。同年十月十七日付け昌幸宛ての秀吉朱印状(『真田家文書』)には「其方進退の儀、何れの道にも迷惑せざるように申し付くべく候」とあり、秀吉は昌幸支援の方針を示した。

ところが、秀吉と家康の関係改善によって状況は一変する(058参照)。天正十四年八月三日付け上杉景勝宛て石田三成・増田長盛書状(「杉原謙氏所蔵文書」)に「真田事、先度此方において仰せ出され候如く、表裏比興者に候間、成敗加えらるべく旨仰せ出され候」とあり、昌幸を討伐する方針が示された。この方針変更は、本状中に「家康存分雖有之」とあることから、家康の意向を反映したものと推測されるが、九月になると真田討伐は延期されている(『上杉家文書』)。その背景には、景勝からの執り成しがあったものと考えられ、最終的に、昌幸の上洛を条件に(「早々可罷上候」)、真田氏の赦免が決定された。

このような真田氏への対応の変遷は、秀吉の「惣無事」政策における一貫性の欠如を物語るものと評価されている。

060 (天正十五年)三月二十六日付け豊臣秀吉朱印状

【釈文】写真は87頁

急度染筆候、

一、昨日廿五日、至赤間関、
御着座候、明日廿七、小倉へ
可被移御座候事、

一、日向口へハ、毛利右馬頭(輝元)・
四国之者共・羽柴備前少将(宇喜多秀家)・
中納言(豊臣秀長)、人数十四、五万之
つもりニて被遣候事、

一、秋月表裏者之儀候間、
被作取巻、為可被刎首、
彼面へ御人数、明日廿七、
被差遣候事、

一、其方も人数召連、秋
月表へ可越候事、

一、船手之事、警固被
仰付、被遣候御人数之事、
九鬼大隅守(嘉隆)・小西日向守(行長)・
脇坂中務少輔(安治)・加藤左馬助(嘉明)・
菅平右衛門尉(道長)・石井与二兵衛・
梶原弥介・能嶋・来嶋・
徳井、其外御警固被相
揃被遣候、尚小西日向守
可申候也、

三月廿六日(秀吉朱印)

立花左近将監(宗茂)とのへ

●解説

本状は、天正十五年(一五八七)三月の九州出兵に関する朱印状であり、宛所の「立花左近将監」とは、大友氏の重臣立花道雪の養嗣子宗茂(当時は統虎。実父は大友氏の家臣高橋紹運)のことである。

戦国末期の九州においては、天正六年の日向耳川の戦いで大友氏を破って以降、島津氏による大友氏支配地域の侵蝕が進んでいた。これに対して、秀吉は天正十三年十月、いわゆる九州停戦令を発したが(049参照)、島津氏はこの命令を拒否して、天正十四年六月に北上を開始。七月には、高橋紹運の守備する筑前岩屋城(福岡県太宰府市)を攻略、紹運は討死した。

紹運討死の直前に、秀吉による島津氏討伐の方針が決定されており、同年八月十四日付け安国寺恵瓊・黒田孝高・宮木宗賦宛て秀吉直書(『黒田家文書』)には「立花よりの書状披見候……人数遅れ候えば、立花迷惑すべく候の間、少しも相急ぎ立花へ先勢早々相移るべき儀、尤もに候事」とある。秀吉は島津勢に包囲された立花城(福岡県新宮町ほか)を救援することとしており、この動きを受けて、島津勢は立花城攻略を断念。宗茂は城を守り抜いた。

同年十月初頭には、毛利勢が九州へ渡海して豊前国の島津方を制圧していったが、島津勢の日豊路からの侵攻に対応するために先鋒として赴いた仙石秀久らが同年十二月、豊後戸次川の戦いで敗れるなど、島津方の抵抗は手強かった。

このため、秀吉は自ら兵を率いて九州へ下向。天正十五年三月二十五日、赤間関(山口県下関市)に到着した。日向方面へは毛利勢、四国衆、宇喜多秀家(羽柴備前少将)、豊臣秀長(中納言)が先行し、立花宗茂は、二十七日に渡海予定の秀吉勢と共に島津氏方の秋月氏を攻撃することとされた。

このような豊臣勢の総攻撃を請けて、島津氏は本状の二ヶ月後(五月)に降伏するのである。

061 （天正十五年）五月十九日付け豊臣秀吉朱印状

【釈文】写真は88頁

急度染筆候、大口面へ
可有御陣替由、一昨日(五月十七日)
被仰出候、然者かこ(鹿児)島通ハ
廻之事候間、花道院之城ニ
一夜之可被成御陣之由、
義久(島津)かたら可申遣旨、
御諚候之処、花道院御
宿之儀迷惑之由、先手
人数之かたら只今申越候、
於事実者曲事候条、
此段義久へ相届可然候、
何之道ニも明日廿日ニハ
彼表へ被成御越候、不可有
油断候、其上伊集院右衛門大夫(忠棟)・
石田治部少輔(三成)両人、花道院へ
早々罷越、理可然候哉、
依其返事、成敗之儀
可被仰付候間、重々義久ニ
相理尤候也、

申刻
五月十九日(秀吉朱印)

伊集院右衛門大夫とのへ
石田治部少輔とのへ
木食上人(応其)

●解説

薩摩の島津義久を打倒すべく、天正十五年（一五八七）三月に自ら出陣した秀吉は、五月三日には薩摩泰平寺（鹿児島県薩摩川内市）に到着した（『九州御動座記』。以下秀吉の居所は同書による）。八日には義久が同寺に出頭、降伏してきたが、秀吉はその後もしばらく泰平寺付近に留まった。その時期に書かれたのが本状である。

本状によると、秀吉は五月十七日に泰平寺付近から大口（鹿児島県伊佐市）への陣替えを発令、島津氏の本拠地である鹿児島（鹿児島市）へは遠回り（「廻」）になってしまうので赴かず、最短経路上にある祁答院城（鹿児島県さつま町。文中では「花道院」の字が当てられている）に一宿することに決した。

ところが、十九日の申の刻（午後四時頃）、祁答院の城主島津歳久（義久の次弟）が一宿を拒否しているとの報が、秀吉の許にもたらされた。この事態を受け、秀吉は歳久追討をも視野に入れている。一方で、伊集院忠棟・石田三成・木食上人（応其）を通して状況を義久に伝えさせ、彼の速やかな対応を引き出そうともしている。

このの秀吉は、二十日・二十一日に山崎、二十二日〜二十五日に鶴田（いずれも鹿児島県さつま町）に逗留して、大口方面へ抜けている。このルートであれば、祁答院城付近を通過したはずだが、『九州御動座記』には同所に一宿したとの記載はない。加えて、秀吉がこの方面を通過した際には、歳久は矢を射懸けたとさえいわれている。このような遺恨が影響してのことであろう、天正二十年になって、歳久は秀吉の命により成敗されている。

ちなみに、本状の宛所に見える石田や木食は、これ以前から島津氏との交渉に携わっていた。一方、伊集院は島津の筆頭重臣で、義久に降伏を勧めて彼と共に秀吉の許に出頭している。島津氏を代表しうる存在で、かつ降伏を推進した立場であったことから、ここで石田や木食と共に、秀吉と義久との間に立つことになったのだろう。石田と伊集院は、このちも秀吉と島津氏とが連絡・交渉するにあたっての、秀吉側・島津側それぞれの有力な窓口となっている。

062 （天正十五年）五月二十七日付け豊臣秀吉朱印状

【釈文】写真は89頁

尚以、ミなまた(水俣)の城其方へ
可預遣候、早々無由断
明日さしき(佐敷)へ可越候、以上、
只今酉剋みな
またへ被移　御座候、
明日さしきへ可被成
御座候条、成其意、彼
さしきへ可相越候、国の

さかいめ等之儀可相尋候、
無由断可越候也、

とりの剋
五月廿七日（秀吉朱印）

深見三河入道（長智）とのへ

● **解説**

本状は、天正十五年（一五八七）五月二十七日、秀吉が深見長智に宛てて、翌日には佐敷城（熊本県芦北町）に赴くので、深見も佐敷へ向かうよう命じた朱印状である。宛所の深見は、肥後人吉城主の相良頼房（のちの長毎）の重臣である。

そもそも相良氏は、天正十三年から始まる秀吉の九州攻めには、当初島津方として参戦していた。しかし同十五年三月、豊後における豊臣勢との衝突によって島津方は大敗を喫し、殿を務めていた相良勢も命からがら人吉に帰還した。この時、秀吉との圧倒的な実力差を思い知った相良家では、豊臣方への鞍替えを決意する。そこで、幼少の頼房に代わって深見が派遣され、同年四月十五日に肥後八代（熊本県八代市）において秀吉との面会が叶う。秀吉は早速の伺候を喜び、相良家の旧領安堵を約束している。

深見はその後も、秀吉の許に参陣して意を尽くした。同年五月九日にも、深見は秀吉の宿舎である泰平寺（鹿児島県薩摩川内市）に赴いたのだが、深見が連歌の名人であると聞き付けた秀吉から、その場で一首詠むことを突如所望された。深見はこれに慌てることなく即興で返歌したという（『菊池軍記』）。このやり取りにより、秀吉は深見の教養に深く感じ入り、後日改めて深見を宿舎に招いて直接褒賞することに決めている。その際に出されたのが本状である。翌日、秀吉は深見に対して、文面通り国境のことなど戦地についての相談をしつつ、ぜひ共に大坂に来て欲しいと乞うたが、深見はこれを辞退したと伝わる。

果たしてこの逸話がどこまで真実を反映しているのかは不明だが、秀吉が深見の実力を評価していたのは確かなようで、深見に対して肥後水俣城（熊本県水俣市）を預けた上で、頼房とは別途領知を加増する朱印状も後日与えている。

063（天正十五年）五月二十八日付け豊臣秀吉朱印状

【釈文】写真は90・91頁

去月廿八日書状、今日廿八
至肥後佐敷到来披見候、
殊帷二相越候、遠路之処
志之程被悦思召候、嶋津
修理大夫（義久）事、最前如申遣候、
頭をそり走入候間、被助命、
薩摩一国被下候、則修理大夫
為在大坂被召連候、人質ハ
男子依無之、嫡女出之候、
嶋津兵庫頭（義弘）ハ修理大夫
弟なから家督を与奪候、
是も為在大坂被召連候、同
嫡子又一郎事、小姓並ニ
可被召遣候、其弟ハ人質
被召置候、兵庫頭ニハ大隅国
とらせ候、息又一郎ニ日向之
内にて肝付（マヽ）之郡申付候、
肥後可然国候間、羽柴陸奥
おりさせられ候、熊本名城候間、
為居城御普請被仰付候、
筑前・筑後小早川（隆景）ニ被下候、
博多事、従大唐南蛮
高麗国之船付候間、
御座所ニ被相定、御普請
丈夫ニ被仰付、右両国
小早川ニ被下候間、為留守
居可被置候、九ヶ国事
早速雖被明御隙候、遠国
事候間、国々置目之儀、
五畿内同前ニ被入御念、
為可被仰付、被成御逗留候、
猶木下半介（吉隆）可申候也、

五月廿八日（秀吉朱印）

一柳伊豆守（直末）とのへ

●**解説**

秀吉は、天正十五年(一五八七)五月に島津氏を降し、九州平定を完遂した。その直後、肥後佐敷城(熊本県芦北町)において今後の施政方針を具体的に指し示したのが本状である。

内容を意訳すれば、「島津義久が謝罪のために剃髪してきたので、助命の上、改めて薩摩一国を安堵することにした。このことは以前の手紙でも申し伝えた通りである。このの ち大坂まで義久を連行するつもりだが、義久には男子がいないので、その娘を人質として一緒に連れ立つこととする。義久には弟の義弘がいるが、弟の分際で島津の家督を与奪しており、これも同じく大坂に同伴させる。義弘の嫡子又一郎(のちの久保)については、私の小姓として扱うつもりである。その弟については人質とする。義弘には大隅国を預け、又一郎については日向の内の肝属郡(実際には諸県郡)をそれぞれ任す予定である。肥後国については重要な土地なので、佐々成政を国主として派遣する。さらに、肥後の中でも熊本城は名城なので、佐々に居城として相応しい改修を加えさせる。筑前・筑後については小早川隆景に与え、筑前の博多については大唐・南蛮より船が渡来する港湾地なので、私の御座所と決め、丈夫な宿舎の普請を申し付ける。九州のことはひとまず終えたが、遠隔地なので、九州が『五畿内同前』になるよう入念に支配を申し付ける」となる。

以上のように、本状では島津氏の処遇と肥前・筑前・筑後の諸将への配分が列挙されており、そのほかにも博多に秀吉の御座所を構築することをも言明している。この博多御座所については、貿易を目的とした港湾整備ではなく、大陸侵攻のための軍事拠点の構築を指している。同日付けで徳川家康に宛てた朱印状では、「高麗へ人数可渡義」とあって、より明確に大陸侵攻が謳われていることからも、それはうかがわれる。

064 天正十五年六月十九日付け定(伴天連追放令写)

【釈文】写真は92頁

定

一、日本ハ神国たる処、きりしたん国より邪法を授候儀、太以不可然候事、

一、其国郡之者を近付門徒になし、神社仏閣を打破之由、」前代未聞候、国郡在所知行等、給人に被下候儀者」当座之事候、天下よりの御法度を相守、諸事可得其意処、下々として猥義曲事事、

一、伴天連、其知恵之法を以、心さし次第ニ檀那を持候と」被思召候ヘハ、如右日域之仏法を相破事、曲事候条」、伴天連儀、日本之地ニハおかせられ間敷候間、今日より」廿日之間ニ用意仕可帰国候、其中ニ下々伴天連に」不謂族申懸もの在之ハ、曲事たるへき事、

一、黒船之儀ハ商売之事候間、各別候之条、年月を経、諸事売買いたすへき事、

一、自今以後仏法のさまたけを不成輩ハ、商人之儀ハ」不及申、いつれにてもきりしたん国より往還くるし」からす候条、可成其意事、

已上

天正十五年六月十九日

●**解説**

九州攻めを終え、博多に逗留していた秀吉は、六月十八日の晩、側近の者たちと夕食を共にした。この席で、元比叡山の仏僧施薬院全宗が、キリシタンになった大名たちが領地の神社仏閣を破壊していると告げる。

秀吉は、これを聞いて驚き、九州攻めに従軍していた高山右近に、「キリシタンを止めるか領国を追放されるか、どちらかを選べ」と迫った。すると右近は、「喜んで追放を受け入れ、領地を返します」と答えた。

秀吉は、イエズス会副管区長ガスパル・コエリュも詰問し、コエリュは弁解に努めたが、秀吉の怒りは解けず、翌日、この五ヶ条の法令を出したのである。

宛所はないが、松浦史料博物館に残っているので、

松浦隆信宛てだということは確かである。朱印も捺していないが、正本はイエズス会に渡されたもので、国内の大名には写しが渡されたのだと考えられ、正本とほぼ同じ価値を持つ文書である。

内容は、第一条で、日本は神国であり、外国から邪法を伝えるのはあってはならない、と宣言している。

第二条では、イエズス会が、日本の民をキリシタンの信者とし、神社仏閣を破壊していることを非難している。国郡在所知行を大名らに与えているのは当座のことで、勝手なことをしてはならない、と述べている。

第三条は、難解だとされる文章なので、逐語訳をしておく。「バテレンが、その教義をもって人々を教化することによって信者を獲得していると思っていたのに、実際には第二条で述べたように日本の仏法を破壊しているのはとんでもないことだ。これではバテレンを日本の地に置いておくことはできないので、今日から二十日以内に準備し、帰国せよ。その期間に、下々の者でバテレンに謂われのないことを申し懸ける者がいれば処罰する」。

第四条では、黒船（ポルトガル船）は商売のために来航しているのだから別で、以後も長く商売を続けよ、と述べている。貿易船の来航は禁止されていないのである。

第五条は、第四条を補足するもので、仏法の妨げさえしないならば、商人だけでなく、誰であっても キリシタン国から来航しても構わない、と述べている。

この法令は、あくまで宣教師の追放令であり、キリスト教の禁令ではない。また、イエズス会の宣教師は、国外に逃れたふりをして、日本に留まる者が多かったので、以後もキリシタンは増え続けていく。

065 天正十五年六月日付け定（豊臣秀吉朱印状）

【釈文】写真は93頁

定　　　　筑前国博多津

一、当津にをゐて諸問・諸座一切不可有之事、
一、地子諸役御免許之事、
一、日本国津々浦々にをゐて、当津廻船自然損儀雖有之、違乱妨不可有之事、
一、喧嘩・口論於仕者、不及理非、双方可成敗事、
一、誰々によらす、付沙汰停止之事、
一、出火・付火、其壱人可成敗事、
一、徳政之儀雖有之、当津可令免許事、
一、於津内諸給人家を持儀、不可有之事、
一、押買・狼籍停止之事、

右条々、若違犯之輩於有之者、忽可被処罪科之由候也、

天正十五年六月　日（秀吉朱印）

●解説

本状は天正十五年（一五八七）六月、九州平定後の博多津に対する基本方針を示した定である。元来は博多津の豪商神屋家の伝来文書だったが、安政二年（一八五五）に櫛田神社へ奉納されたため、現在は博多津の惣鎮守とされる櫛田神社（福岡市博多区）の所蔵となっている。

天正十四年、島津氏を討伐するため、毛利勢らと共に九州へ出兵した黒田孝高は、九州渡海直後の十月十三日付け博多聖福寺宛て書状（「聖福寺文書」）において「その津再興すべく候」と述べており、豊臣政権にとっては、相次ぐ戦乱によって荒廃した博多の復興が重要であったことを示している。

また、天正十五年正月二十三日付け安国寺恵瓊・黒田孝高宛て秀吉朱印状（「富安護義氏旧蔵文書」）にも「筑前国博多津再興事……地下人還住候よう申し付くべく候也」とあり、島津氏との戦闘終結前から、博多の復興事業に着手していたことがわかる。この復興事業はその後、恵瓊に加え、秀吉奉行人石田三成・大谷吉継によって担われていく。四月二十三日付け龍造寺政家・原田信種・立花統虎（宗茂）・宗像才鶴宛ての恵瓊・三成・吉継連署状写（「原文書」）に「かの町人還住の輩、何れの分領これ在るといえども、諸役免除らるべき旨、仰せ出だされ候」とある。

第二条の「地子諸役御免許」は、右記連署状の「諸役免除」を再確認したものであり、そのほか、第一条の楽座規定、第三条の廻船保護規定、第七条の徳政免除規定、第八条の給人居住禁止規定など、博多復興のための商業保護政策がとられている。

秀吉は九州攻めに先立ち、大陸への侵攻方針を明らかにしていた（「唐国までなりとも仰せ付けらるべく」『毛利

家文書』)。博多は大陸渡海における兵站基地として、必要不可欠な都市だったのである。

066 (天正十五年)七月六日付け豊臣秀吉朱印状

【釈文】写真は94頁

満介事、いつまても
付居候て養生之儀
可入情候、於由断者
可為曲事候也、
其方煩之儀、関戸にて
言上候ハヽ、医師可被仰
付候処、不申上之段、
沙汰之限ニ被思召候、
然者、幸 薬院・祐庵
関戸ニ在之儀候条、
被成御朱印、早々持遣
呼寄、能々見せ候て
可養生候、何とそ令
養生、本復候様ニ専一候、
不可由断候、罷上
付てハタかけ朝
かけニ可然候、尚以
薬院・祐庵両人ニ
見せ候て可養生候也、

七月六日(秀吉朱印)

有馬形部卿法印(則頼)

●解説

本状は「有馬形部卿法印」に宛てた朱印状であり、「有馬形部卿法印」とは秀吉の御伽衆だった有馬則頼のことである。

則頼は、天文二年(一五三三)に播磨満田城(兵庫県三木市)主の有馬重則の二男として生まれた。しかし、永禄八年(一五六五)に父重則が松永久秀の手にかかって殺されてしまい、以後は家を失って、しばらくの間牢人に身をやつしていた。その後、天正八年(一五八〇)に秀吉が播磨地方へ侵攻した際の案内者を務めたことで取り立てられている。則頼は、このちも折々の場面で活躍し、秀吉から特別に信頼の置かれる立場となった。

本状は、秀吉の則頼に対する厚情を具体的に示す一通で、その内容を意訳すると、「病気を患っていたことをそなたはなぜすぐに私に言わなかったのだ、ばかものめ。関戸には医師の施薬院と祐庵の二名が控えていたので、すぐにでも呼びつけたものを。これから早速に診察を受けて養生するように。体が回復するまでは決して油断してはならない。もし回復したら、すぐにでも私の許へ馳せ参じよ。なお、息子の満介(則頼の二男で、のちの豊氏)については、すぐ側に控えさせて、養生になお一層専念するように」となる。

本状には年次が付されていないが、「関戸」という現在の山口県岩国市内の地名が出てきていることから考えて、天正十五年七月、秀吉が九州攻めからの帰途、山陽道を経由した際に書かれたものと判断される。

067 (天正十五年)豊臣秀吉高札複製

【釈文】写真は95頁

御定之事
一、於北野森十月朔日より十日之間ニ、天気次第ニ可被成御茶湯御沙汰ニ付而、御名物共不残被作相揃、数寄執心之者ニ可被作見ために如此被作相催候事、
一、茶湯執心之者、若党町人百姓已下ニよらす、釜壱つ、つるへ壱つ、のミ物壱、茶ハこかしにてもくるしからす候、ひつさけ来可然事、
一、座鋪之義者、松原にて候条、畳二てう但、侘者ハとち付いなはきニても不苦候事、
一、遠国之者迄可被作見之儀、十月十日迄日限御延被成御事、
右之被 仰出之儀、侘者をふびん(不憫)思召候処此度不罷出者は向後におゐてこかしをもたて候義無用との御意見ニ候、不罷出者之所へ参候族迄もぬるものたるへき事、
附、遠国之者ニよらす、御手前ニ而御茶可被下旨被」

仰候事、

奉行　福原右馬允
　　　蒔田権介
　　　中江式部大輔
　　　木下大膳亮
　　　宮木右京大夫

●**解説**

天正十五年(一五八七)七月中旬に長い九州出征を終え、ようやく大坂城に凱旋した秀吉は、戦勝祝賀の意味合いも兼ねて、京都北野天満宮における大規模な茶会を企画した。いわゆる北野大茶会である。

この茶会を周知徹底させるため、秀吉は触書を作成し、これを諸所に回覧させた。残念ながら、この際の触書は現存せず、写しだけが複数伝来する。右の高札も、江戸時代になってから木札に複製されたものである。末尾に文書発給者として奉行五名の名前が並んでいるが、これは小瀬甫庵の『太閤記』を参照して追加されたもので、原本は秀吉による朱印状だっただろう。

内容を見ると、秀吉は北野神社境内において、十月一日から同十日の期間、名物茶器を一堂に会して茶会を催すこと、茶の湯に関心があるのならば、貧富・貴賤によらず誰であっても参加できる旨を全四ヶ条にわたって呼びかけている。こうした宣伝と同時に、八百余りの座敷を設けるなど、秀吉は大茶会の準備に余念がなかった。その結果、開催一日目にして八百三人の客が参集した。秀吉はそれぞれ趣向を凝らして設けられた茶屋を見物して歩き、一段の御機嫌の様子を示していたという(『長闇堂記』)。

この茶会は、前述の通り連続十日にわたって開催される予定だったが、結局、初日を終えた段階で取り止めとなってしまった。その理由は、平定を遂げたばかりの九州肥後の内で、国人衆による大規模な一揆が勃発したためである。

当時、肥後を任されていた佐々成政は、予想外に苦戦を強いられ、一時隈本城へと避難するありさまだった。この急報に接した秀吉は、お祭りどころではなく、苦々しくも急遽、肥後一揆に向けた対策を練らなければならなくなったのである。

068 (天正十五年)十月十三日付け豊臣秀吉朱印状

【釈文】写真は96頁

肥前国一揆端々令
蜂起之由候、差儀
雖不可在之候、迚御人
数被遣儀候間、率(卒)爾
動不可仕候、小早川左衛門佐(隆景)・
黒田勘解由(孝高)・森壱岐守(吉成)
久留米ニ在之事候、
毛利右馬頭(輝元)早速可
着陣候間、相談、無越度
様専一候、御人数之儀者、
左右次第可被仰付候、
其上和州大納言(豊臣秀長)・
江州中納言(豊臣秀次)・備前宰相(宇喜多秀家)被差越、唐国
迄可被仰付候、九州
事五幾内同前ニ
被思召候条、可成其
意候也、

十月十三日(秀吉朱印)

波多下野守(信時)とのへ

●**解説**

天正十五年(一五八七)六月、秀吉は薩摩の島津氏を降伏させたのち、九州国分を行う。肥前の大部分は龍造寺氏、豊後の大部分は大友氏、薩摩と大隅は島津氏の支配下に置かれることになる。日向は島津領・秀吉直轄領・伊東領などに分けられた。豊前は黒田孝高と森吉成に、肥後の大部分は佐々成政に与えられた。筑前は小早川隆景の領有となり、筑後は小早川隆景・立花統虎(宗茂)・筑紫広門らに分けられている。

国分を終えた秀吉は、同年六月下旬に九州を出立する。しかし、この直後に肥後をはじめとした九州各国で、一揆が蜂起するという事態が起こる。それを受けて、発給されたのが本状である。

秀吉は蜂起した一揆に対して、毛利輝元をはじめ

として、小早川隆景・黒田孝高・森吉成らの軍勢を投入することを決定、波多信時へも毛利の指揮下に入るよう命じたのである。さらに、本状には見えないが、十月十四日付けで対馬の宗氏に対して発給された文書には、秀吉自身が出陣することも記されている（「宗家文書」ほか）。

「唐国迄……」以下の表現は、同時期に発給された秀吉朱印状に多く確認できる。ここで、九州を「五畿内同前」に思う、と記しているのは、敵対勢力を掃討した上での「九州平定」という意思の表れであろう。その上で、海の向こうまでをも、視野に入れている文言を用いたのであろうか。

069 （天正十五年）十二月三日付け豊臣秀吉判物

【釈文】写真は97頁

対冨田左近将監書状
披見候、関東惣無事之
儀、今度家康ニ被仰付
候之条、其段可相達候、若
相背族於有之者、可加
成敗候間、可得其意候也、

十二月三日（秀吉花押）

片倉小十郎（景綱）とのへ

●解説

本状は、出羽米沢（山形県米沢市）城主伊達政宗の重臣片倉景綱に宛てて、秀吉が出した直書形式の書状である。

文書自体の主な内容は、関東における「惣無事」について、今度徳川家康に命じたので、そのことを政宗へ達するように、また「惣無事」に違背する族には成敗を加えるので、それを了解するように、というものである。

同日付けでほぼ同内容の書状が、南奥州岩城家の一族白土右馬助にも送られており（「白土文書」）、また、常陸下妻（茨城県下妻市）の多賀谷重経へは「関東・奥両国迄惣無事之儀」と、「惣無事」執行の対象範囲が「奥両国」すなわち陸奥・出羽にも広げられた内容の書状が送られている（「秋田藩家蔵文書」）。

文中に見える「惣無事」の「無事」とは、有事に対する語で、とり立てて事のないありさま、平穏、平和である状況をいう。また、「惣無事」で、すべての紛争を停止して平和となることと解されている。

藤木久志氏は、天正十三年（一五八五）、関白に就任した秀吉が、その権威を背景に、戦国期に繰り広げられた領主間の領土紛争（国郡境目争論）について、豊臣政権の裁定による解決を目指し、当事者間の武力行使を私戦と見做して禁じた上で、違反者や拒絶する者には武力制裁（成敗）を加える方針を打ち出し、まず、同年十月に島津義久・大友義統ら九州大名に即時停戦を求め（『島津家文書』『大友史料』）、次いで関東・東北の大名に「惣無事」を発令したとする。

「惣無事」を命じる片倉・白土・多賀谷宛ての判物は、藤木氏が一九七八年に発表した論文「『関東・奥両国惣無事令』について」において、仮に「惣無事令」と名付けられた。三通の判物は「惣無事」の概念に基づく豊臣政権の東国政策、さらには統一過程を考える上で大変重要な文書である。

ただ、年次記載のない書状形式であることから、現在、研究者間でも年代比定にばらつきがある。東国情勢や惣無事の扱いを命じられた徳川家康の豊臣政権服属（天正十四年十月二十七日）の時期との兼ね合いから、天正十四年（一五八六）・天正十五年・天正十六年の各説が唱えられており、検討の余地が残されている。また最近になって、「惣無事」の概念やこの文書の位置づけをめぐって批判が提示されており、いまだに議論が戦わされている。

なお、本状は現在、原本の所在が不明となっているため（『白石市文化財調査報告書第四八集　片倉小十郎景綱関係文書』）、本書では戦前に発行された『東北遺物展覧会記念帖』に収められた写真を採録した。

070 （天正十五年）十二月十日付け豊臣秀吉朱印状

【釈文】写真は98・99頁

去月十五日書状、被加
披見候、并小西摂津守（行長）
罷上、言上候通、一々
被聞召候、和仁・辺春

取巻之由、寒天之刻、
痛入雖被思召候
併(小早川)隆景外聞実儀候間、
以仕寄責(攻)崩候歟、又者
重々塀雲鴈以下丈
夫相付、干殺ニ成候歟、
何之道ニ成共、九州自今
已後之為見懲候間、一
人も不遁様可被申付候、
残党之儀者、迚来春
御人数被差遣、一々可被刎
首候条、可被得其意候、誠
打続在陣、苦労感被
思召候、委細者小西かた迄
被仰出候間、定而可相達候也、

十二月十日(秀吉朱印)

安国寺(恵瓊)

小早川左衛門佐(隆景)とのへ

●解説

本状は、肥後国衆一揆に関する朱印状である。宛所は、毛利氏の外交僧、かつ「年寄」的存在だった安国寺恵瓊と、九州国分によって筑前および筑後・肥前の一部を領有する大名となっていた小早川隆景の両名である。

天正十五年(一五八七)五月の島津氏降伏後、六月二日付けで秀吉から佐々成政に対して朱印状が発給され(『楓軒文書纂』)、成政が肥後国主となった。一方、同日付けで、肥後北部の国衆(小代、城、大津山)に対しても秀吉朱印状が発給されている(「小代文書」「城氏系図」「柳川大津山文書」)。すなわち成政は、秀吉との直接的な主従関係を結んだ「与力」的存在を領内に内包するという課題を抱えていたのである。

ところが、七月になると、肥後北部の国衆隈部親永が隈府城(熊本県菊池市)に籠城して、反旗を翻した。これを端緒に、十月頃には、肥後・筑後境目地域の国衆和仁氏・辺春氏も蜂起して、一揆は拡大していったのである。

秀吉は九月初頭、恵瓊・隆景のほか、黒田孝高・森吉成・小早川秀包・筑紫広門・立花統虎(宗茂)らに対して、一揆鎮圧を命じた。一揆勢の内、和仁親実は辺春親行と共に、田中城(熊本県和水町)に立て籠もって抵抗したが包囲された(「和仁・辺春取巻」)。秀吉は、九州における一揆のさらなる拡大を防止するため、「見懲」として、一揆勢の徹底的な壊滅(「一人も不遁様」)を指示したが、実際には、辺春親行を調略することによって、十二月初頭に落城させた。

一揆勃発の要因について、佐々成政の悪政(「陸奥守、国衆又は百姓以下への申し付けさま悪しく」九月七日付け黒田孝高宛て秀吉朱印状『黒田家文書』)、とりわけ、秀吉の指示に背いて検地を施行したことが通説とされてきた。しかし、近年の研究では、上級領主層再編による、秀吉を頂点とした主従関係の確立を目指す豊臣政権の政策基調そのものを要因とする見解が示されている。

071 (天正十六年)正月十九日付け豊臣秀吉朱印状

【釈文】写真は100・101頁

去十二月廿八日書状、今日十九日
於京都到来、披見候、仍賀来・
福嶋討果、則頭分首上進、
尤珍重被思召候、誠其方両人
抽粉骨故、早速属平均
段、手柄共候、毛利右馬頭(輝元)至
馬岳寄陣、吉川蔵人(広家)・福原
式部少輔(元俊)・熊谷豊前守(元直)・渡邊
石見守(長)、別而入精之由、感入候、
右之者共へ被成御朱印候条、
猶得其意、可申聞候、次城井
事、中国衆申様在之由候、
能々相究、重而可致言上候、
度々如被仰遣候、肥後雖一
篇候、猶以被入御念、御置目等
被仰付、其外知行等為可被成
御糺明、明日廿日、四国之者共・
浅野弾正少弼(長吉)・加藤主計頭(清正)・
小西摂津守(行長)以下弐万余被差
遣候条、各遂相談、其国置
目等可申付事、専一候也、

正月十九日(秀吉朱印)

黒田勘解由(孝高)とのへ
森壱岐守(吉成)とのへ

●解説

本状は、天正十六年(一五八八)正月の豊前国衆一揆に関する朱印状である。宛所の「黒田勘解由」は黒田孝高、「森壱岐守」は森吉成のことで、共に秀吉の家臣である。島津氏降伏後の九州国分において、豊前国の内、企救・田川郡は吉成、そのほかの郡は孝高に与えられ、吉成は小倉城(福岡県北九州市)、孝高は中津城(大分県中津市)を居城とした。

ところが、孝高の豊前入部直後の天正十五年七月、豊前国衆の内、上毛郡の山田・仲間・如法寺氏らが蜂起。十月以前に、築城郡の城井氏、上毛・下毛・宇佐郡において、野仲・犬丸・賀来・福嶋氏らも蜂起したが、下毛郡の賀来・福嶋氏の蜂起は十二月末、孝高・吉成のほか、毛利勢(吉川広家・福原元俊・熊谷元直・渡辺長)らによって鎮圧された(「賀来・福嶋討果」)。

また、天正十五年に比定される十一月十一日付け吉成宛て豊臣秀長直書(『吉川家文書』)に「岩石乗り崩すの由、早々吉川注進」、十二月二十七日付け黒田長政宛て秀吉朱印状(『黒田家文書』)に「野中家来楯て籠もり候犬丸城責め崩し」とあり、ほかの一揆勢の多くが賀来・福嶋以前に鎮圧されていた。

一方、一揆勢の中心的存在であった城井(宇都宮)氏については、十一月五日付け孝高・吉成宛て秀吉朱印状(『黒田家文書』)に「城井面儀、是又輝元人数差し遣わし、成敗申し付くべき旨に候」とあったにもかかわらず、本状においては、毛利氏からの執り成しによって、その処分を見直す方針が示されている(「中国衆申様在之由候、能々相究」)。

一揆勃発の要因について、右の秀長直書には「黒官兵仕りやう悪きによつてかくの如き猥りの由風聞候」とあり、孝高の悪政が招いたと認識されているが、佐々成政が肥後国衆一揆の責任を追わされて切腹させられたのに対して、孝高に対する処分はなかった。

一揆勢の処分、領主の処分共に、秀吉の方針は一貫性を欠いていたのである。

072 天正十六年卯月十五日付け豊臣秀吉判物

【釈文】写真は102頁

就今度聚楽　行幸、京中銀
地子五百五拾参枚余事、為
禁裏御料所進上之候、并米地子之内
参百石、院御所江遣上候、此外五百石
為関白領六宮江遣之、京中地子米銀共ニ
不残一粒有儘進之上、全可有運上、次諸公家・
諸門跡江、於近江国高嶋郡八千石、其々仁
令配分、以朱印別帋ニ雖　遣　之、自然無
奉公輩有之者、為　叡慮被召上、不寄
誰々相励、御奉公仕躰ニ可有御支配之
状、如件、

天正十六年卯月十五日　秀吉(花押)

六宮御かたへ

●解説

天正十六年(一五八八)四月、秀吉は京都聚楽第に後陽成天皇を迎えて饗応した。いわゆる天皇の「聚楽行幸」である。聚楽行幸には諸大名に留まらず、摂家・公家といった人員までもが参加を強制されており、こうした施策の結果、秀吉は、あらゆる身分階層を束ねる、事実上の日本国主の地位に就いたことを世間に明示した。

行幸は、四月十四日から同十八日の五日間にわたって実施されたが、この内、本状では行幸二日目に行われた後陽成天皇や正親町上皇らに対する知行配分の歩合を具体的に示している。

本状の内容は、「このたびの聚楽第行幸に際し、私が所有する京都中の地子を一粒残らず、すべて以下の方々に進上する。具体的には銀五百五十三枚余りについては後陽成天皇に、三百石は正親町上皇に、このほか関白領として六宮に五百石をそれぞれ進上することとする。公家・門跡に対しては近江高島郡の内の八千石を配分する。このように知行を与えるのだから、今後朝廷に対する奉公に励まない者については、叡慮(天皇の意思)に照らして所領を没収する」となる。

このように秀吉は、聚楽行幸を機に、公家・門跡らに知行を与えて生活を保障し、その見返りとして、朝廷に対して奉公することを義務づけたのである。

なお、宛所の「六宮」とは、秀吉の猶子(ゆうし)となった八(はち)条宮智仁親王(じょうのみやとしひと)を指しており、将来的には秀吉の後継として関白になることが約束されていたが、秀吉に実子鶴松(つるまつ)が生まれたことで、この話は御破算となった。

073 天正十六年閏五月十四日付け陸奥守前後悪逆条々事

【釈文】写真は103～105頁

陸奥守(佐々成政)前後悪逆条々事

一、天正十二年、殿下(秀吉)江対し柴田(勝家)謀叛を企、江州北郡よこ(余呉)面へ乱入いたし候ニ付て、殿下自身」かけ付られ切崩、其足にて越前北庄被打果候処、陸奥守柴田と同意仕、越中国に有之而、加賀」国かなさハ(金沢)の城、佐久間玄蕃(盛政)居城、柴田相果候ニより」明退候処、陸奥守かなさハの城へかけ入、相践(ふまえ)候」間、越前より直に御馬を被出、彼かなさハの城とりまかさせられ候処、かしらをそり、可被刎首之由」申候て走入候間、首をもはねさせられす、剰(あまつさえ)如先々」越中一国被下、飛驒国取次まて被仰付候事、

一、天正十三年に信雄(織田)尾張国に有之而、不相届刻(きざみ)、彼陸奥守又候(またぞろや)哉人質を相捨別儀をいたし、加賀国端へ令乱入、城々を拵(こしらえ)候条、則(すなわち)御馬を被出」端城うちはたされ、越中陸奥守居城と山(富山)の城とりまかれ候之処、又候哉陸奥守かしら(頭)をそり(剃)走入候間、あハれニ思召、不被刎首、城を被請取、越中」半国被下、妻子をつれ在大坂に付て、不便に被思召、津の国(摂津国)能勢郡一色(職)ニ妻子堪忍分として被下之、剰(あまつさえ)公家にまてなさせられ候事、

一、筑紫御成敗、天正十五年　殿下被出御馬、一篇ニ被仰付候刻、陸奥守事、信長御時、武者の」覚かいりきかましきと人の申成、殿下にも被見及、筑紫の内肥後国よき国に候間、一国被仰付、兵粮・鉄炮の玉薬以下迄被入、普請等被仰」付、陸奥守ニ被下候事、

一、御開陣之刻、国人くまもと(城久基)の城主・宇土城主(名和顕孝)・小代(小代)」城主(親泰)かうへ(首)をゆるされ、堪忍分を被下、城主妻子」共大坂へ被召連、国にやまひ(病)のなき様ニ被仰付、其外」残の国人之儀、人しち(質)をめし被置、妻子共陸奥守」有之くまもと被置候処、国人くまへ(隈部親永)但馬、豊後(大友氏)と」令一味、日来無疎意者之儀候間、本地事ハ不及申」新地一倍被下もの、所へ、大坂へ一往の御届を不申」陸奥守とり懸候ニ付て、くまへかしらをそり、むつのかミ所へ走入候処、其子式部大輔(隈部親泰)、親ニつられ候」とて、山賀(鹿)の城へ引入有之、国人弁一揆をおこし」くまもとへ取懸候て、陸奥守及難儀候間、小早川(隆景)・」龍造寺(政家)・立花左近(宗茂)を始被仰付、くまもとへ通路城へ」兵粮入させられ候へ共、はか不行ニ付て、毛利右馬頭(輝元)」被仰付、天正十六年正月中旬、余寒甚(はなはだしき)時分如何ニ」雖思召候、右人数被仰付、肥後一国平均成候事、

一、右曲事条々雖有之、其儀を不顧、肥後国被仰付候ニ」月を一ヶ月共不相立、乱を出かし候儀、殿下まて被失」御面目候間、御紕明なしにも陸奥守腹をきらせらるへきと思召候へ共、人の申成も有之かと被思召、浅野」

弾正(長吉)・生駒雅楽(親正)・蜂須賀阿波守(家政)・戸田民部少輔(勝隆)・福
島左衛門大夫(正則)・
賀藤主計頭(加藤清正)・森壱岐守(吉成)・黒田勘解由(孝高)・小西摂津守(行長)
被仰付、」
右之者共人数二、三万召連、肥後国へ為上使被
遣、くまもとニ」
有之陸奥守をハ曲事ニ思召候間、先八代へ被遣、
国之者共ハ」
忠不忠をわけ、悉可刎首之由被仰遣候処、
又候哉」
陸奥守上使ニも不相構、大坂へ越候間、如一書
条々曲」
事者候間、尼崎ニ追籠、番衆を被付置、筑紫へ
被遣候上使帰次第、各国の者共成敗の仕様をも
被聞召、其上にて陸奥守をハ、国をはらハせら
れ候歟、」
又者腹をきらせられ候歟、二ヶ条ニ一ヶ条可被
仰付」
と被思召候処、肥後事ハ不及申、九州悉相静、
国人」
千余刎首、其内にて大将分首百ハかり大坂へ
もたせ上候、然者喧嘩の相手国の者共刎首、
陸奥守相たすけさせられ候へハ、殿下御紛かと
国々の者共存候へハ如何思召候間、不便なから
後」
五月十四日、陸奥守ニ腹をきらせられ候事、
一、陸奥守肥後に有之者共、曲事ニあらす候
間、其分々ニ知行可被下候間、くまもとに
堪忍可仕事、
天正十六
後五月十四日(秀吉朱印)
島津兵庫頭(義弘)とのへ

●解説

天正十五年(一五八七)、薩摩の島津氏を降した秀吉は、九州各地の領主配置を定め、肥後には佐々成政を置いた。しかし、同国では間もなく国人一揆が発生、成政はその責任を取らされる形で、天正十六年閏五月十四日に切腹させられている。

本状は、成政切腹の当日付けで、彼を切腹させるに至った理由を詳説したものである。同様の朱印状は小早川家など他大名にも出されており、成政処罰の理由は、秀吉配下の多くの部将に通知されたと考えられる。このような処罰理由の公表は、ほかにもいくつか事例があり(例えば加藤光泰の処罰。046参照)、処罰の公明正大なことを示して、配下の心理的動揺を防ぐ目的などがあったと考えられている(岩沢愿彦「秀吉の唐入りに関する文書」)。

以下、本状の具体的な内容を見てみよう。まず第一・二条には、成政が柴田勝家や織田信雄と結んで秀吉に敵対した時のことが記されている。両条とも、「悪逆」を働いたものの降伏した成政を、秀吉が手厚く処遇したという構図になっており、秀吉の恩恵を強調する文脈となっている。ちなみに、秀吉が勝家と戦って滅ぼしたのが天正十一年、信雄と戦って和睦したのが天正十二年、信雄と連携していた成政を攻めて降したのが天正十三年であり、本状が記す各事件の年代には誤りがある。

続いて第三〜五条では、たびたびの敵対にもかかわらず、秀吉が成政に肥後を与えてやったこと、ところが成政は秀吉に断りなく、国人に対して強硬な姿勢をとり、ために一揆を発生させてしまったことが、まず指摘されている。そこで秀吉はただちに成政を切腹させようとも思ったが、「人の申成」(人々の取り沙汰)もあろうからと考えて、まず上使を派遣し、その報告を聞いてから彼の処罰を決めることとした。そして「喧嘩の相手」である国人が多く成敗されたのを受けて、成政を助命しては自分の了見が疑われると判断、彼を切腹させることにしたと述べている。ここからは、喧嘩両成敗的な発想や、処罰を行うにあたって秀吉が外聞を意識していた様子がうかがえて、興味深い。

074 天正十六年閏五月十五日付け豊臣秀吉朱印状

【釈文】写真は106頁

於肥後国領知方、
都合拾九万四千九百拾
六石、目録在別帋之事、
被宛行之訖、但以此内
弐万石、国侍ニ可被下之条、
御朱印次第相渡、則

其方可致合宿、其外身宛
全可令領知候也、

天正十六
後五月十五日（秀吉朱印）

加藤主計頭（清正）とのへ

●**解説**

本状は、天正十六年（一五八八）閏五月に秀吉が加藤清正に宛てて、肥後国内十九万四千石余りの知行を与えた朱印状である。但し、この内二万石については肥後の「国侍」（在地領主）に分配させるとも明記してある。清正は、これまでわずか四千石の知行しか所持しておらず、それに比べたら飛躍的な加増である。秀吉がいかに清正に期待をかけていたのかがうかがえよう。

実のところ、清正に与えられた領土は肥後国の北半分で、南半分は小西行長に与えられていた。秀吉は、肥後国を分割統治とする方針をとったのである。

秀吉は、清正・行長の二人へ任せる前に、肥後国一円をかつての同僚である佐々成政に任せていた。しかし、成政が秀吉の意向に反して検地を強行したことがきっかけで、国人たちの怒りに火が付き、大規模な一揆が勃発してしまう。秀吉は国内の諸大名を一斉動員することで、ようやく鎮圧を遂げている。一揆の直接の原因は成政の失政にあったが、そもそも肥後国は中小の在地領主が割拠しており、容易には統治し難い土地柄であった。その様子を、今回まざまざと見せつけられた秀吉は、より細かく統治に目配せができるよう分割統治へと踏み切ったのである。

なお清正は、領知宛行状と同日付けで、秀吉から一通の朱印状を拝領している（天理大学附属天理図書館所蔵）。そこには清正が、これまで万事出精してきたことによって肥後を与えること、太閤の法度を必ず守って統治にあたることが明記されている。注目すべきは、文中に「陸奥守（佐々成政）事…腹を切させられ候」の一文が挿入されていることである。これは清正に対する紛れもない警告であろう。すなわち、「もしも統治に失敗したら、成政のように死ぬことになる」と。このように清正にとって肥後半国の拝領は喜ばしい反面で、相当な緊張を強いられたであろうことが推察されるのである。

075 天正十六年七月八日付け定（海賊禁止令）

【釈文】写真は107頁

定

一、諸国於海上賊船之儀、堅被成御停止之処、今度備後・伊与両国之間、伊津喜嶋にて盗船仕之族在之由被聞食、曲事ニ思食事、

一、国々浦々船頭・猟師、いつれも舟つかひ候もの、其所之地頭・代官として速相改、向後聊以海賊仕ましき由、誓紙申付、連判をさせ、其国主取あつめ可上申事、

一、自今以後、給人領主致由断、海賊之輩於在之者、被加御成敗、曲事之在所知行以下末代可被召上事、

右条々、堅可申付、若違背之族在之者、忽可被処罪科者也、

天正十六年七月八日（秀吉朱印）

●**解説**

本状は、刀狩令と同日に出された法令で、一般に「海賊禁止令」として知られている文書である。

第一条では、海上での「ばはん（海賊）」行為は禁止しているのに、今度、備後と伊予の間の伊津喜嶋（伊予の斎島か）で海賊をした者があると聞いた、これは曲事である、と述べている。

第二条では、諸国浦々の船頭・猟師など、舟を使う者は、その地の領主や代官が調査し、今後、いささかも海賊行為をしないという起請文を命じ、連判をさせ、その地の国主が取り集めて提出せよ、と命じている。

第三条では、今後、領主らが油断をして海賊行為をする者があれば、その者は成敗し、領主からは知行を永久に取り上げる、と述べている。

本状は、島津家や立花家など九州の大名、淡路の加藤家などに伝存し、『武家事紀』などに写しも伝えられている。この時に問題となったのは、瀬戸内海における海賊行為なので、九州をはじめ、中国・四国地方で海に面した領地を持つ大名に発給されたも

のと考えられる。

掲載した文書は立花家に残るものだが、立花家には二通の「海賊禁止令」が残っている。これは、いつの頃か立花家文書に大友家文書が混入したためで、一通は立花宗茂（むねしげ）、一通は大友吉統（よしむね）に与えられたものだと考えられる。

刀狩令において、土豪・農民の武装解除を目論んだ秀吉は、この法令で海上における海賊行為を禁じた。象徴的に「海の刀狩令」とも呼ばれている文書である。

もちろん、第一条の文言により、すでに海賊行為を禁止した豊臣法令が出されていることは明らかで、辻善之助氏は、島津征伐終了直後の九州仕置きの段階を想定している（『増訂海外交通史話』）。しかし、初令の条文そのものは伝わっておらず、実際に文書として出されたものかどうかは定かではない。

なお、こうした違法行為や被支配身分の者の武装が、豊臣政権において厳しく禁じられるべきものであったことは確実である。

076 天正十六年七月八日付け条々（刀狩令）

【釈文】写真は108・109頁

（端裏）
「（貼紙）
「太閤刀かりの御朱印」　羽柴柳川侍従とのへ」

条々

一、諸国の百姓、かたな・わきさし・ゆみ・やり・てつはう（鉄炮）、其外武具のたくひ（類）所持候事、かたく御停止（ごちょうじ）候、其子細は、不入たうく（道具）相たくはへ（蓄え）、年貢所当をなん（難）しう（渋）せしめ、一揆をくわたて（企）、自然給人に対し非儀之動をなす族、もちろん御成敗あるへし、然ハ其所の田畠令不作、知行ついゑ（潰え）に成候間、其国主・給人・代官等として、右武具悉（ことごとく）取あつめ、可致進上事、

一、右取をかるへきかたな・わきさし、ついゑ（潰え）にさせらるへき儀にあらす、今度大仏御こん（建）りう（立）候釘かすかい（鎹）に被仰付へし、然ハ今生之儀は不及申、来世まても百姓相たすかる儀に候事、

一、百姓は農具さへもち、耕作を専に仕候へハ、子々孫々まて長久に候、百姓御あはれミ（憐れみ）を以如此被仰出候、寔（まことに）国土安全、万民快楽のもとひ也、異国にてハ唐堯のそのかみ、天下をなてまもり給ひ、宝剱利鈎を農器に用と也、此旨をまもり、其趣を存知、百姓は農桑を精に入へき事、

右道具、急度取集可致進上、不可油断候也、

天正十六年七月八日（秀吉朱印）

●**解説**

本状は、秀吉の政策として有名な刀狩令である。掲載した文書は立花家に所蔵されている内の一通で、端裏に「羽柴柳川侍従とのへ」という宛所がある。同家所蔵のもう一通の刀狩令は、豊後の大友吉統（よしむね）に交付されたものだと推定されている（田渕義樹「古文書の伝わり方」）。同様の刀狩令は、原本十二点（立花家文書と島津家文書に各二通、小早川家文書・尊経閣文庫〈加藤文書〉・高野山文書・大阪城天守閣・名護屋城博物館・早稲田大学・名古屋大学・西仙寺に各一通）の伝存が確認されている。

内容は、第一条で、国主・給人・代官らに、百姓から刀をはじめとする武具を没収して進上するようにと命じ、第二条で、刀などは今度建立する大仏殿の釘や鎹（かすがい）にすると告げている。第三条では、百姓は農具だけを持ち耕作に専念すれば、子々孫々まで長久だと諭している。これによって、戦いを行い国土の安全を守る武士と、農桑に精を入れる百姓が理念的に分けられることになった。

これに先立つ天正十五年（一五八七）五月、九州を征圧した秀吉は、佐々成政（さっさなりまさ）に、球磨（くま）・天草（あまくさ）二郡を除く肥後国を与えた。この時、秀吉は、国衆（くにしゅう）には知行を安堵し、一揆が発生しないよう成政に命じたが、成政は国衆に対して強圧的な態度で臨んだ。そのため同年七月、隈部親永（くまべちかなが）ら多くの肥後の国衆が百姓も巻き込んで一揆を起こし、翌年一月まで抵抗した。秀吉は、首謀者と目した国衆百余人の首を斬り、成政を失政の廉で切腹させた。

刀狩を命じる朱印状は、紀伊の雑賀（さいか）・根来（ねごろ）の僧兵一揆を平定したのち、天正十三年四月二十二日付けでも発給されている（『太田文書』）が、天正十六年七月

の刀狩令は、肥後の国人一揆を契機としたものであることは間違いない。

この刀狩令は、九州の大名を中心に何通も発給され、秀吉の方針を伝え聞いた加賀の前田利家なども刀狩を実施しようとしていることから、秀吉が全国的に土豪・百姓から武器や武具を没収しようと決意したことを示している。

077 (天正十七年)三月二十三日付け豊臣秀吉朱印状

【釈文】写真は110頁

路次に残し置候
其方人数千人之事、
木曾江召寄、材木
山出可仕候、猶奉
行共可申候也、

三月廿三日(秀吉朱印)

羽柴岐阜侍従(池田輝政)とのへ

●解説

本状は、木曾材の搬出に関する朱印状である。木曾材は、早くから京都に搬入されていたが、秀吉が木曾材調達を命じるのは、天正十七年(一五八九)正月以降のことである。同年正月十八日付けの「美濃表佐(岐阜県垂井町)より柏原(滋賀県米原市)迄材木持衆事」という秀吉朱印状によると、池田輝政は三千人の人足を提供するよう命じられたが、表題のように、その作業は美濃から近江までの運材だった。

これに対し、本状によると、大名から供出された地元の農民(杣工)ら「数千人」は、運材作業だけでなく、伐出を補助する作業(「山出し」)にも動員されたことが知れる。なお、美濃岐阜城主の池田輝政は、天正十六年四月の聚楽第行幸に伴い「侍従」を拝領し、「羽柴岐阜侍従」と称するので、本状は天正十七年に比定される。

このような木曾材の伐出作業について、天正十七年八月二日、秀吉は一柳直末(美濃軽海西城主)に対し、木曾材の山出し・川下しと、それに伴う道路を設置することまで命じた。ここでは古田重勝・早川長政・竹中隆重(重利)といった秀吉の奉行が現地に派遣され、伐出および運材作業がなされたのである。

こうした現地での作業があったからこそ、本状のように、それを補佐する人足の動員も命じられた。ここに木曾材搬出の内実を知ることができよう。

彼ら「山之奉行」の指揮下では、山林地帯へ派遣された大鋸や杣も居たはずであり、彼らは「製材」を核とする業務を担当したと思われる。たとえ材木の搬出が困難な場所になっても、秀吉は「製材」による材木調達を徹底させた。

秀吉が自らの家臣を「山之奉行」として山林へ派遣したのは、「製材」を担当する大鋸・杣をはじめ、搬送者である「筏之者」という現場の職人集団を指揮・監督するためであり、これを含めた直接的な山林支配を想定したからである。さらに、膨大な量を、より合理的に搬送するため、「山之奉行」指導の製材による材木搬出が必要となり、そこで先進的な技術力を有する大鋸・杣を山林の現地に派遣する発想を持つようになったのではなかろうか。

078 天正十七年十一月二十四日付け条々(宣戦布告状)

【釈文】写真は111～113頁

条々

一、北条事、近年蔑　公儀、不能上洛、殊於関
東、任雅意狼藉之条、不及是非、然間去年
可被加御誅罰処、駿河大納言家康卿依為
縁者、種々懇望之間、以条数被仰出候へハ、御
請」
申付而、被成御赦免、即美濃守(北条氏規)罷上、御礼申
上事、」

一、先年家康被相定条数、家康表裏之様ニ申上
候之間、美濃守被成御対面上者、境目等之儀、
被」
聞召届、有様ニ可被仰付間、家々郎従指越候へ
と」
被仰出之処、江雪(岡野融成)差上訖、家康与北条国切之
約」
諸之儀、如何と御尋之処、其意趣者、甲斐・信
濃」
中城々ハ、家康手柄次第可被申付、上野中者、

北条可被申付之由相定、甲信両国者、即家康被
申付候、上野沼田之儀者、北条不及自力、却而
家康相違之様ニ申成、寄事於左右、北条出仕
迷惑之旨、申上歟与被思食、於其儀者、沼田可
被下候、」
乍去上野之中、真田持来知行三分二、沼田城ニ
相付、北条へ可被下候、三分一ハ真田ニ被仰付
之条、」
其中ニ有之城をハ、真田可相拘之由被仰定、右
北条ニ」
被下候三分二之替地者、自家康真田ニ可相渡之
旨」
被成御究、北条上洛可仕との一札出候者、即被
指」
遣御上使、沼田可被相渡与被仰出、江雪被返下
候事、」
一、当年極月上旬、氏政可致出仕之旨、御請一札
進上之候、因茲被差遣津田隼人正(信勝)・富田
左近将監(知信)、沼」
田被渡下候事、
一、沼田要害請取候上者、右相任一札、即可罷上と
被思食之処、真田相拘候なくるミ(名胡桃)の城を取、表
裏」
仕候上者、使者ニ非可被成御対面儀候、彼使雖
可」
及生害、助命返遣之事、
一、秀吉若輩之時、孤と成て、信長公属幕下、身を
山野ニ捨、骨を海岸に砕、干戈を枕とし、夜は
に寝」
夙におきて軍忠をつくし、戦功をはけます、然
而自」
中比蒙君恩、人に名をしらる、依之西国征伐之
儀」
被仰付、対大敵争雌雄刻、明智日向守光秀、以
無」
道之故、奉討信長公、此注進を聞届、彌彼表押
詰、」
任存分不移時日令上洛、逆徒光秀伐頸、報恩
恵、雪会稽、其後柴田修理亮勝家、信長公之厚
恩を忘、国家を乱し叛逆之条、是又令退治之
訖、」
此外諸国、叛者討之、降者近之、無不属麾下者、
就中秀吉一言之表裏不可在之、以此故相叶
天道者哉、予既挙登龍揚鷹之誉、成塩梅
則闕之臣、關万機政、然処氏直背天道之正理、
対帝都企奸謀、何不蒙天罰哉、古諺云、巧訴(詐)
不如拙誠、所詮普天下逆勅命輩、早不可不加
誅伐、来歳必携節旄令進発、可刎氏直首
事、不可廻踵者也、
天正十七年十一月廿四日(秀吉朱印)
北条左京大夫とのへ

●解説

天正十七年(一五八九)十月、武蔵鉢形城主北条氏邦の家臣で上州沼田城(群馬県沼田市)に入った猪俣邦憲が、真田氏に属する名胡桃城(群馬県みなかみ町)を攻め、守将鈴木主水を討ち取り、城を占領するという事件が発生した。

秀吉は、名胡桃城を真田方に与えると裁定していたので、秀吉の国分方針への重大な違反行為となった。十一月二十一日、秀吉は、真田昌幸に対して「もし北条が出仕してきても、名胡桃城を攻めた者共を成敗しないのであれば、北条を赦免することはない」と告げている(「真田家文書」)。

十一月二十四日、秀吉は、北条氏直へ対し、「北条氏への宣戦布告状」と呼ばれる本状を送る。

内容は、上野国をめぐるこれまでの経過を順に書き、北条氏の行動が秀吉の裁定に背くものであることを明らかにしたものである。同じ文書が数通残っているので、北条氏だけではなく、他大名たちにも読ませようとしたものだと考えられる。秀吉は、諸大名に向けて、自分が理不尽な戦いを仕掛けているわけではなく、北条氏に落ち度があることを宣伝しているのである。

第五条だけは、少し内容が異なる。自分のこれまでの苦労と功績を縷々述べ、その甲斐あって天道に叶い、関白・太政大臣にまでなったことを誇らしげに書いている。秀吉の論理でいけば、天道に叶った自分に逆らう氏直は、まさに「天道の正理」に背く者で、天罰を蒙らざるを得ないことになる。文中の「節旄」とは天皇が儀式の時に用いる旗のことで、秀吉は天皇の代理として進発し、氏直の首を刎ねる、と宣言しているわけである。

この朱印状は、『鹿苑日録』によって、その作成過

程がわかる貴重な実例である。すなわち、鹿苑院主の西笑承兌は、十一月二十三日の寒い夜、浅野長吉からの使者を受けて、聚楽第の長吉の屋敷に向かった。そこには、右筆の楠長諳や御伽衆の大村由己、菊亭晴季が集まっていた。承兌は、菊亭晴季と相談し、朱印状の草案を書き上げた。この草案は、秀吉の裁可を得、右筆によって清書され、北条氏に与えられたのである。

079 天正十八年二月二十八日付け琉球国主宛て国書写

【釈文】写真は114頁

来緘披閲、殊其地之土産種々被贈越候歟、
所罕見珍重、寔凌遼遠之波濤、懇志之
段、欣然不斜、抑日域之事、至于八荒之諸
嶋、悉無不属本意者、三韓頃納懇款之
条、許容之儀、渉思惟、所詮不経歳月而令
渡海、可振威風於大明之念望、豈空乎、
其時続船尾、被添干戈者、自他之覚最也、
猶天龍桃庵東堂・島津義久可演説、
仍恐々不備、
天正十八年二月廿八日　関白(秀吉)
琉球国主(尚寧)

●解説

九州を平定すると、秀吉は本格的に「唐入り」を意識するようになり、その前提として、朝鮮を初めとする東アジア諸国に服属要求を行っていった。琉球に対しては、九州平定直後から島津氏を通じて使節派遣要求がなされていたようで、天正十七年(一五八九)九月には、島津義久に伴われて琉球使節が上洛している。この使節が帰国する際に、秀吉は国書を託したのだった。

ところが、天正十八年二月二十八日付けの国書写は、複数確認されている。その一つが、ここで取り上げた保田妙本寺(千葉県鋸南町)に残されたものである(A系統)。この国書では、秀吉は日本中が自身の支配下にあり、朝鮮からも使節が来ていると、自らの威勢を誇示する。そして、間もなく明へ侵攻するつもりであると語り、琉球の従軍を要請している。なお、琉球に送られた国書の写しが妙本寺にある理由ははっきりしないが、同寺が日向国と深い関わりを持っていた(例えば永禄年間には住持が日向に下向している)ことが影響しているのかもしれない。

また、琉球との交渉の窓口になっていた島津家にも、同日付けの国書写が残されている。その内容は妙本寺のものとほぼ同じなので、同じ系統に属する写しとみてよさそうだが、文言は微妙に異なり、宛所も「琉球王」となっている。

一方、同日付けだが内容が明確に異なる国書写もある(『続善隣国宝記』など。B系統)。こちらによると、秀吉は日本を平定したものの、「異域」との通交がないことを遺憾に思っていたという。そのため琉球使節の到来は大変うれしく、今後交誼を深めていきたいと述べている。すなわち、A系統の国書にあった露骨な従軍要請が、B系統の国書には見えないのである。

この両系統の関係については、次のような見解がある。すなわち、天正十八年時点で秀吉が琉球に送ったのはB系統の国書であったが、その後、朝鮮侵略の実行が迫ったことを受けて、秀吉はB系統の国書を撤回し、A系統の国書に取り替えさせたという見解である(上原兼善『幕藩制形成期の琉球支配』)。これによるならば、A系統の国書は、天正十八年以降の情勢の推移に対応して日付を遡って作成されたことになり、強烈な政治的作為が刻印された文書であったということができる。

080 (天正十八年)三月二十九日付け豊臣秀吉朱印状

【釈文】写真は115頁

急度染筆候、中納言(豊臣秀次)、
山中城へ今日廿九日執
懸、即午刻乗崩、城主(松田康長)
事者不及申、首千余
討捕、其外追打不知
数候、然者明日朔日、箱根
峠へ為陣取、至小田原
表、可手遣候間、落去不可
有程候、尚追々吉左右
可申聞候也、

三月廿九日（秀吉朱印）

鍋嶋加賀守（直茂）とのへ

●解説

秀吉は、小田原の北条氏を攻撃するため、まず箱根の手前にある伊豆山中城（静岡県三島市）を攻略し、本城の小田原城を目指した。本状は、まさにその時出されたものであり、宛所の「鍋嶋加賀守」とは、肥前龍造寺氏の重臣鍋島直茂のことである。

京都を発した秀吉が、徳川家康らの軍勢が待ち受ける駿河の三枚橋城（静岡県沼津市）に着陣したのは、天正十八年（一五九〇）三月二十七日のことである。この時に集結した豊臣軍の総勢は、約二十二万にも及んだといわれる。実際の戦闘は、三月二十五日前後から始まったようであるが、本格的に北条・豊臣両軍が交戦したのは、三月二十九日未明からの山中城・韮山城（静岡県伊豆の国市）の両城へ対する一斉攻撃の時だった。

山中城は箱根への玄関口であり、これを守備していたのは城主松田康長以下、四千程度の軍勢だった。これに比して豊臣軍の陣営は、総大将の豊臣秀次一万五千人、堀秀政の率いる軍勢八千七百人、家康軍三万人など、九大名の軍勢で、総計約七万余の陣営で臨んだとされ、わずか半日で落城させてしまった。

三月二十八日、秀吉は長久保城（静岡県長泉町）に入って軍議を行い、山中城・韮山城への攻撃を決定し、秀次に山中城攻めを命じ、織田信雄に韮山城攻撃を命じた。そして、家康には山中城の北から箱根方面への進軍を命じている。

三月二十九日の早朝、秀次は中村一氏を先鋒に、七万の大軍で箱根の要所にある山中城を攻めた。山中城は大改修によって要塞と化していたが、七万の大軍を相手に守り通すことはできず、激戦の末、同日の午前に落城する（山中城の戦い）。

山中城の戦いで、城主の松田康長と間宮康俊の二人が自害し、北条氏勝は山中城を脱出して相模玉縄城（神奈川県鎌倉市）へと逃げた。

豊臣軍は山中城を半日で落としたものの、秀吉が信頼していた武将一柳直末（黒田孝高の妹婿）が戦死してしまった。そのことを、黒田孝高が食事中の秀吉に報告すると、秀吉が「直末は関東（北条領国）にも代え難い武将であった」と大いに悲しんだという（『一柳家中興御手柄物語覚』）。山中城が落城した日、家康は箱根にある鷹之巣城（神奈川県箱根町）を攻撃し、同日中に落城させた。

081（天正十八年）五月三日付け豊臣秀吉朱印状

【釈文】写真は116頁

江戸城俵物改之注文、披見候、城中掃除以下申付、御座所拵、玉縄ニハ瀬多（田）掃部助（正忠）・生駒主殿正（忠清）を置候て、其城ニハ松下石見守（之綱）・古田織部（重然）召寄、可入置候、河越城羽柴筑前守（前田利家）請取候、一左右次第相越、彼城兵粮・武具等入念可改置候、則鉢形城へ可相動候、不可有由断候、次制札事、如申越百枚遣之候、猶山中（長俊）橘内可申候也、

五月三日（秀吉朱印）

浅野弾正少弼（長吉）とのへ

木村常陸介とのへ

●解説

本状は、天正十八年（一五九〇）の小田原攻めに関する朱印状である。天正十八年三月二十九日、伊豆山中城（静岡県三島市）の落城と共に、北条氏勝は居城の相模玉縄城（神奈川県鎌倉市）に戻っていた。その後、再三にわたって、小田原本城から籠城の誘いを受けるが、氏勝はそれを断り、ついに四月二十一日、豊臣方に降伏する。

三浦半島の付け根に位置する玉縄城は、小田原本城と共に、相模湾の海上支配の拠点であり、さらに現在の横浜市域にも隣接し、江戸湾の海上支配にも適した場所だった。

一方の豊臣方は、秀吉が小田原城を包囲し、同所

に本陣を構えたが、四月二十五日、浅野長吉(長政)・木村常陸介らは、小田原の地を離れ、分遣隊として南関東の北条氏支城攻略に向かった。まず鎌倉を経由して玉縄城を攻略し、四月二十九日には、城代・遠山政景の拠る江戸城を開城させた。五月朔日、武蔵河越城(埼玉県川越市)は、北陸から南下してきた上杉景勝・前田利家の攻撃で開城した。

このような戦況の中で、秀吉が浅野らの分遣隊に送ったのが本状である。秀吉は、占拠した江戸城の兵粮米の確保や「掃除」することを指示し、江戸城に自らの「御座所」を設置することも命じた。さらに瀬田正忠・生駒忠清を相模玉縄城に入れ、江戸城には松下之綱・古田重然を配置することも指示している。

さらに後半部分で秀吉は、前田利家に開城した河越城の請け取りを託し、利家自身が河越城の兵粮米・武具などを調べ、武蔵鉢形城(埼玉県寄居町)を攻撃することも命じた。なお、末尾では、禁制百枚を送付したとの記載もあり、彼ら分遣隊の侵攻によって、現地に数多くの秀吉禁制が下付されたようである。

秀吉は、五月初旬、江戸城周辺を拠点とする関東経営を考えていたが、北条方の武蔵や下総・上総の諸城のほとんどが開城したにもかかわらず、戦況は豊臣方に好転しなかった。特に武蔵の要衝・岩付城(さいたま市岩槻区)の攻略には手間取り、六月に入ると、小田原・韮山・忍・八王子・鉢形・津久井といった諸城の攻略も容易ではなかった。そのためか否かは即断できないが、秀吉は、江戸城に「御座所」を設置する構想を放棄せざるをえなかったのである。

082 (天正十八年)五月二十三日付け豊臣秀吉朱印状

【釈文】写真は117頁

去廿日、武州岩付城
押詰、町外曲輪追破
刻、碎手頸数多、討捕之
註文進上、誠粉骨之至、
神妙被思食候、本城へ
北籠残党儀、仕寄申付、
味方手負無之様ニ仕、可
討果事専一候、猶浅野
弾正少弼(長吉)・木村常陸介可
申候也、

五月廿三日(秀吉朱印)

平岩七助(親吉)とのへ

●解説

本状も、小田原攻めに関する朱印状である。天正十八年(一五九〇)四月末、浅野長吉(長政)・木村常陸介らの分遣隊は、小田原から鎌倉を経由し、相模玉縄城(神奈川県鎌倉市)や江戸城を開城させた。さらに五月に入ると、下総・上総・常陸における北条方の支城を攻略し、侵攻を続けていた。一方、秀吉は小田原城を攻囲し、同所に本陣を構えていたが、すでに江戸城周辺を拠点とする関東経営を構想し、さらに奥羽への進撃も視野に入れていた。

本状によると、常陸から北武蔵へ入った浅野長吉らの分遣隊が、北武蔵の要衝・岩付城(さいたま市岩槻区)を攻撃したのは五月二十日のことである。この豊臣方の攻撃は激しく、それに従軍した平岩親吉の活躍ぶりも見事であったことが知れる。敵方の武将が討ち取られ、その報告が秀吉にもたらされたが、その一方では、岩付城の北側に籠る敵方も居り、岩付城は容易に開城されたものではないようである。そのため秀吉は、さらなる城の攻撃を命じ、特に「味方手負無之様ニ仕」との表記からすると、すでに豊臣方にも多くの負傷者が出ていたことが推察できる。

なお、平岩親吉は徳川家康の重臣の一人であり、こうした家康の重臣も分遣隊の一人として、秀吉から直接の指令を受けていた。秀吉と家康の関係を知る上でも、貴重な文書といえる。

083 (天正十八年)七月十一日付け豊臣秀吉書状

【釈文】写真は118頁

急度令啓候、今日
申刻、北条氏政・同
陸奥守(氏照)刎首差上候、
然者出羽・奥州果

迄、置目等為可申付、
来廿日比、至会津相
移候、此由可有披露候、
恐々謹言、

七月十一日　秀吉(花押)

菊亭右大臣殿(晴季)
勧修寺大納言殿(晴豊)
中山大納言殿(慶親)

●解説

本状は、小田原城の開城直後の文書である。天正十八年(一五九〇)四月初旬、秀吉の軍勢は小田原城を包囲したが、それから三ヶ月後の七月五日、北条氏の当主氏直は、豊臣方の滝川雄利の陣に向かい、自らの切腹と引き換えに城兵を助けるよう申し出て、秀吉に氏直の降伏が伝えられた。

そして七月七日から九日にかけて、豊臣方からは、片桐且元・脇坂安治・榊原康政が検使となり、小田原城の受け取りを行った。七月九日、氏直の父氏政とその弟の氏照(八王子城主)が最後に小田原城を出て、その後、自刃したとされる。

本状によると、氏政と氏照の兄弟が死去したのは、七月十一日であるが、榊原康政以下の検使役が見守る中、北条氏規の介錯で切腹したとされる。なお、氏直は家康の娘婿であり、氏規は家康の駿府人質時代の旧知だったために助命された。

宛所の「菊亭右大臣」とは、今出川(菊亭)晴季のことで、秀吉の関白就任を勧めて、豊臣政権と朝廷とを強く結びつけたことでも著名である。しかし、娘を関白秀次に嫁がせたので、文禄四年(一五九五)の秀次事件に連座し、越後へ流罪になる。「勧修寺大納言」は、武家の奏請を朝廷に取り次ぐ武家伝奏を担当した勧修寺晴豊のことで、信長や秀吉との交流があった。その日記『晴豊公記』(『晴豊記』『日々記』とも)は、信長に関する記述が多く、一級史料とされている。残る「中山大納言」こと中山慶親も、今出川晴季・勧修寺晴豊と同様、秀吉と交流のあった公家である。

なお、小田原城の開城を見届けた秀吉は、七月十三日に家康の関東移封を発表、七月十七日に小田原を発ち、鎌倉や江戸城を経由して、七月二十六日、かつて奥州を平定した源頼朝に倣い、下野宇都宮城(栃木県宇都宮市)へ入城した。ここで秀吉は、関東や奥羽の諸大名への措置を下し(宇都宮仕置)、八月四日に宇都宮を発ち、同月九日に会津へ到着した。現実は、本状に書かれた日程ではなかったのである。

084 (天正十八年)七月十六日付け豊臣秀吉朱印状

【釈文】写真は119頁

此者四人、伝馬
四疋申付、京都
迄町送可相
届者也、

七月十六日(秀吉朱印)

別所主水正(重宗)とのへ
加藤遠江守(光泰)とのへ
南条伯耆守(元続)とのへ
木下備中守(重堅)とのへ
池田伊予守(秀雄)とのへ
亀井武蔵守(茲矩)とのへ
加藤清左衛門尉とのへ
堀尾次郎介(泰勝)とのへ
八幡山留守居中
新庄駿河守(直頼)とのへ

●解説

本状は、畳刺しに与えた伝馬手形である。本状を所蔵する伊阿弥家は、代々、足利将軍家の畳大工の御用を務めた家柄であり、特に九代目の新四郎宗珍は、織田信長の上洛と共に、その命令により、禁裏や安土城に関わる畳刺しの御用を承り、「石見守」に任じられ、「天下一」の称号も得ることとなった。

宛所の別所重宗は、天正十九年(一五九一)六月に死去し、加藤光泰の「遠江守」叙任が天正十三年、南条元続の「伯耆守」叙任が天正十五年、木下の「備中守」叙任が天正十五年だったことを考慮すると、天正十六年から十八年の間で本状が発給されたことになる。

この内、天正十八年に比定すると、まさに小田原攻めが終わった直後で、小田原開城から三日目である。すでに秀吉は、同年六月十八日、本阿弥光悦と後藤光乗らを小田原から京都へ送るため、尾張清洲城と三河岡崎城に配した小早川隆景と吉川広家に人夫と伝馬の提出を命じた(『小早川家文書』)。七月十五日に淀殿らを小田原から帰京させた際にも、秀吉の命を受けた長束正家が、小早川や吉川に人足や添馬などを用意することを確認している(『小早川家文書』)。本状も、このような伝馬に関するものである。

宛所の堀尾泰勝とは、近江佐和山城主堀尾吉晴の留守居かと思われ、「八幡山」とは近江八幡山城(城主は豊臣秀次)のこと。加藤光泰は当時、駿府在番を務め、別所重宗も駿河に駐屯したとの記録がある。いずれも、宛所の武将は東海道や東山道の要衝の地に配された人物と考えられる。

小田原開城を見届けた伊阿弥家十代目の久次郎以下の四人は、京都へ戻ることになった。同年五月十四日、小田原の秀吉が北政所へ送った書状には、「秀吉の御座所の城とは石蔵でできており、台所もあり、やがては広間や天主も建てる」(『小山文書』。桑田忠親『太閤書信』)との旨が記されるなど、開戦当初の秀吉としては、淀殿だけではなく、畳刺しなども同行する必要があった。小田原攻めには、秀吉の軍勢ばかりではなく、さまざまなメンバーが同行していたようである。

085 天正十八年七月二十七日付け覚(豊臣秀吉朱印状)

【釈文】写真は120頁

覚

一、南部内七郡事、大膳大夫可任覚悟事、

一、信直妻子定在京可仕事、

一、知行方令検地、台所入丈夫ニ召置、在京之賄相続候様ニ可申付事、

一、家中之者共相拘諸城、悉令破却、則妻子三戸江引寄可召置事、

一、右条々及異儀者在之者、今般可被加御成敗候条、堅可申付事、

以上、

天正十八年七月廿七日(秀吉朱印)

南部大膳大夫(信直)とのへ

●解説

天正十八年(一五九〇)六月から七月にかけて、伊達政宗や最上義光といった奥羽の大名が、小田原の秀吉陣中へ出かけ、秀吉と謁見を遂げて従属の意を示した。天正十四年という奥羽大名としては早い段階から豊臣政権と交渉を持っていた陸奥三戸(青森県三戸町)城主の南部信直が、秀吉に臣従の意を表する「御礼」を遂げたのは七月六日のことである(『浅野家文書』)。

秀吉は、小田原攻めを終えたのち、会津(福島県会津若松市)へと赴いた。その途中、下野宇都宮(栃木県宇都宮市)において、信直へ対して領内仕置の基本方針を示す目的で本状を発給している。

本状の第一条では、南部の内、七郡を信直が責任を持って統治することを認めている。それと引き替えに、第二条以下で示された豊臣政権が示す諸政策を領内で実行し、徹底することが求められた。

第二条では、秀吉と大名間の主従関係に基づく大名統制策の一環として、前年九月以来強化された(『多聞院日記』)大名妻子の京都在住を命じている。

第三条では、領内の検地を実施して、在京費用、「台所入」を確保し、領主財政を確立することが定められている。渡辺信夫氏は、豊臣政権から大名領主権が確立していると見做された政宗・義光・信直の領国では、豊臣政権から派遣された奉行による太閤検地実施の跡が見られないと指摘しており(「天正十八年の奥羽仕置令について」)、これらの大名には、自領の検地を独力で実施することが求められたと考えられる。

第四条では、家臣の城館をすべて破却し(いわゆる「城破り」)、その妻子を城下町(三戸)に集住させることが規定されている。「城破り」は、在地小領主の根拠だった城郭を破壊することで、彼らの独立領主たる基盤を除去、大名家臣化を促進し、大名への権力集中を進め、その基盤を強化することを目指した政策である。

第五条では、示された政策を実施するにあたり、それに抵抗する者は、秀吉自らが断固たる処置を下すと述べられている。

豊臣政権は、奥羽仕置において、従属大名の支配権強化に繋げる政策を上から示す形で与えた。しか

しながら、信直の領内における大名としての支配権は甚だ脆弱で、加えて傍系から家督を継いだ信直に対する根強い反発も広く存在していた。この反発が、南部領内で翌年勃発する九戸一揆に繋がっていくのである。

086 (天正十八年)七月二十八日付け豊臣秀吉朱印状

【釈文】写真は121頁

猶以御座所普請衆、
明石左近(元知)・瀬田掃部(正忠)・古田織部(重然)・
岡本下総守(良勝)、此分可割付候、
従岩付、小田原迄間、道
中ニ御座所可仕候旨、忍・
河越・岩付番衆ニ被仰出候、
河越城破却候間、其道具ニて
可仕候、為両三人、奉行仕
可申付候、次、御座所近所ニ
二間・五間計之小屋、五、六
十間、令割符可申付候、太田
小源五(一吉)者、八王子之俵子共、
御座所へ持付、則御番
仕可相待候、普請之儀者不可
仕候也、
　　七月廿八日(秀吉朱印)
　　　　伏屋十内とのへ
　　　　滝川彦次郎(忠征)とのへ
　　　　大屋弥八郎とのへ

●解説

小田原城の開城を見届けた秀吉は、七月十三日に小田原を発ち、七月二十六日に下野宇都宮城(栃木県宇都宮市)へ入城した。本状は、宇都宮の地で出されたものであるが、ここで秀吉は、関東や奥羽の諸大名への措置を下している(宇都宮仕置)。

このような状況にもかかわらず、本状での秀吉は、岩付(さいたま市岩槻区)から小田原までの道中において、自らの「御座所」の建設を命じるなど、すでに帰路のことを考えていたことが興味深い。

また、会津からの帰路は江戸城経由ではなく、いわゆる多摩地域を経由しようとしたことにも注目すべきである。このことを裏づけるように、本状でも太田一吉に対して八王子城の兵糧をその御座所へ搬送するよう命じている。府中(東京都府中市)あたりに駐屯していた太田が、その地域の指出検地に関わっていた事例もあり、本状に名が挙がっている明石元知・瀬田正忠・古田重然・岡本良勝らの秀吉直臣を含め、すでに攻略した北条方の忍・河越・岩付の各城に駐留して戦後処理に関わっていた秀吉の奉行らのことが知れる、貴重な文書である。

なお近年、東京都府中市内では「府中御殿」の遺構が発掘されたが、このあたりも秀吉が帰路に経由した可能性が高い。秀吉は、江戸城のある臨海部だけではなく、武蔵国の内陸部も含めて、その支配下に治めるつもりでいたようである。

087 天正十八年八月十日付け定(豊臣秀吉朱印状)

【釈文】写真は122頁

　　定
一、今度以御検地之上、被作相定年貢米銭之外、対 百姓臨時」
非分之儀一切不可申付事、
一、盗人之儀、堅御成敗之上者、其郷其在所中として聞立、有様ニ」
可申上之旨、百姓以連判致誓帋可上之、若見隠聞かくすニ付而ハ」
其一在所可為曲事、
一、人を売買儀一切可停止之、然者去天正十六年以来ニ売買族被」
作(棄ヵ)破之条、元のことく可返付、於向後人を売もの、事ハ不及申、」
買もの共ニ曲事候間、聞立可申上之、可被加御褒美事、
一、諸奉公人者面々以給恩其役をつとむへし、百姓ハ田畠開作を専ニ可仕事、」
一、□□(日本)六十余州在々百姓、刀・わきさし・弓・鑓・鉄炮一切武具類持候事」
御停止ニ付而、悉被召上候、然者今度出羽・奥州両国之儀同前ニ被仰付候条、」
自今以後自然所持候百姓□□(於在)之者、其もの、事ハ不及申、其郷共ニ

可為同罪事、

一、在々百姓他郷へ相越儀有之者、其領主へ相届、可召返、若不罷帰付而ハ」相拘候もの共ニ可為曲事、

一、永楽銭事、金子壱枚ニ弐拾貫文宛、ひた銭にハ永楽一銭ニ可為」三銭立事、

右条々、若於違犯之輩者可被加御成敗者也、

天正十八年八月十日（秀吉朱印）

石田治部少輔（三成）とのへ

●解説

小田原攻めを終えた秀吉は、「出羽・奥州・津軽の果て迄」に及ぶ奥羽への「置目」を実施するため、軍勢を三手に分けて、自らも会津に移動することを表明した（天正十八年〈一五九〇〉七月晦日付け秀吉朱印状写、「本願寺文書」）。「置目」とは、為政者や武将などの作った規定や法律、いわば政策の類を指す。

秀吉が奥羽で発した「置目」には、「出羽・奥州その外津軽果迄」の百姓に対する検地と刀狩の実施に主眼を置いた在地向けのものと、大名から「足弱共」（人質となる妻子）を差し上げ、領内の城破りを実施させることを重視した大名向けのもの、二つの側面が存在する（『武徳編年集成』三十九、天正十八年七月晦日条、および八月十八日付け秀吉朱印状、『吉川家文書』）。

本状は、実際に奉行として派遣される石田三成に対し、検地・刀狩などの施行すべき政策について、秀吉の指示を伝達した朱印状であり、①検地の実施と、それに基づいて定める年貢米銭以外の臨時賦課禁止、②盗人の厳重な取締と所在申し立ての義務化、隠匿禁止、③人身売買禁止と売買に携わった者の処罰規定、④兵農分離規定、⑤百姓の武器・武具所持禁止、⑥逃亡百姓に対する在所への召還（人返し）規定、⑦金子と永楽銭・鐚銭の換算規定、以上の七ヶ条を定めている。豊臣政権は、検地や刀狩といった政権の主要政策を、新たに支配下に加えた奥羽でも施行しようとしたのである。

天正十八年の奥羽検地は、相馬領・岩城領（いずれも福島県浜通り地方）などを担当した三成のほか、陸奥では宇喜多秀家・豊臣秀次・前田利家・浅野長吉・細川忠興ら、出羽では木村重玆・大谷吉継・上杉景勝らにより執行された。

しかし、奥羽の検地条目（「一柳文書」「色部文書」）や検地帳を見ると、石高制ではなく貫高が用いられたり、検地の原則であった「一地一作人」原則とは異なり、実際の耕作者ではなく規模の大きな地主的立場の百姓の存在を認めて検地帳に記載する例があったり、また陸奥の会津・岩城領、出羽仙北では指出検地が行われるなど、太閤検地の原則や特徴とされる点が地域の実情によって変化している。

なお、同日付けで石川兵蔵（光吉）に宛てた同種の朱印状（大阪歴史博物館所蔵）が残存しているが、本条と比較すると、三成宛てのものは①・⑦の二ヶ条が多く記され、また石川宛てのものは⑤・②・③・④・⑥の順に記されるなど、若干の差異がある。

088 （天正十八年）八月十六日付け豊臣秀吉朱印状

【釈文】写真は123頁

急与被仰遣之候、

一、其元検地・刀駆等何程申付候哉、能々入念無由断可相改事、

一、先之国出羽・奥州至迄、不限一揆不相届族於在之者、急度御人数為可被出之候条、江州・濃州・三州・遠州・駿州・武州・下野国迄、其所々よき所ニ蔵をつくらせられ、諸人数ニ御兵粮被下候者、人夫不召連、早速ニ被差下為可有御成敗ニて候、由断有間敷候、

一、於其国者、白川鹿目所候条、其城ニ米五千石程入候倉、其方逗留中ニ古家を成共、はか行ニ壊候而、城内用心可然所ニ作らせ尤候、左様候者、兵糧儀、羽柴松坂（蒲生氏郷）少将ニ被仰付候也、

八月十六日（秀吉朱印）

□□□□□□殿

●**解説**

本状は、奥羽仕置に関する朱印状である。宛所は擦り切れているが、残画から「浅野弾正少弼」と読み取ることができ、奥州仕置の中心人物として活動していた浅野長吉(長政)宛てであることがわかる。

第一条では、奥羽地方で検地と刀狩を、念を入れて行うよう命じ、第二条では、近江から下野まで兵糧を貯蔵しておく蔵を建てさせるよう命じている。これは、一揆などが起これば、輸送に従事する陣夫を連れず、即座に軍勢を派遣するためだった。

そして第三条では、奥州の要めの白河城に、五千石ほどの兵糧を入れることができる蔵を建てよ、と命じている。管理者は、会津を与えられた蒲生氏郷である。

本状の所蔵者である仁木尚治氏の先祖は、室町幕府十三代将軍足利義輝に仕えた仁木内蔵之允頼慶で、その子左京進頼為は、義輝が三好長慶らに殺害されたのち、摂津に隠栖し、秀吉が郡主馬頭を通じて召し出そうとした時、それに応ぜず美作の東北条郡へ行き、帰農したという(『仁木家系図』)。

秀吉は、会津に入った翌日の天正十八年(一五九〇)八月十日、石田三成宛て朱印状の中で、「日本六十余州在々百姓」に「刀・わきさし・弓・鑓・鉄炮、一切武具類」を持ってはならない、と命じている(087参照)。新しく占領下に入った奥羽地方においては、浅野長吉に検地と刀狩の励行が命じられたのである。

秀吉は、八月十二日付け浅野長吉宛ての有名な朱印状で、納得しない者は「一郷も二郷も、悉なできり」にし、「たとへ亡所ニ成候ても不苦候間、(中略)山のおく、海ハろかいのつゝき候迄、可入念事専一候」と決意を表明している。本状は、それらと一連のものであり、秀吉が、奥羽に一揆などが起これば即座に軍勢を遣わすことができる体制を近江から白河まで創出しようとしていたことがわかる。秀吉の言葉は、単なる大言壮語ではなく、現実的な体制作りをも伴ったものだったのである。

089 (天正十九年)六月二十日付け豊臣秀吉朱印状

【釈文】写真は124頁

奥州奥郡為御仕置、
江戸大納言(徳川家康)、尾張中納言(豊臣秀次)、
越後宰相(上杉景勝)、其外被遣
御人数候、然者南部
家中企逆意族
可加成敗候旨被仰
出候条、大谷刑部少輔(吉継)
申次第、其方事可
相動候也、

六月廿日(秀吉朱印)

津軽右京亮(為信)とのへ

●**解説**

本状は、秀吉が陸奥大浦(青森県弘前市)城主の津軽為信に対し、「奥州奥郡」の「御仕置」を進めるため、徳川家康(江戸大納言)・豊臣秀次(尾張中納言)・上杉景勝(越後宰相)ほかの軍勢を派遣することを伝えた朱印状である。

同じ六月二十日付けで「奥州奥郡御仕置」について達した秀吉の朱印状は、この津軽為信宛て以外にも、管見においては、伊達政宗宛てのもの(『伊達家文書』)、出羽湊城(秋田市)主の安東(秋田)実季宛てのもの(「秋田家文書」)、同じく横手城(秋田県横手市)主の小野寺義道宛てのもの(「川越山内文書」)を確認できる。宛所はいずれも奥羽地方の大名であり、本状が仕置対象地域を支配する大名、ないしは軍事動員の対象とされた大名に対して発給されたことがうかがえる。

しかし、彼らに与えられた朱印状を子細に検討すると、内容に微妙な差異がある。

政宗宛て朱印状では、政策施行のため、派遣される豊臣勢が各地の城に留守居として入城し在番すること、政宗の所領においても、軍勢の道筋にある諸城を在番する豊臣勢に明け渡すことを命じたもので、政宗のその他の行動については別の一書に任すということが記されている。

一方、この為信宛てのものは、陸奥三戸(青森県三

戸町)の南部信直に対して逆心を企てる家中の者に成敗を加えるため、仕置勢として日本海側の「最上筋」を進軍することが定められていた(六月二十日付け秀吉朱印状、尊経閣文庫所蔵)大谷吉継の指示があり次第に行動することが求められている。

また、出羽の安東・小野寺に宛てたものは、単に出兵を命じるだけで、具体的な派兵先の明示はなく、大谷吉継の指揮下に入るよう命じている。「奥羽奥郡御仕置」における奥羽大名への指示内容は一様ではなく、その役割も異なっていたといえるだろう。

090 天正十九年七月十七日付け豊臣秀吉朱印状

【釈文】写真は125頁

大崎内宮崎城に、
一揆原楯籠候之処、
城主を初悉令成敗、
討捕首数百相添、
注文差上候、誠下着
以来無程候処、早々
相動如此之段、神妙ニ
被思食候、併其方
事天下之外聞尤候、
右通ニて候者、其面之
儀雖可相済候、向後之
為仕置、尾州中納言(豊臣秀次)
被差越儀ニ候条、家康
同前ニ相談、無残所
入念、出羽・奥州果
端々迄、置目等之事
堅可申付候、猶山中
橘内(長俊)・木下半介(吉隆)可
申候也、

七月十七日(秀吉朱印)

羽柴伊達侍従(伊達政宗)とのへ

●**解説**

本状は、秀吉が「羽柴伊達侍従」こと伊達政宗に宛てた朱印状で、江戸時代前期に伊達家が編纂した「記録抜書」には秀吉からの「御感状」(武将が家臣の軍忠を賞賛し発給する文書)と記された文書である。

文書冒頭の「大崎」とは、現在の宮城県北の一部を指し、また、同県北から岩手県南の地域にかけてを「葛西」と呼んだ。これらの地名は、天正十八年(一五九〇)の「奥羽仕置」までそれぞれの地域を統治していた領主の姓に由来する。

豊臣政権による仕置や新領主木村吉清の施政に反発した葛西・大崎の旧家臣・旧領の百姓による「葛西・大崎一揆」の鎮圧を命じられた政宗は、天正十九年六月十四日に在所の米沢(山形県米沢市)を出立し(六月十五日付け浅野長吉書状、「遠野南部家文書」)、二十一日に大崎境に到着、二十四日から城主笠原民部以下が籠る宮崎城(宮城県加美町)を攻撃した。「記録抜書」によると、「要害堅固にて攻破兼」ねる状況で、逆に重臣浜田伊豆宗景など多数が討死した。翌日夜、城中から出火したのを契機に伊達勢は城を攻め落とした。

政宗は浅野長吉を通じて、秀吉に注進かたがた首八十一・耳鼻百三十人分を送った(七月十八日付け浅野長継書状、『伊達家文書』)。本状はその返書で、政宗が上方から国元に戻った直後に行動したことを賞し、天下に政宗の名声が高まると称えると共に、派遣する豊臣秀次・徳川家康と相談の上、念入りに仕置を貫徹することを命じている。

政宗は六月二十六日(『伊達家文書』)と七月二十八日付け(仙台市博物館所蔵)の書状において、一揆鎮圧にあたって宮崎城・佐沼城(宮城県登米市)で撫で切りを行ったと記している。秀吉は、前年八月十二日付けの朱印状(『浅野家文書』)において、国人・百姓で抵抗する者を撫で斬りに処すことを命じるなど断固たる態度をもって奥羽における仕置の実施を命じていた。一揆の鎮圧にあたって、撫で斬りはその朱印状の文言通りに実行されたのである。

091 天正十九年八月二十一日付け定(身分法令)

【釈文】写真は126・127頁

定

一、奉公人、侍・中間・小者・あらしこ(荒子)に至るまて、
去七月奥州へ御出勢より以後、新儀に
町人・百姓になり候もの有之ハ、其町地下人

として相改、一切をくへからす、若かくしをく
ニ」
付てハ、其一町一在所可被加御成敗事、
一、在々百姓等、田畠を打捨、或ハあきなひ、或ハ
賃仕事に罷出之輩有之ハ、其もの丶事ハ
不及申、地下中可為御成敗、幷奉公をも
つかまつらす、田畠も不作もの、代官・給人
として堅相改、をくへからす、若於無其沙汰
者」
給人過怠にハ、其在所めしあけらるへし、為
町人百姓於隠置者、其一郷同一町可
為曲言事、
一、侍・小者ニよらす、其主にいとま（暇）をこハす（乞わず）罷出
之」
輩、一切かゝゆへからす、能々相改、請人をた
て」
可置事、但右之もの者主人有之て、於相届者、
互事候条、からめとり、まへの主之所へ可相渡、
万一此御法度を相背、自然其ものにかし候ニ
付てハ、其一人之代に三人首をきらせ、相手の
所へあひわたさせらるへし、三人之人代不申付
に」
をひてハ、不被及是非之条、其主人を可被加
御成敗事、
右条々、所被定置、如件、
天正十九年八月廿一日（秀吉朱印）

●**解説**

本状は、いわゆる「身分法令」と名づけられている文書である。

第一条では、奉公人、すなわち侍・中間・小者・荒子が、町人・百姓として各町や各在所に入り込んでいることを調査し、そのような者を置いてはならない、とする。

第二条では、百姓が田畠を棄て、商いや賃仕事に出てはならない、とする。

第三条では、主人（武士）に暇を乞わず出奔した奉公人を、別の武士が抱えてはならない、とする。

かつては、この文言の中の「侍」に注目し、武士が百姓・町人になったり、百姓が町人になったりすることを禁じた身分法令だとするのが通説だった。

高木昭作氏は、「所謂『身分法令』と『一季居』禁令―『侍』は『武士』ではない―」という論文で、「奉公人侍中間小者あらしこに至るまで」の文言における「侍」が、中間・小者・あらし子とならぶ「奉公人」であり、武士一般ではないことを確定した。この解説も、その立場に拠っている。

高木氏の論文の結論は、「侍」は若党であって武士一般ではないこと、いわゆる「身分法令」は一ヶ月足らずあとに予定していた「唐入」の動員令発動を念頭に制定された時限立法であったこと、の二点だった。

但し、時限立法であることは、必ずしも確定されたことではない。それは、これと同様の法令が、はるか以前から、外ならぬ秀吉自身によって出されているからである。例えば、『竹中氏雑留書』に収録された天正十四年正月十九日付け秀吉朱印状写しである。この第一条は次のようなものである。

「一、諸奉公人、侍事不及申、中間・小者・あらし子に至迄、其主に暇を不乞出事、曲事に候間、相抱へからす、但前之主に相届、慥ニ合点有之者、不及是非事、」

外にも同様の朱印状が発給されており、これは秀吉の基本方針だったと考えるべきである。

この天正十四年正月に命じられたことが、天正十八年七月の奥州攻めの際、再び命じられ、さらに天正十九年八月二十一日の本状に受け継がれていく。そして、秀次が出したとされる「人掃令」は、実はこの法令と同様のもの、すなわち『吉川家文書』にある天正二十年正月日付けの秀次朱印状だったと推測される。

092 天正十九年十二月二十日付け豊臣秀吉朱印状写

【釈文】写真は128～130頁

おほえ

一、くに〳〵せいひつ（静謐）たりといふとも、ぶ（武）へん（辺）かたゆだん（油断）なく、ぶぐ（武具）以下又ハ
兵らう（糧）たしなミ（嗜み）、秀吉置目のごとく
出し、なかちん（長陣）の心かけあるへき事、
一、はつと（法度）がた（方）かたく申つけへし、しぜん（自然）
すこしも相そむくもの於有之者、ゑかた
ひいき（贔屓）なくきうめい（糺明）をとけ（遂げ）、おとゝい又ハ
身をわけ候ものたりとも、せいはい（成敗）

申つけへき事、
一、だいり(内裏)方ねん比(懇ろ)にいたし、御ほうこう(奉公)人たれ(誰)〳〵に
申へく候、付たり、ほうこう人たれ(誰)〳〵に
よらす、用にもたつ(立)へきものハねん
比にいたすへし、又たれ(誰)にてもあいはて(相果)
候ハヽ、あと(跡)をたて申へく候、たゝし(但し)
十よりうちの子ハ名代をいださせ
申へく候、しせん(自然)子これなくハおとゝひに
つかせ申へし、めこ(女子)のかんにん(堪忍)申つけ
へき事、
一、じん(仁)・ぎ(義)・れい(礼)・ち(智)・しん(信)、これをかゝさす、あ
ひ」
たしなミ可申事、
一、ちやのゆ(茶の湯)、たもの(田物)ゝたか(鷹)、めくるひ(女狂い)にすき(数寄)候
事、秀吉まねこれあるましき事、
たゝし(但し)、ちやのゆハなくさみ(慰)にて候条、
さい(再)〳〵ちやのゆをいたし、人をよひ(呼び)候
事ハくるしからす候、又たか(鷹)ハとりたか(鷹)・
うつらたか(鷹)、あい〳〵にしかるへく候、つかひ(使い)
おんなの事ハ屋しきのうちに
をき(置)、五人成とも十人なりともくるし
からす候、そと(外)にてみたれ(乱)かましく
女くるひ(狂い)、たもの(田物)ゝたか(鷹)、ちやのゆにて
秀吉ことくにいたらぬものゝかたへ一せつ(切)
まかり出候ぎ、むよう(無用)たるへき事、

已上

天正拾九年十二月廿日　秀吉御朱印

内大臣殿

内大臣殿

これより熊野之こわう(牛王)なり

右被　仰出五ヶ条、聊相背申間敷候、自然於相
違申者、」
梵天・帝釈・四大天王・伊勢天照大神・八幡大菩薩・賀
茂下上・春日明神・松尾平野梅宮・愛
宕山大権現・北野大自在天神、惣而日本
国中大小之神祇、殊　上様(秀吉)御罰深厚ニ
罷蒙、於今世者受天下之後難、於来世者
墜在無間可仕候、少も相違不可有御座候者也、
仍起請文如件、

天正十九年十二月廿日　秀次判幷血判共

菊亭右大臣(晴季)殿
勧修寺大納言(晴豊)殿
中山大納言(慶親)殿

一、右同前のしたゝめやうニて　上様へ一通、宛所
木下半介」
一、罰文無之御したゝめやうニて、従上様秀次へ一
通」
一、聚楽・御家督被成　御譲、□□□□(宝物目録ヵ)別紙有之、

●解説

本状は、秀吉が甥の豊臣秀次(ひでつぐ)に与えた訓戒状と、その返書の写しである。訓戒状は、ほとんど仮名で書かれており、原本は直筆だったのだろう。

天正十九年(一五九一)当時、秀吉は齢五十五歳と老齢に差し掛かりながら、豊臣家を継承すべき実子が存在しなかった。より正確にいえば、同年八月五日に愛息である鶴松(つるまつ)を早世してしまっていたのである。秀吉の鶴松に対する愛情の注ぎ方は一方ならぬものがあり、その落胆ぶりは想像に難くない。

しかし、天下人の責務として嘆いてばかりもいられず、豊臣政権の安定のためには、鶴松に代わる次期当主を緊急に定めなければならなかった。自身の年齢を考慮すれば、また新たに子をなすことも難しい。そこで、消極的な判断ではあるが、身内の中からすでに成人して体軀に問題のない甥の秀次が次期当主と決定したのである。

秀吉はこの決定に臨み、秀次に将来の心得を書いて渡した。その内容は全五ヶ条で、まず第一条において、武備の心掛けを説き、長陣を見込んで兵糧にも万端気を掛けることを諭している。第二条では法度の執行について、依怙贔屓することなく遵法するよう申し付け、たとえ家族であろうとその対象にするよう言明している。第三条は、朝廷に忠勤し、その一方で家臣を憐み、愚ろに扱うよう諭す。第四条では、仁義礼智信を常に欠かさず心掛けよと説く。第五条は秀次の平生の嗜みについて戒めたもので、茶の湯・鷹狩・女狂については私を真似ることなく、ほどほどに留めておくよう念入れしている。

このように、秀吉は自身の生活を振り返り、反省すべき点も踏まえて秀次に訓戒を与えたのである。秀次はこの訓戒状に対して八百万の神に誓って決して約束を違えることはないとの誓詞(せいし)をしたため、菊亭晴季(はるすえ)ほか二名の公卿(後陽成天皇の側近)と、秀吉の

使者である木下吉隆に提出した。それから八日後に、秀吉は関白職を秀次に譲渡している。

こうして豊臣政権の権力継承は恙なく進行したかに見えたが、それからわずか三年後には秀吉に改めて実子（秀頼）が誕生してしまい、以降、秀次の立場は危ういものとなっていくのである。

093 （天正二十年）二月二十七日付け豊臣秀吉朱印状

【釈文】 写真は131頁

急度被仰出候、高麗（朝鮮）儀、小西摂津守（行長）・其方罷越、三月中ニ可相究旨、先度言上候、然者加藤主計頭（清正）ハ高麗一里二里之際嶋々江相移、其外九州・四国者共、壱岐・対馬ニ陣取、其方一左右可相待旨、被仰出候条、無由断可申付候、異国者手ぬるく候与存、あなつり（侮）申間敷候、御目少御養性ニ付而、三月十日比ニ被成御動座候間、得其意、卯月十日以前ニ高麗儀可相極候、十日ニ御出馬候共、依様子早舟ニても、不被移時日、可為御着座候条、聊不可由断候也、

二月廿七日（秀吉朱印）

羽柴対馬侍従（宗義智）とのへ

●**解説**

小西行長・宗義智の演出により、天正十八年（一五九〇）に朝鮮が服属したと認識した秀吉は、肥前名護屋城（佐賀県唐津市）を築いて朝鮮経由の「大明国御動座」（明侵攻）を準備し、朝鮮に対して秀吉軍の国土通過（「仮道入明」〈道をかりて明に入る〉）に応じるよう求めた。

朝鮮が秀吉軍に合流すれば臣従の表示と見做せるが、拒否すれば征討となる。

戦争で朝鮮と断交すれば、対馬は経済的に立ち行かない。宗義智が朝鮮を説得すると訴えたので、天正二十年正月十八日、秀吉は三月末を交渉期限と定めて、四月一日をもって軍勢渡海を命じた（「宗家文書」）。

本状によれば、その最終交渉のために行長と義智が渡朝することになっている。秀吉は第二軍の加藤清正を朝鮮近島、第三軍以下を壱岐・対馬に進め、義智の報告次第で即座に朝鮮を討つとした。但し、秀吉の眼病のため動座が十日遅れるので、交渉期限もそれに合わせて四月十日まで延ばされる。

しかし、諸将と同様、行長・義智も出軍準備で忙殺され、とても朝鮮に渡る余裕はなかった。三月、行長と義智は使船を送り、書状を釜山僉使鄭撥に渡した。しかし、「仮道入明」は朝鮮側から拒否される。使船は諦めきれずに釜山前洋の絶影島に数日間停泊したものの（『宣祖実録』）、四月七日に対馬に帰着した（『西征日記』）。

ここに至って行長・義智は自身で渡海して朝鮮を説得する決心を固めた。もちろん第一軍を率いてである。もはや軍事力で圧倒して、国王の臣従を実現するしかない。

秀吉が設けた期限翌日の四月十一日は風向きが悪くて渡海を見送ったが、十二日に行長らは朝鮮に上陸して「仮道入明」応諾を釜山僉使に迫った。しかし黙殺されたため、十三日に釜山を陥落させる。朝鮮の臣従は、秀吉が死ぬまでこだわり続ける課題となった。

094 天正二十年三月二十三日付け知行方目録（豊臣秀吉朱印状）

【釈文】 写真は132頁

知行方目録之事

一、千石　　平野庄

定納
一、千石　但、金子拾九枚　同

定納
一、三百六十九石　但、びた銭三百六十九貫文斗米して　同

一、三千九百八十石　　天王寺

一、千四百五石弐斗四升　きれ
一、四百四十壱石弐斗弐升　ゆやの嶋
一、三百九十壱石八斗一升　たしま
一、四百九十石九斗弐升　中川
一、四百拾八石弐升　かたゐ
一、三百五石五斗　はやし寺
一、弐百石　玉つくり

合壱万壱石七斗

右全可有領知候也、
天正廿年三月廿三日（秀吉朱印）
北の政所殿

●**解説**

本状は、秀吉が正妻である北政所（おね）に与えた知行方目録である。知行高の合計は一万一石七斗を数え、一般大名並みの規模を誇っている。

さらに、知行の所在地を詳細に見てみると、大坂城南東部に広がる平野・天王寺地域に集中して割り当てられていることがわかる。この内、平野郷は、堺と並ぶ自治都市として商業発展の著しい土地柄で、かつて織田信長はその経済権益に目を付け、平野郷を直轄地としており、その後継者たる秀吉もまた天正十一年（一五八三）より代官を派遣して平野郷を手中に収めていた。このような商業要衝の土地を、天正二十年に至って秀吉は、改めて北政所の預り地としたのである。

それではなぜ、秀吉はこの時期に北政所に所領を譲渡したのだろうか。当時の情勢を振り返ってみると、天正十八年に日本国内の平定を果たした秀吉は、念願であった「唐入り」の実現に向けた動きを本格化させている。国内における軍備の拡充は急務であり、その一環として秀吉は、大坂城と前線の肥前名護屋城（佐賀県唐津市）を繋ぐ航路の整備に注力している。おそらく秀吉は、信頼する北政所に大坂の商業都市を預けることで、右の航路を利用した軍事物資輸送の円滑化をより一層進めようとしたのだろう。

なお、秀吉死後も、この所領については、徳川家康によって引き続き北政所の持ち分として安堵されている。

095　（天正二十年）卯月二十八日付け豊臣秀吉朱印状

【釈文】写真は133頁

為見廻、去八日書状
もろ共、於名護屋
到来、加披見候、
高麗事、被遣先
勢処、城々責（攻）崩、
都近辺迄押詰
之間、注進候、早速平
均、可被仰付候間、心安
可存候、猶長束大蔵大輔・（正家）
木下半（半）介可申也、
卯月廿八日（秀吉朱印）
山内対馬守（一豊）とのへ

●**解説**

本状は、肥前名護屋城（佐賀県唐津市）にいる秀吉が、遠江掛川城主の山内一豊に宛てて、朝鮮出兵緒戦の状況を報せた朱印状である。

天正二十年（一五九二）四月十二日、朝鮮出兵の第一陣として、小西行長・宗義智らの軍勢が釜山に上陸した。日本軍は、翌日の四月十三日に釜山城、さらに翌十四日には東莱城を攻略した。その後も高麗（朝鮮）各地の「城々責崩」し、同月二十八日、「都」の漢城（現ソウル）の「近辺」まで侵攻した。そして五月二日には漢城を占領することになるのである。極めて順調な戦況だったといえよう。

ところが秀吉は、本状と同日付けで、渡海した諸将に対して、自らも早々に渡海する旨を伝えると共に、名護屋へ多くの船を廻送することを命じている（096参照）。

末尾にあるように、こうした秀吉の指示は、長束正家や木下吉隆ら秀吉に近侍する奉行を介して、諸将へ伝えられた。すなわち本状以外にも、長束・木下と諸将名との間では、さらに細かな内容のやりとりがあり、秀吉の意思が各地へ伝えられていくようになる。

これまで以上に秀吉の権威が高まり、その意思を伝える奉行の存在も次第に大きくなっていくのである。

096 (天正二十年)卯月二十八日付け豊臣秀吉朱印状

【釈文】写真は134・135頁

急度被仰遣候、於京
都被思召候ハ、名護
屋ニ卅日も御座候て、
先々へ御人数をも被
遣、其上にて可被成御
渡海と思召候へ共、名
護屋へ被成御着座
候へハ、片時も急御渡海
有度候条、各手前
舟有次第、慥奉行
相添、至名護屋可差
越候、御自身可被成
御請取候、渡海之衆
人数多少之儀者、舟
数にて可相見候条、荷
物悉上置、商人舟迄
手前持内相改、可差
越候、此時にて候条、少も
於由断者、其曲有間
敷候、委細安国寺西堂(恵瓊)・
寺沢忠次郎(広高)両人ニ申
含被遣候、猶以各由
断候て、舟越候ハすハ、直
御手舟にて、一万二万にて
も、高麗へ無御座、直ニ
大明国へ可有御座候
条、八幡大菩薩、各ニ
こされましく候也、
　卯月廿八日(秀吉朱印)
　　福嶋左衛門大夫(正則)とのへ

●解説

　天正二十年(一五九二)四月十二日、小西行長らの軍勢が釜山へ渡海、朝鮮侵略が始まった。秀吉本人も、三月二十六日に京都を出発し、四月二十五日に侵略の拠点である肥前名護屋城(佐賀県唐津市)に到着している。到着の数日前から、秀吉の許には緒戦の勝報が届いており、それを受けて彼は、この頃盛んに指令を出している。その内の一つが本状で、同内容のものがほかにも多数確認されており、諸将に対して一斉に発せられたものと考えられている。

　本状によると、当初秀吉は名護屋に三十日ほど留まって、まず先遣隊を出し、その上で自身も朝鮮に渡海しようと考えていた。しかし、名護屋に着くと気が変わり、一刻も早く自ら渡海したくなったという。そこで、そのための舟を集めようとして、朝鮮在陣中の諸将に対し、「商人舟」も含めた持ち舟すべてを名護屋に送るよう命じている。

　この命令に際して、秀吉が「朝鮮に渡海した軍勢の多少は、舟の数でわかるだろう」と述べ、また「舟を送ってこなければ、秀吉の持ち舟だけで、朝鮮を経由せず、直に明国へ渡るつもりである。八幡大菩薩に誓って、諸将には遅れをとるまい」と述べているのは面白い。要するに、前者では「今回送ってくる舟の数が少なければ、諸将が動員した軍勢も少ない、つまり軍役に真剣に取り組んでいないと判断するぞ」と、後者では「舟を送ってこなければ、大将である秀吉が先陣を切ってしまうぞ。そうなれば、諸将の面目はないぞ」と言いたいのだろう。

　このような脅し文句を使うことによって、秀吉は大量の舟を素早く集めようとしたのである。前段の「名護屋に着いたら、早く渡海したくなった」というのも含めて、秀吉一流の印象的な表現に富んだ文書といえ、彼の大陸進出への意気込みや興奮(もとよりそれは、独りよがりのものであったが)がうかがえるようである。

097 (天正二十年)五月十六日付け豊臣秀吉朱印状

【釈文】釈文は136・137頁

急度被仰遣候、
一、去二日、高麗之都令落去
之旨、加藤主計頭(清正)注進、今日
十六日、至名護屋参着候、
然者、国王逃退之由候、被助置
堪忍分可被下と思召候処、
右之仕合、残多儀ニ候、通仕を
遣、其理申聞、可尋出之由、
被仰遣候事、

一、急度可被成御渡海候間、各船共
有次第一艘も不残、至名護
屋可差戻候、慥なる奉行一人
宛相副、可越候、不可有由断候、
一、都之内、御座所普請之儀、
御用心もよく、家々有之
所見計、当座之御座所ニ
可仕候、城之儀ハ被成御覧、
何方ニても可然所、可被仰
付候事、
一、都之外廻ニ野陣可仕候、
上様御馬廻幷御番衆迄
にて、都之中ニ可被成御座候、
町人還住させ、猥之儀無之
様ニ、下々堅可申付候事、
一、此方御人数被残置、先可被成
御渡海候、然者、各事大明国
堺目へ可被遣候条、得其意、
可相待候、通仕を引付、大唐
への路次等をも可尋置候、定而
由断ハ有之ましく候へ共、被仰
遣候、猶加藤主計頭・小西摂津守(行長)
可申候也、

五月十六日(秀吉朱印)

羽柴(小早川隆景)侍従とのへ

●**解説**

本状は、天正二十年(一五九二)五月、小早川隆景に宛てて、加藤清正ら先行部隊による朝鮮での戦況を伝えた朱印状である。

全部で五ヶ条から構成されており、まず第一条において、五月二日に高麗(朝鮮)の首都漢城(現ソウル)を陥落させたこと、朝鮮国王が城外へ落ち延びたこと、国王は助命し、わずかばかりの俸禄を遣わすつもりであるから、その身柄を確保するよう指示を出したことが書かれている。なお、実際の漢城陥落は三日であり、清正は自らの手柄とするために一日早めて秀吉に報告したのである。

次いで第二条では、渡海に向けて肥前名護屋の基地に船を集積するよう書かれている。第三条では高麗における秀吉の御座所の普請について、既存の建物を再利用するよう指示を出したことを伝えている。第四条では、高麗住民の還住を指示している。第五条では改めて秀吉自身が渡海し、唐にまで赴くことを宣言している。

本状は小早川隆景に限らず、諸将に向けて発信されており、秀吉が清正らの快進撃に驚喜し、戦勝報告も兼ねて意気揚々と指示を繰り出す様子が伝わってくる。この中で注目したいのは、第三条における「御座所普請」である。

実際に赴くことはなかったが、秀吉は自身の渡海に備えて唐への侵攻路の各所に御座所を普請するよう命じており、例えば勝本城(長崎県壱岐市)や清水山城(長崎県対馬市)が構築された。漢城に構築された御座所については現存しないが、文献資料に基づけば、焼失を免れた朝鮮王族の豪奢建築(小公主邸)を利用したもので、そこに付け加える形で天主を造営したようだ。天主は日本の城郭独特のもので、多くの高麗人たちは初めて見る異様な高層建築物への驚きを各書に記録している。

098 天正二十年六月三日付け豊臣秀吉朱印状

【釈文】 写真は138・139頁

朝鮮国征伐之事、遣前駆、可若
篲氾塵塗者、於日域
帝都、預察焉、仍差遣羽柴対馬(宗義智)
侍従・小西摂津守(行長)、如所思、早一国属
平均、然則、大明国亦頓何不帰掌
握乎、如別幅記三列之備、逐日番々
可致先鋒、其外各々如記録、競進可
攻伐大明、加之、即今渡海諸軍相
追随而、与倶可出奇策撫群民、所
出号令也、如衆之所知、吾為小臣
時、或五百騎、或千騎、以小撃大、攻
伏日本国中、鋭士勇将悉皆命之
従、如汝等者、将数十万之軍卒、可
誅伐如処女大明国、可如山圧卵者也、
匪啻大明、況亦天竺南蛮可如此、誰
不羨乎、於是乃雖欲泛竜船、自為衆
之先、則諸卒不待順風、猥可解纜、若

後進者、逢不意之難、則似無仁恵、是
故先遣甲兵而後、不経日可航海、盖変
動無常、因敵転化、勿忽、

天正二十年六月三日(秀吉朱印)
羽柴安芸宰相(毛利輝元)

●解説

天正二十年四月、朝鮮半島の南端・釜山浦から侵攻を開始した小西行長・宗義智らの一番隊は、五月初めには漢城(現ソウル)の東大門から、加藤清正らの二番隊は南大門から漢城に入って漢城を陥落させた。

さらに五月末、小西行長・宗義智・加藤清正・鍋島直茂・黒田長政らの日本軍は、さらに北方の臨津江を渡河し、逃亡した国王を追いながら、朝鮮軍を撃破した。秀吉自身が朝鮮へ渡海する計画もあったが、さまざまな経緯があり、秀吉の渡海は延期された。

そこで、秀吉の名代として石田三成・大谷吉継・増田長盛が朝鮮へ派遣されることとなり、そのために秀吉は、西笑承兌に朝鮮在陣の諸将に宛てた檄文を起草させている。それが本状であり、宛所の「羽柴安芸宰相」とは毛利輝元のことである。

本状によると、秀吉自身、織田信長の配下にあった小臣の時から、五百騎か千騎の「小を以て大を撃ち、日本国中を攻め伏し、鋭士勇将悉く皆命のまま従」ったとし、自分の功績を挙げて、「汝等の如きは、数十万の軍卒をもって、処女の如き大明国を誅伐すべきは、山が卵を圧するが如かるべきもの也、啻大明のみに匪ず。況や亦た天竺・南蛮此の如かるべし。誰ぞ羨まぎらん乎」として、全軍を鼓舞するものであった。

秀吉は同日付けで、朝鮮での軍政の指示を三成ら奉行衆へ託す朱印状を出している。これには朝鮮八道を秀吉の直轄地とし、そこに代官を置くこと。逃散した朝鮮農民は村々に呼び戻し、年貢を取ること。明への道筋には、秀吉の御座所を設置し、そこに代官を在番させることなどが記されていた。これは、在陣大名の策定した現場の戦略(八道分割支配)を根底から覆すものであり、現地の状況を知りつつも、秀吉は自らの指示に従うよう命じたのである。

さらに、大名や奉行衆だけではなく、直臣系の武将にも、朝鮮の支配を委ねることをも考えていたようである。

099 (天正二十年)六月十九日付け豊臣秀吉朱印状

【釈文】写真は140頁

先書如被仰遣候、
島津家来梅北
宮内左衛門尉(国兼)企一揆、
去十五日肥後佐敷江
罷出候処、加藤主計頭(清正)
留守居者共懸合、去
十七日午刻即時討果、
梅北刎首到来候、
其外一揆同意輩
悉 切捨候、高麗へ
不罷渡さへ曲事
被思食候処、剰
企悪逆之条、不廻
踵 加誅罰候、天道之
仕合無是非次第候、
島津兵庫頭(義弘)無心元
可存候間、右之通可申聞候、
即注進状之写遣候也、
子之刻
六月十九日(秀吉朱印)
羽柴安芸宰相(毛利輝元)とのへ

●解説

文禄の役は天正二十年(一五九二)四月に始まったが、開戦に遅れて島津氏家臣の梅北国兼も国元を出発、朝鮮を目指したはずだった。ところが六月十五日、彼は突如として加藤清正領の肥後佐敷城(熊本県芦北町)を襲撃、占領してしまったのである。梅北一揆などと呼ばれるこの暴挙の原因は、朝鮮侵略の重い軍役を忌避したため、あるいは集権化(それは大名家臣層の既得権益を奪う側面を持つ)を進める豊臣政権に反発したためなどと考えられている。

さて、首尾よく佐敷城を占領した梅北勢であったが、早くも十七日には、国兼が加藤氏家臣に討たれてしまう。当時、佐敷にあって一揆を経験した者の証言によると、加藤氏家臣は近江から「鮒之鮨」が届いたので献上すると言って国兼に近づき、襲撃したという（『井上弥一郎梅北一揆始末覚』）。国兼の討死により、一揆は早々に鎮圧に向かっていった。

一方、肥前名護屋城（佐賀県唐津市）の秀吉の許に一揆発生の報が届いたのは、六月十八日のことだった。この報を受けて、彼はただちに討伐軍として浅野長吉らを派遣すると共に（「下川文書」）、その日の内に朝鮮在陣の諸将に宛てて、速やかに一揆を鎮圧する手筈を調えたことを伝えている（『毛利家文書』など）。

そして十九日、国兼を討ち取ったという情報が、秀吉の耳に達した。そこで彼は、諸将に宛てて朱印状を発し、この旨を伝達している。ここで取り上げた毛利輝元宛てのものはその一例で、他大名に宛てた同内容の朱印状も残っている（『小早川家文書』）。朱印状の中では、一揆を発生させてしまった島津家の義弘を安心させる意図が特に示されているが、この朱印状の出され方からすれば、義弘に限らず諸将の動揺を防ぐ目的があったといえよう。

また、①子の刻（夜十二時頃）と真夜中であったにもかかわらず、すぐに一揆鎮圧が伝えられたこと、②加藤氏家臣から届けられたと思しい報告書（「注進状」）の写しが添付されており、情報の確かさが明示されていたこと、これらのことからは、秀吉が急速かつ確実に、諸将を安堵させようとしていたことが読み取れよう。

100　（天正二十年ヵ）七月十七日付け豊臣秀吉朱印状

【釈文】写真は141頁

其方事父子四人、
警固船為奉行
被差遣候条、善悪之儀
有様ニ可令異見候、
若無承引族於在之者、
則可令言上候、無越度様ニ
各相談可申付候也、
七月十七日（秀吉朱印）

菅平右衛門尉（道長）とのへ

●**解説**

本状の宛所に見える菅道長は、元は淡路の国人で、当初は秀吉の敵対勢力だった。例えば天正十二年（一五八四）三月、根来・雑賀一揆が秀吉方の和泉岸和田城（大阪府岸和田市）を攻撃した際には、一揆方として菅が確認できる。彼はこの頃、長宗我部氏と共に行動していたといわれている。ところが、天正十五年の九州攻めの際には、秀吉の船手の一人として菅が現れる。つまり、天正十二年から十五年の間に、彼は秀吉の配下に転じていたことになる。菅が長宗我部氏と結んでいたというのが事実であるならば、天正十三年の秀吉による四国攻めが転機となった可能性は高かろう。ともかく、九州攻め以降、彼は秀吉の水軍の一員として活動し、小田原攻めや朝鮮侵略にも参加していくのである（田中健夫「菅流水軍の祖菅平右衛門尉道長の生涯とその史料」）。

本状は、右のような経歴を持つ菅道長とその子三人を、警固船（軍船）の奉行として派遣するにあたって出された朱印状である。朝鮮侵略の頃の文書と見られるが、菅は天正二十年七月には朝鮮で任務を与えられているので（後述）、本状も天正二十年のものかと推測される。

菅が任じられた警固船奉行の具体的な職掌は明らかではないが、本状では、良かれ悪しかれ思った通りに意見をし、承知しない者があれば秀吉に言上するようにと指示されている。このことから、彼に期待されたのは軍監の役であったかとも考えられている（田中健夫前掲論文）。

ところで、天正二十年七月初旬には、日本水軍は朝鮮水軍に大敗を喫しており、七月中旬には水軍の再編をはじめとした戦略の見直しが行われていた。そのため警固船奉行としての菅の派遣も、この頃の水軍再編の一環であった可能性がある。ちなみに、天正二十年七月十六日付けの秀吉朱印状写では、菅は九鬼嘉隆らと共に巨済島に在番し、朝鮮水軍の活動を抑える役割を与えられている（『高山公実録』）。

101　（天正二十年）九月九日付け豊臣秀吉書状写

【釈文】写真は142〜144頁

ちよくしよ（勅書）、こんにちたつのこく（今日辰の刻）、

つんしんてちやうだいつかまつり候、
つくしざいこくの儀、かんてんニ、
むかひまかりこし候事、いかゝと
おほしめし、きくていう大じん・
くわしゆう寺大なこん・中山大なこん・
こか大なこんをもつて、ゑんいん
いたすへきむね、おほせふくめ
られくたされ候儀、かたしけなく、
そんちたてまつり候事、

一、ゑいふんのことく、かうらいの儀、
ぢやうぶニ申つけ、ゆるかせをそんせ
す候でう、御心やすくおほしめさる
へく候事、

一、つくし九かこくの儀、ろしぢうニ
いたるまても、かたく申つけ、ならひに
なこやにハ、くわんとう八しう・でハ・
あふしう・ほつこくのしよせい、
いつれもぢやうぶニ申つけ候、これ
又御きつかいなさるましく候事、

一、みぎのことく申つけ候間、
ゑいりよにまかせ、たうねんぢう
とうりういたし、さい〳〵さん
たい申、御めみえいたしたく候と
いへとも、かうらいへとかい申つけ候
人しゆ、つくし九かこく、さんやう
だう八かこく、四こく、さんいん
だう八かこく、いき・つしま、右の
人しゆ、ならひに、なこやにしよさふらひ、
六十よしうのこるところなく、申
つけをき候あひだ、しよそつとう
ぜんになこやニざいちん候て、しよじ
心をそへ候さへ、ちやうぢんふびんニ
候ところニ、ゑいりよと申なから、
ひてよしこゝもとに、とうりう
いたし候ハヽ、ミぎのしよせい、
それかしたいくついたし、ゆたん
をも、つかまつるやうにそんぢ候
へば、かつうハ、上の御ためと申、
又ハひでよし、かくごをも見
かきり候へハ、いまゝでしよじ申
つけ候事、むにまかりなるべ
く候や、ちよくぢやうをあい
そむくやうに、しぜん下〳〵
そんぢ候へハ、いかゞしく候でう、
この月ぢうあひのべ、らい月ま
かりくたるへく候、さいわひ十月ハ
風ものとかに、かいしやうもをだ
やかなるよし申候あひだ、御心
やすくおほしめされ、御
いとまくだされ候やうにつかま
つりたく候でう、りやう四人
として、ミぎそんぢより候
しんぢうのこさす、御ひろう
たのミ入候、恐々謹言、

九月九日　ひて吉

きくていう大しん殿

●解説

天正二十年（一五九二）七月下旬、肥前名護屋城（佐賀県唐津市）の秀吉は、実母である大政所危篤の知らせを受けると、大坂へ向けて出発し、二十九日に大坂へ到着した。八月四日、追善として高野山に青巌寺を創建することを命じ、同月六日に母の葬儀を済ませた。そのような矢先に後陽成天皇の勅命があり、秀吉は九州下向の延期を余儀なくされることになるのである。

本状の宛所である「菊てい」とは、今出川（菊亭）晴季のことで、本状の冒頭に登場する勧修寺晴豊・中山親綱・久我敦通を加えた四人の公家は、当時の武家伝奏である。つまり、彼らが秀吉に後陽成天皇の勅書をもたらし、その返書として記されたのが本状なのである。

後陽成天皇から秀吉に対して、「九州下向はしばらく延期しなさい」との「叡慮」があったわけだが、本状で注目すべき点は、秀吉がこの「叡慮」に従い、当年中は大坂などに逗留し、頻繁に御所へ参内もしたいとしつつ、現在は諸大名を動員して、朝鮮で戦争を行っているから、そのようなことはできないと弁明したことである。

秀吉とすれば、このまま「叡慮」に従って、大坂・京都に留まると、これまでの戦争そのものの意味が失うばかりか、一気に厭戦ムードが広がり、自らの政権基盤を揺るがせることにもなりかねない。天皇が意図したのは、まさにこの点にあり、秀吉の九州

下向や朝鮮への渡海を阻むことによって、すでに五月に秀吉が提示した北京行幸を拒否することにもなる。秀吉と天皇の間では、このような駆け引きがなされたのであり、極めて政治的な勅書というべきものだったのである。

ともかくも、この時の秀吉は、表面的には「叡慮」を尊重する態度を見せながら、九州下向の時期を段階的に延期しつつ、ついに自らの来春渡海という名分を持ち出しながら、再び九州下向を果たし、戦争の継続を決断したのである。

102 （天正二十年）九月二十二日付け豊臣秀吉朱印状

【釈文】 写真は145頁

隆景(小早川)奥国へ相赴、其許
無人之由不可然候、岐阜宰相(豊臣秀勝)
かたへも被仰遣候間、早々人数
可相越候、其間之儀無越度
様気遣専一候、以上、
七月十三日書状飛脚、九月
十七日於聚楽被加御披見候、
其元無由断旨、尤思召候、
立花(宗茂)・筑紫(広門)残候由辛労
旨可申聞候、次加藤主計頭(清正)
於手前、国王嫡子(臨海君)・同后(陽川許氏)・三男(順和君)
其外官人男女生捕之置、
国王尋遣由注進候、尋出候者、
主計頭召連可罷上之条、於
路次無恙様何も可入念候、
十月朔日名護屋へ御下向候、
来春被成御渡海、諸事可被
仰付候、寒天時分上下可為
迷惑候、辛労旨可加詞候、
然者手前之当物成半分人
数割仕、侍・凡下至る迄不残
可支配候、半分儀者為兵粮
慥ニ蔵ニ可納置之候、弥其元
政道方万端無由断可申付候、
次此使急用之路次無異
儀様、手次〈可送届候、猶
木下半介(吉隆)・山中橘内(長俊)可
申候也、

九月廿二日(秀吉朱印)

加須屋内膳正(真雄)とのへ
大田小源吾(太田一吉)とのへ
新庄新三郎(直定)とのへ

●解説

本状は、小早川隆景・立花宗茂・筑紫広門ら第六軍に同行する秀吉の目付、加須屋真雄・太田一吉・新庄直定に宛てて指示を送り、援軍派遣を知らせた朱印状である。

天正二十年五月の漢城(現ソウル)占領後、第六軍は担当地域・全羅道へ南下した。主力の隆景は奥国(全羅道の中心地)を目指し、宗茂や目付たちは全羅道の玄関口・錦山に残った。すると七月以降、錦山でたびたび朝鮮側と交戦することになる。宗茂は苦境について何も報告しなかったようで、秀吉が特に対策を講じた形跡はない(「立花家文書」)。加須屋らが兵力不足の実情を報告して初めて秀勝軍を送ることになったのである(秀勝の訃報はまだ秀吉に届いていない)。大名と目付では、報告内容に差があることがうかがえる文書である。

秀吉は十月一日に大坂を発して肥前名護屋城(佐賀県唐津市)に向かい、翌春の渡海を表明する。目的はすでに明侵入ではなく、「諸事仰せ付けらるべく候」と、朝鮮を秀吉の版図に入れることだった。

本状の時点では、諸将は各地を占領しているだけで、秀吉が領知朱印状を与えたわけではない。そのため、年貢は占領者の自由にならず、半分は将兵に与え、半分は翌年以降の秀吉軍攻勢のために備蓄せよと秀吉が指示している。

国王宣祖については、秀吉の臣下として参上することが期待されていたので、加藤清正が行方を捜していることがわかる。朝鮮の二王子一行を捕らえた清正は、王子側近の大官らを脅迫し、宣祖の信頼が厚い彼らから国王宛てに降伏を勧める手紙を書かせた(『宣祖実録』)。もともと明・朝鮮に伝手がない清正が、独自に朝鮮宮廷や明軍に接触して小西行長外交を牽制できたのは、ここで王子一行と出会ったからである。

103 （天正二十年）極月六日付け豊臣秀吉朱印状

【釈文】写真は146・147頁

急度被仰遣候、
中川右衛門大夫（秀政）事、
今度無人ニ而番所
見及ニ罷出、待伏ニ逢、
手負相果候通被聞
召候、人数を持候者ハ、
先手へ物見をも又
弓・鉄炮差遣可相越候
処、右仕合曲言ニ
思召候、雖然彼者父（清秀）
御用罷立令討死忠
節之者候、弟小兵衛（秀成）有之
儀候条、則跡目被仰
付候、向後人数持無
覚悟仕相果候者、跡目
被相立間敷候間、各可成
其意候、来春三月可被
成御渡海候条、其間儀、
城々堅固ニ相踏、少も
卒爾動不可有之候、
右上意於相背者可
為曲事候、下々ニも堅可
申聞候也、

極月六日（秀吉朱印）

羽柴土佐侍従（長宗我部元親）とのへ
生駒雅楽頭（親正）とのへ
蜂須賀阿波守（家政）とのへ
福嶋左衛門大夫（正則）とのへ
戸田民部少輔（勝隆）とのへ

●解説

本状は、朝鮮在陣中の中川秀政が戦死した旨を、長宗我部元親・生駒親正・蜂須賀家政・福島正則・戸田勝隆ら五名に伝達した朱印状である。

内容を見てみると、「秀政が見廻りのため一人で番所に出てきたところを、敵方の待ち伏せに遭い、手負いの末に亡くなったらしい。本来見廻りの際には先手や弓・鉄砲衆を指し遣わすのが常道であるのに、秀政はそこを見誤った。本来なら誅罰に処すべきところだが、秀政の父清秀は、賤ヶ岳の戦いの際に私の勝利に貢献して戦死した忠節者なので、それに免じて秀政の弟の秀成に中川家の跡目相続を任すことを許可する。今後は一人で出歩くような油断をして亡くなる輩については、跡目を立てるような恩情は一切かけない。その覚悟をしておけ。なお来春三月には秀吉自ら渡海するので、諸城を固めておくようにせよ」とある。

このように秀吉は、中川秀政の死を引き合いに、陣中における油断は死に繋がることを厳しく諸将に対して厳命している。この事例だけに限らず、当時朝鮮在陣中の諸将の宿舎では、敵方による夜討ち・放火・略奪が相次いでおり、本状はこのことを踏まえた内容となっている。

なお、秀吉の叱責対象となってしまった中川家は、織田信長の従属した摂津茨木城主の家柄であり、秀吉は清秀の代から交流を持つようになった。文中で秀吉が触れた賤ヶ岳の戦いをはじめ、秀吉が躍進する契機となった天正十年（一五八二）六月の中国大返しに際しても、清秀はいち早く秀吉に尽力しており、そうした機縁もあって中川家には特別に恩情をかけたのであろう。

104 （文禄元年）十二月十一日付け豊臣秀吉自筆書状

【釈文】写真は148・149頁

わさと（態）申つかわせ（遣）候、
こうらい（高麗）ゑ、こし（越）候はんまへ（前）
に、申つけ候ハん事
おゝく候まゝ、正月五日
すき（過ぎ）候ハゝ、十日より内ニ
其方をたち候て、こし（越）
可申候、此方にハ、五日の
とうりう（逗留）たる可候まゝ、
其心候て、いそき（急ぎ）こし（越）
可申候、又ふしミ（伏見）のさしつ（指図）
もたせ、大く（工）のかてん（合点）いたし候
を、一人めしつれ候て、こし

可申候、ふしミのふしん(普請)、
なまつ(鯰)大事にて候まゝ、
いかにもへんとう(面倒)にいたし、
可申候間、いそ(急)
きさしつ(指図)・大く(工)
一人、めしつれ候て、
こし(越)可申候、ミやけ(土産)
なともち(持)候て、こし候ハヽ、くせ
事にて候まゝ、其よをい(用意)、すこし
もいたし候ましく候、むまのり(馬乗)二人
はかりめしつれ、みち(道)のそうさ(造作)なき
ようにいたし候てこし(越)可申、しせん(自然)
くわんはく(関白)殿より、正月のれ(礼)に、人
よこせ候ハヽ、よした(吉田)をめしつれこし
可申候、ふしミ(伏見)のふしん(普請)の事、
りきう(利休)にこのま(好)せ候て、
ねんころ(懇ろ)に申つけたく候、い上、
十二月十一日
かしく

(ウハ書)
「(墨引き)
ミんふほうゐん(民部法印)　大かう(太閤)」

●解説

本状は、肥前名護屋(なごや)(佐賀県唐津市)に戻った秀吉が、京都・大坂の前田玄以(げんい)に宛てて、翌年正月に伏見城普請の大工を連れて名護屋に来るよう命じたものである。伏見城の普請に関して、秀吉の思いが極めて具体的に語られた貴重な文書である。

天正二十年(一五九二)七月下旬、母である大政所(おおまんどころ)の危篤、さらに葬儀もあり、一時、大坂に戻っていた秀吉は、十一月朔日に肥前名護屋へ戻った。その後、朝鮮の戦況を打開するため、来春には自らが渡海することを宣言し、朝鮮における兵糧補給の見直しを行った。そのため国内に対し、兵糧米や船舶を名護屋へ搬送することを命じ、さらに朝鮮へ使者を出して、来春の渡海を告げ、諸大名の陣地も固定させた。

天正二十年十一月に名護屋へ戻った秀吉であるが、こうした指令を国内へ矢継ぎ早に出すことで、後陽成(ごようぜい)天皇らの思惑や厭戦(えんせん)ムードを打ち消し、戦争継続の意思を表明した。一時大坂へ戻っていた秀吉は、同年八月二十日に伏見へ赴き、屋敷普請の縄打ちを行うなど、その後、大坂城と共に国内拠点とする伏見城の普請が、すでにこの時点で構想されていたことにも注目すべきである。

本状で秀吉は、渡海することを前提とし、留守居の前田玄以に指示を与えており、特に「なまつ(鯰)大事」とあるのは、天正十三年十一月に近畿・東海地方で大地震があり、それ以来、各地で地震が続き、同年九月にも、江戸で大地震があった。そのため、伏見城の普請でも、その地震対策に配慮させたのである。末尾に「伏見のことは利休に好ませ、懇ろに申し付ける」とあるのは、意味深い表現である。すでに前年の二月二十八日、秀吉は利休に自刃を命じたが、これを後悔していたのか、文禄三年(一五九四)以降、出来あがった伏見城は、船入り学問所の数寄屋、山里丸の茶亭・瀧の座敷も備えた、まさに利休好みの城郭だった。

なお文禄二年正月七日、前田玄以は肥前の名護屋城に赴いていることが確認できる(『時慶卿記(ときよしきょうき)』文禄二年正月七日条)。また本状に「吉田」とあるのは、神道家である吉田兼見(かねみ)の子兼治(かねはる)である。吉田兼見は、細川藤孝(ふじたか)(幽斎(ゆうさい))らと懇意の仲であり、当時の文化人でもあった。

105 (文禄元年)極月二十七日付け豊臣秀吉朱印状

【釈文】写真は150頁

急度被仰遣候、来三月
至于高麗被成御渡海(こうらいにいたりごとかいなされ)、御仕
置等被仰付、早速可為御
帰朝候、然者、吉川侍従(広家)母儀
事、京都へ罷上、輝元女房
衆一所ニ可在之旨可申付候、
幷留守居共妻子をも同前ニ
可差上候、不可有由断候(ゆだんあるべからず)、猶
浅野弾正少弼(長吉)・長束大蔵太輔(正家)・
石田木工頭(正澄)・寺澤志摩守(広高)・
木下半介(吉隆)可申候也
極月廿七日(秀吉朱印)
吉川侍従との
留守居中

●解説

本状は、豊臣政権の人質徴発に関する朱印状である。天正二十年(一五九二)十一月十日、秀吉は朝鮮半島に展開していた諸将に対して「来春三月必ず御渡海なされ」との方針を伝え(『吉川家文書』など)、自らが朝鮮半島に渡海することを明らかにした。本状にも「来三月至于高麗被成御渡海」とあり、文禄元年(十二月八日に天正から改元)に比定される。

宛所は吉川広家(吉川元春の三男)の留守居(当時、吉川広家は朝鮮半島にあった)である。

秀吉と大名間に展開された人質政策は、秀吉による一方的な徴発形態をとり、軍事行動の前提や、和睦締結の証しなどの要因に基づくものであったとされる。

本状の場合は、秀吉自らが日本列島を離れた際の諸大名の離反防止を目的とした人質徴発と考えられる。毛利輝元の女房衆、広家の母といった配偶者・近親者のみならず、留守居の妻子からも人質を徴発しており、大名家中における当主の絶対的地位が未確立であった状況をうかがわせる。

このような人質徴発は、毛利氏の特例ではない。文禄二年正月十七日付け蒲池弥兵太(吉広)宛て秀吉朱印状(「広島市立中央図書館浅野文庫所蔵蒲池文書」)に「九州・中国少身者たるといえども、妻子悉く大坂へ差し上げられ候」とあり、九州・中国衆は小大名であろうとも人質を徴発されていた。

しかし、朝鮮半島における戦況の悪化や兵糧不足などから、秀吉の渡海は延期せざるをえなくなり、文禄二年八月の拾(のちの豊臣秀頼)の誕生により、秀吉は名護屋から引き上げた。これと併行して、在番体制の再編も行われ、輝元は同年八月、広家は閏九月に帰朝した。広家の母や女房衆は、広家が帰朝する二ヶ月前に帰国を許されており、人質の徴発が秀吉不在に備えたものであったことを裏づけている。

106 文禄二年二月二十七日付け覚(豊臣秀吉条書)

【釈文】写真は151・152頁

覚

一、都近辺へ唐人、以大軍、対陣候ニ付而者、態留置候て、早速注進可申上候、即時被成御渡海、悉可被討果候、此日来之注進不首尾候之条、難被成御分別被思食候事、

一、赤国(全羅道)一篇ニ可被仰付候之間、四、五月迄兵粮も有之而、都ニ在陣仕於可然、今迄之衆ニ九州衆相加り可居陣候、重而兵粮之儀者、相続候様に可被仰付事、

一、右之兵粮も無之、在陣も難成候者、釜山海と都途中、赤国(全羅道)之押ニも可成可然所、各令相談、羽柴安芸宰相(毛利輝元)・羽柴小早川侍従(隆景)、九州衆一所に丈夫に陣取可在之事、

一、都相抱如此中於在之者、赤国(全羅道)動事、昌原衆・浅野弾正(長吉)・岐阜衆・羽柴加賀宰相(前田利家)・羽柴会津少将(蒲生氏郷)相談、もくそ城可取巻候、然者軈而、近所へ安芸宰相請手として可有之事、

一、中途へ都於陣替者、備前宰相(宇喜多秀家)・石田治部少輔(三成)・大谷刑部少輔(吉継)・生駒雅楽頭(親正)、可為請手事、但、蜂須賀(家政)・戸田(勝隆)・福嶋(正則)三人ハ、取巻衆ニ可相加事、

一、中途之陣衆ゟ釜山海之間、伝々ニハ今迄之衆其儘可有之候、自然不入所於在之者、動衆と申談、可随其事、

一、増田右衛門尉(長盛)・加藤遠江守(光泰)・前野但馬守(長康)三人ハ、釜山」海に在之而、後迄之城所見計、普請等可申付事、

一、土佐侍従(長宗我部元親)ハ船手へ可相加事、

一、釜山海・椎木島・加々島ニ城を拵、人数を置可然之由被聞食候之間、何時も仕候てよき時分見計、各普請仕、土佐侍従申談可入置事、

一、御兵粮追々被遣候、船共も被為造候之間、何時も」可被相着候之条、丈夫に可令覚悟事、

右条々、委細黒田勘解由(孝高)ニ被仰含候、若於違背之族者、有様に可注進之由、誓帋被仰付候之間、各成其意、諸事不可有由断候也、

文禄二年二月廿七日

朝鮮国

在陣衆中

●解説

本状は、文禄二年(一五九三)の朝鮮出兵の戦略に関わる文書である。

天正二十年(一五九二)四月、加藤清正・小西行長を

先陣とし、秀吉の朝鮮出兵が開始された。五月には、漢城(現ソウル)を占領する勢いではあったが、同年八月以降、明の軍勢や朝鮮義兵の抗戦が開始されると、その戦況は悪化する一方だった。この状況はその後も続き、文禄二年正月、日本軍は平壌の戦いや碧蹄館の戦いに敗れた。

本状によると、まず「都近辺へ唐人」とあり、明の軍勢は、漢城を奪取する勢いを見せていた。そこで二月十二日、宇喜多秀家を総大将とし、小西行長・石田三成・黒田長政・吉川広家らが率いた約三万の兵が漢城から北方の幸州に向かった。ここで幸州の戦いが行われたが、この戦いにも敗れた日本軍は、漢城に退いた。

敗戦の連続によって日本軍は、漢城以北からの撤退を余儀なくされた。石田三成らの奉行衆は、この状況を秀吉に報告しており、これを受けた秀吉は自らの渡海を公表し、「悉可被討果候」と述べたのである。

また本状では、「赤国一篇ニ可被仰付候之間」とあり、秀吉は全羅道の平定を命じ、四月や五月まで漢城を死守することを命じた。さらに、九州大名には派兵を指示し、兵糧の確保を約した。兵糧を確保することも不可欠となったが、これについては、釜山と漢城の間で兵糧補給をすることを命じ、毛利輝元と小早川隆景、さらに九州大名が結束することも命じた。

さらに、漢城在陣の諸大名が結束すれば、全羅道の平定は大丈夫だとし、昌原衆・浅野長吉・岐阜衆・前田利家・蒲生氏郷らとも相談し、晋州城の攻撃を命じた。

また、漢城に在陣する諸将を変更することとし、宇喜多秀家・石田三成・大谷吉継・生駒親正らは補佐役であり、蜂須賀家政・戸田勝隆・福島正則の三人は、晋州城の攻撃に加わることとなった。

漢城以南で、釜山寄りに位置に在陣した軍勢はそのままとしたが、不要な場所に居た場合には、「動衆」と相談し、臨機応変にすることも指示した。

また、増田長盛・加藤光泰・前野長康の三人は、釜山の海岸部に番城を設置すること、長宗我部元親は水軍に加わることも命じられた。「釜山海・椎木島・加々島」にも番城を設置し、長宗我部元親の指示に従って軍勢を置くことも命じた。

なお、本状の最後の条文では、秀吉の渡海に伴い、政権の兵糧を搬送する船舶を建造させているから大丈夫であるとも告げている。こうして朝鮮出兵は、長期化の様相を呈してきたのである。

107 文禄二年五月朔日付け豊臣秀吉朱印状

【釈文】写真は153頁

其方者、釜山浦ニ在城
候て、人数者安国寺（恵瓊）差
添、うるさん（蔚山）表へ相動、
其より都衆為迎、中
途へ可出向之由、被申
付之由、尤思食候、先
書ニ如被仰遣候、其方者
為養生、釜山浦ニ二千
計にて、可有在城候、増田
右衛門尉（長盛）・前野但馬守（長康）同
前ニ被遣候、随而、御仕置之
様子、以御一書、熊谷半次（直盛）・
水野久右衛門尉、被差遣候、
可被成其意候、将亦、今度
大友（吉統）事、於平安表、伝城
明退、臆病を相構ニ付て、
則、可被加御成敗候へ共、
命を助、国を被召上候、
然者、大友事、四、五人之
躰にて、其方へ被為預ヶ置候間、
可被抱置候、猶熊谷半次（直盛）・
水野久右衛門尉可申候也、

五月朔日（秀吉朱印）

羽柴安芸宰相（毛利輝元）とのへ

●解説

文禄二年(一五九三)五月朔日、朝鮮出兵中に大友吉統は「臆病」な行為をしたとの理由から豊後一国を没収されたが、本状はそのことを毛利輝元に知らせると共に、大友吉統らを輝元へ預ける旨を命じた朱印状である。

文禄二年に入ると、日明両国の和議交渉が進んだが、その一方で秀吉は、慶尚道の晋州城攻略の指示を出していた。晋州城は全羅道へ通じる要衝の地であり、同年三月・四月、秀吉は、朝鮮在陣の諸大名らに対し、矢継ぎ早に慶尚・全羅両道を占領するよう指示を出した。

本状にもあるように、秀吉は、熊谷直盛と水野久右衛門尉を朝鮮へ派遣し、朝鮮在陣の諸大名には、釜山浦周辺の在番地域を指定し、同時に晋州城を攻略する心構えを示した。

そのような矢先、平壌の戦いで、黄海道鳳山の番城を放棄して逃亡した大友吉統を「臆病」を構えたと断罪したのである。在陣大名への見せしめの意味もあり、豊後の領知を改易処分とした。ほかにも、薩摩出水の島津忠辰や肥前の波多信時が、同様に臆病・怠慢であるとして改易に処されている。

その後の豊後国は、熊谷・垣見一直らが代官となって、政権の直轄地(豊臣蔵入地)化が進められ、中川秀成・早川長政・竹中隆重(重利)ら直臣系の武将が配置された。この結果、筑前博多と共に、豊後一国は、朝鮮侵略の前線基地の役割を果たすこととなるのである。

108 文禄二年五月二十一日付け覚(豊臣秀吉朱印状)

【釈文】写真は154・155頁

覚

一、於朝鮮国、行・仕寄・普請其外、御仕置等之儀ニ付て、此十二人為御目付被差遣候条、誰々雖為手前、善悪之儀依怙無贔屓、有様ニ以書付、言上可仕事、

一、もくそ(晋州)城之儀、丈夫ニ取巻、築山・仕寄申付、手負一人も無之様、令覚悟、悉可討果候由、各へ申渡、即付居候て、毎日之躰見届、十日ニ一度宛、以連判、此者共之内、致鬮取、二人宛罷戻可申上候事、

一、知音・縁者・親類其外、大名・小名ニ不寄、被相頼、少も虚言不可申上候、又私之遺恨をふく(含)ミ、悪様ニ申成儀、不可有之旨、誓帋被仰付候上者、無用捨、有様ニ可申上事、付、相談之時、私之存分之相そたて、諸事申破族、於在之者、是又可申上事、

右、条々幷各誓帋之通、朝鮮在陣衆中へ、慥可申聞候也、

文禄弐年五月廿一日(秀吉朱印)

荒川助八(助八郎)とのへ
山田喜四郎とのへ
森宗兵衛(勝也)とのへ
大屋弥八郎とのへ
松原五郎兵衛とのへ
伏屋小兵衛(為長)とのへ
三好新右衛門(房一)尉とのへ
友松次右衛門(盛保)尉とのへ
永原飛騨とのへ
奥村半平とのへ
野々村次兵衛尉とのへ
森十蔵とのへ

●解説

文禄二年(一五九三)五月十五日、明の使節が肥前名護屋(佐賀県唐津市)へ到着し、二十三日、秀吉に拝謁した。こうして日明の講和交渉が開始された。本状は、これに応じて、秀吉が朝鮮に在陣する直臣たちに送った指示書である。

第一条では、講和休戦となっても、朝鮮に軍勢を駐屯させるつもりであり、宛所の荒川ら十二名が「目付」として派遣された。彼らは、大名らの駐屯ぶりを監視することが命じられた。どのような大名であっても、公明正大に監視し、その実情を書類で報告することが指示された。

第二条は、目付衆に与えられた任務で、特に六月に予定された晋州城の攻撃における、大名らの軍事活動に対する監察のことである。味方の損害を少なくするような攻撃をするため、毎日、城攻撃の様子を見回り、二人一組で十日に一度は名護屋へ戻り、その様子を報告するよう命じられた。

第三条は、監視する大名に対し、依頼されることなく、少しの手心も加えないようにすべきことが強調されている。

秀吉は、明の使節を名護屋に迎えながらも、その一方では、晋州城を攻略し、釜山・熊川付近に拠点

を構築する作戦を計画していた。講和交渉を優位に進める意図もあるが、日本軍を自らの手で掌握するという狙いもあった。諸大名に対し、自らが朝鮮へ渡海すると言い出したのも、そのためである。自らの直臣を介して、朝鮮に駐屯する大名を監視し、朝鮮支配を強化することとなった。

109 (文禄二年)五月二十二日付け豊臣秀吉自筆書状

【釈文】 写真は156・157頁

この間は、すこし
かいき(咳気)いたし候
まゝ、文にて
不申、文のかき(書)
はしめ(初)にて候、
又にのまるとの(二の丸殿)、ミもち(身持)のよし、
うけ給候、めてたく候、われく
ハ小(子)ほしく候はす候まゝ、其心へ
候へく候、大かう(太閤)こ(子)ハ、つるまつ(鶴松)にて
候つるか、よそへこ(越)し候まゝ、
にのまる(二の丸)殿はかりのこ(子)にてよく
候はんや、
大めいこく(明国)より、
わひ事(詫言)に、ちよくし(勅使)、
このち(地)まてこ(越)し候
間、ちやうすかき(条数書)
をもて申出候、それ
にしたかい(従)、さうふん(存分)ニ
うけ候ハゝ、いよく
ゆるし、大めいこく(明国)・
ちやうせん(朝鮮)いこく、さうふん(存分)
にまかせ、かいちん(凱陣)可申候、
たゝ(但)し、こうらい(高麗)ニ、ふしん(普請)
とう(等)申つけ候間、いま
すこしひまいり(暇入)候間、
七、八月のころは、かなら
すく、御めにかゝり可申候、
心やすく候へく候、
かしく、

五月廿二日

(墨引き)

大かう(太閤)

おね返事

●解説

天正二十年(一五九二)四月以降、秀吉は、朝鮮出兵の本営として肥前名護屋(佐賀県唐津市)に陣を構え、翌文禄二年(一五九三)五月になると、同所で明の使者を引見した。その様子を北政所(おね)に報告したものが本状である。

文禄元年の末頃から、小西行長と明の沈惟敬らが中心となり、日本と明の講和交渉が開始された。そして、文禄二年五月十五日、小西行長らに伴われ、明の謝用梓と徐一貫が名護屋城に到着した。この使者を秀吉が引見したのは、その翌日である。ここに日明両国は講和交渉に入ったが、一方で秀吉は、朝鮮在陣の大名には、要衝の地である晋州城攻撃や、各地に番城(倭城)の普請を命じるなど、長期的な朝鮮支配の動きも見せていた。

本状で秀吉は、明朝の使者が来た様子を北政所に知らせたが、自らの要求を箇条書きにして渡したとある。この条件に明朝方が従うならば、そのまま講和をするともある。明朝と朝鮮を自分の思い通りにできるならば、近日にも凱旋することができるであろうとも語っている。こうした強気の発言を発する一方、朝鮮の大名には「普請等」を命じたから、この地での支配はもう少し時間がかかるので、そなたと会うことができるのは七、八月になるであろうとも述べている。おそらく、後者のほうが現実の状況だろう。不利な戦況を打破するためにも、朝鮮在陣の大名らには駐屯することを強要したのである。

秀吉は、大々的な軍事行動を行うことで、両国の講和交渉を優位に進めていこうとしていた。ともかくも秀吉は、戦争を終結しようとする選択肢などは考えていないのである。

なお追而書では、秀吉が風邪を引き、咳も激しく手紙も送れなかったが、それもようやく回復し、初めてこの手紙をしたためたと述べた。ここにも、秀吉の北政所への気遣いが読み取れる。さらに秀吉は、二の丸(大坂城二の丸に居る淀殿のこと)が懐妊したことを喜びつつも、自分は必ずしも子供が欲しくはないとも述べ、かつて自分の子供であった鶴松(天正十九年八月五日に死去)も、すでにこの世にはいないとも記し

た。

秀吉は、淀殿懐妊の喜びを隠すことができなかったが、一方で北政所の気持ちに配慮することも忘れてはいなかったのである。

110（文禄二年）六月二十日付け豊臣秀吉朱印状

【釈文】写真は158頁

豊後国事、今度
御蔵入被仰付候、
然処百姓逃走
之由被聞召候、沙汰之
限曲事ニ候、急度
可還住之旨申付、送
候て可返候、実々
不立帰付て者、其
百姓之事者不及申、
拘置候在所共ニ可被加
御成敗候、此旨分領
中堅可申触候、
不可由断候、猶山口
玄蕃頭（正弘）可申候也、

六月廿日（秀吉朱印）

戸田民部少輔（勝隆）
留守居中

●解説

文禄元年（一五九二）末から、朝鮮における日本軍の兵糧欠乏が極点に達したため、秀吉はさまざまな施策をもってこれに臨んだ。その一つが、政権の直轄領（豊臣蔵入地）を増大させたことである。

文禄二年五月朔日、朝鮮出兵中の豊後府内城主の大友吉統は、その軍事行動において「臆病」な行動をとったという理由で、領国である豊後の地を没収された（107参照）。それから文禄三年春以降にかけて、直臣系の武将が代官として続々と入封することによって、豊後一国の豊臣直轄領化が進められていく。

その後も秀吉は、山口正弘と宮部継潤の二名を派遣し、九州各地で政権主導の太閤検地を行わせた。その結果、朝鮮出兵の前線基地として、政権中枢による九州支配が強化されたのである。

本状によると、直轄領となった豊後国では、早くも百姓の逃散が頻繁に発生するようになっており、秀吉は、彼らを再び農村へ戻すことを命じた。しかも彼らが戻らなければ、本人だけではなく、彼ら百姓を受け入れた村々までも処罰するともあり、極めて強引な指示でもある。それだけ九州の村方では、百姓も逃散せざるをえないような強引な年貢徴収が行われていたのだろう。

なお、宛所の戸田勝隆とは、伊予大洲城（愛媛県大洲市）の城主であるが、彼は朝鮮へ出陣中だったため、国許の留守居へ宛てたものとなっている。すなわち、豊後から海を越えて伊予へと逃散する百姓が居たことになる。この指示が、広範かつ厳しく通達されたことも推察されよう。

111（文禄二年六月二十八日ヵ）扇面三国図

【釈文】写真は159頁

もつくわい　御れい申なり
たじん　このほど御目にかからす
しんく　こなたへ御出いてあれ
きうれう　ひさしい
むくんふ　ひまない
うくんふ　ひまある
きれう　いにたい
なうれう　はらたつ
ふき　かへるまい
なさらい　ちゃをもつてこい
なちうらい　さけもつてこい
なひゑんらい　すすりもつてこい
かうれう　よき事
ふかうれう　あしき事
くんれう　ねたい
かんふかん　そかそでないか
なほんらい　めしもつてこい

●解説

天下統一目前で亡くなった織田信長は、生前、中国大陸への野望を口にしていたとされる。信長の後継者である秀吉もまた、大陸侵出(いわゆる「唐入り」)を希求し、さらには遠く天竺まで手中に収めることを夢想した。秀吉の、この大陸にかける思いは、例えば「三国国割構想」と呼ばれる関白秀次へ宛てた書状の中にもしたためられているが、それ以外に知りうるものとして、秀吉が愛用したとの由来を持つ扇が伝わっている。

扇は、表側に日本と朝鮮半島および中国大陸が描かれており、裏側には中国語の簡単な挨拶表現と、その日本語訳が仮名で併記されている。秀吉は、文禄二年(一五九三)の明との和睦交渉に際して、この扇を使用したのだという。

まずは扇の表側に注目すると、そこには「北京」「南京」「高麗」と言った地名が十八ヶ所記されている。実は、この地名表記については、熊本市本妙寺所蔵の「中国・朝鮮地図」の記述とよく合致しており、両者の強い関連性が指摘されている。本妙寺所蔵の地図は、天正二十年(一五九二)七月に高麗の武将韓克誠の子韓格が降伏の証しとして加藤清正に献上したものであり、清正はこれを秀吉の許へと届けた。こうした経緯を踏まえれば、扇は本妙寺図を参照しながら作られたものと考えられる。

また、この扇面図には「おらんかい(満州地域)」の位置に「エソ」の文字がある。例えば、天正二十年に朝鮮へ渡海した松浦鎮信の家臣吉田甚五左衛門の日記によれば、「おらんかい」の内、日本と接触する地域を当時「蝦夷」と認識していたことがうかがえる。このように、扇の表記は当該期の日本人の地理認識に合致しており、扇にまつわる秀吉所持の伝来は、いよいよ確かなものとなるのである。

なお、扇裏面の中国語表記については、中国福建省の方言が一部に認められることが、言語学者によって指摘されている。日明の勘合貿易に関し、福建省の商人が重要な役割を果たしていたことを想起すれば、扇の制作事情に関して、この点からも一層の追及が求められよう。

112 (文禄二年)八月九日付け豊臣秀吉自筆書状

【釈文】 釈文は160・161頁

かへす〳〵、こ(子)のなわ(名)、ひろい(拾)
と申候へく候、
こなたを廿五日にいて(出で)可申候、
やかて参候て、御めにかゝり、御物かたり
申候へく候、
はや〳〵と、まつら(松浦重政)、人
おこ(越)し候事、まんそく(満足)
にて候、そもしより、
れい(礼)申候へく候、さため(定)
て、まつら、こ(子)をひろい(拾)
候て、はや〳〵と申こし候
間、すなわち、こ(子)のなわ(名)、
ひろい(拾)こ(子)と可申候、した〳〵
まて、おのし(字)も、つけ候まし
く候、ひろい〳〵と可申候、
やかて〳〵かいちん(凱陣)可申候、
心やすく候へく候、めてたく、
かしく、
八月九日
(墨引き)　おねへ　大かう(太閤)
まいる

●解説

文禄二年(一五九三)八月三日、秀頼は大坂城二の丸で誕生した。この時の秀吉は、肥前名護屋城(佐賀県唐津市)に滞陣中だったが、この知らせを受けた秀吉は、すぐさま「おね」(北政所)に宛てて本状を送っている。

本状の中で、秀吉は愛児を授かったことを喜び、これに「ひろい(拾)」と名づけることを命じた。これは、亡児の鶴松を「すて(棄)」と称したのと同様、愛児の成育を祈願する当時の風習にあやかったものである。本状の松浦重政とは、秀吉直臣のことで、当時、留守居役の北政所や秀次に仕えた。彼は、帥法印(一牛斎歓仲)・小出秀政・伊藤秀盛らと共に、朝鮮出兵の後方支援をする業務などを担当したことから、「大坂代官衆」とも称された。

なお本状の追而書では、誕生間もない愛児に面会するため、秀吉は「二十五日に名護屋を発つ」としているが、実際には八月十五日に名護屋を発ち、同月二十五日には大坂城へ入ったことが確認できる(『兼

見卿記』『多聞院日記』文禄二年八月二十六日条)。

113 (文禄三年)二月二十八日付け豊臣秀吉朱印状

【釈文】 写真は162頁

為番替、福嶋左衛門大夫(正則)
被差遣候条、被仰出候、
其城普請等丈夫ニ
申付、小勢にても相拘候
様ニ令覚悟候て、心安
可有在番候、不可由断候、
兵粮之儀、追々被遣事候、
得其意、万可入情候、
長々辛労共候、猶福嶋
左衛門大夫可申候也、

二月廿八日(秀吉朱印)

松浦刑部卿法印(鎮信)とのへ

●解説

文禄三年(一五九四)に入ると、秀吉は朝鮮在陣大名らの在番状況を把握するために、山城小才次の両名を使者として派遣した。美濃部四郎三郎と正月二十八日付けの朱印状によると、それぞれの在番拠点における人数や兵糧を調査することが、使者を派遣する目的となっている。在陣大名らは、それぞれの番城における軍勢の規模と兵糧などの実態を報告するよう指示されたのだが、その朱印状に続いて出されたのが本状である。

本状によると、福島正則が朝鮮へ派遣され、在番することが命じられたが、この福島の派遣は、在陣大名らに対する処置であり、秀吉は春を目処に朝鮮へ兵糧米を供給することを計画した。ところが、釜山浦周辺に集積するはずの兵糧米は、「御城米」として「来るべき戦闘」で活用すべきものだった。

なお、帰国した美濃部・山城から報告を受けた秀吉は、五月十九日付けの朱印状を出したが、これによると、在陣大名らの用いる「兵粮」とは別に「御蔵米」があり、これには手を付けることがないようにと指示された。また、この秀吉朱印状の副書(浅野長吉・山中長俊連署状)では、大名自身の兵糧米は自力で調達しながら、釜山浦周辺の「御城米」を用意して常にそれを管理すること、在番では「御城米」を管理する各大名の家臣人数は定めた人数だけでよく、その他の者は帰国させることが命じられている(「鍋島家文書」)。

この直後の五月二十四日にも、浅野と山中は、秀吉朱印状の副書として連署状を出したが(『吉川家文書』など)、ここでは「御城米」を管理・運用する奉行として福島正則と毛利高政の両名を任命した。つまり、本状にある福島正則の渡海とは、このような「御城米」を管理・運用するためのものであり、そのことを裏づけるように、同年十月、在陣中の島津氏は、釜山で四百五十四石余の「御城米」を福島・毛利の両名から受け取っている(『薩藩旧記雑録』後編)。このことは、在番の大名らが、政権から借米をしてまで、自らの兵糧を確保しなければならなかったことを示している。

114 (文禄三年)卯月十六日付け豊臣秀吉朱印状

【釈文】 写真は163頁

小西摂津守(行長)任到
来、被成御朱印候、
其地在番、長々辛
労共候、弥普請・
番等、無由断可申
付候、大明随返答、来
年御人数被差遣、
急度可被仰付候条、可
成其意候、猶山中
山城守(長俊)可申候也、

卯月十六日(秀吉朱印)

毛利七郎兵衛尉(元康)とのへ

●解説

宛所の毛利元康は、元就の七男で毛利輝元の叔父にあたる。輝元の名代として朝鮮に出陣し、文禄二年(一五九三)正月の碧蹄館の戦いでは、明軍に攻め込み、敵兵千人余りを討ち取ったとされる人物である。

文禄二年六月二十八日、秀吉は肥前名護屋(佐賀県唐津市)を訪れた明の使節を引見し、和議七ヶ条などを提示した。その一方、秀吉は同年五月頃から、慶尚道の晋州城を攻略するよう命じ、六月二十一日、全羅道にも通じる要衝の地・晋州城を攻略して、日本軍はただちに全羅道へと侵攻した。さらに七月二十七日、秀吉は在陣の諸大名に対して朝鮮南岸一帯にわたる城(倭城)の普請を命じた。その結果、文禄二年秋に多くの軍勢が帰国したが、毛利氏のようにそのまま駐屯する軍勢もあったのである。

さらに文禄三年に入ると、秀吉は在陣大名らの在番状況を実見するため、美濃部四郎三郎と山城小才次を朝鮮へ派遣した。同じ頃、講和交渉の使節として、小西行長の家臣内藤如安が北京へ派遣されており、同年正月二十日、釜山付近の熊川で、小西行長は明の使節である沈惟敬と会談し、小西は日本へ戻った。それを受けて出されたのが本状である。

本状によると、秀吉は毛利元康に対して長期の駐屯を労りつつも、明国の返答次第では、来年(文禄四年)にも秀吉の軍勢が渡海するので、必ず元康へも出撃を命じるはずだと告げている。

文禄三年四月半ば、明側も、講和条件確認のため朝鮮の使者を西生浦の加藤清正の許へ派遣したが、その交渉は決裂した。

なお、同年五月十九日付け朱印状によると、秀吉は、在番の諸大名の兵糧不足を心配するだけではなく、自らの渡海に用いる「御蔵米」の管理・運用にも着目するようになった。講和交渉の成り行きによっては再出撃もあることを示唆しながら、政権中枢による大名軍の支配をも想定したのである。

115 文禄三年七月十六日付け嶋津分国検地御掟条々

【釈文】写真は164頁

島津分国検地御掟条々

一、右就御検地、諸侍・百姓以下、他国へうせ走族於在之者、先々相改、搦捕可出之旨、何方にても其領主々々ニ可申聞事、

一、諸給人知行分、検地之上にて引片付、所をかへ(替え)可被相渡之条、今迄之為給人、対検地奉行人、諸事用捨之儀不可申理事、

一、田畠畝図斗代以下之事、礼物を出し、用捨儀於有之者、雖為後日、聞付次第、出者・取者共ニ可被加御成敗候之条、兼而おとな百姓肝煎ニ申付、在々慥可相触事、

一、検地奉行人ニ対し、慮外之仕立仕族有之者、其一在所可被行罪科事、

一、検地之奉行猥之儀於有之者、其趣を不隠、為地下人百姓、奉行物頭ニ可理事、

右条々、若違犯之族於有之者、其身事者不及申、一類・一在所共ニ可被加御成敗候之条、堅可申付候也、

文禄三年七月十六日(秀吉朱印)

●解説

本状は、島津領国で太閤検地を行うにあたって出された掟書である。

第一条では、検地に際して他国へ逃亡した者は、捕まえて元の地に戻すことが定められている。また第二条以下では、給人・百姓が検地奉行に対して検地の手を緩めるよう訴えたり、逆に奉行が勝手な振る舞いをしたりすることを禁じている。そしてこれらの規定は、背いた場合は本人だけでなく、その者が属する一族・在所までをも処罰するという厳しい方針により、強力に担保されている。

この掟書からは、太閤検地が実施する側・される側双方の恣意を排除して、厳格に行われるべきものとされていたことがうかがえる。但し、実際に検地を行うにあたっては、現地の状況を把握する必要から、百姓たちの参加は不可欠で、そのため反あたり年貢高などの重要事項についても、検地奉行と百姓の交渉を経て決まる場合があったと考えられている。この掟書で禁止されているような恣意的な主張が行われない限りは、太閤検地には交渉を通して柔軟に実施される側面があったといえる。

そして、この掟書に基づきつつ、文禄三年(一五九四)九月から翌年二月にかけて、島津領国で太閤検地が行われた。その結果、島津領国の石高は二十二万石から五十五万石へと約二・五倍に増加したが、ポイントの一つは、この掟書の第二条に見える給人の所領移動(所替)である。

この所領移動に際して、移動先で給人に与えられたのは、検地前と同じ石高の給地だった。例えば、

検地前に百石の給地を持ち、検地の結果その給地が三百石と査定された給人がいたとして、移動先で彼に与えられるのは、検地前と同じ百石の給地だった。これは実質的な給地削減であり(例えば、検地前の百石は二十二万石の内の百石だが、検地後の百石は五十五万石の内の百石となり、目減りしている)、その削減分は、大名の財政基盤である蔵入地の拡大にあてられた。

そのため、検地の結果、蔵入地は四万石から二十万石へと約五倍に跳ね上がり、豊臣政権の下での莫大な出費を賄う財源として期待をかけられたのである。

116 (文禄三年)八月二十三日付け豊臣秀吉朱印状

【釈文】 写真は165頁

尚以、二重の塔ニて一段
わひしき塔之由候条、山の
端に被立度思召候、少も
被急候て可申付候、但、其方
茶のゆ(湯)ぬるく候て、かやうの
わひ所の作事出来かね可申候、
すき(数寄)たきり候はゝ、早速可出来候、
さ候はゝ瀧にて一服可申候、
藤堂ニ被仰付候ても、なまうけ(生請)ニ
仕候間、出来候ハんと思召候、以上、
和州多門(多聞山)に不入
古塔有之由候、然者、
其国大工を以、取壊、
伏見へ相届、則右
大工にて被相立候者、
可悦入候、於出来者、
瀧之座敷にて一服
可申候条、可被得其意候、
委細藤堂佐渡守(高虎)被
仰含候、謹言、
八月廿三日(秀吉朱印)
大和中納言(豊臣秀保)殿

●解説

天正二十年(一五九二)四月より朝鮮出兵が開始されたが、翌文禄二年(一五九三)に入ると、明との講和交渉が開始された。明の使節を迎えて国威を見せつける目的と、同年八月三日に豊臣秀頼が産まれたこともあり、新たな国内支配の拠点として、伏見城の築城が必要となった。

文禄三年正月、伏見城と大坂城の本格的な普請が、諸大名の動員で開始され、同年十月頃からは、宇治川の流路を巨椋池と分離して伏見に導き、城の外濠とすると共に、城下に大坂へ通じる港を造って、巨椋池には小倉堤を築き、その上に街道を通して新たな大和街道とするなど大規模な普請も行われた。

また、京都から大和・伊勢および西国への人の流れを、すべて伏見の城下に呼びこもうとした。交通体系を管制する政治・軍事施設としての築城でもあった。秀吉は、伏見と大坂を拠点とし、加えて朝廷に影響力を行使する聚楽第(関白の豊臣秀次邸宅)も含めて、首都を形成しようとしていたのである。

本状は、こうした伏見城の普請に関する朱印状である。伏見城は、文禄三年正月以降に本格的な普請が始まり、石材や材木は各地から調達され、淀の古城から天守や櫓が移建された。本状でも、「大和の多聞山城には不用になった古い塔がある」とし、「その国の大工を動員して解体し、それを伏見城へ届ける」ことを命じた。宛所の豊臣秀保は大和郡山城主の豊臣秀長の養子で、天正十九年に秀長が死去したのちに跡を継いでいた。藤堂高虎は彼の重臣であり、そのために「詳しいことは藤堂高虎に申し付けてある」と記されている。

なお秀吉は、普請が竣工したならば、茶の湯でも楽しみたいとの言葉を記しているが、これは単に労りの言葉ではなく、茶の湯の作法に乗じたものである。だからこそ「急いで行なうようせよ。但し、このような味わいのある建築工事を無事に完了することはできない」。「上手くできると思うならば、早速この工事を完了させろ。そうすれば滝の座敷で私とお茶を一服することを申し付ける」とも記している。

こうして文禄三年十月頃には、本丸も完成した。翌四年七月に秀次事件が起きたために破却された聚楽第からも建物が移築されたが、文禄五年閏七月の大地震で、この伏見城は倒壊してしまった。

117 (文禄三年)九月十一日付け豊臣秀吉朱印状

【釈文】写真は166頁

於九州分領中、
鶴・白鳥・雁・鴨、其
外諸鳥、鉄炮を以
討之、又者諸猟師
申付、鳥共可進
上之候、五幾(畿)内幷近国、
御鷹為可被遣候、
遠方如右被仰付候者、
御近所へ諸鳥可集
来候間、無由断
可申付、尚山中山城守(長俊)
可申候也、
九月十一日(秀吉朱印)
嶋津修理大夫入道(龍伯義久)とのへ

●解説

天正十九年(一五九一)頃から、秀吉は尾張・三河や遠江・駿河などで鷹狩を行うようになった。文禄三年(一五九四)正月に、佐々行政(秀吉の鷹匠)が関白秀次の家臣に出した書状では、秀吉は秀次に対し、これ以後は畿内および近江周辺を自らの鷹場とすることを命じた(『駒井日記』)。

そして文禄三年九月十一日、秀吉は多くの大名に対して「諸鳥献上令」とも称される本状を同日付けで出した。各地(「遠方」)で諸鳥を献上するために、大名が領国で鷹狩をするので、そこの鳥は驚いて畿内方面へ飛来するとある。鳥の行方がこうなるのか否かは定かでないが、秀吉は、畿内や近国で鷹狩をすることを表明し、大名にも領国で鷹狩をする特権を与えたのである。

秀吉は、伏見・大坂周辺における知行地の区別なく、自らの鷹場を設定することを宣言し、当該地を一元的に支配することを了承させた。翌四年九月十六日にも、秀吉は九州から東北に至る多くの大名に朱印状を出し、ここでも秀吉鷹場となった場所に鳥が飛来することを期待し、大名に諸鳥の献上を命じている。本状とほぼ同文ではあるが、豊臣政権の列島支配に対する執念を覗かせた。

秀吉が、自らの鷹場を設定させたのは、首都圏の一元的な支配を目指したという点で、直臣を伏見・大坂(首都)周辺に居住させたことと、それほど代わるものではなかった。大名らに対して、国許の城下町ではなく、秀吉と共に首都へ居住させようとした事実と同様、鷹狩においても、日本列島全域を支配する領主階級の一員となったという認識を、大名らに持たせたのである。

首都・首都圏の形成と秀吉の鷹場設定には、主君(秀吉)と臣下の関係を、大名・直臣らに確認させただけでなく、このような効果もあった。

118 文禄三年九月二十一日付け知行方目録(豊臣秀吉朱印状)

【釈文】写真は167頁

知行方目録

伊勢国朝明郡内
一、千三百七石九斗　羽津村
一、拾弐石壱斗　浜年貢　同村
同三重郡
一、八百弐拾八石弐斗五升　四日市場
一、九斗八升　あミやく　同村
同
一、百六拾九石四斗　浜田新田内
同鈴鹿郡
一、千弐百石　関地蔵
木崎村

合三千五百拾八石五斗
右可被領知候也、
文禄三年九月廿一日(秀吉朱印)
羽柴江戸大納言(徳川家康)殿

●解説

秀吉と徳川家康をめぐる権力関係については、研究者間で古くから論争があり、今現在も議論は尽きない。秀吉が天下を制したのち、果たして家康はどのような立場にあったのだろうか。この問題を解決する上で重要な示唆を与えてくれる文書が、三重県亀山市の関地蔵院に残されている。

以下に内容を見てみると、伊勢国内の所領を家康に下賜することが明記されており、朝明郡の「四日市」とその周辺の「羽津村」、それから鈴鹿郡の「関地蔵」「木崎村」が具体的な地名として挙がっている。ほかにも家康は、同時期に駿河国「清見寺」「島田」、遠江国「中泉」「白須賀」を拝領していることが確認できる。これらの所領は、いずれも東海道の道筋に点在している町場である。

文禄三年(一五九四)の時点で、家康は江戸に拠点を移していたが、当時の関東は今と違ってあらゆる物品が不足しており、そのために家康は、高い生産力を誇る畿内地域からの輸入に依存せざるをえなかった。秀吉はこうした事情を考慮し、畿内と関東を繋ぐ流通路の要所を、家康に与えたのだろう。

本状で最も注目したいのは、宛所の「羽柴江戸大納言」についてである。秀吉は配下の武将や服属した大名に対して「羽柴」姓を授与しており、羽柴授姓された大名たちは本姓も「豊臣」に改姓することを強制されていた。一説には、家康は豊臣政権下でも独自の地位を保持しており、その結果、家康が「羽柴姓」の使用を拒否して本姓に「源姓」を使い続けることを秀吉も了承していたという。

しかし、本状で見られるように、家康には羽柴姓が授与されており、この頃の本姓は「豊臣家康」であったことが確実である。家康には大名としての実力があり、秀吉からもそれなりに配慮される存在ではあったが、あくまでも豊臣家の一家臣に過ぎなかったというのが実情だろう。

119 万暦二十三年正月二十一日付け明王贈豊太閤冊封文

【釈文】写真は168・169頁

奉
天承運
皇帝制曰聖仁
広運凡天
覆地載莫
不尊親帝
命溥将曁
海隅日出
罔不率俾
昔我
皇祖誕育多方
亀紐龍章
遠錫扶桑
之域貞珉
大篆栄施
鎮国之山
嗣以海波
之揚偶致
風占之隔
当茲盛際
宣纘彝章
咨爾豊臣
平秀吉崛
起海邦知
尊中国西
馳一介之
使欣慕来
同北叩万
里之関懇
求内附情
既堅於恭
順恩可靳
於柔懐茲
特封爾為
日本国王
錫之誥命
於戯龍貢
芝函襲冠
裳於海表
風行卉服
固藩衛於
天朝爾其
念臣職之
当修恪循
要束感皇
恩之已渥
無替欵誠
祇服綸言
永遵声教
欽哉
万暦二十三年正月二十一日(朱印)

120 （文禄四年）正月十六日付け豊臣秀吉朱印状

【釈文】 写真は170頁

態被仰遣候、

一、当年働之儀可被仰付与
思召候処、寺澤志摩守（広高）
参上仕、先当年之働
無用之由、各言上之通、
被聞召届候事、

一、来年関白殿（豊臣秀次）有出馬、諸
勢渡海之儀被仰付、城々
幷伝之城迄此方御人数
被入置、各動之儀丈夫ニ
可被仰付候条、成其意、可
令用意候事、

一、兵粮之儀、最前被遣候分、
何も入替置之由、尤被思召候、
猶以、只今三万石余被遣候
条、各令割符、釜山浦ニ
蔵を作可入置候、働之時
兵粮ニ可被下候事、

一、大明ゟ侘言之筋目兼而
ゟ実儀とハ不被思召候条、
城々丈夫ニ為被仰付儀ニ候、
然者朝鮮之儀、九州同前ニ
思召候間、行々ハ何も内輪
替ニ被仰付、面々も帰朝仕、致
御目見候てゟ可被遣候、此通
下々にも申聞、無退屈之様ニ
可令覚悟候、関東・北国・出羽・
奥州果迄不残令在京、
普請等被仰付候、其ニたくらへ（比べ）
候へハ、各在陣不数候事、

一、城廻田畠令開作、弥有付
可申候、猶寺澤志摩守ニ被仰
含候、幷御目付として重而
別人可被遣候也、

正月十六日（秀吉朱印）

羽柴柳川侍従（立花宗茂）とのへ

●解説

本状は文禄四年（一五九五）に中国明の万暦帝が、豊臣秀吉を「日本国王」に冊封することを認めた公式文書である。

冊封とは、中国皇帝の保護下に入り、皇帝の承認の下で日本国内の支配を行うことを指している。なお、歴史的に見れば、中国皇帝から「日本国王」に冊封された事例は、秀吉以外では、卑弥呼と倭の五王のほかに、足利義満・義持・義教ぐらいしか見当たらない。

江戸時代後期の儒者・頼山陽の『日本外史』によると、秀吉は本状の「封爾為日本国王」（爾を封じて日本国王と為す）という文言の、あまりに不遜な態度に激高し、明からの贈り物である冠服を脱ぎ棄て、さらには冊書を引き裂いたと描かれている。しかし、本状に接した秀吉は、実際には真逆の反応を示したようだ。

例えば明の使者として冊書を秀吉の許に持参した沈惟敬は、「秀吉は下賜された物品を一々頭上に押し頂き、習った中国語で万歳と唱して、北京の宮殿を遥望して謝恩した」と証言している。ほかに、イエズス会宣教師のルイス・フロイスも、「秀吉は栄誉ある冊書を受理し、それを頭上に推戴し、その時に冠をも受領したので、それらを着用するために別室に退いた」と述懐している。

このように秀吉は、実際には中国皇帝からの冊封を嬉々として受け入れ、さらには積極的に明の冠服に袖を通していたのである。中国大陸の奪取を目論んだ秀吉が、なぜやすやすと冊封を受け入れたのか。

その理由についてはさまざまな議論があるが、一つには明から冊封を受けることについては、それなりの利点を備えていたことが挙げられる。当時の日本は、東アジアの中でも孤立した存在だったが、明の後ろ盾を得ることで国際的に認知され、各国とも通商を持つことができる。朝鮮における戦況は厳しさを増すばかりであるから、手打ちとしてはこのあたりが妥当ではないか……そのような計算が秀吉の中でなされたものと想像されるのである。

なお、明の冠服に喜々として袖を通したことと、冊封を受けたことは、秀吉の理解の中では必ずしも一致していないとも考えられ、今後の研究が待たれる。

●解説

本状の年次は、文禄二年（一五九三）六月の明使来日以降、文禄四年七月の秀次切腹以前で、学界には文禄三年説と四年説がある。

しかし、文禄四年と推定される正月十七日付け島津忠恒宛て安宅秀安書状には、この年の内に講和が成立しなければ翌年関白秀次が出馬する、在陣衆はこの年の御普請からは免除される、という内容がある（『旧記雑録』後篇）。伏見城普請が文禄三年十月に終わったとしても、西国勢の朝鮮駐留が続くように、東国勢の普請役も続くのである。一方、本状にも翌年の関白出馬と東日本勢の在京普請に触れているので、年次は文禄四年と推定される。

明からの回答がないことに業を煮やした秀吉が、赤国（全羅道）を討つために秀次軍派遣と戦争再開を発表したのは、文禄三年九月二十三日だった（『島津家文書』）。同年十一月、小西行長は朝鮮側と会見し、関白出馬を告げて朝鮮からの明への働きかけを求めた。鍋島直茂麾下の武将も「甘朴司馬は来春必ず出る」と語った（『宣祖実録』）。その直後に、行長の待っていた明皇帝の勅使派遣が知らされる。行長は「和議が進展したので派兵の必要はない」という早船を秀吉に送った（『宣祖実録』）。

それを受けてか、秀吉は十二月二十日、関白出馬を明後年（文禄五年）に延期した（『黒田家文書』）。文禄四年正月十六日、本状で秀吉が朝鮮在陣諸将へ伝えた年頭指示は、明との講和が思い通りに運ぶか疑わしいので関白派兵を行う。但し、寺沢広高が諸将の意見を伝えてきたので、時期を一年延期し、この年は兵糧管理と駐屯経営にいそしむように、というものであった。

講和休戦期と呼ばれるこの時期にも、秀吉は大軍侵攻を企画し、一方で累年の在陣負担を背景にした寺沢広高や小西行長が中止を説得するなど、諸将と秀吉の間に再派兵をめぐる緊張関係があったことが知られる。

121 （文禄四年）二月九日付け豊臣秀吉朱印状

【釈文】写真は171・172頁

急度被仰出候、

一、会津宰相（蒲生氏郷）事、不慮相煩死去、不便ニ思食候、然ニ宰相別而被懸御目候条、雖為幼少、跡職鶴千世ニ被仰付候事、

一、会津之儀、丈夫ニ鶴千世可被為置と思食候之間、為其江戸大納言（徳川家康）息女を縁辺ニ被仰付、会津へ四、五月頃ニ可被遣候条、存其旨、皆々別而入精可致馳走事、

一、鶴千世事、御名代と思食、如右被仰付候間、置目等之儀、如定置　聊不可有相違候、若少も不相届候儀於在之者、可為曲言事、

一、堺目等之儀、自然隣国事出入有之といふとも、五ッ五ッの儀ハ不及申、六ッ五ッ（四ッ）の理非候共、せかれの間ハ鶴千世理運ニ可被仰付候事、」

一、自然下々右之六ッ五ッ（四ッ）ニ可被仰付との儀と存、宰相相定置外之儀を申懸事於在之者、可為曲言事、

一、台所入之儀、氏郷如定置可仕候、宰相時よりも尚以念を入算用之儀明細ニ仕、江戸大納言・加賀中納言（前田利家）相聞、其上民部卿法印（前田玄以）・浅野弾正少弼（長吉）を以可被聞食候間、此旨を相守、下々に至まて能〳〵申聞、可成其意事、

一、城持共、其外年寄共、対鶴千世疎意を存ましき旨誓帋を仕、可上之事、

右条々家康・利家幷民部卿法印・浅野弾正少弼可申聞候也、

二月九日（秀吉朱印）

田丸中務少輔（直昌）とのへ

●解説

奥羽仕置によって陸奥国会津などに封ぜられた蒲生氏郷は、文禄四年（一五九五）二月七日、四十歳の若さで死去した（『言経卿記』同年二月十七日条）。氏郷には幼少の嫡子鶴千世（のちの秀行）が残されたが、秀吉は鶴千世による遺領相続を認め、九日にはそれに係る一連の朱印状を、主立った家臣や領内の政務を預かる仕置奉行、伊達政宗（陸奥岩出山）・最上義光（出羽山形）・佐竹義宣（常陸水戸）といった蒲生領と境を接する近隣諸大名などに宛てて発した（『氏郷記』）。本状も、その内の一通で

あり、蒲生領内における城持衆の一人、氏郷の妹婿でもある三春(福島県三春町)城主の田丸直昌に宛てたものである。

七ヶ条からなるその内容を逐条的に見ると、

①氏郷は特に目を懸けた者であるから、幼少ではあるが鶴千世に相続を許可すること、

②鶴千世は、徳川家康の娘と縁組させた上で、四月か五月に会津へ帰国させるので、精を入れて鶴千世に仕えること、

③既存の法令や掟にいささかも相違なきこと、

④領境などについて隣国と紛争を生じた場合には、理非五分五分、あるいは蒲生側に不利であっても、鶴千世成人まではすべて蒲生側の理とすること、

⑤有利な裁定が下ることをよしとして、氏郷が定め置いたこと以外を主張する場合には処罰すること、

⑥蒲生家の財政は氏郷の定めたように運営し、より入念に勘定を明細にすること。勘定は家康・前田利家に報告し、そのうえで前田玄以・浅野長吉を通じて秀吉も報告を受けるので、この旨を下々まで徹底させること、

⑦城持衆・重臣共から、鶴千世に対し、軽んじることのない旨を記した誓紙を提出すること、

というもので、条々の委細を家康・利家・玄以・長吉より伝達するようにとある。

『氏郷記』によれば、本状と同内容の朱印状が計十五通作成された。また、近隣大名に対しては、鶴千世と入魂たるべきことや、本状同様の領境紛争裁定に関する事項などが盛り込まれた。さらに二月十日には、関白秀次からも秀吉の処置を追認し、遺領の相続を認める朱印状が鶴千世並びに蒲生家中宛てに発給されている。

鶴千世への相続、さらにそれ以降の経緯を通じて、蒲生領支配には秀吉の意向が強く反映されることとなり、統制が強化されていったのである。

122 (文禄四年)七月十日付け豊臣秀吉朱印状

【釈文】写真は173頁

今度関白(豊臣秀次)不相届子細有之ニ付而、高野山江被遣候、其外無別条候之間、不可有機遣候、猶民部卿法印(前田玄以)・石田治部少輔(三成)・増田右衛門尉(長盛)・長束大蔵太輔(正家)可申候也、

七月十日(秀吉朱印)

羽柴柳川侍従(立花宗茂)とのへ

●解説

本状は、文禄四年(一五九三)の関白豊臣秀次切腹事件に関する朱印状である。七月十日付けで発給された本状は、子細があって秀次を高野山へ遣わす、ということをのみを記し、筑後柳川城主の立花宗茂へ伝えたものである。

天正十九年(一五九一)八月、秀吉の実子鶴松がわずか二年の生涯を閉じた。また、同年正月には豊臣秀長も病で死去している。こうした一族の死もあり、秀吉は養子秀次に関白の座を譲っていた。

文禄二年八月、秀吉に待望の嫡子拾、のちの豊臣秀頼が誕生する。秀頼誕生によって、秀吉と関白秀次の関係は徐々に悪化。同四年に秀次は失脚し、切腹という事態となる。

この秀次事件は、大きく三つの部分から成り立っている。すなわち、①秀次追放(七月八日)、②秀次切腹(七月十五日)、③秀次の妻子惨殺(八月二日)である。本状は、この内①に関する文書といえよう。

従来、高野山へ追放させられた秀次は、その地で秀吉の命により切腹したとされてきた。しかし近年、秀次事件に関する新たな論考が発表された。すなわち、秀次は秀吉によって「切腹させられた」のではなく、自ら「切腹した」という説である。秀吉はあくまで秀次を高野山に住まわせ、しかるべき時期に秀頼への関白職委譲をさせることが目的だった。しかし、意に反して秀次が切腹してしまったために、③秀次の妻子惨殺という公開処刑まで行われてしまったとのことである。

秀次の死により、豊臣政権は政策の転換を行わざるをえなくなり、諸大名による連署起請文の作成や「御掟」などが行われていくようになる。本状も、

そうした秀次事件をめぐる豊臣政権の動揺の兆しの一つであるといえよう。

123 文禄四年八月十七日付け豊臣秀吉朱印状

【釈文】写真は174頁

為加増、於大和国四千
石、目録別紙有之、令扶
助訖、本知千石、合五千石
全可領知、今般御加増之
儀者、先年於江北
志津之嶽（賤ヶ岳）、砕手粉骨
之儀、被思召出、為其、
御感、如此候也、

文禄四
八月十七日（秀吉朱印）
平野権平（長泰）とのへ

●解説

本状は、文禄四年（一五九五）八月に実施された、秀吉の知行宛行に関する朱印状である。

本状によると、文禄四年八月十七日、秀吉の直臣である平野長泰は、新たに大和国内で四千石を加増され、従来の千石と合わせて合計で五千石の知行を得たことになった。しかも同文の知行宛行は、平野と同じく賤ヶ岳の七本槍で著名な片桐且元や糟屋武則（真雄）にも出されており、糟屋は播磨国内で六千石が加増され、従来の四千石と合わせて一万石の領主になった。片桐も、播磨国内で四千二百石が加増され、同じく合計一万石の知行を有することになった。

本状と内容が同じであっても、糟屋や片桐は一万石の領主となったが、平野の知行が五千石と冷遇されたのは、平野の「その心猛く、秀吉卿に背く事たびたび有しなり。これによりて領地少しとかや」（『太閤記』）という記載が参考となる。確かに平野は、勇猛な武将ではあったが、しばしば暴走することもあったようである。

本状で不思議なことは、十三年も前の賤ヶ岳の戦いの軍功が賞され、加増されたことであり、これは糟屋や片桐への知行宛行も同様である。当該期の秀吉は、家康をはじめ、加藤清正や黒田氏・島津氏など、数多くの大名に対しても畿内やその周辺を対象とした加増を行い、知行宛行状を発給した。いずれの知行宛行状にも「検地した上で、それに基づいた知行宛行である」と記されており、これは従来とは異なる本格的な検地が畿内やその周辺で行われたからである。

文禄元年以来、秀吉は大名や直臣をそのまま朝鮮に在陣させながら、あるいは伏見・大坂城普請に動員し、妻子と共に同地への居住も命じた。彼らとの主従関係を確認した時期でもあり、特に本状のように直臣を重用したのは、彼らに伏見や大坂の周辺を警固させることを想定したからかもしれない。

なお、先述した糟屋への知行宛行状に「本紙、片桐市正（且元）へ丑（慶長六年〈一六〇一〉）の三月十七日に相渡候也」との記載がある。これは、慶長五年秋から翌六年春、家康の管理下で、関ヶ原の戦いの戦後処理が行われた際に、この知行宛行状が活用されたことを意味する。西軍（石田三成方）に属した武将の知行が没収され、東軍（徳川家康方）の武将に恩賞を与えることになった際、豊臣系の大名や直臣たちが、秀吉が発給した知行宛行状を大坂方の家老だった片桐且元に提出したかもしれないのである。

その後の平野長泰は、秀吉の死去を経て、関ヶ原の戦いになると、東軍で徳川秀忠に仕えたため、この領知は明治の代まで保持することができた。七本槍の中では唯一大名になれなかったが、その子孫は慶応四年（一八六八）七月、明治新政府の高直しによって田原本藩（奈良県田原本町）一万石の藩主になっている。

124 文禄四年八月二十四日付け豊臣秀吉御諚覚

【釈文】写真は175頁

大閤様御諚覚
一、今度秀次様御謀叛之刻、政宗事も一味之由、
種々雖達上聞候、昨今之奉公人事候間、
対政宗」
者、如此之一大事をハ被仰聞間敷ト思食候、

若又」被仰聞候共、一味可申政宗ト思食候ハぬ事、
一、細々秀次へ出仕申事、先度者取違ト思食候へ共、能々御思惟候ニ、関白事も大閤様同意ニ」御奉公可申旨、兼而被仰出候間、聚楽近所ニ有之、節々出仕申事、曲言ト思食候ハぬ事、
一、及両三度、命ヲ被助置候間、此上ハ大閤様之儀者不及申、御拾様取立申、可抽大功事、幷家」来之面々ニも、御芳恩之旨為申聞、人衆も無之候而者、」御用ニも難立候間、家老之妻子皆以呼上、令在京、常ニ人衆千計ニ而相詰、可致御奉公、於伏見政宗屋敷、又ハ家中者共ニ屋敷被下候而、号伊達町、似合家共可申付事、以上、

文禄四年乙未八月廿四日

●解説

本状は、秀吉が文禄四年(一五九五)八月二十四日に伊達政宗へ申し渡した「御掟」の内容を記した覚書である。秀吉の花押や印判は据えられておらず、直状や朱印状などの範疇には入らない。それら秀吉の文書というより、伊達家側で申し渡された内容を記録した可能性も排除できない。

政宗は、この年の四月暇が与えられ、三年ぶりに国元へ戻ったところ、関白秀次謀反との報を聞き、急ぎ上洛の途に就いた。ところが、道中上方の「御念比ノ衆」から、上方到着後、「秀次ニ御同心」として政宗が切腹を命じられるとの報が届いた。政宗は、大坂到着後、詰問の使者に、秀次と謀反の談合をしたことはないと述べたが、四月の帰国に際し、秀次から餞を受け取ったことを秀吉に言上しなかった理由については弁明できなかった。秀吉は初め、政宗は遠島、領地は子の兵五郎(秀宗)に相続という方針を示したが、その後、政宗は赦免されたという(『伊達日記』下)。

本状に記される、赦免に際して秀吉が政宗に対して申し渡した「御掟」は、

①謀反に政宗が加担したという話を種々耳にしたが、政宗は豊臣家に昨今仕えたばかりであり、秀次が謀反の大事を語るはずもなく、また政宗もそれに加担するような者ではない。

②秀次の下に政宗が出仕していたことを誤りだと考えていたが、関白(秀次)に太閤(秀吉)同様仕えるよう命じており、聚楽第の近所にいて節々出仕するのは誤りではない。

③政宗を二度三度と助命したからには、秀吉のみならず御拾(秀頼)についても熱心に仕え大功を挙げるように。また家臣にも秀吉の恩をよく申し聞かせること。政宗が御用を務めるには人数も必要であるから、家老の妻子を呼び寄せて在京させると共に、千人ほどの家臣を詰めさせ、奉公するように。伏見で政宗や家臣に屋敷を与えるので、伊達町と名づけ、家などを取り立てるよう。

という内容である。赦免したとはいえ、秀吉は小田原参陣(天正十八年、一五九〇)・葛西・大崎一揆関与疑惑(同十九年)・秀次事件と、政宗をたびたび助命し、伊達家存続を許してきた自らの恩を強調しながら、家老妻子の在京および家臣の伏見詰めを命じ、それを軛として、政宗に豊臣家への忠節と奉公を促したのであり、政権による伊達家に対する締め付けがより厳しいものとなったことは言うまでもない。

この決定に対し、秀吉の命によって上洛した伊達家老臣十九人は、八月二十四日付けで、前田玄以や施薬院全宗ら政宗の詰問に立った秀吉の側近に宛てて起請文を提出し、政宗宥免を謝すと共に、今後万一政宗に公儀への異心が生じた場合は、兵五郎を擁立して忠義を示すこと、恩を将来に至るまで伝え、豊臣家に忠節を尽すことを誓った(『伊達政宗記録事蹟考記』「秋田藩家蔵文書」)。

125 慶長二年二月二十一日付け条々(豊臣秀吉朱印状)

【釈文】 写真は176〜178頁

条々

一、先手動之儀、加藤主斗頭(清正)・小西摂津守(行長)、鬮取之上を以、二日か(替わり)ハりたるへし、但、非番ハ二番めに可相備事、
一、三番目黒田甲斐守(長政)・毛利壱岐守(吉成)・嶋津又七郎(豊久)・高橋九郎(元種)・秋月三郎(種長)・伊藤(東)民部大輔(祐兵)・相良宮内大輔(頼房)可相備事、

一、四番　鍋嶋加賀守(直茂)・同信濃守(勝茂)
一、五番　羽柴薩摩侍従(島津義弘)
一、六番　羽柴土佐侍従(長宗我部元親)
　藤堂佐渡守(高虎)
　池田伊予守(秀雄)
　加藤左馬助(嘉明)
　来嶋出雲守(通総)
　中川修理大夫(秀成)
　菅平右衛門尉(道長)
一、七番　蜂須賀阿波守(家政)
　生駒讃岐守(一正)
　脇坂中務少輔(安治)
一、八番　安芸宰相(毛利秀元)　備中中納言(宇喜多秀家)
　此両人どうぜい(同勢)、かハり〳〵たるへき事、
一、釜山浦城、筑前中納言(小早川秀秋)、御目付太田小源五(一吉)在番仕、先手之注進無由断可仕事、
一、あんごうらい(安骨浦)の城、羽柴柳川侍従(立花宗茂)在番、
一、かとく(加徳)の城、高橋主膳(統増)・筑紫上野介(広門)在番、
一、竹嶋(金海竹島)の城、羽柴久留目侍従(小早川秀包)在番、
一、せつかい(西生浦)の城、浅野左京大夫(幸長)在番、
一、先手之衆為御目付、毛利豊後守(重政)・竹中源介(隆重)・垣見和泉守(一直)・毛利民部大輔(高政)・早川主馬首(長政)・熊谷内蔵丞(直盛)、此六人被仰付候条、任誓帋之旨、惣様動等之儀、日記を相付候而、善悪共ニ見隠、聞隠さす、日々可令注進事、
一、諸事かうらい(高麗)ニての様躰、七人より御注進申上儀、正意ニさせらるへき旨被仰聞候間、存其旨、縦縁者・親類・智音たりといふ共、ひいきへん(贔屓偏頗)はなく、有様ニ可注進事、
一、先手動等之儀、各以相談之上、多分ニ付而可随其候、ぬけかけ(抜け駆け)ニ一人二人として申やふり(破)候ハ、、「」くせ(曲)事たるへき事、
一、於何方も野陣たるへき事、
一、赤国(全羅道)不残悉一篇ニ成敗申付、青国(忠清道)其外之儀者可成程可相動事、
一、船手之動入候時者、藤堂佐渡守・加藤左馬助・脇坂中務少輔両三人申次第、四国衆・菅平右衛門、」
一、弁諸警固舟共可相動事、
一、右動相済上を以、仕置之城々所柄之儀、各見及多分ニ付而城主を定、即普請等之儀、為帰朝衆令割符、丈夫ニ可申付事、
一、右七人之者共ニ七枚起請をか、させられ、諸事有様之躰、可申上旨被仰付候条、忠功之者ニハ可被加御褒美、自然背御法度族有之者、右七人申次第、不寄誰々、八幡大菩薩可被加御成敗条、得其意、不可有由断事、
一、自然大明国者共、朝鮮都より五日路も六日路も大軍ニて罷出、於陣取者、各令談合無用捨可令注進、御馬廻迄ニて一騎懸ニ被成御渡海、即時被討果、大明国迄可被仰付事、案之内ニ候条、於由断者可為越度候事、

以上、

慶長弐年二月廿一日(秀吉朱印)

羽柴薩摩侍従(島津義弘)とのへ

●解説

文禄五年(一五九六)九月に講和が破綻するや、秀吉はただちに朝鮮再征方針を発表した。とはいえ、諸大名が軍備を整えるには時間がかかり、冬期の玄界灘は逆風で波も高く、大軍の渡海に適さない。その間を利用して小西行長と加藤清正は、それぞれの和議交渉を継続した。その進展次第では派兵の延期もありえた(『島津家文書』)。

その一方で秀吉は、彼らの交渉失敗に備えて、二月にこの再派兵指令を発表した。先手は行長と清正の交替制、七人の目付に正確な報告を送るようにと念を押す。文禄の役で諸大名が各自の苦境を隠したために前線を延ばし過ぎた、という反省からである(「加藤文書」)。

文禄の役初年に、慶尚道の晋州城と全羅道地方が諸将を撃退したことを、秀吉は朝鮮が臣従しない「反抗」の象徴、「一揆」だと見做していた。それで晋州城については、文禄二年六月に総攻撃をかけて城民を皆殺しとした。残る「赤国(全羅道)討伐」は文禄年間を通して懸案事項だったので、今回の派兵は、慶尚道釜山に上陸した軍の主力が西向して全羅道全体を討ち、その後は青国(忠清道)方面への北上を努力目標とした(第十七条)。

この全羅道「討伐」が終われば、晋州討伐後と同様、朝鮮には駐留軍だけを残す。しかし、駐留するといっても文禄の役で築いた城々は講和のために破却

したので、本状の段階では釜山浦以下五城しかない(西生浦は破却されたが、正月に渡海した清正が修築している)。そこで秀吉は、諸将の多数決によって新拠点を選定し、築城後に帰国する勢と駐留勢を話し合って決めるように指示する(第十九条)。

それで諸将は、全羅道作戦が一段落した八月下旬に全州で軍議を開き、部署割りを秀吉に報告した(「中川家文書」)。出兵中の秀吉の指令や諸大名の行動は、戦況判断による変動が多いとはいえ、基本的には互いに噛み合って進められていことが知られる文書である。

126 慶長二年三月八日付け定(豊臣秀吉朱印状写)

【釈文】写真は179頁

山上山下

定 醍醐寺

一、当寺山上山下境内
山々谷々ニをいて、石
大小によらす、一切不可
取之事、

一、同山内竹木伐採儀
停止事、

一、桜其外之草花にい
たるまて、ほり取事
ハ不及申、枝等一切折
へからざる事、

一、四壁之内、猥不可放
飼牛馬之事、

一、薪商買事、麓
之町中ニをいてハ不可
有異儀、当山内へ
入たつにをいてハ、
売者買者共以可
為曲事候事、
右条々堅御停止
之上、若違犯之
輩者、忽可被処
厳科之旨、被
仰出之状如件、

慶長二年三月八日 御朱印

●解説

本状は、秀吉が京都醍醐寺に与えた朱印状の写しである。

その内容は、醍醐寺の権益保護を謳った、いわゆる禁制であり、全五ヶ条から構成されている。第一条では、醍醐寺の境内においては、小石の一つといえども持ち去ってはならないこと、第二条では境内の竹木の伐採を禁止すること、第三条では桜に限らずどんな草木であれ、掘り取ったり、枝を折ったりすることは禁止すること、第四条では境内に牛馬を放し飼いしないこと、第五条では山麓の町屋において商売することは許可するが、境内での売買は禁止すること、以上五ヶ条を守れない者は厳罰に処すと言明している。

ところで、秀吉と醍醐寺の関係といえば、慶長三年(一五九八)三月における醍醐の花見が有名であるが、実はその一年前にも秀吉は、徳川家康らと連れ立って醍醐寺の桜を眺めている(『義演准后日記』)。この時に見た桜がことのほか印象的だったのだろう。のちに小瀬甫庵は、「いさ此春ハ北政所に醍醐の花を見せしめ、還堵の室を出やらぬ女共にも、いみしき春に合せ、胸の露をはらし、一栄一楽に世を忘れさせん」と再びの花見を計画したのだと記している(『太閤記』)。

計画を思い立ったあとの秀吉の行動は素早く、会場である醍醐寺の整備を即座に始めている。本状もその一環であり、特に第二条で桜の伐採を禁じているのが重要である。いくら花見を計画しようとも肝心の桜が刈り取られているようなら何の意味もなくなってしまうからだ。

実は当時、醍醐寺は応仁・文明の乱の影響が尾を引いており、堂宇は荒廃を極めていた。そのために、境内への侵入を簡単に許してしまう状況にあったのだろう。秀吉は、醍醐寺二王門や境内の御殿数宇の再建を命じ、さらには境内の「桜ノ馬場」から「やり山」へと続く「三百五十間」(約六三七メートル)の左右に桜七百本を植樹させた。これらの桜は、遠く吉野の山々から運んできたものである。こうした経緯を踏まえ、醍醐寺では現在も秀吉を崇敬し続けている。

127 （慶長二年ヵ）五月三日付け豊臣秀吉朱印状

【釈文】写真は180頁

各在高麗、奉公人
上下共、走日本へ於
相越者、聞付次第、成敗
可仕候、自然拘置、何かと
違乱之輩有之者、可
致言上候、急度可被加
御成敗候、猶浅野弾正少弼（長政）・
稲葉兵庫頭（重通）可申候也、
五月三日（秀吉朱印）
羽柴久留米侍従（小早川秀包）とのへ

●解説

本状は、朝鮮からの逃亡兵に対する禁止令である。本状において秀吉は、朝鮮在陣中の日本軍から日本へ逃亡する者が続出したことに対し、報告があれば、すぐさま厳罰に処すと宣言した。さらに、もし逮捕した者が不服を言うようならば報告せよと指示し、必ず厳罰に処すことも通達している。

このような法令は頻繁に出されたが、問題は出された時期である。これについては、以下の文書がある（『島津家文書』）。

在陣上下、令退屈逃走由候、然間、無手判輩、一切不可通用候、若不審族於在之者、搦捕可相越候、勿論隠置付而者、聞出次第、一在所可被加御誅罰候、然者人留番所見計、其領主として堅番衆申付、即此御朱印相写、高札可立置候也、
文禄弐年二月十四日（秀吉朱印）
嶋津修理大夫入道（龍伯義久）とのへ

これに従えば、本状も「文禄二年」と比定すべきである。ここでは「手判」の無い者を一切通してはならないとあり、文禄二年（一五九三）と推測される五月二十日付けで、対馬・壱岐・名護屋・関戸の御奉行衆中に宛てた浅野長吉・早川長政の連署状（『中村不能斎採集文書』）にも、「此人上下五人、井伊侍従（直政）殿為使、被相越候、可有御通候、以上」とあり、浅野らが釜山浦付近で、軍勢の人数を確認していた。これも、本状を文禄二年と比定する有力な文書である。

その一方で、本状を慶長二年（一五九七）と比定する見解もある。これについては、本状の副書ともいうべき内容の文書がある（『島津家文書』）。

為御意申入候、各在高麗、奉公人下々、自然退屈候而、走候者も可有之候之条、左様之族、聞付次第、成敗可仕候、若拘置、何角違乱之輩於有之者、可被申上候、急度可被仰付旨、以御朱印被仰出候、其御心得尤存候、恐惶謹言、
五月三日　浅野弾正少弼長政（花押）
稲葉兵庫頭重通（花押）
羽柴薩摩侍従（島津義弘）殿
御陳（陣）所

この文書は宛所が異なるが、本状（直書）と副書の関係にあることは明白である。ここでは、浅野が「長政」と記したことに注目されたい。文禄二年の段階では、浅野は、自らを「長吉」と記すが、慶長年間に入ると「長政」と称するようになる。宛所の島津義弘が「薩摩侍従」と称するのもこの頃であり、したがって本状を慶長二年と比定することも可能である。

また、慶長二年に出された逃亡禁止令には、「今度、高麗へ被差遣付而、其方家来共、自然逐電之族、於在之者、追先々可加成敗候、相拘候者、共ニ可為曲事候条、聞立可言上候也」（『久留島文書』『菅文書』『澄心文庫所蔵文書』）とあり、いずれも「慶長弐 二月廿日」と明記されている。ここでは、「家来」も逃亡することが想定されており、本状にある「上下共」の表現と一致するのである。

以上のことから、本状は慶長二年に発給された朱印状であると比定したい。

128 （慶長二年）六月八日付け豊臣秀吉朱印状

【釈文】写真は181頁

急度被成御朱印候、
永々名護屋在番、
辛労ニ被思召候、然者
為番替、羽柴三十郎（織田信重）
雖被仰出候、寺澤志摩守（広高）、
人数之儀如被仰付、はや
相拘旨候条、替番不及

被遣候、早々可帰陣候、
猶山中山城守(長俊)可申候也、

六月八日(秀吉朱印)

羽柴久太郎(堀秀治)とのへ

●解説

天正十九年(一五九一)十月、秀吉は明征服の本営として肥前名護屋城(佐賀県唐津市)の築城を開始した。翌二十年になると、普請中の名護屋城周辺には、全国諸大名の陣屋が立ち並び、四月にはここから諸大名が朝鮮へ出撃し、朝鮮出兵が始まった。

宛所の堀秀治とは、越前北庄(福井市)城主堀秀政の嫡子である。天正十八年五月、小田原の陣中で秀政は病死するが、家督を相続したのが秀治であり、天正二十年には六千人の兵をもって名護屋に駐屯した。

本状によると、秀吉の命で名護屋城へ参陣したものの、秀治は朝鮮に渡海することがなく、そのまま長期にわたって名護屋城に駐屯することとなった。この間、文禄三年(一五九四)には伏見城の普請へも動員されたようである。

本状中の「羽柴三十郎」とは、織田信包(信長の弟、老犬斎)の子信重(伊勢林城主)である。信重が名護屋城へ駐屯するよう命じられたため(実際に信重が駐屯したか否かは不明)、秀治は領国へ戻ることが許された。

その後、秀治は上杉景勝の会津移封に伴い、慶長三年(一五九八)四月、越後春日山(新潟県上越市)城主となる。

近年、名護屋城址の発掘調査が進み、秀治の陣が本城の近くにあり、その面積も大規模なものだったことが確認された。生活に関する出土品は少ないが、その陣所は大きく分けて六つの曲輪(平らに造成した陣の一区画)で構成されていたことも明らかになっている。

129 慶長二年六月十五日付け豊臣秀吉朱印状

【釈文】写真は182・183頁

善光寺如来之儀、御霊夢之子細在之而、大仏殿江遷座事
被仰出候、然者従甲斐国大仏殿
迄路次中、人足五百人、伝馬弐
百卅六疋宛可申付次第事、

一、甲州より駿河堺迄　浅野弾正少弼(長政)
一、駿河堺より遠江迄　中村式部少輔(一氏)
　山内対馬守(一豊)
一、駿河堺より浜松迄　有馬玄蕃頭(豊氏)
　松下右兵衛尉(重綱)
一、浜松より吉田迄　堀尾帯刀(吉晴)
一、吉田より岡崎迄　羽柴吉田侍従(池田輝政)
一、岡崎より熱田か清須迄　田中兵部太輔(吉政)
一、熱田より舟にて渡海候者　福嶋左衛門大夫(正則)
　勢州四日市場迄舟之事、
一、熱田より陸路ニ候者　福嶋左衛門大夫(正則)
　人足馬桑名迄
一、桑名・四日市より亀山迄　氏家内膳正(行広)
　北伊勢小給人衆、則氏家内膳申触可送事、
一、亀山より江州土山迄　岡本下野守(宗憲)
　羽柴下総守(滝川雄利)
一、土山より石部迄　長束大蔵太輔(正家)
一、石部より草津迄　江戸内大臣殿(徳川家康)
一、草津より大津迄　新庄東玉(直忠)
　駒井中務少輔(重勝)
　栗本郡御蔵入給人方為両人申触可送事、
一、大津より大仏殿迄　大津宰相(京極高次)
以上

右之通、浅野弾正少弼一左右次第、
日限を極相待、人足・伝馬不相滞様ニ
申付、可送届候也、

慶長弐年六月十五日(秀吉朱印)

●解説

本状は、甲斐甲府の善光寺如来像を、京都まで護送するよう命じた指示書である。

天正十四年(一五八六)に秀吉は、京都東山に、焼亡した大和東大寺に代わる新たな大仏殿の造営を企図した。総奉行には高野山の僧侶木食応其を任命し、延べ十四万人を動員した普請は、文禄三年(一五九四)には一応の完成をみる。しかし不幸なことに、文禄五年閏七月十三日、いわゆる慶長大地震に見舞われ、せっかくの大仏も大破してしまった。

秀吉は、その残骸を見て大仏の修復を諦め、代わりに善光寺如来像を洛中へ移転させることを思い立つ。秀吉が善光寺如来像を選んだ理由は、本状の冒頭に「御霊夢之子細在之而」とある通り、毎夜秀吉の枕元に善光寺如来が現れ、自身は京都の地に安住したいと囁いたからだという。なお当時、善光寺如来像は、本来の所有者である信濃の善光寺にはなく、甲斐甲府の善光寺に鎮座していた。これは、永禄二年(一五五九)に武田信玄によって如来像の遷座を強いられたためで、その後、天正十年(一五八二)に武田家が滅亡すると、織田信長が美濃へ持ち帰ったが、本能寺の変ののちには再び甲斐へ戻されていた。それを、今度は京都に移そうとしたわけである。

改めて本状の内容を確認すると、集められた人足は五百名、伝馬は二百三十六匹と数多い。さらに、甲斐国から近江国大津までの行程を十一に区分けし、十七名に及ぶ大名たちに分担させて警護にあたらせるという大変な物々しさである。件の如来像は身の丈わずか一尺二寸(約四十センチ)に過ぎないが、秀吉がこの事業をいかに重視していたかがうかがえよう。

130 (慶長二年)七月朔日付け豊臣秀吉朱印状

【釈文】写真は184頁

高麗発足炎
天之時分、辛労候、
諸事山口玄蕃頭(正弘)・
福原右馬亮(長堯)なと
応異見、心をなをし(直)、
おとなしく心持、可有
分別候、再三前々
如被仰聞、更々にくミ(憎み)
にて御意無之、併
向後之為を思食、被加
御懇意儀候条、自今
以後、心底之嗜、肝要候、
各諸兵被差遣事候間、
令相談、無越度様ニ
念を入、軍方可手習候、
今度面々、口を揃、其方之
おとなしきと言上候ハヽ、被
聞召届、帰朝之刻、可
被成御対面候也、

七月朔日(秀吉朱印)

筑前中納言(小早川秀秋)とのへ

●**解説**

本状は、朝鮮への再出撃にあたり、秀吉から筑前名島城(福岡市東区)主の小早川秀秋へ宛てた朱印状である。慶長二年(一五九七)二月、小早川秀秋を総大将とし、秀吉は再出撃を開始した。秀秋十六歳の時である。

本状によると、秀吉は、すべて山口正弘(付家老)や福原長堯(直高とも。豊後府内の新城主で石田三成の婿)などの意見を聞いて、よく分別を弁えることを命じた。特に秀吉は、「決してお前を憎んで言っているのではない」「朝鮮で諸将が口を揃えて、お前のことを認めたならば、帰国の時は対面してあげよう」とも述べており、秀吉は、厳しくも心優しい激励の言葉を発した。

小早川氏へ養子に出されたとはいえ、もともと秀秋は秀吉の養子として育てられた。豊臣一族としての期待も大きかったのである。このような朱印状が出されたのは、ここに至るまでの秀吉による九州支配の経過があり、朝鮮出兵への新たな思惑が想定されていたからである。

文禄二年(一五九三)以降、秀吉は九州・四国の大名らに対して、さらになる在陣を命じたが、同時に同年五月、大友氏を改易すると、その後も中川秀成(大分代官)・早川長政(府内城主)・竹中隆重(高田城主)・福原長堯ら直臣系の武将を豊後国に配し、豊後一国の豊臣直轄化を進めた。さらに文禄四年八月、小早川秀秋を筑前名島城主とし、付家老の山口正弘(玄蕃頭)には、すぐさま個別大名領を含む筑前・筑後の検地を命じた。秀吉の意を含んで政権主導で行われたこの検地は、個別大名領の年貢米でさえも、すべて政権が吸収できる方策がなされたのである。

文禄四年五月二十八日、秀吉が長宗我部元親に宛てた朱印状によると、宮部継潤と山口正弘が中心となり、各地から「舟大工」を徴発して、豊後国で造船を行うことが計画された(「香宗我部家伝証文」)。大名領国に対する政権の集権化を推し進めた上で、秀吉は諸大名に朝鮮への再出撃を命じたが、慶長二年八月四日、毛利輝元に宛てた朱印状によると、上洛することよりも肥前名護屋か博多に軍勢を置くことを優先させて、その状況を報告することを命じている(『毛利家文書』)。

博多を拠点とする新たな支配体制を構想しつつ、秀吉は、小早川氏に秀秋を養子に出したことになる。なお、本状で秀吉から叱咤激励された秀秋は、翌慶長三年五月に帰国するが、出兵中の軽挙が咎められ、筑前(名島城主)から越前(北庄城主)へ領国を移されている。

131 (慶長二年)八月十日付け豊臣秀吉朱印状

【釈文】 写真は185頁

追而被仰遣候、大明之
人数、自朝鮮都、五日
路も六日路も、此方へ
罷出、於陣取者、懸留、則
対陣を取、急度可令
注進候、此方御留守之儀者、
秀頼ニ江戸内府(徳川家康)・加賀
大納言(前田利家)・越後中納言(上杉景勝)
両三人を被付置、其外之
御人数者、自御跡、追々
可相越之旨、被仰付候、御
自身廿騎三十騎にて
被懸付、被成御渡海、即時
可被討果候条、其中者
聊尒之動、不可仕候、先年可
被成御渡海と思食、既
御馬迄、釜山海へ雖被遣候、
各依相留、無其儀、于今
御無念思食候、此度之儀者、
注進次第、冨士・白山・愛宕
八幡も照覧候へ、可被成
御渡海候、然者各船ハ有
次第、為御迎、右注進之
御返事、不相待、至于
名護屋可指越候、早速
為可被懸付候、自大坂
名護屋迄之間、浦々泊々ニ、
早船・次(継)舟・次(継)馬、早被立
置候条、海陸共ニ、不移
時日、可為御着座之間、可
得其意候也、

八月十日(秀吉朱印)

羽柴薩摩侍従(島津義弘)とのへ
嶋津又八郎(忠恒)とのへ

●解説

本状は、秀吉が朝鮮へ出陣中の島津義弘・忠恒(のちの家久)父子に宛てた指示書である。

まず、明の軍勢が、朝鮮の都である漢城(現ソウル)から南下してきたら、すぐに報告せよと命じている。そして、日本国内の留守居として、徳川家康・前田利家・上杉景勝を秀頼に付けるとした。出陣中の宇喜多秀家と毛利輝元を除く三名の大老は、秀吉留守中に連帯して秀頼を守護し、国内の政務を見る役割が期待されていたようである。

慶長二年(一五九七)八月、日本軍は総大将・小早川秀秋を釜山浦に留め、軍全体を左右二手に分け、慶尚・全羅・忠清三道へ兵を進めた。宇喜多秀家を大将とする左軍の部将は、小西行長・島津義弘・加藤嘉明らであり、彼らは慶尚から全羅道の南原に迫った。

一方、明側も四月二十六日、忠清道の忠州と全羅道の南原に軍勢を駐留させることを定めた。こうして五月八日、明の軍勢が漢城に着陣し、六月十四日に南原へ入った。本状に、明の軍勢が漢城から五日、六日の地に赴いたとあるのは、このことであろう。南原に入った明の軍勢は南原の防御を固めていた。

本状によると、秀吉はすぐにも朝鮮へ渡海するつもりであり、二十騎か三十騎をもって出撃し、ただちに鎮圧するので、それまで軽卒な行動をしないよう諫めている。さらに、自身の馬も釜山へ送ってあることを知らせるが、本音は、こうした自身の渡海に乗じて、船舶の提供を求め、大坂〜名護屋での早船・継船・継馬のさらなる充実を図り、朝鮮南部での支配を強化することにあったのである。

132 （慶長二年）十二月二日付け豊臣秀吉自筆書状

【釈文】写真は186頁

かへすく、御ゆかしさ申
はかりなく候
間、やかてく、
さいまつ（歳末）に参
候て可申候、御かゝさまへも、
文にて可申候へとも、
御心候て給候へく候、
めてたく、かしく、
文給候、御れ（う脱き）
しくおもひ（思い）まいらせ候、
昨日も状をもて、
申入候ことく、こゝ
もとふしん（普請）申つ
け候に仍、存なから
不申候、やかてさい（歳）
まつ（末）に参候て可申候、
其とき（時）、くち（口）を
すい（吸）申候へく候、
たれ（誰）くにも、す
こしも御すわせ（吸）
候ましく候、そなたの
事、こなたへ一たん
よくミへ申候、
かしく、
十二月二日　秀吉（花押）
（墨引き）
秀より（頼）さま　とゝ

●解説

本状は、晩年の秀吉が我が子の秀頼（ひでより）に宛てた自筆書状である。

慶長二年（一五九七）十二月、秀吉は伏見城の普請に立ち会っていたが、そのような繁忙な時期であっても、すぐにでも我が子に会いたいとの旨を書き綴っている。

会ったら、その場で「口を吸いたい（キスをしたい）」と記し、そのようなことは誰にもさせないとまで述べており、秀吉が秀頼を溺愛していたことは間違いない。文中の「御かゝさま」とは、秀頼の母である淀殿（よどどの）のことで、秀吉は自らを「とゝ」（父親）とも呼んだ。ここにも秀頼への愛情の深さが感じられ、人間味の溢れる微笑ましい書状であるといえよう。

なお、伏見城は文禄五年（一五九六）閏七月十四日の大地震で倒壊したが、すぐに再普請が行われ、慶長二年五月にはほぼ竣工している。その後も秀吉は、茶亭の設定など、さまざまな普請を命じており、同年十一月・十二月は、伏見に滞在することが多かった。

133 （慶長三年）正月十日付け豊臣秀吉朱印状

【釈文】写真は187頁

今度会津江国替ニ
付而、其方家中侍之
事者不及申、中間・小
者ニ至る迄、奉公人たる
もの一人も不残可召連（のこらずめしつるべく）候、
自然不罷越族（やから）於在之者、
速可被加成敗（せいばいをくわえらるべく）候、但、当
時田畠を相拘、年貢
令沙汰（さたせしめ）検地帳面之
百姓ニ相究ものハ、一切
召連間敷候也、
正月十日（秀吉朱印）
羽柴越後中納言（上杉景勝）とのへ

●解説

本状は、越後の上杉景勝（かげかつ）に対し、陸奥国会津への国替えを命じた朱印状である。併せて、奉公人のすべてを新領地会津へ連れていくこと、一方で百姓の連れ出しは厳禁としている。

ここに見る「奉公人」以下の内容については、従来、豊臣政権が兵農分離（武士による土地からの遊離と、百姓の土地への縛り付け）を意図して強権的に発令したものと解されてきたが、奉公人については大名の労働力確保のため召し出しを許可したもの、百姓の召し出し禁止については、村落の疲弊を防ぐ目的で発令され

たもの、と捉え直されている。

さて、景勝の移動先である会津は、従来、蒲生氏郷の遺児・秀行によって統治が任されていたが、蒲生家臣団が内紛を繰り返していたことが契機となって、秀行は宇都宮へと国替えの上、減封処置を受けている。秀吉はことのほか会津の地を重視しており、そこに据える武将には、伊達政宗ら奥羽大名の監視と、もしもの時の藩屏の役割を期待していたのである。その点、氏郷は歴戦の勇士だったため何ら心配する必要はなかったが、秀行はいまだ幼少のために、その役割を十分には果たせないと危ぶんだ。そこで思い切った処置ではあったが、景勝こそ相応しいと秀吉は判断したのである。

大幅な加増とはいえ、先祖伝来の土地を離れることは景勝にとって必ずしも歓迎すべきことではなかっただろう。しかし、この申し出を断れば、万が一にも改易に処されてしまう恐れがある。それは、例えば国替えに反抗して秀吉に立て付いた織田信雄の末路を見れば容易に想像が付くことだった。

こうして不承ながらも、景勝は会津へと旅立っていったのである。

134 （慶長三年）正月十七日付け豊臣秀吉朱印状

【釈文】 写真は188頁

猶以、寒天之刻辛労
不被及是非候、就其小袖一・
道服一被遣候、可令着用候、
委細寺澤志摩守（広高）可申候也、
今度大明人蔚山へ
取懸由、注進ニ付而、
為後巻雖押出候、
敵引退由候、既従
此方も安芸中納言（毛利輝元）・
増田右衛門尉（長盛）・因幡・但馬・
大和・紀伊国衆・九鬼
父子（嘉隆・守隆）等可罷立旨、雖
被仰付、右之分候間、
不及是非候、然者仕
置之城々普請　弥
丈夫ニ申付、兵粮・
玉薬沢山ニ籠置、
少も無気遣様可令覚悟、
帰朝之者共ハ　弥敵之
様子聞届、其上普
請申付候而より可致
帰朝旨被仰遣候条、可
成其意候、猶徳善院（前田玄以）・
増田右衛門尉・長束大蔵大輔（正家）
可申候也、

正月十七日（秀吉朱印）

松浦式部卿法印（鎮信）

●解説

慶長二年（一五九七）の冬が来る前に、朝鮮在陣諸将は全羅・忠清・京畿道などの内陸侵攻を締め括り、戦果に鑑みて駐留範囲を広げた。

加藤清正は本拠地・西生浦から二十キロ北の蔚山を十月八日に制圧し、毛利勢・浅野幸長らを普請衆として築城を開始した。これを見た朝鮮・明軍も攻撃を急ぎ、十二月二十二日未明に経理楊鎬が城外の毛利勢を襲った。

清正は、まだ堀も整わず、水・食料の備蓄もない城を「できたもの」として普請衆から引き受け（『浅野家文書』）、城主として防衛指揮をとった。これが、餓死・凍死者を多数出したことで有名な蔚山籠城戦である。明けて正月二日、ついに諸将が来援し、蔚山包囲軍の背後を牽制した。明軍も寒波襲来で兵馬を消耗し、正月四日に楊鎬は撤退した。

秀吉は正月十一日に蔚山危機を知ったが（『島津家文書』）、十七日に敵退去が報告された。すると秀吉は、その日の内に救援各氏へ向けて、本状とほぼ同文の朱印状を発した。

すなわち、蔚山を助けるために一時は大規模な増援を送る指示を出したと言い、小袖・道服を与えて、冬期の在陣の難しさや辛さはよくわかるとねぎらっている。

但し、本状の趣旨は、城を預かる諸将は兵糧・玉薬の備蓄と防衛を完璧にし、普請衆は敵の動静を探りながら引き受けた工事を完遂すべし、という厳命にある。これは、在陣諸将の「落ち度」が危機を招いたと言っているのと同じことである。実際、秀吉に蔚山戦の詳細な続報が届くと、秀吉は救援諸将の隊伍も兵糧も調っていなかった点を叱責し(「鍋島家文書」)、京よりも朝鮮に米を運ぶ方がたやすいはずだとまで述べている(「立花家文書」)。

しかし、戦役七年目の諸将にとって、秀吉の要求は不可能な水準だった。むしろ「敵地に突出した蔚山等を放棄して、相互救援可能な範囲に占領地を縮小したい」と提案した諸将は、秀吉の逆鱗に触れる。戦争継続をめぐる諸将と秀吉の矛盾が、ひときわ深まった朱印状である。

135 (慶長三年)三月十八日付け豊臣秀吉朱印状

【釈文】写真は189・190頁

追而被仰遣候、

一、各事、先書ニハ西生浦城毛利壱岐守(吉成)為加勢可在之旨、雖被仰出候、釜山浦肝要所候間、寺澤志摩守(広高)申談、為加勢四国衆四番にして鬮取仕、一組相残、三組を可令帰朝候、然者一番鬮ニ取当候者ハ五月より九月まて五ケ月在番可仕候、残三組之者又鬮取仕、二番ニ取当候者ハ十月替候て来年四月迄七ケ月可在之候、

一番　土佐侍従(長宗我部元親)

一番　蜂須賀阿波守(家政)

一番　生駒讃岐守(一正)

一番　伊与衆

但、伊与衆一番鬮取ニ取当候者、

一組　藤堂佐渡守(高虎)、来嶋(康親)

一組　池田伊予守(秀雄)、加藤左馬助(嘉明)

是も鬮取ニ仕、一組相残、今一組ハ共ニ令帰朝候也、

一、最前ゟ中国人数千五百人、筑前中納言(小早川秀秋)人数五百人、合弐千人釜山浦ニ為加勢可残置旨雖被仰出候、此人数者、毛利壱岐守西生浦在番」

被仰付候条、則西生浦へ可遣置候事、

右、来年大人数被差渡御動共ニ被仰付候条、其間之加勢ニ候之条、乍辛労、右通鬮取仕、可致在番候、猶竹中貞右衛門尉・松井藤介可申候也、

三月十八日(秀吉朱印)

羽柴土佐侍従とのへ

蜂須賀阿波守とのへ

生駒讃岐守とのへ

藤堂佐渡守とのへ

池田伊与守とのへ

加藤左馬助とのへ

来嶋右衛門尉(康親)一とのへ

●解説

本状は、長宗我部元親ら四国衆に向けた朝鮮在番指示である。

従来、慶長二年(一五九七)次と言われてきたが、宛所の来嶋氏が出雲守(通総)ではなく右衛門尉一(康親)なので、通総死後の慶長三年次のものである(津野倫明『長宗我部氏の研究』)。

加藤清正が、蔚山・西生浦の二城を一人で守るのは難しいと言上したので、慶長三年正月二十二日段階で秀吉は、蔚山を清正、西生浦を毛利吉成、釜山を寺沢広高とし、毛利秀元軍千五百・小早川秀秋軍五百を釜山に待機させ、四国衆は城普請(泗川)が済めば帰朝してよいとしていた(『浅野家文書』)。

しかし、本状に「先書」とあるので、正月二十二日以降に別の朱印状が出て、四国衆は西生浦支援に変更されたことがわかる。

そして、この三月十八日、秀吉は再三の方針転換を伝える。秀吉の兵糧(秀吉が指揮する作戦用の糧米で、平素の駐屯・防衛は諸将の自己負担だった)を博多から釜山に運んで諸将に差配する役目の寺沢が、制海権の重要性を進言したので、四国船手衆を西生浦から外して釜山を守らせることにしたのである。

そこで秀吉は、釜山なら四国衆全員は必要ないと考え、四国衆を四組に分け、鬮引きで当たった組が九月までを担当し、二番目に当たった組が十月から翌年四月まで在番し、鬮運の良い二組は帰国してよいとした(では翌年五月以降はというと、秀吉が大軍派遣を発表しているので、全員出動となる)。

しかし、この指示も結局また変更される。五月二十二日、諸将の求めに応じて「かとかい(亀浦)」を放棄した秀吉は、その城主黒田長政を西生浦に送り、西生浦にいた毛利吉成を釜山に加えた。それで、二番鬮の組はもう釜山に来なくてよいとした。九月ま

で勤めた運の悪い組は生駒氏だった。

秀吉は決して頑迷ではなく、効率を上げるためなら、自分が以前に出した命令にこだわらないことがわかる文書である。

136 （慶長三年五月）二十日付け豊臣秀吉自筆書状

【釈文】写真は191・192頁

かへすく、
うきやう（右京）のたい（大）
ふ（夫）くせ（曲）事にて候、ミな（皆）く
中なこんさま（豊臣秀頼）き（気）にちかい（違）
候もの候ハヽ、こきころし（殺）
候ほとた（叩）ゝき候ハヽ、御き（気）
にちかい（違）候もの候ましく候、
まんかゝはやくきあい
よく心やすしく候へく候、
御かゝへも事つて（言伝）申、
かならすく参候てなり
とも、やまく申たく候、
めてたくかしく、

はやくと
状給候、御うれし（嬉）
くおもひ（思い）まいらせ候、
仍、きつ・かめ・
やす・つし
御き（気）にちかい（違）候
よしうけ給候、さ（沙）
た（汰）のかきり（限）にて
候間、かゝさまニ御申
候て四人を一ツな
わにしはり（縛）候て、
とゝさまのそなたへ
御出候ハん間、御おき
候へく候、我等参候て
ことくくたゝき（叩）
ころし（殺）可申候、
御ゆるし候ましく候、
かしく
廿日　大かう（太閤）
中なこんさま
御返事

●解説

本状は、秀吉が愛息秀頼（ひでより）に与えた生前最後の直筆書状である。宛名が「中なこんさま」となっているのは、慶長三年（一五九八）四月二十日に秀頼が権中納言に任官したためである。

内容を見てみると、秀頼が自分に対して手紙を書いて寄こしたことを嬉しく思うと述べている。秀頼からの手紙には、「きつ・かめ・やす・つし」という秀頼付きの侍女四名が、自分の気に障ることを仕出かしたので、それを父に告げ口する内容だったらしい。秀吉は早速、淀殿（よどどの）（「かゝさま」）に対して、四名を一つ縄で縛り付けて置くよう申し付けると約束している。さらに、自身が秀頼の許へと赴いた暁には、改めて四名を叩き殺すとも言い添えている。

返し書きで出てくる右京大夫は秀頼の乳母で、のちの大坂落城の際には秀頼と共に自害を遂げた女性である。秀吉は、この右京大夫の取り締まりが良くないから今回のように秀頼の気に障ることを仕出かす輩が出てくるのだと述べ、十分に叩いて折檻すれば、そのような者も二度といなくなるだろうと推量している。

果たして、これらのことは、幼児秀頼の癇癪（かんしゃく）を押さえるための口実だろうか（秀頼は当時六歳）、それとも本気で侍女たちの殺害を命じたのだろうか。事の顛末は伝わらず、真相は不明である。

本状で注目したいのは、「かならすく参候て」とあることで、当時の秀吉は伏見城の本丸に、秀頼は同城の西ノ丸に所在しており、両名とも簡単に足を運べる距離にいた。しかし、この一文からは、秀吉の病状が重く、もはや歩行が困難な状況にあったことをうかがわせる。結局、この書状をしたためてから、わずか三ヶ月後に秀吉は逝去した。

137 （慶長三年）八月五日付け豊臣秀吉遺言覚書案

【釈文】写真は193頁

覚
一、内府（徳川家康）

利家
輝元
景勝
秀家

此五人江被仰出通口上、付縁辺之儀
互可被申合事、

一、内府三年御在京事
付用所有之時ハ
中納言殿御下候事、
一、奉行共五人之内徳善院（前田玄以）・長束大（正家）両人ハ一番ニ
して、残三人内壱人宛伏見城留守居候事、
内府惣様御留守居候事、
一、大坂城、右奉行共内弐人宛留守居事、
一、秀頼様大坂被成御入城候てより、諸侍妻子
大坂へ可相越事、
以上、
八月五日

●解説

慶長三年（一五九八）八月三日のこと。秀吉は自らの死期を悟った末、五大老（徳川家康・前田利家・毛利輝元・上杉景勝・宇喜多秀家）の面々に遺言状を残した。本状はその写しである。

まず第一条において、秀吉の口述に従い、大名の婚姻については、五大老同士が申し合わせを行うこと。第二条では、徳川家康は三ヶ年在京すること、また、もしも家康が自身の領地でやるべきことがある時は、代わりに徳川秀忠が帰国すること。第三条では五奉行の内、前田玄以と長束正家を一つの番として、残る三人の内一人を伏見城留守居とすること。家康が全体の留守居を務めること。第四条では大坂城について、五奉行の内の残る二人ずつを留守居にさせること。第六条では秀頼様が大坂に入城したあとは、諸侍の妻子を大坂へ戻すことを規定している。

なお、この遺言状は宛先こそ五大老だが、秀吉の死の当日、五大老は秀吉の許には立ち会わず、五奉行や、その他の女房衆のみが近侍していた。

ところで本状は、一体誰が作成し、誰に宛てたものなのだろうか。これを解明するにあたり、注目したいのは五奉行に対する呼称である。

秀吉の遺言覚書は、ほかの大名家にも伝来しており、例えば『浅野家文書』の中では五奉行を「年寄五人」と呼んでいる。対して本状では「奉行五人」と記している。実は近年の研究成果により、五奉行は自身を誇大に「年寄」と呼称していたこと、一方で徳川家康やそれに連なる人間たちは、何かと対立することが多い五奉行について、単に「奉行」とだけ呼んでいたことが明らかになっている。

したがって本状は、家康の親派によって作成されたことが判明する。さらに本状の字配り・筆跡から見て、本状が宮部継潤（またはその子息長熈）によって作成されたものであることがわかる。とりわけ継潤は、秀吉の側近として信任を得ていたため、秀吉の遺言を知る機会があったことだろう。継潤は、おそらくその内容をいち早く家康に伝達し、五大老一の実力者に取り入ろうとしたものと考えられるのである。

138 （慶長三年）八月五日付け豊臣秀吉遺言状写

【釈文】写真は194頁

返々、秀より（頼）事
たのミ（頼）申候、五人
のしゆ（衆）たのミ（頼）申候〳〵、
いさい（委細）五人の物ニ申
わたし（渡）候、なこり（名残）
おし（惜）く候、以上、
秀より（頼）事
なりたち（成立）候やうに、
此かきつけ（書付）候
しゆ（衆）として、たのミ（頼）
申候、なに（何）事も
此ほかにわ、おもひ（思）
のこす（残）事なく候、
かしく
八月五日　秀吉御判
いへやす（徳川家康）
ちくせん（前田利家）
てるもと（毛利輝元）
かけかつ（上杉景勝）
秀いへ（宇喜多秀家）
まいる

御自筆御判御書うつし

●解説

本状は、秀吉の遺言状とされる文書の写しである。宛所は、徳川家康・前田利家・毛利輝元・上杉景勝・宇喜多秀家のいわゆる五大老である。本遺言状においては「五人のしゆ(衆)」と記されている。

これに対して、「五人の物」と記されているのが、いわゆる五奉行(前田玄以・浅野長政・増田長盛・石田三成・長束正家)である。

「御自筆御判御書」と記されており、十三日後(十八日)に秀吉が歿するため、秀吉の絶筆とされることもある。しかしながら、本状は毛利家に伝来した写しであり、毛利家と同様に幕末まで将軍・大名家として存続した徳川、前田、上杉家においては、写しさえ現存していない。このため、本遺言状の内容が秀吉の自筆で作成されたことを確定することはできない。

一方で、同日付けの秀吉遺言状覚書案(137参照)は、秀吉の遺言を聞いた者が書き記したものとされ、その内容が政治色の濃いものであるのに対して、本状は秀吉の素直な感情が示されたものであるため、本状が秀吉の真意を伝えたものと評価されている。

ところが、八月七日付け天瑞和尚宛て安国寺恵瓊書状(「黄梅院文書」)には、「太閤殿下御不例以ての外候、此節は少し御快氣なされ、夜前、内府・大納言・輝元・備前中納言召し寄せられ、御前において日本国已来の事、中国置目等仰せ出だされ候」とあり、恵瓊が末座において直接聞いた秀吉遺言の主たる内容は政治色の濃いもの(「日本国已来之事、中国置目等」)だった。したがって、死を覚悟した秀吉は、数度にわたって遺言に類した内容を語ったものと推測される。

そのような秀吉の言葉の内、宮部家に伝わった覚書案や浅野家(『浅野家文書』)では政治色の濃い内容を書き留め、毛利家では秀吉の素直な感情吐露を伝存した。輝元は、政治的内容を重視していなかったのかもしれない。

139 (慶長三年)豊臣秀吉自筆辞世和歌詠草

【釈文】写真は195頁

つゆとおちつゆときへにしわかみかな
なにわの事もゆめの又ゆめ　松

●解説

本状は縦四十四・八センチ×横十七・六センチの間合紙に自筆でしたためられた豊臣秀吉辞世の和歌である。「松」とあるのは秀吉の雅号を指す。現在は大阪城天守閣所蔵であるが、もともとは秀吉の正室北政所(おね)の実家である足守木下家に伝来していた。

和歌の内容を見ると、「露が落ちて消えゆくように我が身も果てようとしている。難波の事を始め何もかもが夢のようにはかない」と解釈でき、秀吉が自分の死が近いことを悟り、これまでの生涯を達観して振り返る内容となっている。なお、「何もかも」と「難波の事」が掛詞となっている。和歌の筆致を見てみると、手振れのない、堂々とした字句である。

秀吉は、慶長三年(一五九八)八月十八日に亡くなるが、最晩年は床に伏したままで、おそらくまともに字も綴れない弱りようだったろう。したがって、この一種の詠草は、まだ元気な内に、万が一の場合に備えて秀吉が用意しておいたものであり、木下家では秀吉がこれを北政所の侍女である孝蔵主に託し、言い含めたものと伝わっている。

140 慶長三年八月二十五日付け豊臣秀吉朱印状案

【釈文】写真は196・197頁

御無事一着之間、釜山浦在番之事
一組　加藤主計頭(清正)
鍋嶋加賀守(直茂)
毛利壱岐守(吉成)
柳川侍従(立花宗茂)
高橋主膳(直次)
牢人衆定番
一組　小西摂津守(行長)
嶋津兵庫頭(義弘)

黒田甲斐守（長政）
牢人衆定番
以上、右番替、但、一番之様子口上、
久留目侍従（小早川秀包）
筑紫上野介（広門）
寺澤志摩守（広高）人数弐百
対馬豊崎在番
一、城々、何れも釜山浦へ於引取者、置兵粮・
玉薬・鐵炮以下、釜山浦へ相届、蔵を立可入置
事、」

番手ニ不相構帰朝衆
伊藤（東）民部太輔（祐兵）
秋月三郎（種長）
高橋九郎（元種）
嶋津又七郎（忠豊）
相良宮内太輔（頼房）
此五人、諸人より打詰候間、帰朝仕、
可致御目見候也、

慶長参年八月廿五日　御朱印在

●解説

本状は、朝鮮からの撤兵に関する文書である。

慶長三年（一五九八）八月十八日、秀吉が伏見城で死去すると、すぐさま朝鮮在陣の日本軍撤兵が開始された。すでに八月十日、五大老は自らの連署状において「秀吉様は長期にわたって病気になっておられ、万一失念することもあるので、今後、知行宛行やその他の政務は、従来の通りにする」（『毛利家文書』）とし、秀吉朱印状の効力が停止したことを公表しており、本状はこうした状況下で出された。

八月二十五日、朝鮮の状況を把握するため、秀吉朱印状も出されたが（141参照）、そこでは「奉行衆・年寄共方より可申候」とあり、今後は五大老と五奉行から詳しい指示があることが強調された。

さらに同日、鍋島直茂に宛てた五奉行の連署状によると、「朝鮮の実情を知るため、徳永寿昌と宮城豊盛を派遣し、同時に上様から道服・袷などが拝領されたので受け取って下さい。長期にわたる在番は、本当にご苦労様です。太閤様の病気も快気に向かっておりますので、ご安心下さい。詳しいことは徳永・宮城の両名から伝えます」との指令も出された。

秀吉の死が隠され、使者として徳永・宮城が朝鮮へ派遣されたのであり、秀吉在世中と同様、秀吉朱印状と共に前述した五奉行連署状が、公的な機能をもって諸大名に通達された。前述した八月十日付けの五大老連署状に「今後、秀吉様が病気から回復したら、その時には秀吉様の意思に従う」とあり、五大老が登場するのは、あくまでも秀吉が病気であるからである。五奉行連署状を機能させるためでもあった。

こうした状況で出されたのが本状であるが、冒頭の「御無事一着」とは、徳永・宮城両人が、和議の条件を取りまとめることである。和議の条件は、すでに捕えた朝鮮王子を人質とし、朝鮮から米・虎皮・豹皮・薬種・清蜜を調物として日本へ出させることだった（『島津家文書』）。

朝鮮からは撤兵することとなったが、それなりの名分も必要であり、このような和議の条件が想定されたのである。いずれにせよ本状は、撤兵を想定した日本軍の陣立であり、和議が決定するまで、加藤清正以下の軍勢が釜山浦に、小早川秀包らは対馬北部の豊崎で駐屯することが命じられた。朝鮮半島南端の臨海部に番城を築いて駐屯していた軍勢は、そこを引き上げて釜山浦に集結することも指示された。伊東祐兵ら五名は帰国が許されている。

141　（慶長三年）八月二十五日付け豊臣秀吉朱印状

【釈文】写真は198頁

其表為見廻、徳永
式部卿法印（寿昌）・宮木長次（宮城豊盛）
両人被指越候、長々在
番之事、苦身之至候、
仍道服・袷被遣之候、猶
奉行衆・年寄共方
より可申候也、

八月廿五日（秀吉朱印）

松浦法印（鎮信）

●解説

この頃、松浦鎮信(まつらしげのぶ)は小西行長(ゆきなが)と共に全羅道順天(チョルラドスンチョン)で明(ミン)・朝鮮軍と対峙していたが、十月十日、敵の囲みがしばしば解けた。本状は、その隙の十月十四日に届いたことが包書端書(はしがき)からわかる。

本状は「使者が見舞いの衣を届ける」という簡単な内容で、在陣諸将宛ての同文朱印状が多数残っている。秀吉の死を秘すため、ありふれた見舞い朱印状を装ったのである。五奉行は、添状で「太閤様の病は回復中なので安心せよ」とまで書いている（「鍋島家文書」）。

本状の真の目的は、徳永・宮城を特使として派遣することにある。彼らの任務は「朝鮮と交渉して和議が調ったら帰国、それまでは釜山で待機」と諸将に伝えることだった。五奉行は「和議条件は朝鮮王子来日、無理なら貢物進上、それもだめなら現地和議担当者の責任判断でよい」という連署状を二人に与えて出発させた。

そして和議交渉・撤退事業を監督するため、五奉行の内、石田三成(みつなり)と浅野長政(ながまさ)が博多へ向かう。

しかし、徳永らが朝鮮に着く以前、現地諸将は明軍の順天・泗川・蔚山同時攻撃を注進する。伏見の三奉行と五大老は「これは和議交渉どころではない」と戦況判断し、十月八日から十五日にかけて「明軍を撃退して（すなわち明軍を日本に引き込まず）渡海帰国せよ」という指示に切り替えた。

徳永らは十月一日に釜山に到着し、八月二十五日段階の指令を諸将に伝えた。そのため、小西・島津陣が明将と交渉し、撤退後の交渉継続を約した。石田・浅野は増援派遣も視野に入れたが、現地諸将は明軍との裏取り引き、朝鮮水軍との激戦など、さまざまな局面を経て十二月までに博多へ撤収した。その後は国内からの交渉に切り替えて、国交修復が試みられたのである。

142 慶長三年八月二十八日付け豊臣秀吉朱印状

【釈文】 写真は199頁

八木四百四拾六石八斗五升・大豆四拾九石
六斗五升、合四百九拾六石五斗、其方大坂
ふしん（普請）の人数、参千三百拾人、七月朔日
より同晦日まて、卅日分、御ふちかた（扶持方）として
被下候間、てまへ（手前）御代官所、御蔵米之内
を以、引取、御さん（算）用ニ可立候也、
慶長三年八月廿八日（秀吉朱印）
はしはさへもん大夫（羽柴左衛門大夫・福島正則）

●解説

尾張清洲(きよす)城主だった福島正則(まさのり)は、大坂城の普請に動員され、延べ人数で三千三百十人の人夫を出したが、七月の一ヶ月分の扶持米（経費）として合計四百九十六石余が下付された。さらに、これを代官所の年貢米から差し引くよう命じられており、本状からは福島正則が政権直轄領の代官も兼務していたこともわかる。

本状は、慶長三年（一五九八）八月十八日の秀吉死去から十日後に発給されたもので、現存する秀吉文書の最後とされるものとして注目される。実は、秀吉は死の直前に大坂城三の丸の工事を命じていた。自分の死を秘すよう命じたとの宣教師の記録があるが、本状はそれを裏づけるものである。なお、本状の宛所は、本来は漢字で表記されるが、本状のように仮名で表記されているのは、秀吉本人による表記であるとの工夫だろうか。

大坂城の普請が、秀吉の死後も継続されたとの事例は少なくはないが、その一例として、慶長四年五月十一日、長束正家(なつかまさいえ)ら豊臣奉行衆から小堀新介(しんすけ)（正次(まさつぐ)）に宛てられた扶持米の支払い指令書（「臼井良作氏所蔵文書」）がある。これによると、五月四日から六月四日までの三十日、動員数が延べ千九百五十人で、飯米は一日一人五合の基準である。本状も、計算すると扶持米（飯米・経費）が一日一人五合の基準になっている。

また、慶長三年七月の炎天下でも、普請が行われたのは確かであり、七月四日付けの宮部兵部少輔（長熙(ながひろ)）宛ての秀吉朱印状（「宮部文書」）にも、「炎天下の普請は大変なことだ。そのため主な作業は朝晩に済ませ、暑い日中には、作業する者を二時間ごとに休ませ、彼らが霍乱(かくらん)（日射病）にならないよう指示せよ」とあり、秀吉の臨終直前でも、大坂城の普請が行われていたことがわかるのである。

143 （年月日未詳）豊臣秀吉自筆書状

【釈文】 写真は200頁

かへす〳〵、
やいと(炙)、たれ(誰)なりとも
めされ候へく候、御ひろいさま(拾様)へ
は、やいと御むやう(無用)にて候、
か〻さまめされ候は〻、くせ(曲)事
にて候、以上、
ミ(美)事の御いんしん(音信)
おくり給候、一しほ〳〵
なかめいりまいらせ候、
こ〻もとのふしん(普請)
申つけ候て、五、三日
中に参、つもる御物
かたり可申候、又この
はないれ(花入)一しゆ(種)進上
候、やかて〳〵参候ハん
おりふし(折節)、いろ〳〵
のミやけ(土産)進し可申候、
かしく、
おか〻さまへ

●解説

本状は、秀吉が淀殿に対して宛てた直筆の書状で、宛名を「おかかさま」と、秀頼の目線に合わせて呼称している。年月日は記されていないものの、文中「こゝもとふしん」とあるのに注目すれば、おおよその執筆時期を特定することができる。この普請は、指月伏見城の構築と考えられ、伏見城普請が本格化するのは文禄三年(一五九四)三月からである。その後、秀頼が大坂城から伏見城に移徙するのは同年十一月二十一日なので、おそらく本状は、この八ヶ月間のどこかで書かれたものと推測される。

内容を見てみると、まずは淀殿からの手紙が見事であったので眺め入ったと記している。この時の淀殿からの手紙は現存しないが、愛息秀頼に関して何か気の利いたことでも書いていたのだろうか。続けて秀吉は、数日中に伏見城普請を一段落させて大坂城へ帰り、積もる話などをしたい、こちらから花入れ一種を送るが、帰国した暁にはそれ以外にも色々と土産を持ち返ると伝えている。

返し書きでは、「やいと(炙)」について秀頼へ据えるのは無用であり、たとえ淀殿でも秀頼に炙を据えてはならないと言明している。いくら炙が健康に良くても、当時秀頼はまだ二歳と幼い。そのために、万が一火傷でもしたら大変だと判断したのだろう。父親として万事子供の健康に気を使う秀吉の姿が垣間見えて微笑ましい。

史料所蔵者・所蔵機関、写真提供機関一覧

史料の通番、所蔵者・写真提供者を示すと共に、必要に応じて文書群名、掲載許諾番号などを示した。
掲載をご承諾いただいた所蔵者、図版をご提供いただいた方々のご高配ご協力に衷心より感謝申し上げます。

001 名古屋市秀吉清正記念館所蔵兼松文書
002 慶應義塾図書館所蔵反町文書
003 九州国立博物館保管小早川家文書
004 名古屋市博物館所蔵岩淵文書
005 毛利博物館所蔵毛利家文書
006 東京大学史料編纂所所蔵影写本長府毛利家所蔵文書
007 九州国立博物館保管小早川家文書
008 東京国立博物館所蔵、Image: TNM Image Archives
009 小山富美子氏所蔵（太子町立指定文化財）、太子町立歴史資料館写真提供
010 福岡市博物館所蔵黒田家文書
011 東京大学史料編纂所所蔵影写本本法寺文書（本法寺所蔵）
012 東京大学史料編纂所所蔵影写本小西文書（小西新太郎氏所蔵）
013 慶應義塾図書館所蔵反町文書
014 福岡市博物館所蔵黒田家文書
015 姫路市立城郭研究室所蔵
016 名古屋市博物館所蔵
017 個人所蔵
018 国立歴史民俗博物館所蔵石見亀井家文書
019 法政大学能楽研究所観世新九郎家文庫所蔵
020 山口県文書館所蔵村上家文書、東京大学史料編纂所写真提供
021 神戸大学文学部所蔵中川家文書、神戸大学附属図書館写真提供
022 梅林寺所蔵梅林寺文書
023 名張市教育委員会所蔵名張藤堂家文書
024 本居宣長記念館所蔵小津家文書
025 東京大学史料編纂所所蔵影写本鍋島文書（公益財団法人鍋島報效会所蔵）
026 公益財団法人永青文庫所蔵細川家文書
027 毛利博物館所蔵毛利家文書
028 滋賀県立安土城考古博物館所蔵
029 毛利博物館所蔵毛利家文書
030 個人所蔵、たつの市立龍野歴史文化資料館写真提供
031 大阪城天守閣所蔵
032 東京大学史料編纂所所蔵影写本豊後臼杵稲葉文書
033 神宮徴古館所蔵慶光院文書
034 東京大学史料編纂所所蔵影写本佐竹文書
035 林原美術館所蔵
036 大阪城天守閣所蔵
037 公益財団法人前田育徳会尊経閣文庫所蔵
038 金沢市立玉川図書館所蔵「松雲公採集遺編類纂」古文書部五十二所収
039 九州国立博物館保管小早川家文書
040 東京国立博物館所蔵、Image: TNM Image Archives
041 太田孝美氏所蔵太田文書、和歌山市立博物館写真提供
042 神戸大学文学部所蔵中川家文書、神戸大学附属図書館写真提供
043 宮内庁書陵部所蔵親王准后座次関係文書
044 宮内庁書陵部所蔵鷹司家判物類
045 宮内庁書陵部所蔵九条家文書
046 三溪園所蔵

047 国立公文書館内閣文庫所蔵押小路家文書
048 毛利博物館所蔵毛利家文書
049 東京大学史料編纂所所蔵島津家文書
050 國學院大學図書館所蔵久我家文書
051 名古屋市秀吉清正記念館所蔵
052 小沢健輔氏所蔵、福井県文書館写真提供
053 熊野大社所蔵出雲熊野神社文書、島根県教育委員会写真提供
054 早稲田大学図書館所蔵荻野研究室収集文書
055 毛利博物館所蔵毛利家文書
056 国立国会図書館所蔵一柳家文書
057 公益財団法人立花財団立花家史料館所蔵立花家文書、柳川古文書館寄託
058 米沢市上杉博物館所蔵上杉家文書
059 真田宝物館所蔵真田家文書
060 公益財団法人立花財団立花家史料館所蔵立花家文書、柳川古文書館寄託
061 東京大学史料編纂所所蔵島津家文書
062 慶應義塾図書館所蔵相良家文書
063 国立国会図書館所蔵一柳家文書
064 松浦史料博物館所蔵松浦家文書
065 櫛田神社所蔵櫛田神社文書
066 名古屋市博物館所蔵
067 北野天満宮所蔵北野天満宮文書
068 九州国立博物館保管小早川家文書
069 『東北遺物展覧会記念帖』（一九二八年）所収、旧伊達家文書
070 九州国立博物館保管小早川家文書
071 福岡市博物館所蔵黒田家文書
072 宮内庁書陵部所蔵桂宮御判物御朱印文書類
073 東京大学史料編纂所所蔵島津家文書
074 富山市郷土博物館所蔵
075 公益財団法人立花財団立花家史料館所蔵立花家文書、柳川古文書館寄託
076 公益財団法人立花財団立花家史料館所蔵立花家文書、柳川古文書館寄託
077 岡山大学附属図書館所蔵池田家文書
078 仙台市博物館所蔵伊達家文書
079 保田妙本寺所蔵妙本寺文書、千葉県文書館写真提供
080 早稲田大学図書館所蔵荻野研究室収集文書
081 個人所蔵
082 名古屋市博物館所蔵
083 豊国神社所蔵
084 個人所蔵
085 もりおか歴史文化館所蔵南部家文書
086 大阪城天守閣所蔵
087 個人所蔵、大阪歴史博物館写真提供
088 仁木尚治氏所蔵津山仁木家文書
089 国文学研究資料館所蔵津軽家文書
090 仙台市博物館所蔵伊達家文書
091 公益財団法人立花財団立花家史料館所蔵立花家文書、柳川古文書館寄託
092 東京大学史料編纂所所蔵影写本南部晋氏所蔵文書
093 堺市博物館所蔵
094 個人所蔵
095 公益財団法人土佐山内家宝物資料館所蔵山内家文書
096 公益財団法人永青文庫所蔵細川家文書
097 九州国立博物館保管小早川家文書
098 毛利博物館所蔵毛利家文書
099 毛利博物館所蔵毛利家文書

100 安東晃氏所蔵菅文書、鳥取県立博物館写真提供
101 個人所蔵
102 公益財団法人立花財団立花家史料館所蔵立花家文書、柳川古文書館寄託
103 神戸大学文学部所蔵中川家文書、神戸大学附属図書館写真提供
104 個人所蔵
105 吉川史料館所蔵吉川家文書
106 公益財団法人立花財団立花家史料館所蔵立花家文書、柳川古文書館寄託
107 毛利博物館所蔵毛利家文書
108 永原眞氏所蔵、大阪城天守閣写真提供
109 佐賀県立名護屋城博物館所蔵
110 早稲田大学図書館所蔵荻野研究室収集文書
111 大阪城天守閣所蔵
112 高台寺所蔵高台寺文書、京都国立博物館写真提供
113 松浦史料博物館所蔵松浦家文書
114 山陽小野田市立厚狭図書館所蔵厚狭毛利家文書
115 東京大学史料編纂所所蔵島津家文書
116 三溪園所蔵
117 東京大学史料編纂所所蔵島津家文書
118 関地蔵院所蔵、亀山市歴史博物館写真提供
119 大阪歴史博物館所蔵
120 公益財団法人立花財団立花家史料館所蔵立花家文書、柳川古文書館寄託
121 大阪歴史博物館所蔵
122 公益財団法人立花財団立花家史料館所蔵立花家文書、柳川古文書館寄託
123 福岡洋介氏所蔵、大阪城天守閣写真提供
124 仙台市博物館所蔵伊達家文書
125 東京大学史料編纂所所蔵島津家文書
126 醍醐寺所蔵醍醐寺文書
127 早稲田大学図書館所蔵荻野研究室収集文書
128 佐賀県立名護屋城博物館所蔵
129 甲斐善光寺所蔵
130 個人所蔵
131 東京大学史料編纂所所蔵島津家文書
132 個人所蔵
133 米沢市上杉博物館所蔵上杉家文書
134 松浦史料博物館所蔵松浦家文書
135 名古屋市博物館所蔵
136 大阪城天守閣所蔵
137 早稲田大学図書館所蔵荻野研究室収集文書
138 毛利博物館所蔵毛利家文書
139 大阪城天守閣所蔵
140 東京大学史料編纂所所蔵島津家文書
141 松浦史料博物館所蔵松浦家文書
142 大阪城天守閣所蔵
143 個人所蔵

参考文献

本書の執筆にあたっては、以下に掲げたもの以外に、各自治体史の解説も参考とさせていただいた。

【研究書・研究論文（筆者名五十音順）】

朝尾直弘『大系日本の歴史　第8巻　天下一統』（小学館、一九八八年）
熱田公『日本の歴史11　天下一統』（集英社、一九九二年）
跡部信『豊臣秀吉と大坂城』（吉川弘文館、二〇一四年）
跡部信「豊臣政権の対外構想と秩序観」（『日本史研究』五八五、二〇一一年）
阿部勝則「豊臣五大老・五奉行についての一考察」『史苑』四九、一九八九年）
粟野俊之『織豊政権と東国大名』（吉川弘文館、二〇〇一年）
池内宏『文禄慶長の役　正編第一』（南満州鉄道株式会社、一九一四年）
伊藤真昭『京都の寺社と豊臣政権』（法藏館、二〇〇三年）
今井林太郎『石田三成』（吉川弘文館、一九六一年）
岩澤愿彦「秀吉の唐入りに関する文書」（『日本歴史』一六三、一九六二年）
岩沢愿彦『前田利家』（吉川弘文館、一九六六年）
岩澤愿彦「織田信長・豊臣秀吉の訓誡状管見」（『日本大学文理学部人文科学研究所研究紀要』四一、一九九一年）
遠藤巌「九戸政実の乱―戦国最後の大反撃」（小林清治・米原正義責任編集『戦乱の日本史―合戦と人物8　戦国の群雄〈西国・奥羽〉』第一法規出版、一九八八年）
大石直正・小林清治編『中世奥羽の世界』（東京大学出版会、一九七八年）
太田秀春『朝鮮の役と日朝城郭史の研究―異文化の遭遇・受容・変容』（清文堂出版、二〇〇六年）
大庭脩『親魏倭王 増補版』（学生社、二〇〇一年）
大山智美「中近世移行期の国衆一揆と領主検地―肥後国衆一揆を素材として」（『九州史学』一六四、二〇一二年）
岡山大学附属図書館・林原美術館編『天下人の書状を読む―岡山藩池田家文書』（吉川弘文館、二〇一三年）
尾下成敏「羽柴秀吉勢の淡路・阿波出兵―信長・秀吉の四国進出過程をめぐって」（『ヒストリア』二一四、二〇〇九年）
尾下成敏「九州停戦命令をめぐる政治過程―豊臣「惣無事令」の再検討」（『史林』四七九、二〇一〇年）
尾下成敏「豊臣政権の九州平定策をめぐって―天正十五年七月から同十九年十二月までの時期を中心に」（『日本史研究』五八五、二〇一一年）
小和田哲男『戦争の日本史15　秀吉の天下統一戦争』（吉川弘文館、二〇〇六年）
河内将芳『秀吉の大仏造立』（法藏館、二〇〇八年）
菊池紳一『図説前田利家―前田育徳会の史料にみる』（新人物往来社、二〇〇二年）
北島万次『朝鮮日々記・高麗日記―秀吉の朝鮮侵略とその歴史的告発』（そしえて、一九八二年）
北島万次『豊臣秀吉の朝鮮侵略』（吉川弘文館、一九九五年）
木津祐子「『伝秀吉所持扇面』の日中対訳語彙―非訳館系日中対訳資料の系譜」（『華夷訳語論文集』二〇〇七年）
日下寛編『豊公遺文』（博文館、一九一四年）
黒田慶一編『韓国の倭城と壬辰倭乱』（岩田書院、二〇〇四年）
黒田基樹『敗者の日本史10　小田原合戦と北条氏』（吉川弘文館、二〇一三年）
桑田忠親『太閤書信』（地人書館、一九四三年）
桑田忠親「豊臣秀吉の城割」（『國學院雑誌』五九―六、一九五八年）
桑田忠親『豊臣秀吉研究』（角川書店、一九七五年）
桑田忠親『太閤の手紙』（講談社学術文庫、二〇〇六年）
小林清治『伊達政宗』（吉川弘文館、一九五九年）
小林清治『秀吉権力の形成―書札礼・禁制・城郭政策』（東京大学出版会、一九九四年）
小林清治『奥羽仕置と豊臣政権』（吉川弘文館、二〇〇三年）
小林清治『奥羽仕置の構造―破城・刀狩・検地』（吉川弘文館、二〇〇三年）
齋藤慎一『戦国時代の終焉―「北条の夢」と秀吉の天下統一』（中公新書、二〇〇五年）
佐島顕子「秀吉と情報」（山本博文・堀新・曽根勇二編『消された秀吉の真実―徳川史観を越えて』柏書房、二〇一一年）
佐島顕子「文禄役講和の裏側」（山本博文・堀新・曽根勇二編『偽りの秀吉像を打ち壊す』柏書房、二〇一三年）
山陽新聞社編『ねねと木下家文書』（山陽新聞社、一九八二年）
篠原正一『久留米人物誌』（菊竹金文堂、一九八一年）
清水亮「秀吉の遺言と「五大老」・「五奉行」」山本博文・堀新・曽根勇二編『消された秀吉の真実―徳川史観を越えて』柏書房、二〇一一年）
下山治久『小田原合戦―豊臣秀吉の天下統一』（角川選書、一九九六年）
図説前田利家編纂委員会編著『図説前田利家公―藩祖前田利家公四百年祭記念』（尾山神社、一九九九年）
戦国史研究会編『織田権力の領域支配』（岩田書院、二〇一一年）
千田嘉博『信長の城』（岩波新書、二〇一三年）
曽根勇二『近世国家の形成と戦争体制』（校倉書房、二〇〇四年）
染谷光廣『秀吉の手紙を読む』（日本放送出版協会、一九九六年）
高木昭作「所謂「身分法令」と「一季居」禁令―「侍」は「武士」ではない」（『日本近世史論叢』上巻、吉川弘文館、一九八四年）
高木昭作『日本近世国家史の研究』（岩波書店、一九九〇年）
高橋博「豊臣政権と足弱衆」（『学習院大学人文科学論集』二、一九九三年）
高柳光寿『戦史ドキュメント　賤ヶ岳の戦い』（学研M文庫、二〇〇一年）
竹井英文『織豊政権と東国社会―「惣無事令」論を越えて』（吉川弘文館、二〇一二年）

竹内順一・矢野環・田中秀隆・中村修也編『秀吉の智略「北野大茶湯」大検証』（淡交社、二〇〇九年）
武田万里子「豊臣秀吉のアジア地理認識――「大唐都」はどこか―」（『海事史研究』六七、二〇一〇年）
多田暢久「姫路城下町」（仁木宏・松尾信裕編『信長の城下町』高志書院、二〇〇八年）
辻善之助『増訂 海外交通史話』（内外書籍、一九三〇年）
津野倫明『長宗我部氏の研究』（吉川弘文館、二〇一二年）
鳥取県総務部総務課県史編さん室編『鳥取県史ブックレット1　織田vs毛利――鳥取をめぐる攻防』（二〇〇七年）
百々幸雄・竹間芳明・関豊・米田穣『骨が語る奥州戦国九戸落城』（東北大学出版会、二〇〇八年）
豊田武編『東北の歴史』上巻（吉川弘文館、一九六七年）
鳥津亮二『小西行長――「抹殺」されたキリシタン大名の実像』（八木書店、二〇一〇年）
中野等『立花宗茂』（吉川弘文館、二〇〇一年）
中野等『秀吉の軍令と大陸侵攻』（吉川弘文館、二〇〇六年）
中野等『戦争の日本史16　文禄・慶長の役』（吉川弘文館、二〇〇八年）
中村栄孝『日鮮関係史の研究』中（吉川弘文館、一九六九年）
芳賀幸四郎『千利休』（吉川弘文館、一九六三年）
橋本政宣『近世公家社会の研究』（吉川弘文館、二〇〇二年）
長谷川成一編著『弘前の文化財――津軽藩初期文書集成』（弘前市教育委員会、一九八八年）
長谷川成一『近世国家と東北大名』（吉川弘文館、一九九八年）
長谷川成一『北奥羽の大名と民衆』（清文堂出版、二〇〇八年）
播磨良紀「四日市と徳川家康――豊臣政権期の四日市の姿を探る」（『四日市市史研究』一四、二〇〇一年）
日置謙編纂・松本三都正増訂『増訂加能古文書』（名著出版、一九七三年）
日置謙編『加賀藩史料』第1編（復刻版、清文堂出版、一九八〇年）
平野明夫「豊臣政権下の徳川氏」（『地方史研究』三〇五、二〇〇三年）
福田千鶴『淀殿――われ太閤の妻となりて』（ミネルヴァ書房、二〇〇七年）
藤井讓治「十六世紀末における日本人の地理認識の転換」（『グローバル化時代の人文学――対話と寛容の知を求めて』京都大学学術出版会、二〇〇七年）
藤井讓治「大阪青山短期大学所蔵「梶又左衛門宛織田氏宿老連署状」をめぐって」（『福井県文書館研究紀要』五、二〇〇八年）
藤井讓治『天皇の歴史05　天皇と天下人』（講談社、二〇一一年）
藤井讓治『日本近世の歴史1　天下人の時代』（吉川弘文館、二〇一一年）
藤井讓治「「惣無事」はあれど「惣無事令」はなし」（『史林』四八一、二〇一〇年）
藤木久志「豊臣期大名論序説――東国大名を例として」（『歴史学研究』二八七、一九六四年）
藤木久志『日本の歴史15　織田・豊臣政権』（小学館、一九七五年）
藤木久志「「関東・奥両国惣無事」令について」（杉山博先生還暦記念会編『戦国の兵士と農民』角川書店、一九七八年）
藤木久志『豊臣平和令と戦国社会』（東京大学出版会、一九八五年）
藤木久志「東国惣無事令の初令」（『かみくひむし』六〇、一九八六年）
藤木久志『刀狩り――武器を封印した民衆』（岩波新書、二〇〇五年）
藤田達生『日本近世国家成立史の研究』（校倉書房、二〇〇一年）
外園豊基『戦国期在地社会の研究』（校倉書房、二〇〇三年）
堀新「豊臣政権と上杉氏――秀吉文書の様式の検討から」（『早稲田大学大学院文学研究科紀要』別冊一八　哲学・史学編、一九九二年）
堀新「織豊期王権の成立と東アジア」（『歴史評論』七三九、二〇一一年）
堀越祐一「豊臣「五大老」・「五奉行」についての再検討――その呼称に関して」（『日本歴史』六五九、二〇〇三年）
本多博之「豊臣政権下の博多と町衆」（『西南地域史研究』一一、一九九六年）
三鬼清一郎「陣立書の成立をめぐって」（『名古屋大学文学部研究論集 史学』一一三、一九九二年）
三鬼清一郎「在地秩序の近世的編成」（『岩波講座日本通史第11巻（近世1）』岩波書店、一九九三年）
矢部健太郎「東国「惣無事」政策の展開と家康・景勝――「私戦」の禁止と「公戦」の遂行―」（『日本史研究』五〇九、二〇〇五年）
矢部健太郎『関ヶ原合戦と石田三成』（吉川弘文館、二〇一四年）
山口和夫「統一政権の成立と朝廷の近世化」（山本博文編『新しい近世史1　国家と秩序』新人物往来社、一九九六年）
山室恭子『黄金太閤――夢を演じた天下びと』（中公新書、一九九二年）
山本浩樹『戦争の日本史12　西国の戦国合戦』（吉川弘文館、二〇〇七年）
山本博文『幕藩制の成立と近世の国制』（校倉書房、一九九〇年）
山本博文『天下人の一級史料――秀吉文書の真実』（柏書房、二〇〇九年）
山本博文・堀新・曽根勇二編『消された秀吉の真実――徳川史観を越えて』（柏書房、二〇一一年）
山本博文・堀新・曽根勇二編『偽りの秀吉像を打ち壊す』（柏書房、二〇一三年）
山本博文『続 日曜日の歴史学』（東京堂出版、二〇一三年）
山本博文・堀新・曽根勇二編『豊臣政権の正体』（柏書房、二〇一四年）
米谷均「豊臣秀吉の「日本国王」冊封の意義」（山本博文・堀新・曽根勇二編『豊臣政権の正体』柏書房、二〇一四年）
若松正志「豊臣政権と奥羽の領主――中小領主の動向を中心に」（『歴史』七六、一九九一年）
渡邊世祐『豊太閤の私的生活』（講談社学術文庫、一九八〇年）
渡辺信夫「天正十八年の奥羽仕置令について」（『日本文化研究所研究報告』別巻第一九集、一九八二年）

【図録など】

『石田三成――秀吉を支えた知の参謀』（長浜城歴史博物館、一九九九年）
『石田三成――戦国を疾走した秀吉奉行』（長浜城歴史博物館、二〇〇〇年）

『上杉景勝──転換の時代を生き抜いた人生』（米沢市上杉博物館、二〇〇六年）
『蒲生氏郷──戦国を駆け抜けた武将』（滋賀県立安土城考古博物館、二〇〇五年）
『五大老──豊臣政権の運命を託された男たち』（大阪城天守閣、二〇〇三年）
『戦国の五十人』（大阪城天守閣特別事業委員会、一九九四年）
『続 秀吉に備えよ!!──羽柴秀吉の中国攻め』（長浜城歴史博物館、二〇一四年）
『東北の戦国時代──伊達氏、仙台への道』（仙台市博物館、一九九九年）
『遠江久野城！ 歴代城主が残したもの』（袋井市教育委員会、二〇〇八年）
『直江兼続』（米沢市上杉博物館、二〇〇七年）
『博物館ものがたり──市民と歩んだ40年・そして未来へ』（大阪市立博物館、二〇〇〇年）
『華──大阪城天守閣名品集』（大阪城天守閣、一九九一年）
『秀吉・氏郷・政宗──奥羽仕置400年企画展』（改訂版、福島県立博物館、一九九一年）
『秀吉お伽衆──天下人をとりまく達人たち』（大阪城天守閣、二〇〇七年）
『秀吉家臣団』（大阪城天守閣、二〇〇〇年）
『秀吉襲来──近世関東の幕開け』（横浜市歴史博物館、一九九九年）
『秀吉と文禄・慶長の役』（佐賀県立名護屋城博物館、二〇〇七年）
『秀吉展 黄金と侘び』（NHK大阪放送局、一九九六年）
『秀吉への挑戦』（大阪城天守閣、二〇一〇年）
『前田利家関係蔵品図録』（前田育徳会尊経閣文庫、一九九九年）
『乱世からの手紙──大阪城天守閣収蔵古文書選』（大阪城天守閣、二〇一四年）

【事辞典・史料集】

藤井讓治編『織豊期主要人物居所集成』（思文閣出版、二〇一一年）
藩祖伊達政宗公顕彰会編『伊達政宗卿伝記史料』（藩祖伊達政宗公顕彰会、一九三八年）
富山県編纂『越中史料』第1巻・第2巻（名著出版、一九七二年）
二戸市歴史民俗資料館編『九戸の戦関係 文書集』（二戸市教育委員会、一九九一年）
白石市教育委員会編集『片倉小十郎景綱関係文書』（『白石市文化財報告書第47集』白石市歴史文化を活用した地域活性化実行委員会、二〇一三年）
福島県立博物館編『氏郷とその時代──蒲生氏郷基礎資料集成』（『福島県立博物館調査報告書第38集 福島ゆかりの武家関係資料調査』福島県立博物館、二〇〇四年）
「宣祖実録」（『朝鮮王朝実録』韓国・國史編纂委員會、一九六八年）
『豊太閤真蹟集』（東京帝国大学史料編纂所、一九三八年）
『三木城跡及び付城跡群総合調査報告書』（三木城跡及び付城跡群学術調査検討委員会編、二〇一〇年）
『国史大辞典』（吉川弘文館）
『角川日本地名大辞典』（角川書店）
『日本歴史地名大系』（平凡社）

【執筆者紹介】五十音順。＊は編者。

佐島顕子（さじま あきこ）
1963年生まれ。福岡女学院大学教授

＊**曽根勇二**（そね ゆうじ）
1954年生まれ。横浜都市発展記念館

千葉一大（ちば いちだい）
1971年生まれ。青山学院大学講師

畑山周平（はたやま しゅうへい）
1988年生まれ。東京大学史料編纂所助教

＊**堀　新**（ほり しん）
1961年生まれ。共立女子大学教授

堀　智博（ほり ともひろ）
1979年生まれ。徳川ミュージアム非常勤研究員

水野　嶺（みずの れい）
1988年生まれ。國學院大學大学院文学研究科博士課程後期

光成準治（みつなり じゅんじ）
1963年生まれ。県立広島大学講師

＊**山本博文**（やまもと ひろふみ）
1957年生まれ。東京大学史料編纂所教授

豊臣秀吉の古文書

2015年2月15日　第1刷発行

編　者　山本博文・堀新・曽根勇二

発行者　富澤凡子
発行所　柏書房株式会社
東京都文京区本郷2-15-13（〒113-0033）
電話（03）3830-1891［営業］
（03）3830-1894［編集］

装　丁　鈴木一誌＋山川昌悟
組　版　有限会社一企画
印　刷　壮光舎印刷株式会社
製　本　小高製本工業株式会社

ISBN978-4-7601-4539-3